다시 읽는
자유·투쟁의 역사

다시 읽는

자유·투쟁의 역사

이상현 지음

 도서출판 삼화

 이 책의 글은 1978년에 초판이 발행된 것이다. 지금으로부터 40여 년 전에 나온 책이라는 말이다. 지금 와서 돌이켜 보면, 그동안 많은 역사가 흘러갔다. 그 당시 저자가 이 책을 통해서, 과거를 회고하고 미래를 전망하여 이루어져야 할 목표로 설정하고 외쳐대던 것들이 오늘날 그대로, 또는 거의 비슷하게, 전개되어 가고 있음을 보면서, 스스로 감개 어린 느낌과 자부심을 갖게 되었다.

 첫째, 17~18세기로부터 세계사의 주도권을 잡아 오던 구미 열강의 백인 지배를 받아 오던, 한국을 비롯한 중국과 인도, 그리고 브라질 등 세계 유색인종들이 세계사의 신흥 주도 세력으로 등장하고 있다는 것.

 둘째, 백인들의 노예 공급처로서 몸살을 앓던 아프리카에 수많은 국가들이 독립국가로 출현하여 발전의 기치를 들어 세계 경쟁 대열에 가담하게 되었다는 것.

 셋째, 흑백 갈등으로 몸살을 앓던 미국에서 아프리카 출신의 흑인 대통령이 등장하게 되었다는 것.

 이 부분은 저자가 '유색인종의 해방 선언'이라는 항목을 통해서 울부짖듯 외치던 부분의 실현이라 할 것이다.

넷째, 그리고 저자의 세계사 공부의 동기가 되었던, 한반도의 역사적 지정학적 조건이 오리엔트 문명을 서양세계로 전달하는 징검다리 역할을 한, 고대 그리스의 입장과 유사하다는 생각이 현재 우리의 눈앞에서 실현 전개되어 가고 있다는 것.

지금 누구도 한반도의 세계사적 위치가, 미국으로 건너가 번성한 유럽의 문명이 태평양을 건너서 아시아 대륙으로 이전되고 있는데 한반도가 그 징검다리 역할을 하고 있다는 것을 부정할 수 없게 되었다는 것.

다섯째, 또 한 가지! 저자는 이 책에서 처음부터 공산주의라든가? 소비에트 프롤레타리아 혁명이라든가? 하는 것에 대해서 부정적인 입장을 취하여, 마르크스나 레닌의 이론이 공상에 불과하고, 스탈린은 세계의 프롤레타리아의 해방을 위해 혁명을 한 공산주의자가 아니라, 소련이라는 국가를 앞세워 권력욕을 행사한 나치스의 한 형태라는 주장.

그런데 중국과 소련의 이념분쟁, 국경분쟁을 거쳐서, 수정주의를 내세워 자본주의와 타협을 하더니, 1980년대에는 소련과 그 위성국들로 구성된 동구권 세계의 붕괴로 각각 새로운 동유럽 세계가 출현하였고, 끝까지 교조적인 공산주의를 부르짖으며 홍위병 사태까지 연출하였던 중국은 한국의 박정희식 경제개발 정책을 벤치마킹하여, 시장경제 체제로 돌변하여 미국과 어깨를 겨누는 자본주의국가로 변신하고 있는 것을 보면서, 그때 나의 생각이 그렇게 틀린 것은 아니었다는 생각을 하게 된다.

요즘 우리는 한민족이 천부적으로 우수한 민족임을 자부하는 소리를 듣는다. 그렇다! 한민족은 우수한 민족임이 틀림이 없다. 그러나 오늘의 한민족의 위상을 놓고, 과거의 한민족의 역사가 강대하였다든가, 또는 지배적이었다든가 하는 환상과 망상으로 연결되는 수가 있다. 그러나 이것은 망상일 뿐이다. 오늘날 한민족이 세계적으로 우수한 민족으로 등장하게 된 것은 타고난 천재성 때문이 아니라, 과거 수많은 수난을 극복해 나온 결과임을 알아야 한다.

마치 유대인이 솔로몬 왕 이후, 사분오열 분열되어 세계 만방으로 흩어져 갖은 수모와 고통을 받아 가면서도 민족의 정체성을 저버리지 아니하고, 역사의 수난을 단련의 기회로 삼아 온 결과, 세계 만방 각 분야에서 천재성을 키워 발휘하고 있는 바와 같이, 한민족도 동북아시아 변방에서, 수많은 수난을 겪어가며 정체성을 지켜 살아온 결과가 오늘의 세계 만민을 놀라게 하는 우수성을 발휘하게 된 것이다.

나는 이를 한민족의 자유를 위한 투쟁의 결과라 하고 싶다. 해서 이 책의 후반부에는 한민족의 자유투쟁의 역정으로서의 한국사를 수록하였다.

이 책의 초판이 출간된 지, 무려 40여 년이란 세월이 흘러갔다. 그러나 본문의 어떤 부분에 대해서도 가필이나 삭제와 같은 손질을 하지 않고, 원본 그대로 재출간하려고 하였다.

40여 년이라는 시간은 한국 현대사에 있어서 긴 시간이었다. 1979년에는 박정희가 피살되고 유신시대가 종결되는 10·26 사태, 그리고 전두환 정권이 출현하는 12·12 사태, 그리고 이에 저항하는

1980년의 5·18 광주항쟁이 있었다.

그리고 전두환 정권 7년간엔 민주화를 위한 수많은 데모와 항쟁 사건들이 벌어졌고, 그 결과로 1987년에는 민주화의 성공을 의미하는 6월 항쟁과 6·29 선언이 있었다. 그리고 그로부터 노태우 정권을 거쳐 김영삼 정권, 김대중 정권, 노무현 정권, 이명박 정권을 거쳐 가며 경제성장과 더불어 민주주의의 발전을 이룩하여 왔다.

그렇다! 1960년대, 후진 저개발 국가라는 오명 아래 절대빈곤을 참아내야 했던 대한민국 국민은 그로부터의 자유를 위한 투쟁을 벌여 박정희 정권하에서 새마을사업, 수출 진흥정책, 소양강 댐과 고속도로 건설, 포항제철 건설 등 과감한 경제개발을 통해서 비약적인 경제발전을 이루어 경제적 자유를 쟁취하였다. 그리고 이 과정에서 필연적 운명이었을지도 모를 박정희와 전두환의 독재로부터의 자유를 위한 투쟁을 통해서, 김영삼, 김대중, 노무현으로 상징되는 정치적 자유, 즉 민주주의를 꽃피우게 하였다.

나는 이러한 과정을 지켜보면서 이 책을 썼다. 그러면서 역사 발전의 원리로 삼았던 자유투쟁의 원리가 실현되어가고 있음을 실감했다. 이런 점을 생각하면, 그 이후의 한국 현대사 부분에 대한 기술이 따라야 마땅하겠으나, 초판 내용에 가급적 가필을 하지 않기로 하였다. 자칫 가필이 덧칠하기가 될 우려가 있기 때문이다. 그리고 현존하고 있는 역사적 인물들에 대한 평가를 한다는 것은 무리가 따를 수 있기 때문이기도 하다. 이러한 무리나 편견의 우려를 가급적 불식시키기 위해서는 구체적이고 사실적인 연구를 근거로 해야 한다. 이러한 연구를 위해서는 또 한 권의 책을 요구한다.

그럼에도 불구하고 이 시대를 살아가고 있는 은퇴한 늙은 역사학 교수로서 눈과 귀를 막고 살 수는 없는 일이다. 그래서 제5장 결론 부분을 새로운 원고로 채우기로 했다. 가급적 덧칠이라는 느낌이 들지 않기를 바라면서, 2015년도까지 보고 느낀 세계사의 변천과 그 전망이라든가, 한국사가 현재에 당면하고 있는 문제점들과 그것들의 전개 전망 등을 허심탄회하게 피력했다.

혹시 노학자의 노탐이나 노욕으로 인한 실수가 있지 않을까 우려되는 바가 없지 않으나, 노학자로서 그런 생각도 할 수 있지 않을까 하는 마음으로 읽어주기 바란다.

2017년 1월
북한산기슭 현곡재에서
이상현 적음

　세상이 많이 바뀌었다. 내가 이 책의 원고 뭉치를 들고 출판사 문을 두들겼던 1975년, 그들은 냉담했었다. 한데 지금 세계는 이때의 나의 주장과 외침을 추월해 가고 있는 것 같은 느낌이다. 동서의 화해, 중남미의 자립을 위한 반제국주의 투쟁 등으로 이루어진 물결들이 높아지고 있는 국제 세계의 양상, 독재자를 물리치고 민주화의 시대를 열어가고 있는 국내적 정세, 그리고 휴전선을 가운데 한 한반도의 남북문제가 그렇다.

　세상은 정말로 많이 변하였다. 그러나 나는 이렇게 많이 달라지고 변했어도 아직 덜 달라지고 덜 변했음을 느끼지 않을 수 없다. 물결은 높아도, 높다는 그 자체만으로는 물결의 방향을 잡았다 할 수 없다. 부딪쳐서 깨어지는 파도의 거품과 그 소리가 요란해도 되돌아 밀려올 흐름이라면, 그것은 전진을 위한 준비일지는 몰라도 전진 그 자체는 아니다. 오히려 요란스러운 소리, 흥분된 몸짓 속에서 진정으로 찾아야 될 것이 잊혀 가고 있는지도 모른다. 아니! 이 소리, 이 몸짓에서 우리는 전진이 아닌 후퇴의 기미마저 느낀다.

　나는 이 책의 초판에서 정치를 한다는 사람들, 지식인으로 자처하는 사람들의 해바라기성 사대주의를 질타했으며, 마땅히 있어야 할 반미운동이 없었음을 안타깝게까지 생각했었다.

　그런데 이것들이 버스 지난 뒤 손 흔들 듯이, 지금 와서 요란해지니 한심한 생각이 든다. 우리가 큰 나라에 항거하는 것은 그 힘으로 인한 우리의 불이익과 피해가 있기 때문이요, 우리가 제국주의에 대항하여 싸우자는 것은 국익과 민족의 이익을 위하자는데 그 목적이 있는 것이다.

　그런데 지금은 우리의 상품이 세계시장을 점거해가고 우리의 의지가 세계의 국경들을 부수어가고 있는 이 시점에 40년대, 50년대, 60년대의 피해 의식이 아직도 이 땅을 어지럽히고 있다면, 이것은 분명 역사의 역류가 아니겠는가? 무엇이 진보이고 무엇이 보수란 말인가? 역사의 진행이 우리의 의식보다 앞서 빨리 간다면, 우리의 의식은 낡은 것, 보수적인 것이 되고 마는 것이 아닌가?

　나는 민중을 사랑한다. 나는 민중의 자식임을 자랑한다. 나는 민중이 이 땅의 주인이요, 민족 통일의 최대공약수임을 잘 안다. 허나 나는 민중을 외치는 자들을 사랑하지 않는다. 민중을 외치고 그 큰소리로 민중 위에 군림하려 날뛰는 자들을 나는 혐오한다.

　민중은 말이 없다. 민중은 스스로 민중이라 외치지 않는다. 민중이 스스로 민중임을 내세우면, 이미 그 자신은 민중이기를 거부한 것이기 때문이다. 진실로 민중을 위하는 자는 민중의식을 가지고 있으되, 민중을 헛되이 외치지는 않는다. 진정으로 민중의식을 가지고 있는 자는 자신의 영욕보다 민중의 복리를 앞서 생각한다.

　민중의식이란 헛된 권력욕이나 공중에 뜬 공명심에 흥분된 마음의 상태를 말하는 것이 아니다. 그것은 하나의 철학에 근거한 의식이다.

왜 살며, 왜 죽어야 하는지를 진지하게 생각하고서 얻을 수 있는 삶에 대한 철학이요, 역사가 어떤 이들에 의하여 이끌어져서 어떤 방향으로 가야 하는가를 철저하게 인식한 가운데 얻어지는 철학이다.

나는 지금 우리의 현재는 이러한 철학이 요구되는 시대라 생각한다. 막연히 하늘을 보며 탄식과 더불어 느끼는 철학이 아니다. 삶의 현장을 보며, 생각하고, 역사의 흐름 속에서 이를 반성하는 철학이 요구되는 시대라 여겨진다.

이 시대는 우리에게 역사가 무엇인지, 역사가 어떻게 시작되어 무엇에 의해서 어디를 향하여 달리고 있는지를 새삼 생각하도록 요구하고 있다.

이에 나는 잊혀가고 있던 나의 책《자유·투쟁의 역사》를 재판하고자 마음먹었다. 별로 커다란 증보나 변경은 없다. 다만 당시 검열 관계로 잘렸던 부분을 보완해서 새로이 세상에 내어 놓기로 하였다. 근 10여 년이 지나는 동안 나의 생각, 나의 문체, 나의 지식에 있어 많이 달라짐이 있었다. 그러나 역사 그 자체에 대한 생각에는 달라진 게 없다. 역사는 자유의, 자유에 의한, 자유를 위한, 투쟁의 역사라는 소신 그 자체에는 변화가 있을 수 없는 것이다.

끝으로 나의 이 책을 맡아 출판해 주겠다고 나선 오랜 친구 박용 사장에게 감사를 드린다.

1990년 2월
새절터에서

'나'와 역사의 현장에서

나는 누구인가? 이발쟁이의 셋째 아들이다. 그렇다! 그래서 나는 길어진 내 머리털을 내 손으로 자르다가 '이발사의 아드님이시라 역시 다르군요!'라는 마누라의 한 마디 농담에 분격, 그 마누라의 뺨따귀를 한 대 치고 딸내미로부터 '엄마 때리는 아빠'의 악명을 들어야 한 옹졸한 사내다.

나는 누구인가? 일제 말, 배급받은 콩깻묵을 입에 털어 넣고 배를 채웠다가 설사병에 걸려 빼빼 말라 사지가 뒤틀려 몰골사나운 모습으로 한국인의 이미지를 더럽혔던 그 '조센징'의 아들이다.

그렇다! 그래서 나는 외국인이라면 공연히 불쾌감을 참지 못해, 양부인을 겨드랑이에 끼고 히죽거리는 미국 병사에게 깨어진 소주병을 들이대었다가 불량 대학생의 낙인이 찍혀 이 대학, 저 대학, 대학교 순례를 해야 했던 문제아였다.

나는 누구인가? 6·25의 동족상잔 속에서 강간을 당하여 검은 아이를 안고 울부짖던 그 누이들의 동생이다.

그렇다! 그래서 나는 그 검은 아이의 족보를 알고 싶어서 돌아가지 않는 혀를 돌려가며 영어를 배웠고, 그것으로 서양이 어떻게 생겨난 서양인가를 알려고 했다. 그래도 서양엔 가지 않았다. 그 검은 나의 조카들의 영상이 나를 잡아서 가고 싶지만 못 가고 만 미련한 훈장이다.

그래서 나는 서럽다. 그러나 나는 나다. 우리 아버지를 사랑하고 존경하는 나다. 내 기억에 처음 비친 우리 아버지, '바리캉'을 들고 남의 머리털을 잘라내던 그 아버지, 한때는 아버지의 무능이 밉기도 하였지만 지금 생각하니 그 아버지는 위대한 민중이었다.

그는 말이 없다. 그에게 있는 것은 일 뿐이었다. 일제하에서도 그는 '바리캉'을 들고 서서 일을 했다. 해방 후에도 그 자리에서 그것을 그대로 했다. 자유당 때에도, 4·19 때도, 5·16 때도 그렇게 해서 그는 나를 키웠다. 일제하에서는 콩깻묵 밥에 멀건 아욱죽을, 해방 후 3년간은 미군이 가져다준 설탕으로 뒤범벅이 된 밀가루 떡을, 6·25 때에는 꽁보리밥을, 그리고 전쟁이 끝난 뒤에는 쌀밥에 김치찌개를 먹여 주었다.

그는 정치를 모른다. 아니 아예 알려고도 하지 않는다. 면서기가 매우 높았던 일제 때도 그는 그 면서기를 부러워하지 않았다. 서울 운동장, 남산 공원에서 반탁·찬탁의 싸움이 벌어졌을 때도 그는 그대로 '바리캉'만 들고 있었다. 스탈린의 초상, 김일성의 초상이 서울 거리에 나붙었던 때도 그는 이발쟁이였다. 그러나 1951년, 이른바 1·4 후퇴 때, 그는 우리를 끌고 피난을 했다. 우리를 피난시켜 놓고 군부대로 갔다. 거기서도 머리를 깎았다. 휴전이 되고 자유당 시대가 되었을 때도, 그 후 5·16 혁명이 있은 뒤에도, 그는 전과 다름이 없었다. 그에게서 나는 자라났다. 오로지 자식들에게 쌀밥을 먹이는 것 밖에는 아무것도 모르는 우리 아버지에게서 나는 자라났다. 우리 아버지는 민중이다. 나는 민중의 자식이다.

그러나 나는 나다. 그래서 나는 아버지의 가업을 잇지 않았다. 그 움직임이 없는 아버지가 아니라 마구 뛰어오르고 싶은 나다. 아버지의 품으로부터 벗어나 무쌍한 변화를 추구하고 싶은 나다. 콩깻묵이나 설탕 묻은 밀떡보다 쌀밥에 김치찌개가 훨씬 맛있다는 사실을 터득한 나로서는 아버지, 할아버지, 그리고 할할아버지들이 살았던 그 삶에서 뛰쳐나가지 않고 배길 수가 없었다.

강간을 하고도 떳떳한 서양인의 그 의젓한 모습이 나를 유혹했다. 나도 강간을 하는 자의 입장이 되어 보았으면 했다. 내 집에서 남의 잔치를 치르지 않고 남의 집에서 잔칫상을 받아 보았으면 했다. 그래서 서양을 배우기로 했다. 그러나 나는 나였다. 그래서 내 아버지 곁을 떠나지 않기로 했다. 강간당한 내 누이들의 곁에서, 남의 잔치로 소란해진 내 집에서, 그것을 배워야 한다고 생각했다. 나의 이 현장을 보면서 서양을 배워야 그 서양이 내 것이 될 것이라고 생각되었다.

나는 나다. 그러나 우리 아버지는 나의 교사였다. 강간당한 나의 누이들, 그리고 검은색의 나의 조카들은 나의 교과서였다. 아버지의 가난은 나에게 부(富)에로 향한 집념을 심어 주었고, 그의 야만스러운 무지는 나에게 문명과 지혜에로의 길을 제시했으며, 그가 당한 수모와 압박은 자존과 자유가 어떤가를 가르쳤다. 그리고 나의 누이들과 나의 검은 조카들, 그들은 이 모든 아버지의 교훈이 얼마나 절실한 진실인가 하는 것을 나의 폐부 속에 깊이 새기게 했다.

여기에 실린 글의 내용은 이렇게 배운 자유에 대한 이야기다. 전체 내용의 대부분이 서양의 역사, 서양의 자유를 중심으로 한 것들이지만 결론은 한국적 자유에 있다. 그리고 서양인을 포함하는 우리의 미래가 어떠했으면 좋겠는가 하는 것을 그려 보려 했다. 그러기 위해서는 현재를 알아야 되겠다고 생각했다.

현재는 서양인들에 의해서 윤색된 현재다. 그러나 그것만 가지고는 안 되겠다는 소리가 드높아가고 있다. 그들에 의해서 압박을 당해온 유색인종들의 절규도 높지만 그들 스스로도 노소(老少) 세력의 교체를 위한 역사의 진동소리라고 생각하려 했다.

나는 내가 속해 있는 민족이 약소민족이요, 야만적이라는 말에 희망을 건다. 또 내가 살고 있는 나라가 후진 저개발 국가군(群)에 속해 있다는 사실에 희망을 건다. 민족에 있어서 약소, 문명에 있어서 야만, 경제에 있어서 저개발이라는 용어는 모두가 젊었다는 의미로 해석되기 때문이다. 젊은이는 마땅히 미래의 희망이다. 한(韓)민족이 젊어 있다면 미래의 세계사에 있어 해야 할 역할이 크다.

나는 민족을 중요시한다. 그러나 결코 배타적이고 싶지는 않다. 내가 민족을 중요시함은 나의 민족이 세계사에서 행할 역할을 중요시하기 때문이다. 나는 나를 중요시한다. 그러나 그것이 나만이 존재할 수 있다는 생각에서가 아니다. 내가 맡은 나만의 역사적 사명을 중요시하고 그것에 충실하기 위함이다.

그러므로 피압박자의 이름을 빌어 세계적화(世界赤化)라는 망상에 사로잡혀 개인과 민족의 자유를 억압하는 이율배반적인 공산당식 제국주의에 대항하여 민족의 독자성, 개인의 존엄성을 지켜야 한다. 그렇다고 자유라는 미명에 현혹되어 마치 미국이 세계 인민의 자유의 수호자인 양 착각하고, 그 나라를 종주국으로 떠받드는 해바라기 족속들에게도 찬사를 보낼 수는 없다.

정치에 대하여 나는 아는 바가 없다. 그러나 이것만은 명백히 알 것 같다. 일제의 치하에서는 콩깻묵을 먹었는데, 내 동포의 치하에서는 쌀밥을 먹을 수 있더라는 것.

차례

제1장

서론

제2장

자유를 위한 투쟁과정으로서의 세계사 도정

제3장

근대 서구 자유주의의 성립

제4장

한국사에 있어서의 자유주의

제5장

결론

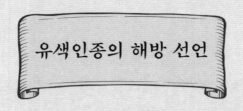

유색인종의 해방 선언

17~18세기 이래, 약소민족을 정복하고 그의 피를 마시고 성장한 서구적 제국주의의 물질 세력은 양차 세계대전을 전후하여 온 세계를 지배하는 입장을 취하게 되었으나, 그것은 방금 솟구치기 시작한 새로운 생성력의 도전을 받아 커다란 위협을 느끼는 단계에 이르렀다.

미·소의 양대 진영의 그늘에 숨겨져 있던 소위 후진 저개발 국가의 약소민족들이 선진 개발 국가에 대하여 강렬한 도전의 기치를 들었다. 지금까지 강대국가의 제국주의 정책하에서 신음하고 있던 이들 후진 약소민족들은 자민족, 자국가의 독자적 위치의 확립을 위한 투쟁을 전개하고 있다.

이집트 민족주의 선언, 콩고, 알제리아 등 아프리카 제국의 민족적 각성, 인종적 비애의 상징인 아메리카 흑인들의 인종 해방운동, 남아메리카 제국의 열기 띤 동태, 그리고 비참한 동족상쟁의 황폐를 딛고 일어서 세계 무역 전장으로 몰려드는 한국인의 기세, 참담했던 과거 피압박의 역사를 지니고 있는 일군(一群)의 민족이 새로운 생성력을 발휘하며 세계사에 등장하고 있는 현상과 이에 반하여 소위 선진개

발의 제국주의 국가 내부에서 일어나고 있는 사태—정신적 타락, 정치
적 혼란, 젊은 세대의 맹목적인 저항운동, 그리고 동구 제국을 풍미하
고 있는 기성 질서에 대한 젊은이들의 도전 등, 자유주의의 기치를 높
이 들고 동점(東漸) 운동의 주역을 맡았던 영광스러운 지배자로서의
과거사를 지닌 백인종들의 사회 내부에서 발생하고 있는 일련의 혼
란은 앞으로 몰아칠 세계적 폭풍의 조짐이며, 앞으로 전개될 세계사
의 위대하고 획기적인 전환을 향한 제일의 거보(巨步)인 것이다.

　이와 같은 조짐과 전환은 지금까지 전개되어 온 역사에 있어서의
필연적 귀결이며, 동시에 생명체인 역사의 성장 과정에 있어서 절대
적으로 필요한 현대적 과제인 것이다. 따라서 이와 같은 역사적 조짐
과 세계사의 발전 목표를 올바르게 파악하고, 이에 호응하여 역사적
목표의 달성을 위하여 자신을 바치는 개인과 민족은 역사에 의하여
택함을 받은 공로자요, 승리자가 될 것이며, 이에 거역하는 개인이나
민족은 필연적으로 역사의 반역자로서, 인생의 패배자로서 전락하여
천추의 한을 지니게 될 것이 분명하다.

　무릇 인류의 역사는 인류가 자유를 위하여 투쟁하여 온 역사다. 그
러므로 개인은 타개인의 일체의 간섭으로부터 벗어나야 하며, 민족은
타민족의 지배로부터 해방되어야 한다는 공리는 인류의 역사상 언제
어디서나 철저하게 신봉되어 온 진리였으며 묵계되어 온 좌우명이었
다.

　이 자유를 위하여 고대의 기독교도들은 즐거이 순교하였으며, 이
자유를 위하여 르네상스 사상가들은 흔쾌히 화형을 당하였으며, 이
자유를 위하여 프랑스의 젊은이들은 혁명 대열에 섰다가 용감히 기

요틴(guillotine)의 이슬로 사라졌다. 이와 같은 자유를 위한 투사들의 투쟁이 역사 발전의 원동력이 되었던 것이며, 역사를 창조하는 인류의 특유성을 지니게 한 것이다.

자유를 위한 투쟁! 그것은 단순히 감상적이고 일시적인 충동에 의한 말이 아니다. 그것은 인간 및 모든 생명의 본래적 속성으로 무한한 성장을 위한 노력인 것이다. 따라서 이것은 단순한 어떤 개인의 자유나 어떤 민족의 해방으로 끝나는 것이 아니라, 생명이 그리고 생명체인 역사가 존재하고 있는 한, 언제 어디서나 따라서 존재하게 되는 것이다.

속박을 당한 자는 그 속박으로부터 벗어나기 위한 투쟁을 하고, 속박으로부터 벗어난 자는 자신을 보다 큰 상태로 이끌기 위한 투쟁을 전개한다. 여기서 가치는 규정되고 생명은 그 의미를 갖게 되는 것이다.

18세기, 서구 제국주의자들은 르네상스 이래 성장되어 온 그들의 물질 세력과 자본력을 무기로 하여 동방 침략의 마수를 뻗치기 시작하였다. 그로부터 그들은 안빈낙도(安貧樂道)의 몽유(夢遊) 중에 은신하고 있던 동방 세계와 풍요한 자연의 혜택 속에서 아담의 쾌락을 즐기고 있던 남양 도서(島嶼) 세계, 그리고 아프리카 제 민족들은 그들 나름의 천부적이고 생래적인 즐거움과 인간의 권리를 박탈당하고 야만이라는 편파적 호칭 밑에 피지배자의 곤욕을 참으며 괴로워했으며, 각골(刻骨)의 착취를 당하지 않으면 아니 되었다.

이로써 동방의 화려한 복고적 꿈은 깨어져 빙상에 맨발을 딛게 되었으며, 남양의 에덴은 저주받은 땅으로 변했고, 아프리카의 밀림은

포락지형(炮烙之刑)의 동주(銅柱)로 화하였다. 여기서 그들 피압박 민족들은 비로소 자신의 위치를 반성하고 각성하기 시작하였으며, 여기서 그들은 그들의 적이 어떤 자이었는가를 알게 되고, 그들 적에 대한 뼈저린 적개심을 갖기에 이른 것이다.

그리하여 그들은 그들의 적을 제거하고 그들 힘에 의해서 그들의 독립을 쟁취하고 그들 자신과 그들의 동포를 위하여, 그리고 그들의 역사를 위하여 투쟁할 것을 마음속 깊이 다짐하게 되었다.

이렇게 마음을 다짐하게 되자, 그들은 비로소 그들의 역사가 얼마나 소중한 그들의 신이며, 그들의 미래가 얼마나 큰 소망인가를 알게 되었다. 즉 그들 자신, 하나하나가 역사 속에 존재하고 있다는 것을 인식하고, 그 역사가 사망함으로써 자기들 자신도 사망하지 않으면 아니 된다는 명백한 사실을 깨달았던 것이다.

이로부터 그들은 새로운 가치관을 갖게 되었으니, 그들은 종래에 평화와 안일에서 찾아오던 그들의 행복을 역사를 위한 투쟁, 자유를 위한 투쟁에서 찾고, 피어린 투쟁을 통한 전투의 승리에서 생(生)의 보람을 느끼게 되었다. 이리하여 그들은 제국주의, 식민주의자들에 대한 강렬한 투쟁을 벌였던 것이며, 그 결과로서 이제는 누구도 넘나볼 수 없는 하나의 국제 세력을 지니기 시작하였으며, 의젓한 자세로서 세계사에 등장하기 시작한 것이다. 그러나 그들은 이것으로 만족하지 않는다. 그들은 더욱더 투쟁의 진미를 터득해 갈 것이며, 세계사의 주도권을 잡아가게 될 것이다.

역사의 발전은 동일한 과정을 반복하지는 않는다. 그러나 변천 과정의 유사한 형태는 지니고 있다. 한 사회가 붕괴되고 새로운 사회가 형성된다든가, 새로이 형성된 사회가 강력한 생성력을 갖고 성숙한 상태에 이르면, 그 생명력이 감퇴되고 사회는 하강의 길을 걷게 된다든가 하는 현상이 바로 그것이다.

오늘의 세계사적 현상은 고대 로마 제국 멸망기와 매우 유사한 형태를 지니고 있다. 라인 강 습지에서 야만적이고, 목가적인 생활에 자족(自足)하고 있던 게르만 민족은 극도로 발달한 문화를 지니고 있는 로마 제국주의에 의해서 침략과 착취를 통해서 자신들의 위치를 인식하고 자기들의 적을 알게 되고, 그로부터 투쟁을 시작하여 결국 새로이 생성하는 세력으로 등장하여 부패된 로마 제국을 붕괴시키고 스스로 유럽사의 주역으로 등장하였으며, 나아가서는 오늘의 서구 문명을 낳아 놓은 주동 세력이 된 것이다.

노쇠한 문명인은 새로이 성장해 오르는 젊은 야만인에 의해 대체(代替)되고, 그 젊은 야만인은 노쇠한 문명인을 양분으로 해서 스스로 문명해지고 동시에 세계를 보다 확대시킨다. 이와 같은 신(新)·구(舊)의 교체, 구에 대한 신의 승리! 이것은 곧 역사가 지닌 자유 의식의 발현인 것이며, 이러한 신·구 투쟁 과정의 연속이 역사의 발전이다. 따라서 역사가 발전하기 위해서는 신·구는 투쟁해야 하고, 투쟁의 결과는 필연적으로 신세력의 승리로 돌아갈 것이다.

그러나 신세력은 투쟁에 있어서 철저해야 하며, 적에 대하여는 잔인하여야 한다. 잔인한 투쟁을 통해서 피압박 민족은 압박 민족에 대하여 철저한 보복을 하여야 한다. 아니면 오히려 사라져가는 구세력, 압박 민족에 의하여 반격을 받을 것이며, 그로 말미암아 소생할 수 없는 구세력의 일부로 전락되어 구세력과 더불어 사라져갈 위험이 있게 된다. 그러므로 피압박 민족들은 압박 민족을 몰아내는 투쟁에 있어서 서로 경쟁적이어야 하며, 이 목적을 위하여서는 모든 수단이 정당한 것으로 되어야 한다. 왜냐하면 한 민족이 미래사에서 점하는 위치 및 지위는 현시점에서 그 민족이 얼마나 적극적인 투쟁을 하였느냐 하는데 따라 결정되는 것이기 때문이다. 분명 역사는 숭고한 순교자의 고결한 피를 마시고 성장하는 나무다.

이상에서 논한 역사의 원리는 민족의 역사에서도 마찬가지로 통용된다. 1945년을 전후해서 형성된 한국의 두 개의 권력구조─소련 국제공산당의 앞잡이로 등장하여 북쪽 땅을 차지한 김일성 정권과 아메리카합중국의 제국주의적 극동정책의 도구로서 남쪽 땅을 차지한 이승만 정권 및 그 후예들은 이제 그것이 지니고 있던 본래의 색깔을 퇴색시켜 가고 있다. 이 퇴색은 그들의 운명이 다해 가고 있음을 증명하는 것이다. 양 집권자들은 고목의 코르크 나무껍질처럼 부풀어 오르는 새로운 세력을 억제하고 자기들의 현 위치를 고수하기 위하여 급급하고 있다. 그러나 한편 그들은 스스로 괴열(壞裂)되어 가고 있다는 사실을 또한 느끼지 않을 수 없게 되었다.

이것은 새로운 세계의 도래와 더불어 과거의 낡은 세계에 집착되어 있는 구세력의 몰락을 의미하는 것이며, 성장해 나가고 있는 민족사의 일대 전진을 예시하는 것이다.

이제 남북한의 새로운 세대들은 종래의 낡은 세대들처럼 이데올로기라는 늙은 요마(妖魔)에게 홀려 민족을 분열시키지는 않는다. 우리 젊은이들에게는 새로운 태양—제국주의, 공산주의라는 늙은 요마를 몰아내고 피압박 민족의 승리로써 형성될 새로운 세계를 비출 태양이 방금 동녘에 떠오르고 있음을 환희에 찬 눈으로 바라보고 있는 것이다.

그리고 우리 젊은 세대는 밤새도록 이 땅에서 분탕질을 치고 있던 요마와 그를 예배하던 무당들을 함께 몰아내는 것이 역사가 우리에게 내린 소명(召命)인 것임을 확신하고, 또 이 같은 소명은 우리에게만 내려진 것이 아니라, 우리와 유사한 처지에 놓여 있는 전 세계의 피압박 유색인종에게 공히 내려진 세계사적 지상명령인 것으로 믿고 전 세계 인구의 3분의 2를 차지하는 동지들과 함께 역사라는 우리의 신 앞에 엄숙히 맹서한다. 우리는 늙은 두 개의 요마를 이 땅에서 몰아내고 새로운 세계를 건설하는 역사적 과업을 위하여 즐거이 생명을 바치겠다.

1968년 보라매공원
공군사관학교 B. O. Q. 에서

제1장

서론

역사와 자유

역사라는 말은 두 가지의 뜻을 지니고 있는 것으로 생각된다. 그 하나는 책이나 기록으로서의 역사이고, 다른 하나는 본체로서의 역사다. 일반적으로 인류의 역사를 크게 나누어 선사시대와 역사시대로 구분하고 있는데, 여기서 '사'라든가 '역사'라는 말은 문자 기록을 뜻하는 것이다. 그러나 위에서 구분된 역사, 바로 그것은 이와는 다른 의미를 지니는 것, 즉 구분이 될 수 있는 몸체를 지니고 있는 어떤 것임에 틀림이 없다. 우리가 '유구한 역사와 전통'이라고 말할 때, 그 역사는 적어도 기록된 어떤 문서나 어떤 종류의 역사책을 의미하는 것은 아닐 것이다.

베른하임(Bernheim)은 역사를 독일어로 Geschichte라 하여 Geschehen, 즉 '발생하고 있는 것' 또는 '발생한 것'이라 하여 어떤 사건이나 사실을 의미하고 있으나[1], 여기서 말하는 역사란 이에 해당하지 않는다. 또 역사란 그리스어에 있어서 'ιθτρια'로 '조사·탐구'의 뜻을 가지고 있으나[2] 이것도 해당되지 않는다. 그리고 다케지다케도(武市健人)는 역사를 정의하여 '시간상에 전개되는 광의의 문화 현상'이라 했다. 이것은 비교적 본체로서의 역사에 대한 설명에 가까운 것 같다. 여기서 필자는 본문을 이끌어가는 편의상 다음과 같이 본체로서의 역사를 정의해 두어야겠다.

역사란 태초에 인류가 지상에 태어난 이래 생활하여 현재에까지 이른 과정이다. 여기서 태초란 별로 문제시되지 않는다. 왜냐하면 현재 인류학적으로 또는 고고학적으로 논의되는 바를 따르면, 태초란 100억 년 전 또는 56억 년 전이라고 하지만, 이러한 천문학적 숫자로 표현되고 있는 햇수는 그냥 태초라는 말로 대치시켜도 무방하리라 생각되기 때문이다.

문제는 인류라는 말이다. 역사란 인류의 생활과정이라 했는데, 그러면 인류만이 역사를 지니고 있느냐 하는 것이다. 답은 그렇다는 것이다. 역사는 오로지 인류만의 역사이며 또 인류만이 역사를 지닐 수 있다는 것이다. 자연과학에서도 자연의 역사를 말하고 있다. 지층의 역사라든가 동물 또는 식물의 역사라든가 등등으로. 물론 역사라는 말 자체를 자연과학에서 써서 안 될 것은 없으리라. 그러나 그 어의는 엄격히 구별되지 않으면 아니 된다.

역사란 변화를 전제하지 않으면 성립될 수 없다. 그런데 여기서 말하는 변화란 인류에게만 가능한 변화다. 자연계에도 변화는 있다. 봄이 되면 움이 트고, 여름이 되면 녹음이 우거지고, 가을이 되면 낙엽이 떨어지고, 겨울이 되면 대지가 눈으로 덮이는 변화가 있다. 그러나 이것을 역사적인 변화라고는 할 수 없다.[3]

이상과 같은 자연의 변화는 자연 스스로의 변화가 아니기 때문이다. 자연의 변화는 태양의 고도의 변화에 따른 타율적인 변화다. 그러므로 그것은 태양의 고도가 반복적으로 변화하는데 따라 반복적이고 순환적인 변화를 하고 있는 것이다. 이러한 변화는 거시적인 안목으로 볼 때 변화가 아니다. 즉 2,000년 전의 자연계와 현재의 자연계를 비교해 볼 때 변화가 없다. 금수의 왕으로 알려진 호랑이도 2,000년 전의 것이나 현재의 것이나 생활에 있어서 아무런 변화가 없다. 그러나 인류는 그렇지 않다. 인류도 자연계에 소속되어 있으므로 태양의 고도의 변화에 따른 변화를 하지만 동시에 자율적인 변화를 하고 있는 것이다. 즉 현재의 인간은 2,000년 전의 인간과 그 생활에 있어서 전혀 같지 않은 생활을 하고 있는 것이다.

이와 같은 인류의 자율적 변화를 창조적 변화라고 할 수 있을 것이다. 역사란 바로 이 인류의 자율적 변화, 즉 창조적 변화의 과정 그 자체이다. 그리고 이 같은 창조적 변화를 이룩하여 역사를 갖는 인간을 역사적 존재라 할 수 있을 것이다.

그러면 인간은 무엇 때문에 타 존재와 달리 역사적 존재가 될 수 있게 되었는가? 이 질문에 대한 답은 일반적으로 두 가지의 사관으로 나타나고 있다. 인간의 정신이 그렇게 만들었다고 하는 정신사관이 그 하나요, 인간이 생존하기 위해서 절대적으로 필요한 재화(물질)와 그에 대한 욕구가 인간을 그렇게 만들었다고 하는 이른바 유물사관이 그 둘이다.

전자를 주장한 사상가 중에 가장 현저한 인물은 헤겔(Hegel)이다. 헤겔은 역사(세계사)를 '(세계)정신의 이성적이며 필연적인 행정(行程)'[4]이라고 규정하였으며 '정신의 실체와 본질은 자유'[5]라고 하였다. 그리고 여기에 그 사상적 연원을 두고 있는 것으로 생각되는 B. 크로체는 '모든 역사는 사상사이며 자유의 이야기'라고 했다. 여기서 우리는 정신과 자유가 어떠한 것인가를 우리 나름대로 이해하지 않을 수 없다.

정신이란 무엇인가? 어떻게 생긴 것인가? 우리는 정신을 볼 수도 없고 만질 수도 없으며 냄새를 맡을 수도 없다. 그러나 정신이 있다, 없다는 것은 구별할 수 있다. 우리가 정신없이 서 있다고 할 때, 이 말이 무엇을 뜻하는가? 그렇다! 우리의 두뇌가 움직이지 않고 있는 상태, 즉 두뇌작용의 정지 상태를 뜻한다. 반대로 '정신 차려!'라는 호령 밑에 정신이 들어있을 때 우리의 두뇌는 어떤 상태인가? 움직임이다. 머리와 마음이 움직이고 있거나 어떠한 상황이 떨어지더라도 곧바로 대처할 수 있는 상태에 있음을 뜻한다.

정신의 속성은 움직임에 있다. 이러한 정신의 속성을 헤겔이나 크로체는 자유라는 말로 표현하고 있는 것이다. 그리하여 헤겔은 '물질의 실체가 중력이라면, 정신의 실체와 본질은 자유'라 했고, 크로체는 '언제나 현재에 만족하지 않고 새롭고 묘한 것(novelty)을 추구하는 정신의 속성을 자유'라고 정의하였다. 그리고 이들에 의하면 인간은 이러한 정신을 지니고 있고 또 자유의식을 발현(發現)함으로써 역사를 창조하는 동물이 될 수 있었다는 것이다.

구체적인 사례를 들어 보자. 나는 1950년대에 서울 거리를 활보하던 여대생들의 의복을 생각해 본다. 그때는 6·25 전쟁이 휴전으로 접어든지 불과 얼마 되지 않는 시대였다. 그러므로 그 당시 경제 사정은 극도로 궁핍한 상태에 있었다. 오늘날처럼 섬유공업이 발달해 있을 리 없다. 또 풍부한 물자가 있을 까닭이 없다. 그런데 그 당시 여대생들의 스커트는 어떠했었는가? 길었다. 종아리가 조금이라도 보일세라, 그들은 길게 스커트 자락을 늘여 입었다. 또 스커트 폭은 어떠했나? 넓었다. 어쩌다 몸을 한 바퀴 돌리면 서양 중세의 무희가 입고 있던 드레스가 원을 그리듯 펼쳐지는 이른바 플레어스커트(flare skirt)였다.

그러던 것이 1960년대로 접어들면서 여성들의 의상에는 일대 변화가 일기 시작했다. 스커트의 길이가 짧아지고, 스커트의 폭이 좁아지기 시작한 것이다. 국가 경제는 안정되어 가고 방직 공업은 발전되어서 섬유 물자의 수출 활로를 뚫으려는 실업가들의 노력이 한창이고, 국내 상인들은 어떻게 하면 보다 많은 옷감을 소비할 수 있도록 하는가 하는 방도를 찾으려고 선전의 소리를 높이고 있을 때, 거꾸로 여자들의 치맛자락은 자꾸만 짧아졌던 것이다.

심지어는 언론 기관과 정부 당국에서 그 '미니' 선풍의 윤리성을 문제 삼아 통제하려고 해도 소용없이 치맛자락은 자꾸만 짧아져만 갔다. '치맛자락이 무릎 위로 올라왔을 때' 신문은 대경실색하는 단계에까지 이르렀고, 정부는 통제의 곤봉을 들었다. 그러나 헛수고였다.

결국 그것은 어찌되었나. 언론기관이 지쳐서, 아니 이제 치맛자락이 허벅지까지 올라와도 남성들에게 성적 매력을 호소할 수 있는 효력이 상실하게 되자, 치맛자락은 누구의 시킴도 강제도 없었으나 슬그머니 내려왔다. 이제는 그 반대로 너무 길어지기까지 했다. 그래서 '맥시' 선풍이 불어서 그 아까운 바지자락 치맛자락을 질질 끌고 다니며, 비에 젖은 명동 거리의 아스팔트 위를 걸레질을 하고 있지 않았던가?

왜 이랬을까? 왜 1950년대의 여성들은 전상(戰傷)한 미군 병사의 피의 흔적이 아직도 가시지 않은 사지군복에 검정 물을 들인 그 천으로 만든 치마의 자락을 그렇게 길고 넓게 해서 부족한 물자의 사정을 외면했으며, 왜 1960년대의 여성들은 풍부하고 값싼 천이 남아돌아가는데도 치맛자락을 자꾸 잘라서 입어야만 했는가?

이것은 현재에 누구나 입고 있는 치마로서는 무언지 모르게 권태가 난 것이다. 그리고 자르든지 늘리든지 해서, 육체를 감추든지 노출시키든지 해서 현재의 것과는 좀 다른 멋을 보여야만 하는 것이 인간 정신의 속성이다.

서양의 미술사를 살펴볼 때도 이와 유사한 현상이 눈에 뜨인다. 그리스의 조각은 모두가 나체였다. 그러나 로마 시대에 와서는 천을 살짝 걸치고 있다. 중세의 조각이나 회화는 머리에서 발등까지 뒤집어싸고 있다. 그러나 르네상스와 더불어 조각과 그림의 인물들은 다시 옷을 벗고 있다. 그리고 다시 입고 있다. 만약 이러한 변화가 없다면 의상의 역사, 미술의 역사가 있을 수 있을까?

이상과 같은 정신사관에 반대하여 유물사관이 성립한다. 유물사관의 주창자는 마르크스와 엥겔스다. 이들의 주장에 따르면 역사를 만들기 위해서는 인간은 생활하지 않으면 아니 된다. 즉 마시고, 먹고, 입고, 또 주거를 가져야 한다.[6] 그들은 이 같은 조건을 인간의 제1차적 욕망이라 하고, 이 제1차적 욕망의 만족은 새로운 욕망을 낳고, 그것에 의해서 그들의 생산을 위한 여러 조건의 창조를 낳는다[7]고 한다. 이 같은 생산의 여러 조건은 곧 하부구조(Unterbau: 경제적 구조)와 상부구조(Aufbau: 법률 및 정치 등의 정신적 구조)의 변증법적 발전을 가져 오며, 이 발전의 원동력은 계급투쟁에 입각한 혁명이라는 것이다.[8]

이를 쉽게 이야기하면 이렇게 말할 수 있을 것이다. 인간이 역사를 창조하려면 먼저 인간은 생존해야 한다. 인간이 생존하기 위해서는 우선 제1차적인 욕망을 만족시킬 수 있는 경제적 구조, 즉 하부구조로서의 빵이 있어야 한다. 빵을 생산한다. 그리고 이것으로 제1차적 욕망을 만족시킨다. 그 다음 인간은 계속적으로 빵을 얻을 수 있는 제도나 법률, 사회제도 등의 상부구조를 생각한다.

이 같은 상부구조로서의 제2차적 욕망이 충족되어 빵을 얻는 일에 대하여 어려움이 없게 되면, 인간은 다시 보다 좋은 음식이라든가, 보다 좋은 옷이라든가, 보다 좋은 주거를 욕망하게 된다.

그리고 이러한 제2의 하부구조로서의 제1차적 욕망이 만족되면 또 이에 근거하는 상부구조로서의 제2차적 욕망을 갖게 된다. 이처럼 하부구조가 상부구조의 본질을 규정한다고 하는 것이 유물사관의 핵심이다. 만약 이론적으로 이상의 이론에 타당성이 있다 하더라도 여기에는 근본적인 문제가 있다.

유물사관의 주창자나 이들의 추종자들은 17세기 이래 서양 사상계의 일반적 경향인 실증주의에 대한 맹목적인 지지자들이다. 이들의 공통점은 자연과학의 방법론에 소위 '과학적'이라는 영광스러운 이름을 붙여 인간의 역사에 적용하고 있다는 것이다. 즉 이들은 '과학적'이라는 수식어가 붙은 것은 무조건 진리라고 믿었다.

그러면 과학적 방법론이란 어떤 것인가? 간단히 말해서 이것은 인간이 먼저 고찰해 놓은(직관 등을 근거로) 가설에 입각해서 관찰과 실험을 통하여 가설의 진위를 입증하는 방법이다. 이러한 방법은 자연을 연구함에 있어서는 타당할지 모른다. 아니, 자연에 대한 연구에 있어서도 그 가설의 역사적 변천에 따라 그 입증된 결과는 변한다.[9] 이 방법에서는 가설에 오류가 있으며 그 관찰과 실험으로 그릇된 가설에 따라 그릇된 결과가 나온다. 그런데 하물며 이러한 방법을 인간의 역사에 적용시켜서 타당할 수 있을까?

유물사관은 그 가설의 설정에서부터 오류를 범하고 있다. 다시 말하면 그 가설은 인간의 어떤 요소가 역사를 창조할 수 있는 동물이 되게 했는가? 라는 질문에 대한 답을 이끌어 내기 위한 가설이 아니다. 먼저 유물사관을 설정해 놓고 이에 근거한 인간의 속성을 규정하여, 그 인간이 어떻게 물질문명의 발전을 이룩해 왔는가 하는 과정에 대한 설명을 풀어 가지고 왔다는 것이다.

문제는 타 동물은 생존조건으로서의 제1차적 욕망이 만족되면 그것으로 그치고 마는데, 인간은 왜 그것으로 만족하지 않고, 제2차적 욕구를 느끼느냐 하는 것이다. 마르크스의 주장처럼 인간이 마시고 먹고 거주할 수 있는 것으로 만족하고 말았다면 역사의 창조가 가능했겠는가? 그렇지 않고 제2차적 욕구 즉 정신적 욕구[10]가 있음이 인간이 타 동물과의 상이점이라면 결국 마르크스, 엥겔스의 변증법적 유물론은 실제로 정신변증법으로 환원되고 마는 것이다.[11]

또 이들은 변증법의 원동력이 계급투쟁에 입각한 혁명이라고 했지만, 세계사를 돌이켜 볼 때 과연 프롤레타리아가 혁명을 주도한 예가 어디에 있는가? 마르크스, 엥겔스 자신도 프롤레타리아는 아니었으며 레닌도 프롤레타리아는 아니었다. 세계사상에 나타난 모든 혁명가는 지식인이었으며, 정치 지향적 성격의 소유자였다.[12] 그렇다면 이들은 무엇을 위하여 혁명을 하였는가? 자유다. 지식인의 정신은 언제나 자기 앞에 펼쳐진 현재적 상황에 만족하지 않고, 언제나 새롭고 신기한 그 어떤 것을 지향하여 정신을 작용시키고 있는 것이다.

이러한 정신적 작용의 연속, 즉 자유의식의 지속적인 발현으로 역사는 창조되는 것이다. 모든 역사는 정신의 역사이며 자유의 투쟁사다.

그러면 정신 또는 자유만으로 역사의 창조는 가능한가? 아무리 위대한 조각가가 있다 해도 그에게 재료(돌이나 석고나 구리)가 없이는 조각을 할 수 없다. 마찬가지로 아무리 정신이 있다 하더라도 그 정신을 표현할 수 있는 대상으로서의 자연이 없이는 역사의 창조는 불가능하다.

결국 역사의 창조란 정신이 자연에 작용하여 자연 그 자체대로 버려두면 인간에게 무용할 뿐만 아니라, 때로는 인간에 대한 위협적인 존재로 되는 자연을 변개시켜 인간에게 유익한 어떤 것으로, 또는 인간의 욕구를 충족시킬 수 있는 것으로 만드는 것을 의미한다.

이것을 구체적 예를 들어 설명해 보자. 정신을 소유하고 있는 인간으로서의 농부는 자연으로서의 농토에 대하여 그의 정신력을 투입하여 수확물을 얻는다. 이것을 우리는 '경작한다'고 한다. 경작하다는 말을 영어로 하면 cultivate, 독어로 하면 kultivieren이다. 여기서 Culture라는 영어와 Kultur라는 독일어의 문화라는 의미의 추상명사가 나온 것이다. 즉 인간의 정신력이 자연에 투입되어 자연을 변개시킨 것 일체를 우리는 광의의 문화라고 할 수 있다.

이와 같은 정신의 문화 창조는 시간의 경과와 더불어 계속된다. 태초에 인간이 지상에 처음으로 생겨났을 때, 그 당시의 지상은 완전히 자연 그대로였다. 이 자연에 대하여 인간은 그의 정신을 투입하여 이른바 문화를 창조하였다. 그러나 그에 의해서 창조된 문화 위에 태어난 다음 세대의 인간에게는 그 문화가 다시 자연으로 생각된다. 인간의 자유의식 즉 현재의 상황에 만족하지 아니하는 인간정신의 속성이 그로 하여금 그렇게 생각하지 않으면 아니 되게 한 것이다.

그러므로 그 제2차적 세대는 그의 선행 세대가 이룩해 놓은 문화를 부정하고 새로운 문화를 창조하기 위하여 그의 정신력을 발휘한다. 그 결과, 전(前)세대가 이룩한 문화를 포함, 흡수한 새로운 문화의 층을 이룩하게 된다. 이 문화의 층 위에서 새로이 탄생한 새로운 세대에게도 이 문화의 층이 또 하나의 역사적 현재이며, 이 역사적 현재의 상황은 그의 자유의식에 입각할 때, 또 하나의 만족할 수 없는 하나의 자연으로 보이게 된다. 여기서 그의 자유의식은 그 현재적 상황에서 야기된 불만, 즉 해결해야 할 문제를 해결하기 위하여 그의 정신력을 발휘한다.

이상과 같은 정신의 변증법적 창조는 시간의 경과에 따라 문화의 계층을 이룩하게 되는데, 이 같은 계층을 우리는 이른바 본체로서의 역사라고 할 수 있다. 그리고 이것을 역사라고 하면, 역사는 결국 정신의 자기실현 과정이며 자유의식의 투쟁 과정, 즉 자유의식 자체가 매시대마다 스스로 문제를 제기하고 스스로 그 문제를 해결해 가는 과정이며, 또 모든 역사는 이 같은 자유의식의 작용의 결과로 산출되는 문화의 누적과정이라고 할 수 있다. 여기서 역사학은 매 시대, 즉 문화누적의 매단계의 문화를 연구함으로써 역사의 본체를 파악하고, 정신의 자기실현의 양태와 자유의식의 작용 자체를 인식하는 것이라는 결론이 나온다.

역사의 시작과 정신

이와 같이 인류의 역사가 정신의 역사이고 자유의식의 투쟁과정이라고 할 때, 우리는 역사의 시작 자체가 그 정신의 시작, 자유의식의 발현의 시초에 있다고 하는 것을 생각하지 않을 수 없다.

분명 인류의 역사는 인간이 스스로 자기가 지니고 있는 정신 또는 이성을 자각한 순간에 시작되었다.

정신과 이성에 대한 자각, 그것은 정신과 이성이 처음으로 작용하기 시작함을 의미한다. 이는 인간이 생각하기 시작한 것을 뜻한다. 선악의 구별, 시비(是非)에 대한 논의, 미추(美醜)에 대한 식별, 그리고 다가올 미래에 대한 희망과 공포 이러한 것들의 시작을 뜻한다. 그러므로 만약 《구약성서》에서 이야기되고 있듯이 아담과 하와가 선악과를 따먹지 않아서 아직 이러한 정신의 작용이 있지 않은 상태에 있었다면, 그것은 어쩔 수 없이 원숭이이지 인간은 아닌 것이다.

선악, 시비, 미추, 공포와 희망으로 인한 갈등이 없고 고통이 없다고 하면 인류의 역사는 있을 수 없다. 역사를 창조하지 못하고 역사와 무관한 인간은 인간이 아니라 원숭이이다. 그러므로 원숭이가 돌을 사용할 수 있을 정도의 이성의 작용이 시작되는 순간, 인간은 비로소 인간이 되었고 그로부터 역사는 시작되었다.

그리고 그 인간의 정신은 비록 그것이 신에 의해서 금지된 일이라 할지라도, 그의 자유의식이 지향하는 길이라면 가지 않고는 배길 수 없는 것이므로, 인간은 프로메테우스의 고난을 극복하면서 살아가야 하는 것이다.

프로메테우스는 인간에게 주기 위해서 불을 훔친 죄로 제우스로부터 코카사스 산정에 결박된 채, 독수리에게 심장을 찢기는 고난을 당해야 했지만, 결코 굴복하거나 비겁해짐이 없이 자신을 지키며 자기가 행한 일에 긍지를 느꼈던 것이다. 이것이 자유의식이며 이것에 의해서 역사는 지속적으로 발전해 나간 것이다. 다시 말해서 정신이나 이성을 가지고 스스로 신이 되기 위해 또는 신에게 도전장을 보내는 자유의식을 지니지 아니한 인간은 단지 원숭이에 불과하다.

이상에서 나는 역사를 정의하여 자유의식의 작용의 결과로 산출되는 문화의 누적이라 하였다. 그러면 그 자유의식은 역사 속에서 어떻게 작용하고 있는가? 제우스의 탄생 연원을 이야기하고 있는 그리스의 신화는 이 자유의 생리를 근원적으로 설명하고 있다. 그러므로 자유의 본질이 무엇이며, 그것이 역사에 있어서 어떻게 작용하고 있는가를 이해하기 위해서 우리는 그리스 신화를 인용할 필요를 느낀다.[13]

그리스 신화에 의하면, 태초에 천공을 지배하기 시작한 원초적인 신은 우라노스(Uranos)다. 이 최초의 신이며 천공의 지배자인 우라노스는 대지의 여신인 가이아(Gaia)와 결혼을 하여 많은 자이언트(Giant)들을 낳았다. 그런데 이 자이언트들은 이름 그대로 거신(巨神)들이기 때문에 그 성장이 매우 빨랐다. 그들의 아버지인 우라노스가 보기에 무서울 정도로 그들은 무럭무럭 자랐다.

이에 대해서 우라노스는 겁이 나기 시작했다. 이 자이언트들이 이렇게 자라다가는 종당에는 자기 자신보다 더 커지게 될 것이고 더 강해질 것이다. 그렇게 되면 이들은 결국 자기의 지배권을 빼앗게 될 것이라고 생각하게 되었기 때문이다.

여기서 우라노스는 자기의 자식들인 자이언트들을 잡아서 꽁꽁 결박을 지워 지옥(Hellas)에 집어넣어 버리기로 결심한다. 이에 대하여 그 자이언트들의 어머니인 가이아는 반대를 하였으나, 그것은 소용이 없는 일이었다. 그 남편의 결심이 너무 굳었으며 그 남편의 호령이 너무 엄중했기 때문에 계속 반대할 수는 없었다.

그로부터 가이아는 자이언트를 계속 낳는 일을 하고, 우라노스는 그 자이언트들을 계속 결박 지워 지옥 속에 집어넣는 일을 거듭하였다. 그러나 결국에는 가이아가 더 이상 남편의 행동에 대해 참고 견딜 수가 없게 된 것이다.

생각해 보라! 남자는 애를 낳는 일에 그다지 큰 고통이나 어려움을 당하지 않는다. 아니, 남자는 자기의 애가 언제 어디서 어떻게 생겨나는지도 모른다. 남자는 그 애를 낳기 위해서 성행위를 하는 것은 더더군다나 아니다.

남자가 자식을 원하는 것은 다만 사회적 관념에 의한 것이다. 그러나 여자는 다르다. 물론 여자일지라도 애를 낳겠다는 목적을 위해서 성행위를 하는 것은 아니겠으나, 일단 임신을 하게 되면 여자의 입장은 남자와 다르다. 300여 날에 가까운 시일을 두고 뱃속에서 그 애를 키우는 고통을 겪어야 하며, 또 인생에 있어 가장 고통스럽다고 하는 산고를 겪고서야 낳는 것이기 때문이다.

이러한 고통의 보상으로 얻은 자식을 무지막지하게 지옥 속에 집어넣는 우라노스의 행위에 대하여 가이아는 더 이상 인종할 수 없었던 것이다. 드디어 가이아는 지금 지옥 속에서 질곡을 당하고 있는 그의 자식들을 구해 내기로 결심하였다.

그리하여 가이아는 마지막으로 임신한 크로노스(Kronos)를 우라노스가 모르는 곳에 가서 몰래 낳았고, 그를 비밀리에 길렀다. 그리고 크로노스가 장성하게 되자, 그녀는 그에게 금강석으로 만든 도끼를 주면서 "이것으로 너의 아비인 우라노스를 치고 지금 지옥 속에서 질곡에 신음하고 있는 너의 형제를 구하라!"고 말했다.

한창 힘이 넘쳐 그 힘을 어디에다 쓸 곳이 없을까 하여 갈망하고 있던 크로노스는 즐거운 마음으로 어머니로부터 받은 금강석 도끼를 휘두르며 낮잠 자고 있는 그의 아버지 우라노스에게 진격하여 결국은 그의 생식기를 자른다.

이에 우라노스는 놀라 깨어났으나 이미 그의 생식기는 잘라진 후였다. 이제 그로서는 크로노스에게 대항할 수 없게 되었다. 우라노스는 도망을 쳤다. 이때 잘라진 생식기에서는 피가 흘러 나왔고 그것이 흘러 떨어진 자리에서는 복수의 여신들이 태어났다. 여기서 크로노스는 지옥으로 가서 우라노스에 의하여 질곡을 당하고 있던 그의 형제 자이언트들을 구출하였다. 그 공로로 크로노스는 우라노스를 대신하여 천공의 지배자가 되었다.

이때에 가이아의 마음은 변하였다. 그녀는 자기의 아들을 교사하여 남편을 치게 했으나, 그 결과 그녀에게 온 것은 실망뿐이었다. 왜냐하면 자식이란 어렸을 때만 어머니의 자식이지, 장성해지면 어머니의 자식이 아니기 때문이다. 즉 장성한 크로노스, 그리고 우라노스의 뒤를 이어 천공의 지배자가 된 크로노스는 다른 대지의 여신인 레아(Rea)의 남편이 되었기 때문이다.

결국 가이아는 자기 아들 크로노스를 저주했다. "네가 네 아비를 치고 천공의 지배권을 빼앗았으니, 네 자식도 너를 치고 너의 지배권을 빼앗으리라!"고. 그리고 그녀는 자기의 남편인 우라노스의 뒤를 따라간다. 어린 자식을 키울 때 지니고 있던 모성애라는 여자의 사랑은 늙으면 다시 남편에게로 향하는 것인가 보다.

크로노스와 결혼한 레아는 자식을 낳는다. 이때, 크로노스의 귓속에서는 어머니가 "네가 네 아비를 치고 천공의 지배권을 빼앗았으니, 네 자식도 너를 치고 너의 지배권을 빼앗으리라!"고 한 저주의 소리가 들린다. 크로노스는 자기의 자식을 보기가 겁난다. 자기의 적으로 여겨지게 된다. 자기 아버지 우라노스의 처참한 말로가 눈에 나타난다. 그래서 그는 레아가 낳는 모든 자식들을 모조리 잡아 먹어버리겠다고 결심한다.

레아도 여신이다. 그러기에 그도 처음에는 자기의 남편이 이 세상의 유일한 남자라고 생각하며 온갖 사랑을 바쳤으나, 자식을 낳아 놓고 보니 이젠 그럴 수가 없는 것이다. 먼저 가이아가 느낀 것과 꼭 같은 모성애를 느낀 것이다.

그래서 그녀는 남편에게 자식들을 잡아먹지 말아 달라고 호소했다. 그러나 새로운 생명의 성장에 대한 공포심을 지닌 크로노스에게 그 호소가 들릴 리 만무하다. 그런데 자식을 가진 여자의 모성애는 남편에 대한 애정보다 강하다. 레아는 드디어 결심한다.

그리고 그녀는 마지막으로 잉태했을 때 크로노스가 모르게 지중해에 있는 크레타 섬의 이수수라는 동굴에 가서 해산을 했다. 이때에 태어난 신이 제우스(Zeus)다. 레아는 그곳에 거주하는 님프라는 여신들에게 부탁해서 제우스를 기르게 하고, 자기는 커다란 돌멩이를 강보에 싸서 크로노스에게 갖다 주면서 "옛소! 또 낳았으니 먹든지 말든지 하시오!"라고 말했다. 크로노스는 레아를 믿고 그 돌멩이를 삼켜 버렸다.

제우스를 맡아 기르게 된 님프들은 그들의 일이 크로노스에게 발각되지 않도록 신경을 써야 했다. 그런데 문제는 제우스의 울음소리였다. 님프들은 그 울음소리가 크로노스에게 들리지 않게 하기 위하여 제우스가 울 때마다 창과 방패를 두드렸다. 이 때문에 제우스는 창과 방패에 둘러싸여 그것을 치는 소리를 들어가며 자라났다.

창과 방패! 그것은 동양식 사고로 말할 때 모순(矛盾)이다. 창과 방패! 그것은 곧 전쟁의 상징이다. 어쨌든 제우스는 모순과 전쟁 속에서 자라는 것이다. 그러한 제우스이므로 그는 뇌성벽력을 마음대로 사용하는 강렬한 힘을 지닌 전쟁의 화신으로 자라난 것이다.

드디어 그는 그의 힘으로 그의 아버지 크로노스를 공격하였다. 그리고 크로노스에게 약을 먹여서 그의 뱃속에 갇히어 신음하고 있는 그의 형제들을 구원하였다. 그중에 포세이돈과 헤라클레스가 있었다. 이들은 힘을 합쳐 크로노스를 추방한 후, 제비를 뽑아 제우스는 천공을 지배하고 포세이돈은 바다를 지배하게 되었다.

이상의 이야기는 문자 그대로 신화다. 그런데 신화는 인간의 사상을 상징화한 것이다. 우라노스는 지배자, 완성된 자, 또는 기성인의 상징이다. 지배권을 획득한 지배자! 그는 그 다음에 무엇을 할 것인가? 완성! 그것 다음에 있을 수 있는 것은 무엇인가? 기성인! 그 이름 뒤에 붙을 수 있는 이름은 과연 무엇인가? 지배권을 장악한다! 그는 그의 지배권을 계속 보유하기 위하여 보수 세력이 되지 않을 수 없다.

보수라는 것은 숙명적으로 새로이 탄생하여 새로이 성장하는 자를 적대시하지 않을 수 없는 것이다. 완성의 다음은 붕괴다. 그리고 기성인이란 명칭 뒤에 오는 명칭은 어쩔 수 없이 노인이라는 것이다. 지배권자는 그가 제아무리 자신의 그 지배권을 고수하기 위하여 신세대를 적대시하고 억압한다 하더라도, 어쩔 수 없이 자기 자신은 붕괴되어 가는 운명을 감내하지 않을 수 없고, 노인이라는 명칭을 피할 수 없는 것이다.

반대로 새로이 태어난 자! 그는 그에 대한 지배자의 억압이 아무리 심하고 그에 대한 박해가 제아무리 가혹하다 하더라도 성장을 계속한다. 피압박자, 그는 그 압박으로부터 해방하지 않으면 아니 되며, 미완성! 그것은 그것의 현재적 상황을 박차고 완성을 향하여 매진하지 않으면 아니 되며, 미성년자! 그것은 현재의 자신의 유약함을 극복하지 않으면 아니 되는 것이다. 이것이 바로 생명의 본질이기 때문이다.

이 같은 생명의 본질이 바로 자유의 의식이다. 그러므로 자유라는 것은 지배자의 것이 아니며 완성된 자의 것이 아니며, 기성인의 것이 아니다. 자유는 언제나 피압박자가 그 압박으로부터 벗어나고자 하는 의식이며, 미완성자가 완성으로 향하고자 하는 의지이며, 미성년자가 어른이 되고자 하는 정신의 표현이다.

그러므로 애초에 피압박, 미완성, 미성년의 상태에 있던 자가 자신의 그 자유를 위한 투쟁의 결과로 지배권을 장악하게 되고, 완성되고, 기성인이 되면, 그 자유라는 구호(口號)는 그에게서 떠나고, 그는 다시 보수주의자로 탈바꿈하게 된다. 그리고는 종래에 자기 자신이 지배자(支配者)로부터 당하던 그 압박을 그의 뒤를 이어 새로이 탄생한 새 생명에게 대하여 가하는 것이다. 즉 우라노스를 때려 부순 크로노스는 이제 그의 자식들을 잡아먹지 않으면 아니 되는 것이다. 그리고는 그는 다시 그의 어미가 한 저주에 따라 그의 아버지와 같은 운명을 맞이하게 되는 것이다.

이러한 운명의 반복된 과정, 즉 신세대의 자유가 낡은 세대의 보수를 타도하고 스스로 낡은 세대의 보수가 되며, 다시 새로운 신세대의 자유에 의하여 스스로 타도되는 과정의 반복에 의하여 역사는 발전되어 가고 문화의 계층은 누적되어 가는 것이다.

세계사의 도정

　이상과 같은 자유의 논리는 서양사의 전개과정에서 여실히 나타나 있다. 서양사의 출발이라 해야 할 그리스문명은 늙은 오리엔트 문명을 그 아비로 하여 태어난 생명이었지만, 결국 페르시아 전쟁을 통하여 그 아비인 오리엔트 문명을 잡아먹고 성장하여 어른이 되었다.

　그러나 그것이 어른이 되면서 아테네와 스파르타의 대립 갈등이라는 노쇠증상을 보이기 시작하였고, 드디어는 발칸 반도 북쪽에서 야만적인 삶을 유지하고 있으면서 그리스문명을 받아들여 어린 시절, 성장기를 보낸 마케도니아의 필립2세에 의하여 정복을 당하여야 했다.

　마케도니아의 알렉산더는 그리스의 내부적 문제를 해결하기 위한 방편으로 동방원정을 일으켜 그리스 문명을 헬레니즘이라는 전 세계적인 문명으로 확장하는 역할을 담당하였지만, 그의 요절로 말미암은 알렉산더 제국은 내분(마케도니아, 시리아, 이집트 등으로)과 갈등이라는 노쇠현상을 노출하여 궁극적으로 헬레니즘 세계는 카르타고와 로마의 세력 아래로 들어가게 되었다.

　고대 오리엔트 세계에서 상업으로 동서양의 교량 역할을 담당했던 페니키아인의 카르타고는 아프리카 북부와 이베리아 반도의 동부를 장악하고 지중해의 해상권을 장악하고 번성하여 알렉산더 대왕 이래의 세계의 패자(覇者)로 군림하고 있었다. 헬레니즘 세계의 실제적인 지배자가 되었던 것이다.

이러한 기성적 지배자에 대항해서 성장의 박차를 가하여 등장한 것이 로마였다. 그리스와는 아드리아 해를 사이에 둔 가까운 거리에 위치한 로마였지만, 원시적 농업 중심의 경제생활을 유지하고 있었기 때문에 상업중심의 그리스(특히 아테네)에 비하여, 문명적으로 후진상태에 있었으며, 헬레니즘 세계에서는 인도양과 지중해를 넘나들며 활발한 상업중심 국가로 맹위를 떨치고 있던 카르타고에 비하여 한참 뒤떨어진 후진국이었다.

그러나 후진국은 선진국의 문명을 이어받아 성장의 계기와 동력을 얻는 것이다. 로마의 성장기미를 눈치 챈 카르타고의 침략으로 발발하여 3차에 걸쳐 진행된 포에니 전쟁에서 로마는 젊은 자유가 늙은 보수를 때려 부수고, 어른이 된다는 원리에 따라, 역사에서 그 흔적을 찾아 볼 수 없을 만큼, 철저하게 카르타고를 파멸시키고 지중해 세계의 패자로 등극하였다.

패자로 군림한 로마 제국도 실은 카르타고의 아들이었다. 그렇게 해서 지배권을 잡은 로마 제국은 새로운 압박자, 새로운 침탈자로 변신하여 하지 않을 수 없었다. 지배권을 장악하면서 당분간은 이른바 "로마의 평화(Pax Romana)"라 불리는 평화기를 맞이하였으나, 생명체의 전성기를 의미하는 것이기는 했으나, 전성기는 동시에 노쇠의 시작을 의미하는 것이기 때문이다.

로마의 전성기! 이 기간에는 로마의 귀족이 부패 타락으로 전락하지 않을 수 없는 함정이 도사리고 있었다. 수많은 전쟁을 통하여 성장하였고, 세계에 대한 지배권을 확보한 로마 제국은 한마디로 군국주의 그 자체였고, 당시의 정치가나 재벌이나 문화인 등 귀족·상류계층은 동시에 장군들이었다. 장군들은 전쟁이 없는 평화시기에는 실업자가 되는 것이다.

이들 장군들이 실업자가 되었을 때, 무엇을 할 것인가? 사치와 방종으로 세월을 보낼 수밖에 없는 것이 아닌가? 그러면 이에 소요되는 비용을 누가 부담할 것인가? 그 부담은 중산계층을 포함한 하부계층에게 전가될 수밖에 없었고, 여기서 일반적 망국의 징조인 빈익빈 부익부(貧益貧富益富)의 사회경제적 현상이 나타나게 된 것이다. 이때에 민중 앞에 "가난한 자에게 복이 있나니 천국이 저희 것임이요!"라고 외치며 나선 예수가 있었던 것이다.

기독교도는 삽시간에 전국을 뒤덮을 정도로 늘어났고, 로마 제국은 이들을 적으로 삼아 새로운 전쟁을 선포하지 않을 수 없게 된 것이다. 이와 거의 동시에 로마 제국 초기 카이사르의 정복을 통해서 문명의 단맛을 보게 된 유럽의 게르만족들은 여러 가지 방법으로 로마로 몰려드는 현상이 나타나게 되었다.

한마디로 로마는 지배자로 군림하는 순간, 그 지배권을 유지하기 위하여, 안으로는 기독교도를 박해해야 했고, 밖으로는 게르만인들을 사냥하듯 유린해야 했다. 그러나 이러한 박해와 유린행위는 스스로의 몰락을 초래하는 것이었고, 박해받은 자와 유린된 자의 성장과 강성을 촉진시키는 결과를 가져 왔다. 그렇게 해서 로마 제국은 몰락했고, 게르만이 주도하는 천년의 기독교 왕국이 성립될 수 있었다. 그리고 결과적으로 기독교 정신 위에 유럽 중세세계가 펼쳐지게 된 것이다.

가난한 자의 해방을 부르짖고 늙은 로마 권력에 대항했던 기독교, 스스로 야만상태를 떨쳐버리고 문명화를 위해 몸부림치며, 카이사르의 말발굽 밑에서 신음하던 게르만인들도 자유를 누리게 되고 자신의 세계를 구축하게 되면서, 스스로 탄압자의 추한 얼굴을 내세우지 않을 수 없었고, 약자에 대한 채찍을 들지 않을 수 없었다. 기독교적인 사랑과 평화를 읊어가면서.

이에 대한 인간성의 자기인식, 그것은 중세·천년의 낡은 구체제의 껍질을 깨뜨리지 않고는 있을 수 없는 것이었다. 그래서 인간은 하나님을 빙자한 위선의 체제에 도전하였고, 거기서 인간의 능력을 과시한 르네상스는 출현되었다. 르네상스는 인간성의 해방과 인간성의 자기 있음을 과시한 인류역사의 한 가닥 활짝 핀 꽃이었다.

그러나 르네상스의 인간 해방은 모든 인간에게 공통적으로 통용되는 것은 아니었으니, 스스로 인간임을 인식하고, 스스로 인간의 능력을 발휘할 수 있는 그러한 인간에게만 통용되는 것이었다.

그러한 인간이란 군주와 그 주변의 귀족들이었다. 이들 군주와 귀족들은 그들의 인간됨을 과시하기 위해 그 밖의 인간들을 인간 아닌 것으로 취급하려 하였다. 이들의 인간됨을 위해 도구와 수단으로 전락한 인간들, 그들이 그렇게 되어있음을 깨닫게 된 인간들에게 그 깨달음이란 그들도 인간이라는 사실의 깨달음이었다.

그래서 그들도 저항을 했다. 군주와 귀족들이 교황과 기독교체제에 저항했듯이. 이것이 시민혁명이다. 이 혁명을 통해서 부르주아지는 절대군주를 타도하고 부르주아의 독재적 사회를 이루었다. 그래서 그들은 막대한 부의 축적 위에서 그들의 지배권을 행사하였다. 그 결과 그들은 공장을 건설했고 기계 설비를 확충하여 거기에 매달려 사는 프롤레타리아트들 위에 착취자로 군림하였다.

여기서 프롤레타리아트들은 스스로를 찾게 되고 스스로의 살 길을 위하여, 스스로의 자유의 쟁취를 위한 전열에 나섰다. 여기서 이른바 사회주의는 출현하고, 볼셰비키 혁명으로 그 상징적인 깃발을 날리게 되었다. 그래서 오늘의 서구적 세계는 자본주의와 사회주의로 대별되는 정치, 경제, 사회적 특징을 각각 지닌 두 개의 블록으로 분열·대립되어 있는 것이다.

그러나 이상의 양상은 서구의 내부적 특징을 살핀 것이고, 보다 거시적인 눈으로 보면, 그것이 자본주의적이든 사회주의적이든 할 것 없이, 서구의 근대사의 하나인 제국주의라는 특징으로 일관한다. 근대문명으로 풍요로워진 서구세계는 그들의 풍요를 유지, 확산시키기 위해 유럽 밖으로 팽창되어 나가지 않을 수 없었고, 그 대상은 이른바 후진저개발 국가군(群)으로 통칭되는 아시아, 아프리카, 아메리카였다.

지금까지 자신의 문화 속에 자족하고 있던 아시아의 여러 민족, 지금까지 자연 속에서의 자연스러운 삶이 가장 행복한 것이라고 생각했던 아프리카의 흑인들, 그리고 지금까지 유럽 제국주의 국가들의 국부의 자원으로만 인식되어 왔던 중·남미의 유색인종들은 이들 서구제국주의 국가들의 착취의 대상이 되었으며 억압과 지배의 희생물들이 되었었다.

그러나 이 같은 지배와 억압, 착취는 오히려 3A의 지역 인민들에게 각성제가 되었다. 제1·2차 세계대전을 전후해서 제국주의자들의 악랄한 억압·착취 정책에 의해서 너무나도 쓴 고난을 당한 이들은 이를 계기로 그들 나름의 문명·문화가 얼마나 고귀한 것인가 하는 것을 알게 되고, 그들의 생존을 위한 투쟁이 얼마나 값있는 것인가를 알게 되어 커다란 용트림을 시작하게 된 것이다. 그러므로 지금은 이미 앞서 가고 있는 미·소의 서구적 제국주의의 상징적 국가들의 세계지배라는 야무진 꿈을 깨기 위하여 이른바 제3세계의 유색인종들은 저항의 함성을 울리기 시작하였으며 상당한 진척을 보고 있는 것이다.

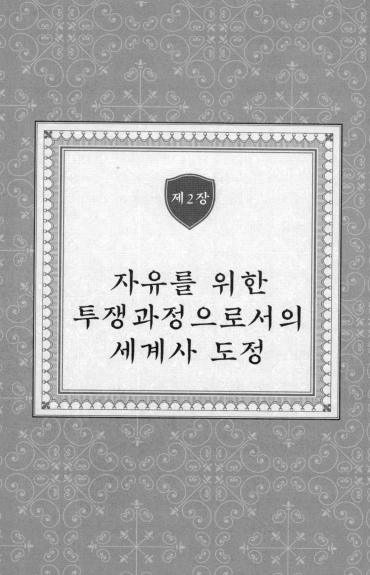

제2장

자유를 위한
투쟁과정으로서의
세계사 도정

세계사의 한계

자유란 신세대가 낡은 세대를 타도하고 스스로 기성세대로 되고자 하는 살아 있는 정신의 본질이라 했다. 그러면 이 자유는 세계사에 있어서 어떻게 표현되어 왔는가?

여기서 우선적으로 논의되어야 할 것은 세계사의 개념에 대한 문제다. 지금까지 서구의 사상가들은 유럽 중심의 역사를 세계사라 통칭하였다. 이를테면 그리스, 로마 문명을 시발점으로 하여 현대의 세계, 특히 현대의 게르만적 세계에로의 진보 과정을 세계사라고 생각했다. 기독교적 세계사가 그것을 의미했고, 비코(Vico)의 세계사가 그러했으며, 헤르더(Herder)와 헤겔의 세계사가 모두 그것을 의미했다. 이 같은 서구인의 태도는 온당치 않으며 객관적 자세라 할 수 없는 것이다. 그러나 현재의 역사학의 단계 수준으로 보아 현대의 세계사가 지구상의 모든 국가, 모든 민족이 참가하고 있는 세계사인 것처럼 그 시원에서부터 전 인류가 함께 참가한 세계사를 서술할 수는 없다.

필자의 견해로는 명실상부한 세계사란 전 지구상에 산재해서 발생한 지역적 제 문화들이 시간이라는 흐름을 타고 점차 통합·확장되어 온 과정이다. 비유를 들어 보면, 세계사란 파미르라는 세계적인 대산

(大山)인 에베레스트 산정으로부터 시작하여 동서남북의 계곡으로 흘러내리는 물과 같다고 할 수 있다.

이 계곡의 물은 산정으로 올라갈수록 세류(細流)를 이루고 있다. 그리고 아래로 내려갈수록 그 세류는 통합·확장되어 가며, 상류의 세류가 흐르는 지역의 특수한 토양 성분을 함유시켜서 흘러 내려간다. 그러므로 그 세류와 그에 함유되어 있는 특수한 토양은 흘러 내려감에 따라 다른 세류와 합류되고 성분의 중화를 이루어 가면서 보다 넓은 흐름으로, 즉 개울이 내[川]로, 내가 강(江)으로, 강이 하(河)로 변천되어 현재의 전 지구적 세계(Global World)[1]라는 대해를 형성하게 된 것으로 볼 수 있다.

그러므로 세계사에 대한 이상적인 연구라고 하면, 위에서 언급한 바의 원천적 세류의 문화 현상과 그것들의 합류 과정에 대한 전체적이고 구체적인 연구이어야 될 것이다. 그러나 현재의 역사 연구 단계로서는 아직도 많은 제약(언어, 자료, 또는 자신이 위치해 있는 문화적 특수성에서부터 완전히 탈피할 수 없다는 것 등의 제약) 때문에 이것은 불가능한 일이다. 그러므로 그러한 연구는 현재의 전 지구적 세계라는 것이 질적인 의미에 있어서 좀 더 완전히 완성되어 질 때까지 미루기로 하는 수밖에는 없다.

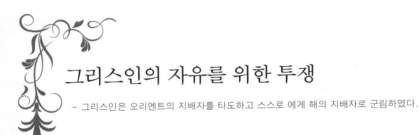

그리스인의 자유를 위한 투쟁

 - 그리스인은 오리엔트의 지배자를 타도하고 스스로 에게 해의 지배자로 군림하였다.

서양사의 시작으로 생각되고 있는 그리스 문명은 오리엔트의 지배세력의 압박으로부터 벗어나 스스로 오리엔트 문명과 같은 문명을 이룩하고자 하는 자유의 투쟁을 통하여 성립되었다.

발칸 반도의 남단에 있는 적은 영토를 점유한 에올리아인, 도리아인, 코린트인에 의하여 성립된 수개의 도시 국가의 집단인 그리스는 BC 5세기 이전까지 오리엔트 문화권에 포함되어 있는, 즉 오리엔트 문명권의 변방에 위치해 있는 미숙한 사회에 지나지 않았다. 이들은 오리엔트인들에 의하여 야만족(Barbaroi, 즉 변경인)이라는 이름으로 호칭되어야 했고, 경제적으로 정치적으로 문화적으로 거의 원시적인 상태에 있었다.[2]

그러나 이들은 오리엔트의 일족인 페니키아인들의 해상 활동, 또는 오리엔트인들이 에게 해에서 전개한 식민 활동을 통하여 오리엔트의 찬란한 문화와 접하게 되었다. 여기서 그들은 비로소 그들 나름대로 '그들도 오리엔트인들이 누리고 있는 문명과 부강(富强)을 누려보아야 하겠다.'는 자유의식을 느끼기 시작한 것이다.

그리고 이들은 그들의 자유의식이 설정한 그들의 목적을 실현하기 위하여 자유의식을 발휘하기 시작한 것이다. 그것이 그들의 식민 활동이다. 이것은 미성년의 그리스가 기성세력인 오리엔트에 대한 하나의 도전이었다.

이는 오리엔트인들에게 좌시할 수는 없는 것이다. 그들은 그들의 지배 권력, 기존의 질서를 보수하여야 했기 때문이다. 그들은 그리스를 압박하였다. 이 같은 양자의 대립은 숙명적으로 결전을 하지 않을 수 없었으니, 이것이 곧 페르시아 전쟁이다.

외면적으로 볼 때, 그리스의 힘은 오리엔트의 힘에 비교가 될 수 없었다. 어린 다비드와 노숙한 골리앗과의 대결이었다. 그러나 문제는 외면에 있지 않았다. 처음에는 노숙한 자가 젊은이를 능가할 수 있다. 젊은이를 호령도 할 수 있다. 허나 힘의 대결에 있어서 젊은이를 당할 수는 없다. 노숙한 자는 그의 완숙과 풍요를 정점으로 하강의 운명에 놓여 있고, 젊은이는 노숙한 그 적대자를 선망하면서 스스로 힘을 길러 왔기 때문이다. 늙은이는 싸우면 싸울수록 힘이 진(盡)하지만, 젊은이는 싸우면 싸울수록 힘이 나고 싸움에 숙달되어 진다.

결국 마라톤 해전과 살라미스 해전을 계기로 그리스는 늙은 오리엔트의 페르시아를 격멸하고 승리를 거두었다. 그 결과 유사 이래 세계사의 중심이 되었던 오리엔트라는 문화의 등불은 꺼져가고, 서방, 즉 유럽의 문화사는 시작되게 되었다.

어떤 사람은 이와 같은 그리스의 승리를 그리스의 민주정권이 오리엔트 전제정권을 무찌른 것이라 했다. 그리고 시민정신이 군주권에 대한 승리라 했다. 그러나 이것은 계몽주의 내지는 낭만주의적 세례를 받아 데모크라시만이, 시민정신만이 인류에게 있어 유일한 이상적

체제라고 단정한 그야말로 사상적 절대주의에 빠져있던 학자들의 독단적 편견이다.

만약 그들의 주장이 옳다면 데모크라시의 아테네가 왜 과두제(寡頭制, Oligarchy)의 귀족적 독재 정권인 스파르타에게 멸망당해야 했나? 페르시아 전쟁에서의 그리스의 승리는 결국 낡은 체제로서의 보수적 오리엔트의 전제체제에 대한 그리스인의 자유의식에 입각한 신체제의 승리이며, 압박자에 대한 피압박자의 승리이다.

소크라테스를 죽인 그리스의 민주주의

- 에게 해의 지배자로 군림한 그리스는 스스로 노숙해졌다.

페르시아 전쟁에 있어서 그리스의 모든 도시 국가들은 일치단결해서 전쟁을 승리로 이끌었으나, 그 공로(功勞), 그로 인한 이득은 상업 해상국가인 아테네에게로 돌아갔다. 아테네는 델로스 동맹의 맹주로서 국내적으로 다른 도시국가를 누르고 지위를 굳혀 조공을 받아들이는 입장이 되었고, 국외로는 페르시아의 세력을 타도한 여세를 몰아 식민 활동을 전개하여 드디어는 아테네 제국시대를 현출하기에 이른 것이다.

즉 아테네는 지배자가 된 것이다. 이제 누구에 의해서도 압박받지 않는 기성세력이 된 것이다. 그러나 지배자의 위치를 장악한 자, 기성세력이 된 자에게는 다른 곳에 적이 있는 것이다. 그 하나의 적은 자신의 노쇠현상이며, 또 하나의 적은 그의 위치를 선망하며 자라나고 있는 또 하나의 미성(未成)세력인 것이다.

자유란 원래 압박과 장애와 더불어서만 생존할 수 있는 것이다. 다시 말하면 제약이나 규제가 없어지게 되면 자유는 그 생성력을 상실하게 되는 것이다.

하늘을 나는 연을 보라. 연은 그것을 잡아당기는 실의 탄력이 작용하면 그 작용의 반대 방향으로 도망가려는 작용을 한다. 이러한 상반된 작용 속에서 연은 뜬다. 그러나 연이 이탈하여 가려는 의사를 존중하여 실을 끊어주어 보아라. 그러면 연은 어찌되는가? 연은 이탈을 포기한다. 아니 아주 스스로 떨어져버리고 만다. 연은 그것이 날아가는 것을 제약하고 압박하는 실의 탄력이 있음으로서만 날아갈 수 있다.

물론 페르시아 전쟁을 통하여 자유를 획득한 그리스인들은 그 자유를 향유할 수 있었다. 그들은 그들의 모든 정신적 능력을 발휘하여 문화를 창조할 수 있었다. 에우리피데스(Euripides), 소포클레스(Sophocles), 아리스토파네스(Aristophanes) 등의 희비극이 그것이며, 페이디아스(Pheidias)의 파르테논 신전에 나타난 건축, 미술, 조각 등이 그 상징이다. 이것을 페리클레스시대의 번영이라 부른다.

이 같은 번영은 비코의 역사발전 이론을 따르면, 페르시아 전쟁 이전까지 지속되어 온 그리스인들의 투쟁기, 즉 영웅기(英雄期) 뒤에 필연적으로 도래한 고전기(古典期)의 현상이라 할 수 있다. 그러나 고전기는 영웅기에 비하면 짧다. 그것은 산정의 길이가 그 곳에 오르는 능선의 길이에 비하여 짧은 거와 같다. 그 다음에 온 것은 퇴폐기(頹廢期)다.

퇴폐란 인간 정신의 힘이 작용하여야 할 방향을 상실했을 때, 자유의식이 투쟁하여야 할 대상, 목표가 없을 때 나타나는 인간 정신의 방황을 뜻한다. 즉 연의 줄이 끊어졌을 때 발생하는 연의 무중력 상태에서 느끼는 공허감의 상태를 말한다.

인간 정신의 지향점(指向點)의 상실은 가치의 무가치화를 결과한다. 그리고 이러한 무가치의 상태에서는 진리도, 미(美)도, 진리 아닌 것, 미가 아닌 것으로 된다. 문화의 정점이라는 것은 정신력이 지향하던 목표의 도달을 의미하는 것이며, 그것은 또 방향의 상실, 투쟁 대상의 소멸을 뜻한다. 여기서 퇴폐기는 도래하게 되는 것이다. 그러므로 퇴폐기의 방황은 새로운 방향, 새로운 목표, 새로운 적을 찾아 헤매는 방황이다.

페리클레스의 번영은 그리스 문화의 정점이다. 그러므로 그 이후의 그리스 역사는 그리스의 퇴폐기다. 이 퇴폐기에 그리스, 특히 아테네에서는 정신적 혼란이 일어났다. 소피스트의 상대주의가 바로 그것이다. 민주주의가 개개인의 인권을 존중하고 개개인의 이익과 평등을 중심으로 이루어지는 것일 때, 이 민주주의의 기본 원리는 상대주의에서 찾지 않을 수 없다.

진리에 있어서 절대적인 것이 인정되고, 선에 있어서 절대적인 선이 존재하고, 미에 있어서 유일한 기준이 인정될 때, 결국 개개인의 진리, 개개인의 선, 개개인의 미에 대한 주관적인 견해는 인정될 수 없다.

따라서 민주주의는 개개인의 판단을 존중하고 그 판단에 근거한 개개인의 의사를 인정하고 그 판단과 그 의사의 진리성(眞理性), 선성(善性), 미성(美性)을 인정하는 데서 비롯된다. 그러나 이러한 개개인의 판단은 냉엄한 이성에 근거를 둔 것이어야 한다.

개개인의 이성이 절대적인 이성에 통하는 것일 때 그것은 개개인의 분산된 이성 또는 상이한 것일 수 없다. 우주의 운행을 주관하는 우주의 로고스(logos)가 둘이 있을 수 없고, 천지만물을 주관하는 신이

다수일 수 없듯이, 이성은 종국적으로 이 로고스와 신에게로 통하는 것이므로 설사 그것이 현상적으로 상이한 모습을 지니고 있으며, 이질적 성품을 지니고 있으며, 생활환경이 다른 곳에서의 생활을 통하여 얻어진 것이라 할지더라도 그것은 종국적으로 하나로 통해야 된다.

이와 같이 개개인의 이성이 하나로 통할 때, 그것을 기반으로 한 판단도 또한 하나로 통할 것이다. 그리고 그 판단에 따른 개개인의 의사도 결론적으로는 일치하게 되고 진·선·미로 귀결될 것이다.

민주주의는 이러한 건전한 이성을 지니고, 그 이성을 작동하는 개개인의 수가 다수를 점하고 있을 때 비로소 건전한 것이 될 수 있다. 그러나 일반적으로 인간이 이와 같은 이성을 지니고 있으며, 또 그것을 활용할 수 있는가?

인간은 이성적 동물이지만, 또 한편으로는 감성적 동물이기도 하다. 그리고 이 감성을 조종하는 사악한 면을 동시에 지니고 있는 동물적 동물이기도 하다. 사악한 요소란 마키아벨리가 간파한 바 있는 나태심과 이기심이다. 두뇌작용, 즉 정신작용은 이성적인 것, 즉 합리성을 추구하지만 동물적 욕구로 충만한 육체 속에서 작용하고 있는 나태와 이기(利己)는 마음, 즉 감성을 조종하여 이성적인 것으로의 추구를 장애하고 있다.

육체는 고통을 기피하고 안일을 추구한다. 육체는 미래적 향상을 저해하고 현재적인 향락을 바란다. 이 두 가지의 요소는 이성과는 배치되는 요소다. 이성과 육체적인 욕망은 마음을 중심으로 싸움을 한다.

이 싸움의 승패는 개인 각자의 역량에도 달려 있다. 성인, 현인이라든가 하는 이들은 그들의 특수한 정신력으로 육체적 욕망에 대한 정신의 승리를 얻을 수 있다. 그러나 대중에게 있어서 이 싸움의 승패를 가르는 것은 상황(situation)이다. 시간적·공간적 상황 즉 역사적 상황이다. 그 싸움에 임하고 있는 대중이 생존해 있는 역사적 단계가 생성력을 지니고 있으며, 뚜렷한 목적을 지니고 움직이는 활력이 있는 시기라면, 이성에 비교적 충실하고 그렇지 않으면 육체적 욕망에 의해 지배되게 된다.

페리클레스시대에 이룩한 민주주의 정점을 넘어선 그리스의 민주주의는 후자의 상황에 처한 것이다. 이 시대를 지배한 소피스트들의 상대주의란 건전한 개개인의 이성을 인정하자는 것이 아니었다. 이상적인 이성보다는 개개인의 현실적인 이해에 근거를 둔 것이었다. 개개인의 정치적 출세, 개개인의 경제적 부의 획득, 개개인의 육체적 향락 등이 그들의 가치를 규정하는 요소였다.

건전한 개인의 이성이 전체 속에서의 개인을 자각하고, 그 개인의 자유의지를 전체를 위해서 발휘하려 함으로써 개인의 자아실현을 추구하는 것이라면, 이들 소피스트의 가치기준은 전체를 무시한 이기적인 입장이다. 전체와 타인의 이익을 무시한 개인의 이해관계는 개인과 개인 사이의 불신, 사회적 분열을 낳게 마련이다. 이와 같은 현상은 헤겔이 간파한 바와 같이[3] 새로운 철학의 필요를 제기하게 된다.

이러한 역사적 필요에 따라 소크라테스는 출현되었다. 그러므로 소크라테스는 처음부터 아테네의 상대주의, 민주주의를 비판하고 나온다. 그는 변증법적 대화를 통하여 소피스트들이 내세우는 개인적

이성의 근거박약을 논증하였고(절대적 이성에 통해 있지 아니한 현실적인 개인적 욕망에 근거한 사이비 이성임을 'know thy self'로 경고하였다), 이러한 이기적인 사이비 이성에 의해서 조작된 대중의 의사를 통한 민주정치를 중우정치라 통박하였다.

그리고 그는 절대적 이성에 통하는 이성의 소유자인 철인에 의하여 정치는 이루어져야 된다고 하는 철인정치체제를 제시하였다. 이것은 결코 철인을 위한 정치를 의미하는 것이 아니다. 그렇다고 어떤 특수계급의 이익을 위한 정치도 아니다. 그렇다고 모든 인간이 동일한 일(정치)에 참여해야 된다는 선전적이고 사탕발림의 것도 아니다.

정치는 그 국가에 소속되어 있는 모든 사람을 위해서 시행되어야 한다. 이와 같이 '민중을 위해서(for the people)'라는 점에서 이것은 민주정치다. 그러나 잘 다스려져서 잘 먹고 자기에게 주어진 일을 충실히 하면 그만인 일반 민중까지, 정치에 대해서는 관심도 상식도 판단력도 없는 민중까지, 참여시킬 필요는 없다고 하는 체제, 즉 철인과 그를 보좌하는 무인(武人)으로 구성되는 정치체제는 절대정치라 해야 한다. 절대이성에 근거하여 전체의 이익과 전체적 조화를 전제로 한 정치이다.

플라톤에 의해서 서술된 《공화국(Republic)》을 보면, 소크라테스의 정치적 이상은 확실히 절대정치다. 그러나 오늘날 소크라테스의 일반 철학은 중·고등학교에서부터 교육되어 널리 알려져 있으나, 소크라테스가 절대주의 정치론자라고 하는 것을 아는 사람은 많지 않다.

그 이유가 무엇인가? 그것은 현대의 정치사상이 지향하고 있는 것이 소위 민주주의라는 것이기 때문이다. 17·18세기에 성립된 계몽주의자들에 의하여 그 기초가 성립된 현대 민주주의적 정치제도를 지상지고(至上至高)의 것으로 생각하려는 서구의 사상가들과 그의 추종자들이 믿고 있는 '절대적인' 정치이상 때문에 절대주의 정치론은 그만 고사당하고 말았기 때문이다.

그러나 여기서 우리가 명심해두지 않으면 안 될 것이 있다. 첫째 역사상에서는 어떠한 제도, 어떠한 사상도 '절대적으로' 완성되고 완전한 것은 없다는 사실이며, 둘째는 모든 제도나 사상은 그 국가가 위치해 있는 시대적 지역적 상황에 의해서 변경되지 않으면 안 된다고 하는 사실이다. 셋째는 이러한 명백한 사실을 외면하고 어느 시대의 제도나 사상의 추종을 고집한다거나 어느 특정된 국가나 사회의 제도나 사상을 추종하도록 강요한다는 것은 그것 자체가 자유의 적이라는 점이다.

이러한 역사적 필연성과 논리적 정당성을 지닌 소크라테스의 사상이었지만, 그것은 그 당시 사람들에 의하여 박해를 받아야 했다. 이같은 현상은 자유의 역사에서 나타나고 있는 일반적인 과정으로 이해된다.

헤겔은 역사의 과정을 1인의 자유에서, 소수인의 자유로, 소수인의 자유에서 만인의 자유로 전개 발전되어 가고 있는 과정으로 이해하였다. 그리고 B. 크로체는 그의 저서 《자유의 이야기로서의 역사 (History as the Story of Liberty)》에서 헤겔의 이 같은 자유의 전개과정을 다음과 같이 해석하였다.[4] 즉 1인의 자유는 자유의 제1차적인 탄생이고, 소수인의 자유는 자유의 성장이며, 만인의 자유는 자유의 성숙이라고.

여기서 자유의 제1차적 탄생이란, 역사발전의 전개과정에서 각 시대의 말미에는 퇴폐기, 즉 데카당스기(期)가 나타나게 되는데, 이러한 데카당스 시대에는 그 데카당스를 극복 또는 해결하는 선각자가 등장하게 된다는 것이다. 즉 그 시대의 문제점을 발견하고 깨달아, 그 문제(과제)점을 해결할 수 있는 방법을 모색한다는 것이다.

여기서 선각자란 그 시대의 문제점, 즉 데카당스를 극복하고 새롭게 실현해야 할 미래적 이상(理想)·가치(價値)·사상(思想)을 설정할 수 있는 사람이라는 것이다. 이러한 최초의 선각자는 소수인도 아니며, 여러 사람들은 더더구나 아니라는 것이다. 그것을 할 수 있는 사람은 오직 1인이라는 것이다.

때문에 이 단계에서 자유인은 오로지 1인인 것이다. 그러나 이 1인의 자유인은 그의 활동을 통해서 그의 새로운 미래적 이상·가치·사상을 그 주변에 있는 사람들에게 전파, 교육함으로써 소수인으로 불려 나가며, 나아가서는 모든 사람들에게 전파하여 만인이 그것을 인정하는 단계, 즉 만인의 자유의 단계로 이끌어 가는 것이다.

이와 같은 자유의 성장 과정에는 필연적으로 장애가 따른다. 현재 상황에 있어서 세력을 가지고 있는 기성인, 기성의 사상가, 그리고 그 기성의 사상을 기초로 하는 체제 위에서 권력을 행사하고 있는 위정자들은 그들의 현재적 상활을 계속 유지시켜야 된다는 입장에서 새로운 이상·가치·사상을 거부하고, 압제를 가하지 않을 수 없기 때문이다.

역사상에 새로운 이상·가치·사상이 등장할 때, 이와 같은 신구의 투쟁, 즉 자유와 보수의 투쟁은 필연적인 조건이다. 역사란 바로 이 투쟁의 연속과정이기도 하다. 이 투쟁과정에 있어서 초창기의 투쟁, 즉 자유의 탄생을 위한 투쟁에서는 그 1인의 자유인의 육체적 희생을 수반하고 있다. 소크라테스의 죽음은 바로 이 1인의 자유인으로서의 희생이다.

소크라테스가 제시한 새로운 이상·가치·사상, 그리고 정치체제는 그 당시 사람들에게 불경스럽고 파괴적인 위험한 사변(思辨)으로 생각되었다. 심지어 우리에게 잘 알려져 있는 아리스토파네스까지도 소크라테스를 불경스럽고 파괴적인 사변가의 전형적인 대표자로 낙인을 찍어 형틀에 매달아 죽이는 연극(Clouds)을 쓰는 정도였다.[5] 이 때문에 소크라테스는 무신론자, 젊은이들을 타락시키는 자라는 죄명으로 죽음을 당하게 된 것이다.

그를 판결하기 위해 모인 501인의 아테네 시민들 중 극소수만이 그의 석방을 주장하고 대다수가 그의 사형을 주장한 가운데, 그는 죽어야 했다.[6] 소크라테스는 이와 같이 아테네의 민주주의에 의하여 민주적 방식에 따른 인민재판의 결정에 따라 처형되었다. 다시 말하면 민주주의가 천재를 죽인 것이다.

아테네의 민주주의라는 보수적 체제는 1인의 자유인, 소크라테스를 죽였으나 그가 창출해 놓은 새로운 이상·가치·사상은 죽일 수 없었다. 이것을 죽일 수 없었기 때문에 아테네 시민은 소크라테스를 죽일 수밖에 없었던 것이고, 또 소크라테스는 그의 이상·가치·사상, 즉 그의 자유를 교시하고 전파하기 위하여 죽지 않을 수도 있었던 죽음을 택하였다. 그때 그는 말했다. "만약 당신들이 나에게 나의 진리에 대한 탐구를 포기하라는 조건으로 나를 사면해 주겠다면, 나는 말하리라. 감사합니다. 오! 아테네 시민이여! 그러나 나는 나에게 이 과제를 부여한 신에게 복종하겠노라."고.[7]

　자유란 이처럼 인간이 자기에게 주어진 생(生)의 과제를 옳게 파악하고, 그것을 위하여 죽을 수 있는 삶에서 비로소 가능한 것이다. 육체적 조건이 그의 의지를 억눌러 올 때, 그것을 뿌리치지 아니하고는 정신의 실현은 불가능해지고, 그렇게 되면 자유는 상실된다. 우리가 소크라테스에 대해서 가장 잘 알고 있는 것이 무엇인가? 그의 죽음의 장면이 아닌가? 그는 좀 더 살 수 있는 삶을 죽었지만, 그것을 통해서 그의 제자들을 길렀다. 플라톤, 크세노폰 그리고 아리스토텔레스, 나아가서는 알렉산더를……. 즉 1인의 자유인의 죽음은 소수인에게 자유를 가르쳤고, 드디어는 만인의 자유로 향한 사상가의 길을 열어 놓았다.

소크라테스적 자유의 실현을 위한 알렉산더의 정복

*– 마케도니아는 새로운 사상의 실현자로 등장하여
소크라테스에 의하여 창조된 자유를 실현한다.*

소크라테스의 죽음은 이성에 근거하지 않으면 안 되는 아테네 민주주의가 그 이성을 상실했음을 나타내고 있는 사건이었다. 그리고 그것은 개인의 자유와 개인의 창조적 사고를 보장하는 것을 전제조건으로 해서만 성립될 수 있는 민주주의가 그 조건을 파기하고, 대중이라는 우상에 대한 맹신에 근거하여 참다운 개인의 자유와 창조적 사고를 압살하려는 처사였다. 한마디로 이 사건은 참된 민주주의의 종언을 의미하는 것이다.

오리엔트의 전제주의에 대항하여 민주주의를 내세움으로서, 자유를 위한 투쟁을 전개시켰던 아테네에 있어서, 이제 그들의 이상이요 가치요 사상이었던 민주주의가 이와 같이 종언을 고하게 되었다면, 그 뒤 아테네의 운명은 어찌될 것인가? 미래의 이상을, 미래사의 목표를 창조한 사람을 죽여야 한 그 아테네에 있어서 그들의 운명을 새롭게 개척할 수는 없었다. 그러므로 그리스는 멸망하도록 되었다.[8]

이와 같이 멸망하지 않을 수 없는 아테네 및 그리스 세계를 대신해서 새 시대의 새 이상을 실현하는 주역을 맡기 위하여 새로이 등장한 세력이 마케도니아다.

마케도니아는 BC 6세기 중엽 발칸 반도 북부에 정착한 이래, 작은 토착 국가로 성장하였다. 그러나 이 나라는 페르시아 전쟁 당시 페르시아 측에 가담했기 때문에, 그 후 아테네제국의 성장과 더불어 아테네의 계속적인 압박을 받지 않을 수 없었다. 아테네인들은 마케도니아인을 바르바로이(Barbaroi:야만인, 변경인)라 호칭하여 그들의 문화적 우월감에 반비례하는 멸시를 보내어 왔던 것이다.

한편 마케도니아인들의 대부분은 스스로 그리스인의 친족이라 생각하여, 아테네의 화려한 문화를 선망하며, 스스로 아테네식의 문화인이 되는 것을 이상으로 생각하였다. 그것이 그들 자신의 바르바로이(Barbaroi) 상태에서 탈피하는 길이라고 생각되었기 때문이다.

그들은 이것을 위하여 실력을 길렀다. 아르켈라오스(Archelaos BC 413~399) 왕은 군비를 확충하여 자위책을 강구하고, 안으로는 아테네의 문화·사회제도 등을 수입하여 국력을 양성하였다. 이로써 이들은 그때까지도 지속되었던 정권의 불안정을 극복하여 필립포스 2세(Philippos II BC 359~336)에 이르러서는 전국을 조직화하는데 성공, 드디어 그들 나름대로의 융성기를 맞이하게 되었다.

마케도니아에 있어서 필립포스 2세가 출현하여 그들의 융성기를 맞이하였다고 하는 것은 아테네 제국에 있어서는 커다란 경종이 아닐 수 없었다. 동일한 지역 내에서 두 개의 강대한 세력의 대립, 그것은 필연적으로 결전을 전제하지 않을 수 없는 것이기 때문이다.

그러나 그리스는 이미 마케도니아와 대결할 수 없는 자멸상태에 놓여 있었다. 아테네의 개인주의적 상대주의가 아테네인들이 공동으로 추구해야 할 가치의 상실을 의미하는 것이라면, 페르시아 전쟁 이후의 델로스 동맹은 그리스의 도시국가들이 공동으로 추구하던 헬라 의식의 파기를 의미하는 것이다. 델로스 동맹은 도시국가간의 지배, 피지배의 불평등 의식을 산출해 놓았으며, 경제적 이해관계에 따른 갈등을 야기해 놓았다. 이 때문에 도시국가간에는 반목과 질시로 충일되었고 민족적 공동체 의식에 근거를 두고 있는 인보(隣保)동맹은 깨어지고, 헬렌(Hellen)의 자손이라는 민족의 이상은 물질적 경제적 현실 앞에 무릎을 꿇지 않을 수 없었던 것이다.

이 결과는 무엇인가? 민족의 자기분열은 곧 민족의 자살 행위였다. 여기서 이른바 펠로폰네소스(Peloponnesos) 전쟁이라 하는 그리스인의 민족적 내전은 열을 뿜게 되고 그것은 그들의 적인 마케도니아에게 기회를 제공한 것이다.

마케도니아는 애초에 그들 스스로가 그리스인이 되는 것을 이상으로 삼았으나, 그들의 젊음은 그것으로 만족하지 않았다. 그리스 정복을 완성한 필립포스 2세의 뒤를 이은 알렉산더 대왕은 이미 야만적인 마케도니아인만은 아니었다. 그는 마케도니아인으로서의 젊음, 그리고 상무적이고 투쟁적인 기질을 타고난 인물이었다.

동시에 그는 그리스 문화의 총체라 할 수 있는 아리스토텔레스 철학의 전수자이기도 하다. 심도 깊은 그리스 문화가 야만적인 생성력을 타고 일어섰을 때, 나타나는 극히 당연한 현상은 문화의 확산작용이다. 그리스 문화의 세계적 확산, 그리고 타 문화의 흡수 및 종합! 이것이 바로 마케도니아의 영웅 앞에 주어진 역사적 과제였다. 이것이 아테네의 퇴폐를 딛고 일어서서 새로이 추구해야 할 가치였다. 이것이 마케도니아적인 젊음이 지녀야 할 자유의식의 투쟁 목표였다.

이 가치와 투쟁의 목표는 그리스의 원초적인 것이 아니다. 그리스 세계의 퇴폐 속에서 이를 극복하기 위해 노력하다 죽은 소크라테스의 이상이다. 즉 알렉산더는 소크라테스-플라톤-아리스토텔레스로 연결되면서 발전한 새로운 이상·가치·사상을 실현하기 위해 등장한 영웅이다. 여기서 천재와 영웅의 관계가 성립된다. 천재가 낡은 세대의 토양 속에서 새로운 이상·가치·사상의 씨앗을 낳아 놓는 자라면, 영웅이란 그 천재에 의하여 탄생된 그 이상·가치·사상을 전 세계적으로 전파시키는 역할을 담당하는 자를 의미하는 것이다. 다시 말하면, 천재가 최초의 자유인, 즉 1인의 자유인이라면, 영웅은 만인을 자유인으로 만드는 해방자다.

알렉산더는 그 1인의 자유인, 소크라테스를 죽인 소피스트의 나라, 그리스를 멸하고, 이제 그 소크라테스에 의하여 창출된 새로운 이상을 실현하기 위하여 동방원정을 나섰다.[9] 소크라테스가 주장한 보편적이고 절대적인 진리는 결코 발칸 반도라는 일부지역 인들만의 진리일 수도 없으며, 그들 만에 의해서 이룩된 문화일반으로 국한된 것일 수도 없기 때문이다.

그 때문에 동방원정을 행한 알렉산더는 동서양의 융합을 꾀하였다. 결혼정책을 통한 인종적 융합, 문화 교류를 통한 문화적 융화, 알렉산더 1인의 전제정치를 통한 정치·경제·사회적 통합 등이 그것이다. 이것은 수 천 년을 두고 이질적으로 발전해 온 메소포타미아 문화의 세류(細流)와 이집트 문화의 세류, 헤브라이 문화의 세류, 그리고 그리스적 문화라는 문화 세류의 합류를 뜻하는 것이다. 그리고 이것은 또한 소크라테스, 플라톤에 의하여 추구되어 온 이데아(Idea)의 실현인 것이다.

그러나 자유의 길은 결코 순탄한 것이 아니다. 자유의 실현은 단시간 내에 이루어지는 것이 아니다. 자유의 길에는 언제나 보수자의 저항이 따른다. 그 첫째가 알렉산더의 죽음이다. 알렉산더의 시대와 알렉산더의 과제와 알렉산더의 이상은 젊은 것이었지만, 그의 몸은 늙지 않을 수 없었다. 알렉산더의 출현과 정복으로 새 시대의 이상, 새 시대의 가치, 새 시대의 역사적 방향과 목표는 만인에게 공표되었지만, 그의 죽음은 그것들을 추진시키는 힘을 일단은 악화시키지 않을 수 없었다.

이에 반하여 알렉산더의 위력 앞에 굴복하였던 소피스트적인 개인주의와 분단주의는 다시 고개를 쳐들게 된 것이다. 그리하여 알렉산더 제국은 다시 셀레우코스(Seleukos) 왕가, 프톨레마이오스(Ptolemaios) 왕가, 마케도니아 등으로 분리되어 지리멸렬한 역사의 과도기적 형체를 취하게 되었다.

그러나 이러한 시기는 그리 오래 계속되지 못한다. 이러한 과도기적 시기를 이용하여 새로운 세력이 등장하기 때문이다. 다시 말하면 이 시기란 앞으로 알렉산더의 이상을 이어받아 그 꽃을 피워 나아갈 로마의 잉태기인 것이다.

자유를 위한 로마의 투쟁

– 로마는 스스로 생존하기 위한 노력으로 이탈리아 반도의 패자가 되었다.

　알렉산더 대왕의 죽음으로 인한 혼란기에 지중해의 강력한 힘으로 등장한 국가는 이탈리아 반도의 로마와 지브롤터(Gibraltar)를 육교로 하여 아프리카 북안과 이베리아 반도에 걸쳐 자리 잡고 있는 페니키아인의 식민지 카르타고였다.

　그중 로마는 로물루스 대제를 전설상의 시조로 하여 그 세력을 점차 확대시키어 갔다. 원래 신화나 전설은 그 자체를 역사적 사실로 인정할 수는 없다. 그러나 그것들은 역사적 사실의 내용과 문자화되지 못한 인간의 사상과 이상을 담고 있는 것이다.[10] 그러므로 우리는 로마의 건국 정신과 로마인이 일반적으로 지니고 있던 이상이 무엇이었는가를 이해하기 위하여 로물루스 전설을 이해하지 않을 수 없다.

　전설에 의하면, 로마의 남동쪽 알바 론가(Alba longa)를 지배한 최후의 왕인 누미토르(Numitor)의 딸과 군신(軍神) 마르스(Mars) 사이에서 로물루스(Romulus)는 그의 아우 레무스(Remus)와 쌍생아로 태어났다. 그러나 이 두 쌍생아는 누미토르와 그의 아우 아물리우스(Amlius)의 불화 때문에 아물리우스에 의하여 티베리우스 강에 버려진다. 이것을 암늑대가 구해 냈다.

이와 같은 버림 속에서 구사일생으로 살아난 이들 쌍생아는 티베리우스 강변에 도시국가를 세웠으나 종당에는 둘이서 권력쟁탈전을 벌이는데, 여기서 포용심이 있고 덕이 높은 실력자인 형 로물루스는 개인적이고 야심만만하고 광폭한 아우 레무스를 무찌르고, 로물루스라는 이름에서 유래되는 로마라는 나라를 건설하였다.

이 새로 건설된 로마는 도망해 온 노예나 살인자의 피난처가 되었다. 이리하여 로마에는 주변으로부터 많은 남자들이 몰려들어 흥성하였으나, 이 남자들이 결혼해야 할 여인들이 없었다. 그래서 이들은 이웃해 있는 사비누스 족의 여인들을 로마로 데려다가 각자 아내로 삼았다. 그 후 로마는 사비누스 족과 융합하여 로마 시민을 형성하여 로마 공화정의 발전의 초석을 놓았다. 이 전설 속에는 로마가 지니고 있는 다음과 같은 몇 가지의 의미가 포함되어 있다.

첫째 로마는 초창기, 즉 작은 도시국가에서 이탈리아 반도를 석권하는 공화국 로마로 발전하기까지 무수한 고난을 겪었다는 것이다. 물론 이 같은 초창기의 고통은 로마만의 고통일 수는 없다. 어떠한 강자라 하더라도 그것이 강자로 성장하기 위해서는 미성년상태에 있을 때 수많은 고난을 겪어야 된다. 어쩌면 강자의 강성함이란 그의 미성년시대에 당한 고난에 대한 보상일 수도 있다.

외조부의 알력과 갈등, 그 속에서 버림받은 어린 생명이 당하는 고통, 그리고 형제간의 쟁투, 이것들은 미래에 위대한 힘을 발휘하게 될 로마가 초창기에 주변 여러 나라들 사이에서 성장해 오면서 당한 고난을 뜻하는 것이다.

로마는 이 투쟁의 고난 속에서 승리를 하였다. 그와 더불어 태어난 레무스(이것은 어쩌면 로마와 동시에 성립된 레무스라는 도시국가를 의미하는지도 모른다)를 무찌르고 승리를 했다. 투쟁이란 본래 원교근공(遠交近攻)을 생리로 한다. 멀리에 있는 자는 지리적으로도 멀지만 이해관계 또한 멀다. 그러므로 싸울 수도 또 싸울 필요도 없다. 그러나 가까이 있는 자는 언제나 적이다. 아무리 친한 자끼리라 하더라도 한편에서는 이해의 엇갈림이 눈빛을 번뜩거리고 질시의 눈초리가 찌그러져 있는 것이다.

그러므로 싸움은 언제나 안으로부터 시작하여 밖으로 번져 나가게 마련이다. 그러기에 자기 자신의 내적 투쟁에서 승리한 자라야 대인간의 투쟁에서 승리할 수 있으며, 대인간의 투쟁에서의 승리자는 민족 간의 투쟁에서도 승리할 수 있다고 하지 않는가?

결국 승리자에게 있어서 그 승리의 요건이 된 것은 자신의 내적 투쟁에서의 승리에 있다. 따라서 참다운 승리자는 도덕적 승리자이며, 정신의 승리자다. 로물루스는 레무스에 비하여 관용하였다. 그러므로 그가 세운 나라에는 주변 나라의 노예와 살인자들이 몰려 왔고 로마는 그들의 피난처가 되었다.

도덕적으로 달관하지 않은 자에게는 이 같은 관용은 없다. 웅지를 품지 않은 자로서는 이 같은 일을 할 수 없다. 로물루스는 승자이지만 그는 자기 속에 피압박자를 포용할 수 있는 젊음이 있었던 것이다. 승자와 피압박자의 융합! 이것은 천지의 융합이 아닌가? 이것이 바로 로마가 지니고 있는 세계 지배의 꿈이 아니던가?

이와 같은 꿈은 그리스의 이상이 이상 아닌 것으로 되고 헬라적인 가치가 가치 아닌 것으로 되어 인간정신이 방향을 상실했던 퇴폐기에, 그것을 박차고 새로이 생겨난 당시 지중해 지역 젊은이의 새로운 이상이요, 가치기준이 된 것이다.

이러한 이상과 가치 기준을 지니고 있었던 초기 로마인은 최후의 그리스인 역사가 폴리비오스(Polybios)가 부러워한 것이며, 로마 발전의 기초로 생각한, 바로 그것이다. 그리고 이러한 로마인으로 구성된 로마였기 때문에 수없는 전쟁을 거쳐서 전 이탈리아 반도를 완전히 장악하는 나라로 발전할 수 있었고 드디어는 카르타고를 무찌르고 전 세계의 지배자로 군림하게 된 것이다.

그러나 로마인이 처음부터 세계 지배라는 궁극적 목적을 지니고 그들의 투쟁을 전개한 것은 아니었다. 이 점에 있어서 번스(E. Barnes)는 다음과 같이 표현하고 있다.[11]

'로마는 무엇 때문에 제국적인 팽창을 하였는가? 이에 대한 답은 로마는 결코 의식적으로 세계의 지배자가 되려고 한 것이 아니라, 로마의 팽창은 일련의 우연적 사건들의 결과'라는 것이다.

그러면 여기서 우연적 사건들이란 무엇인가? 싸움이다. 즉 계속된 전쟁이다. 그러나 로마인은 싸움을 하되 처음부터 세계지배를 목적으로 싸운 것은 아니다. 애초에 로마는 폴리비오스가 말하고 있는 바와 같이[12] '미와 필요(Schönem und Nützilchen)'의 구현을 위해서, 즉 그 주변의 여러 도시국가들 간의 쟁투 속에서 잔존할 수 있기 위하여 싸웠다. 최선을 다하여 싸웠다. 또 싸우기 위하여 대내정치를 해야 했고 정신적 통일을 위한 노력도 해야 했고, 경제적 성장을 위한 정책도 세워야 했다.

그 결과 그 주변 국가와의 생존을 위한 경쟁에서 살아남았고, 살아

남고 보니까 힘이 전에 비하여 조금 더 강해졌다. 그러나 보다 강한 힘을 갖고 있는 로마에게는 보다 더 강한 적이 나타났다. 로마는 이를 무찌르기 위하여 노력하였다. 이 같은 투쟁의 계속으로 결국 로마는 주변의 모든 도시국가를 통일하고 이탈리아 반도의 지배자가 되었다. 그리고 결국에는 이미 지중해의 패자로서 군림해 있는 카르타고와 대적하지 않을 수 없게 된 것이다.

이처럼 이상이라는 것은 먼 곳에 있는 것이 아니다. 먼 곳에 있어서 잡을 수 없는 곳에 있는 이상이라면 그것은 헛된 이상이요 공상이다. 참다운 이상은 현재에 있다. 왜냐하면 이상이란 이성이 작용하는 목표이며, 이성의 작용은 곧 자유이며, 자유의 본질은 언제나 현재에 주어진 상태에 만족하지 않고 그것을 극복하기 위해서 과제를 설정하고 그 과제를 해결하는 정신의 속성이기 때문이다.

이런 의미에서 로마인들이 그들의 현재에 나타난 적을 무찌르기 위해 노력한 그 행위와 노력은 곧 그들의 자유의식의 발현이었으며, 그 로마인들은 자유인이었던 것이다. 그리고 그 로마인들이 그들의 주변 국가들과 투쟁해서 살아남아야 된다는 그들의 현재적 이상은 그들의 가치를 규정했고, 그 가치에 입각한 윤리를 설정했고, 그들의 생활 습관과 문화의 특징을 만든 것이다.

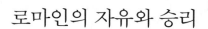

로마인의 자유와 승리

– 로마는 카르타고를 때려 부수고 지중해의 패자가 되었다.

로마는 이탈리아 반도내의 여러 도시국가들과의 생존을 위한 투쟁에서 살아남았다. 그리고 그것을 통해서 반도의 패자가 되었다. 그렇다고 이것이 그들의 자유가 실현되었다는 것을 의미하는 것은 아니다.

그들이 육지의 싸움을 끝내고 안도의 숨을 쉬기 위하여 지중해의 피안으로 눈길을 돌렸을 때, 거기에는 이미 카르타고라는 강력한 세력이 아프리카 북쪽 해안과 이베리아 반도에 진을 치고 로마의 적으로서 대기하고 있었기 때문이다.

이미 아프리카 북쪽 해안과 이베리아 반도를 거점으로 해서 지중해의 지배권을 장악하고 있는 카르타고와 내륙의 전쟁을 마치고 다시 지중해로 진출하려는 로마의 대립! 그것은 "어떠한 나라, 어떠한 민족이라 할지라도, 그 두 나라가 군사적으로 강력해지고 경제적으로 부강해지면 언제나 서로 대면하고 있을 수는 없다."라고 이 포에니 전쟁의 이유를 밝힌 리비우스[13]의 말과 같이 그 두 나라의 힘의 대결로 연결되지 않을 수 없는 것이었다.

이 대결은 여러 가지 점에 있어서 과거 페르시아와 그리스의 대결과 흡사하다. 카르타고의 문화적 종족적 혈통이 오리엔트에 그 뿌리를 두고 있는 데 비하여 로마의 문화적 혈연이 그리스에 있다고 하는 점에 있어서 그렇고,[14] 또 페르시아 전쟁 당시 페르시아가 이미 오리엔트 세계를 지배하고 있는 기성 세력자로서 에게 해의 지배권을 장악하고 있는 입장이었는데 비하여, 그리스는 단지 소규모의 도시국가의 상태를 벗어나지 못한 미성세력으로서, 그 당시 겨우 아테네라는 해상상업국가가 선발대가 되어 에게 해에 진출하고자 하는 입장에 있었다는 점에서도 그렇다. 좌우간 포에니 전쟁은 그 성격에 있어서 지중해의 기존 지배세력인 카르타고에 대한 신진 세력인 로마의 도전에 따른 전쟁이다.[15]

이 전쟁에 있어서 양국의 전력을 비교할 때 외형적으로는 카르타고가 로마를 훨씬 앞질러 있었다. 우선 그 인구를 비교할 때 카르타고는 로마인구의 2배를 소유하고 있었으며, 경제적인 면에서 카르타고는 일찍부터 해상상업을 통하여 부를 축적하고 있었으므로, 내륙전(內陸戰)으로 지쳐있는 로마에 비할 수 없을 정도로 부강하였다. 그리고 군사적인 면에서 카르타고는 한니발과 같은 역전의 영웅을 중심으로 하는 육군과 막강한 해군을 지니고 있었는데 비하여 로마는 내륙전에 참전했던 육군이 있을 뿐, 해군은 전혀 없는 상태에 있었다. 이러한 외형적인 대비 표를 중심으로 볼 때, 누구라도 카르타고의 승리를 점칠 수 있었을 것이다.

그러나 승리는 로마의 것이었다. 그 이유가 무엇인가? 그 답은 명백하다. 승리는 외형적인 힘에 의해서 얻어지는 것이 아니라, 내적인 힘에 의하여 얻어지는 것이기 때문이다. 이에 대한 구체적인 설명은 번스(E. Barnes)의 문장을 인용하는 것으로 대신하는 것이 좋을 것 같다.

> 제1회 포에니 전쟁 당시에 카르타고는 로마에 비하여 훨씬 부강하였고, 인구는 거의 로마의 두 배가 되었다. 그러나 로마는 보다 통일된 정치 조직과 보다 더 신뢰할 수 있는 육군과 보다 충성스러운 백성을 가지고 있었다. 카르타고는 독재체제(Oligarchy)였는데 그것은 상업적인 왕족들(Merchant Princes)에 의하여 지배되었다. 그런데 이들 지배권자들은 애국이나 관용에 있어서 로마를 지배하고 있던 원로원 의원들이 거닐고 있는 농민집단의 것만도 못하였다……(중략)
> 제2회 포에니 전쟁에서, 예를 들면 카르타고의 독재정권은 영웅 한니발을 내버리는 것과 같은 수치스러운 일을 저질렀으며, 그에게 증원 군과 보급 물자의 배급을 중단하여 그로 하여금 이탈리아로부터 철군하지 않을 수 없게 하는 일까지 저질렀다.[16]

이것이 바로 지중해의 강력한 지배자, 카르타고가 지니고 있었던 내부적 상황이었다. 이들 카르타고의 지배자들은 그들이 지금까지 누려온 지배 권력, 그것에 의해서 스스로 도취되어 있었으며, 그들의 외형적 부(富)와 강(强)이 실제적인 부와 강인 것으로 착각하고 있었던 것이다. 이것이야말로 노쇠한 생명체가 갖는 일반적 성격인 것이다. 그러나 생각해 보라! 아무리 강력하게 성장해 있는 생명체라 하더라도 그것이 계속해서 살려는 몸부림을 치지 않을 때 썩어서 죽지 않는 것이 무엇이 있는가? 일부 지배자들의 개인적인 상업을 위하여 행하는 전쟁에서 어찌 승리를 바랄 수 있겠는가? 지배자들의 그들 개인의 이해는—상업적, 정치적—영웅 한니발의 승전을 질투한 나머지 그 영웅을 울안의 독수리 신세로 만들고 말았으며, 지배자들의 철저한 개인주의적 상업정신은 병사들에게까지 전염되어 그 군대를 상업적인 용병체제로 전락시켰다.

또 다시 번스(E. Barnes)의 연구를 빌면, 당시 카르타고에는 군인으로 소집할만한 애국적인 농민들의 집단이 없었다. 그러므로 전쟁은 상업적인 용병에 의해서 수행이 되었는데 이들은 전장에서 믿고 싸울 수가 없었다. 왜냐하면 이들은 그들의 이해가 맞지 않으면 탈영을 했기 때문이다. 한마디로 상업국으로 성장한 카르타고는 이 당시에 이미 그 성장의 완성을 본 것이며, 동시에 스스로 퇴폐기에 들어와 있었던 것이다.

로마는 이와 달랐다. 로마는 지금까지 이탈리아 반도에서나마 생존해야 된다는 절실하고 현실적인 목적을 위해서 투쟁해 왔고, 그것이 연장되어서 이제 카르타고와 대결을 하게 된 것이므로 한 순간도 방심할 수 없는 처지였으며, 한 치라도 낙관할 수 없는 그러한 처절한 생(生)과 사(死)의 결정전이었다.

8만6천 명의 로마군 중 불과 1만4천 명의 생환자만을 남기고 몰살당하였던 칸나에 전투(Battle of Cannae: BC 216)를 생각해 보라. 그 당시 로마인의 심정이 어떠하였겠는가? 'Cartago delendaest(카르타고는 멸망하지 않으면 안 된다!)'라는 카토(Cato)의 절규는 곧 로마인민의 절규였으며, 로마인에게 있어 이 전쟁이 어떤 의미를 지니고 있는가를 말하고 있는 것이다.

이 절규를 외쳐가며 로마의 원로원은 일치단결하여 국내정치를 이끌어 전쟁 지원을 위한 국민 총력전으로 이끌어 갔고, 장군들은 사리를 초월한 입장에서 용전했고, 인민은 충성을 다하는 군인으로 전쟁에 임할 수 있었다. '로마인의 성공은 우연도 아니며 무원인적인 것도 아니다. 그들의 성공은 지극히 자연적인 것이다. 이것은 그들의 단련과 훈련에 의한 것이다.'[17]라고 지적한 것은 올바른 관찰에 근거한 것이다.

결국 로마는 카르타고를 완전히 섬멸하여 카르타고 시(市)의 흔적조차 찾아볼 수 없게 만들었다. 이것은 물질과 부에 약하고 정신과 목적의식에 강한 자가 물질과 부에는 강하되 정신적인 목표를 상실한 자를 때려 부순 전쟁이다. 그리고 로마의 승리는 약한 자, 미숙한 자가 강한 자, 노숙한 자를 대적함으로써만 스스로 강해질 수 있으며, 노숙해 질 수 있다는 것을 입증해 주는 좋은 예다. 그리고 이 전쟁은 로마가 무력에 의한 세계 정복의 기초를 마련한 것이다. 이로부터 로마군단의 말발굽 소리는 아시아, 아프리카, 유럽 3개 대륙에 울리게 되었으며, 로마는 전쟁의 영광으로 상징되었으며, 로마의 장군은 계속적인 전투를 행하지 않으면 아니 되게 된 것이다.

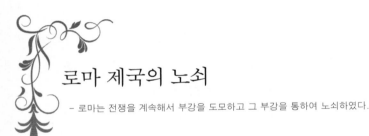

로마 제국의 노쇠

- 로마는 전쟁을 계속해서 부강을 도모하고 그 부강을 통하여 노쇠하였다.

카이사르의 등장

형제간의 싸움에서 승리한 로물루스에 의해서 시작된 로마는 싸움으로 스스로를 키워갔고, 싸움으로 지중해의 패자(覇者)가 되었다. 이처럼 싸움을 그의 숙명으로 삼지 않을 수 없는 로마는 지중해의 패권을 장악한 후에도 계속 그 싸움을 하지 않을 수 없었다.

그러면 로마는 무엇 때문에 그 싸움을 계속하지 않으면 아니 되었는가? 이에 대한 답은 원칙적으로 몇 가지가 있을 수 있다. 그 첫째는 세계의 헤게모니를 잡고 있는 자가 어쩔 수 없이 감내하지 않으면 아니 되는 운명인 것이다.

정상! 그것은 언제나 경쟁자를 수반하는 것이다. 지배! 그것에는 언제나 저항이 따르는 것이다. 그러므로 정상에 있는 자가 그의 경쟁자를 무찌르지 못하면 그 정상을 양보하지 않으면 아니 되는 것이고, 지배자가 그에 대한 저항을 억압하지 못하면, 스스로 피지배적 위치에로 몰락하지 않으면 아니 되는 것이다. 정상에 있는 자, 지배권을 가지고 있는 자가 노쇠하였다면 이 같은 결과를 맞이하는 것은 당연한 일이다.

그러나 그가 아직 노쇠하지 않았고 아직 자신의 정상을 지키고 지배권을 유지할 수 있는 힘이 있다면 싸움은 계속될 수밖에 없다. 그렇기 때문에 로마의 지배하에, 또는 영향권 안에 들어가 있는 지중해 연안의 제 민족들이 전쟁에서 손을 털고 평화의 맛을 톡톡히 보고 있을 때도 로마는 소위 지도적 국가라는 명목으로 끊임없는 전쟁, 심지어는 청부전쟁까지도 하지 않으면 아니 되었던 것이다.

둘째, 전쟁으로 성장된 로마는 그 내부적 사정으로도 전쟁을 계속 일으키지 않을 수 없었다. 왜냐하면 만약 로마인에게 전쟁이 없어지면 로마의 지배계급, 즉 귀족들의 생활이 없어지게 된다.

전쟁은 로마 귀족들의 직업이었다. 그들은 전투를 통하여 전리품과 전쟁 포로를 획득할 수 있었고, 그 포로 출신의 노예를 노동력으로 하여 대규모의 농장을 경영할 수 있었다. 그리고 여기서 얻어진 막대한 재력으로써 그들은 화려한 생활을 향유할 수 있었다. 그렇기 때문에 당시 로마 귀족들의 입장에서 볼 때, 전쟁은 곧 기업이었으며 자원 또는 에너지의 획득 수단이었다.

독자는 잠깐 머리를 돌려 현재에 미국이 어떻게 해서 대규모의 생산 및 소비체계를 유지해가고 있는가를 생각해주기 바란다. 그리고 특히 제1차 세계대전 직후에는 이른바 세계 경제공황이 발생하였는데, 제2차 세계대전 이후에는 왜 그것이 발생하지 않고 그 대신 소규모의 국지전이 끊임없이 발생되고 지속되어 왔는가를 염두에 두고 생각해보기 바란다.

좌우간 로마는 카르타고를 타도하고 지중해의 지배권을 장악한 후, 옥타비아누스가 아우구스투스로 될 때까지 약 100여 년간(BC

146~27) 이상에서 언급한바, 경제적인 목적을 지닌 전쟁(제국주의적 전쟁)을 수행하였다. 그러는 동안에 로마의 영토는 더욱 넓어져 드디어는 알프스 이북의 게르만인들의 세계에까지 확대되어 갔다.

이렇게 계속된 정복활동과 식민 활동을 통하여 로마 국내에는 변동이 일어나게 되었다. 귀족들 중에는 그들 각자가 지니고 있는 능력에 따라서 신분적 차별이 생기기 시작하여 정치권력과 경제력, 그리고 군사적 영향력의 집중현상을 나타내게 된 것이다.

초창기 로마의 귀족들은 대체로 그 세력이나 영향력에 있어서 평준을 유지하고 있었다. 그들은 누구를 막론하고 원로원에 평범한 의원으로써 정치에 가담했고, 전장에서는 로마 공화정을 위한다는 일념으로 전쟁에 임하는 장군이었고, 개인적으로는 대개 비슷한 경제력을 지니고 생활을 하였다.

그러나 경제적 목적을 지닌 전쟁이 계속되는 동안 그들 중에 특출한 명장은 그의 능력에 따라 많은 경제력을 구사할 수 있게 되고, 그 경제력은 보다 강한 정치적 영향력을 행사할 수 있게 되고, 그것은 다시 보다 강력한 군사력을 소유할 수 있게 된 것이다. 그리고 이 세 가지에 있어 탁월한 자는 이제 대중의 인기까지 한 몸에 모으는 입장이 되었다. 이와 같은 힘의 집중결과는 공화정의 붕괴였다.

보통 사람들은 어떠한 정치의 형태를 가장 이상적인 것으로 생각하고, 그 이상적 정치형태가 계속되어지기를 바라고, 또 그것에 어떤 작은 변화라도 나타나면 매우 두려워하는 경향을 지니고 있다. 그러나 역사적으로 생각해 볼 때 변화하지 않는 정치체제는 존재하지 않는다. 인간은 성장함에 있어서 매시기마다 그 시기에 맞는 특수성을 가지고 있고, 그 특수성에 따른 신체조건과 심리적 성향과 사고의 형태를 지닌다. 그와 같이 국가도 그것이 성장해가는 매 과정에 따라, 그 과정에 알맞은 특수성을 지니게 되는 것이다.

고대국가의 형태로 발전하기 이전의 사회는 대개가 부족장들의 공동이익에 근거를 둔 부족연맹이 성립되는데, 이때의 정치 형태는 부족장들로 구성된 의회의 양식을 취한다. 여기서는 아직 행정권을 행사하는 왕이나 이와 유사한 집행자가 출현하지 않는다. 그러나 사회가 확장되고 복잡화 되어감에 따라, 즉 성장 발전되어 감에 따라, 이와 같은 중심 권력이 형성되지 않은 분권적 정치 형태로서는 그것을 이끌어 갈 수 없게 된다.

이러한 현상은 그러한 단계에 놓여 있는 사회 속에서 생활하고 있는 인간들의 앞에 제시된 하나의 과제다. 그리고 이러한 시대적 과제를 먼저 파악할 수 있으며, 그 성장·발전된 사회를 이끌어 갈 수 있는 능력을 지닌 자가 등장한다.

이와 같이 부족연맹체라는 사회체제가 지니고 있는 문제를 해결해서 성립된 새로운 사회체제가 곧 고대국가다. 그러므로 고대국가는 부족연맹체의 요소(의회)로서의 귀족(부족장)회의 위에 새로이 발휘된 인간 정신력의 창조물인 왕권체제가 가미되어서 이룩된 것이다.

그렇다고 고대국가에 문제가 없어진 것은 아니다. 언제나 하나의 문제를 해결하면 그로 말미암은 다른 문제가 생기게 마련이다. 고대국가에서는 전통적 질서인 귀족회의와 새로이 가미된 왕권과의 싸움이 생기게 된다는 것이다.

이 싸움의 결과는 두 가지의 경우로 나타난다. 하나는 왕권이 승리하는 경우다. 이 경우에는 나중된 왕권이 기존의 귀족들의 권력을 억누르고 왕의 전제정치체제를 형성하게 된다. 이집트의 파라오나 바빌로니아의 전제군주, 그리고 중국의 진시황제의 경우 등이 이에 속한다. 또 하나는 귀족권이 승리하는 경우다. 여기서는 귀족이 왕을 제거하고 이른바 귀족정치를 행한다. 아테네의 소위 귀족정치, 로마의 귀족정치 등이 이에 속한다. 여기서는 전제정치체제에 대한 논의는 피하고 귀족정치의 경우를 중심으로 논의하자.

귀족정치는 실력 있는 다수자에 의한 정치다. 그런데 인간은 누구를 막론하고 권력에 대한 의지를 지니고 있다. 따라서 다 같이 최고의 권력에 대한 의지를 지닌 다수자에 의한 정치인 귀족정치에서는 그 귀족들 각자가 지니고 있는 실력의 대결이 불가피한 것이다. 이 대결이 금권을 수단으로 할 때 금권정치가 나오게 되고, 이 대결이 민중의 여론을 수단으로 할 때 민주정치(민주정치도 그것은 전 민중이 직접 정치와 행정에 참여하지 않는 한 실제에 있어서 직접 정치 및 금권을 지니고 있는 일부 귀족 또는 대의원의 정치다)가 되고, 이 대결이 군사력을 수단으로 할 때 군국주의가 된다.

이와 같이 정치 형태란 사회의 성장과정과 더불어 변천하는 것이다. 설사 어떤 혁명이나 혁신을 통하여 외형적인 제도의 변화가 없다 하더라도 내부적으로 변천하고 있는 것이다. 로마는 성산싸움으로 공화정이 성립된 이래 옥타비아누스에 이르는 무려 250여 년간 외형적으로는 정치제도상에 큰 변화가 없었다. 그러나 내부적으로는 무한한 변천을 거듭하여 왔다. 로마의 성장과 더불어 체제의 개편을 해야 했고 체제의 개편으로 성장을 거듭했다.

그러나 이제 로마는 내부적 변화만으로는 안 되게 되었다. 인체 내에서도 내부적으로 세포분열이 수없이 거듭되면 그 결과가 외형적으로 나타나게 되는 것이고, 흐르는 물이 많이 고이게 되면 결국 둑을 무너뜨리는 것과도 같다. 이처럼 로마에게 있어서 체제의 변화는 필연적인 것이었으며 역사 발전의 불가결한 귀결이었다.

독자는 생각해 보라! 권력과 재력과 민중의 인기가 1인 또는 소수자에게 집중될 때 어찌 공화정이 유지될 수 있겠는가? 공화정이란 원래 이상의 제형태의 힘이 적당한 다수인에게 균형 있게 분배되어 있어서 그 힘이 견제력을 발휘하게 될 때에 한해서만 가능한 것이다. 그것이 지나치게 분산되면 다수의 횡포가 발생하여 선각자 소크라테스를 죽이는 인민재판을 거침없이 하는 중우정치로 타락하게 되고, 1인이나 소수자에게 집중될 때는 전제체제로 변화할 수밖에 없는 것이다.

결국 로마의 국가 권력은 이른바 삼두정치의 형태를 거쳐서 율리우스 카이사르 1인의 손아귀에 들어갔다. 갈리아 정복을 통하여 경제력, 정치적 영향력, 군사력 그리고 인민의 인기에 있어서 제1인자가 된 카이사르는 사실상 황제가 되었다.

이것은 어쩌면 로마가 초창기에 이상으로 삼았던 것인지도 모른다. 싸움으로 시작된 나라, 용감한 투사를 이상적 인간상으로 상정했던 나라, 그리고 이러한 투사가 되기 위하여 강물에 버림을 받아 늑대에게 키움을 당하는 단련을 겪어야 했고, 형제간에라도 서로 싸워서 승리를 얻어야 했던 나라의 민족이 젊었을 때 꾸던 그 꿈이 이제 카이사르를 통하여 실현된 것이다. 그 때문에 카이사르가 제1인자로 군림하려 할 때 모든 로마인민은 그에게 환호를 보냈던 것이다. 이 환호는 단순히 카이사르에게 보낸 환호만은 아니다. 그것은 어쩌면 그들의 이상이 실현되었다는 데 대한 환호이며, 그들의 자유가 쟁취되었다는 데 대한 환호였을지도 모른다. 로마 시민들의 카이사르에 대한 이러한 환호는 카이사르로 하여금 1인(一人)의 통치자, 나아가서는 황제가 되고자 하는 생각을 갖게 하였다. 이를 지켜보던 그의 부하 브루투스(Brutus)는 자신은 카이사르를 가장 사랑하고 존경하는 친한 친구이지만, 그보다는 로마 공화정을 더욱 사랑하기 때문에 그를 죽여야 한다며 카이사르를 칼로 찔러 죽였다.

이처럼 로마 공화정에 대한 브루투스를 비롯한 로마 지도자들과 로마 시민들의 열정이 있었지만, 결국 로마의 공화정은 무너지고 로마 제국이라는 이름과 함께 로마 제정이 선포되고만 것이다. 로마 공화정의 종언과 로마 제국의 등장은 역사 발전의 한 단계에 따른 것이지 결코 카이사르라는 개인의 의도에 의한 것이 아니었기 때문이다.

로마의 대평화

앞에서 나는 알렉산더의 출현과 정복으로 소크라테스에 의하여 제시된 새 시대의 이상, 새 시대의 가치, 새 시대의 역사적 방향과 목표가 여러 사람에게 공표는 되었지만, 그의 죽음으로 그 실현을 보지 못하게 되었고, 그것을 이어받은 것이 로마라 하였다.

알렉산더가 그의 일대를 통하여 이룩하려 한 그 시대의 이상, 즉 동방세계와 서방세계의 문화를 통합하려는 역사발전의 목표를 로마는 수백 년에 걸친 투쟁을 통하여 이룩한 것이다. 그런 의미에서 알렉산더에 의해서 이룩된 동서양의 결합이 설익은 열매였다면, 로마는 수백 년에 걸친 투쟁을 통하여 그 열매를 익혔으며, 참된 씨앗을 지닌 과실을 만든 것이다. 즉 로마는 알렉산더에 의해서 지배되었던 것보다도 훨씬 넓은 지역을 지배하게 되었고, 알렉산더시대에 제논(Zenon)에 의하여 추구되었던 사해동포주의(코스모폴리턴)의 이상을 하나의 사실로 만들 수 있었다.[18]

그리고 그리스인들에 의하여 추구되어 오던 인본주의 즉 휴머니즘은 인간 옥타비아누스가 아우구스투스(Augustus)로 신격화된 황제에 오름으로써 그 실현을 보게 된 것이다. 휴머니즘에 의해서 인간이 신격화되는 것, 그 이상의 것이 어디에 있겠는가? 그리고 정치적으로도 로마는 그리스인들이 경험했고, 그 경험을 근거로 더 이상적이라고 생각했던 정치체제를 모두 다 경험했고 또 이상을 실현했다.

이를테면 로마는 공화정으로서 아테네의 민주정치를 체험했고, 삼두정치로 꽃을 피웠던 군국주의로서 스파르타의 귀족적 군국주의를 체험했고, 카이사르·옥타비아누스로 비롯된 절대 권력정치를 통하여 알렉산더의 동방적 전제정치를 겪었다.

문화적으로 로마는 로마 이전에 성립된 동서양의 세계 문화를 전체적으로 흡수하였다. 그리스의 철학, 알렉산드리아의 과학(이것은 오리엔트 문명에서 발전된 것의 집대성이다), 그리고 히브리인의 종교 등을 그들의 필요에 따라 적당히 적용한 것이 그것이다. 그리고 그들 나름대로는 그들의 세계지배라는 목적에 필요한 법률학을 발전시켰다.

한마디로 이제 로마는 이집트의 파라오 이래로 인간에 의하여 창조되어 온 모든 문화의 종합이며 그 완성이라 할 수 있을 것이다.

문화의 완성과 이상의 실현! 그것은 일반적으로 희구하는 바다. 도전하는 적을 완전히 무찌르고 이룩한 세계의 통일, 그리고 그로 인하여 도래된 평화! 그것은 오랜 세월을 두고 전쟁에 시달렸으며, 그 전쟁을 통하여 생명과 재산에 대한 위협을 당해 온 사람이라면 누구를 막론하고 꾸고 싶은 꿈이다.

그러나 그 완성, 그 평화라는 것이 역사의 종결일 수는 없다. 만약 그것들이 역사의 종결이라면 인간의 정신은 그 움직임을 그쳐야 된다. 인간의 정신이 그 움직임을 그치게 될 때, 인간은 결국 인간이 아닌 것으로 되고 만다. 물론 로마인들은 그들이 추구한 휴머니즘의 실현으로 인간을 신격화시키는 일까지 했지만, 그렇다고 인간이 신일 수는 없다.[19] 인간은 신으로 되고자 하는 의지만을 지니고 있을 뿐이다. 그리고 그 의지 때문에 동물적인 상태로 전락하지 않고 인간일 수가 있다.

이와 같이 인간은 신일 수가 없는 것인데, 그것을 신으로 취급한다는 것, 그것은 미신이다. 미신은 자유의 적이다.[20] 그리고 미신은 권위로서 이성을 억압하고 그의 세력을 확보하려 한다.

권위와 미신! 그것은 더 이상 성장할 수 없는 노쇠자의 무기이다. 미래적인 목표를 상실한 늙은 정신이 자기 보호의 방편으로 휘두르는 흉기이다. 두뇌의 세포가 늙으면 그 분열이 그치게 되고, 그렇게 되면 그 두뇌세포의 활발한 운동을 통한 두뇌의 움직임을 멈추게 된다. 두뇌의 움직임이 멈춘다는 것은 이성의 본질인 논의(論議)의 중단이다.

여기서 그 늙은 두뇌는 그것의 존재를 위하여 과거에 그것의 작용에 의하여 얻어진 것을, 즉 그것이 경험하고 생각한 것, 그리고 그가 알고 있던 것 등을 그의 연륜을 동원하여 고집한다. 여기서 권위는 나오게 된다.

그러나 우리가 주의하지 않으면 안 되는 것은 그의 두뇌는 경직되어 있고, 그의 정신은 멈추어 있어도 시간은 흐르고, 그와 더불어 역사는 계속 창조되고 있다는 사실이다. 따라서 그 권위자가 미신적으로 믿고 있는 과거의 것은 현재의 입장에서, 즉 그 권위자의 정신이 움직이지 아니하여 창조활동을 행하지 못하고 있는 동안에 진리 아닌 것으로 변모되었다고 하는 사실이다.

아무튼 인간을 신으로 생각하는 미신에 빠져 있으며, 스스로 권위를 내세우고 있는 로마인은 이제 자유의 숭배자가 아니라 보수주의자가 되었으며 압박자가 되었다. 이제 그들은 그들이 추구해 온 이상을 실현해 놓고 보니, 더 이상 추구할 대상을 상실하게 된 것이다. 이와 같은 최정상의 상태는 곧 하강으로 연결된다. 실제로 로마는 아우구스투스의 시대가 종결됨과 동시에 믿을 수 없을 만큼 빨리 붕괴되기 시작했으며, 야수성을 드러내기 시작했으며 무력해지기 시작하였다.[21]

첫째 이제 로마인은 가치의식을 상실하게 되었다. 로마인은 공화정 때부터 전쟁에서 그들의 모든 가치를 찾았다. 처음에는 육지의 내전에서 살아남기 위해서, 나중에는 지중해의 해상권을 장악하고 그것을 유지하기 위해서, 그리고 그 다음에는 게르만 민족의 정복을 위해서, 그들은 전쟁을 했고, 그것을 위해서 모든 것을 그들의 가치기준으

로 삼았다. 그랬기 때문에 그들은 상무적 기상을 국민의 미덕으로 생
각했고, 투사와 장군을 가장 높이 받들어 모셨고, 이들을 위해서 건축
술을 활용했고, 그 전투와 그로 해서 획득한 영토지배를 위하여 법률
을 발달시켰다. 그런데 아우구스투스 이래 200년간의 대(大) 평화(Pax
Romana)는 이 모든 것을 무가치한 것으로 만들었다.

이로부터 로마의 청년이 전쟁을 위한 군인이 되는 것은 수치스러
운 일로 되었다. 그랬기 때문에 로마 정부에서는 그들의 적인 게르만
민족을 용병으로 고용하지 않으면 안 되었다. 그러면 로마의 청년들
이 해야 할 일은 무엇이었나? 없었다. 그들은 일하지 아니해도 먹을
수 있고 입을 수 있다. 그리고 그들의 선조들이 행하던 전쟁도 할 필
요가 없었다. 그렇다고 늙은 로마인의 기풍 속에 젖어 있는 그들이 새
로운 이상을 모색할 수 있는 것도 아니었다.

이제 로마인에게는 그들의 정신력을 동원해야 할 대상이 없어진
것이다. 특히 웰스(H. G. Wells)의 말대로[22] 자기 자신의 눈으로 보아
올바른 것이라고 생각하는 것이 아니면 행하지 않는 로마인에게 그
들의 눈으로 보아 올바르다고 생각될 수 있는 그것이 없었던 것이다.
인간의 정신이, 그것도 젊은이의 정신이 적극적으로 추구해야 할 건
전한 대상을 상실했을 때, 그것은 소극적이고 퇴폐적인 대상을 찾는
다. 다시 말해서 그 정신은 육체의 말초적인 향락을 통해서 스스로를
마비시키고자 한다.

그 말초적인 향락이 무엇인가? 아우구스티누스(St. Augustin)가 로
마 멸망 당시에 로마 개인의 생활을 '밤낮 먹고 마시고 취하고 춤추고
하는 것 이외에는 다른 것을 구하지 않는 생활이었다.'고 한 바와 같

이[23] 그들의 생활을 이루고 있는 것은 섹스와 음주, 환각제 복용, 그리고 광란의 춤이었다. 이 때문에 로마 제정 말기에 로마 시에는 프리섹스가 유행하였고 그로 말미암은 사생아가 넘쳐흘렀다.

둘째, 로마는 이제 경제적·사회적으로 한계점에 도달하게 되었다. 로마의 경제는 처음부터 전쟁경제였다. 즉 그들은 전쟁을 통하여 포로와 전리품을 획득했고, 그중 포로를 노예로 활용하여 노동력을 착취하였다. 그러므로 전쟁이 확대되고 지배판도가 넓어짐에 따라, 그 전쟁에 참여했던 장군들은 막대한 수의 노예를 소유하게 되고 이를 통하여 광대한 사유지를 확보했다.

이렇게 해서 막대한 경제력을 지닌 자들은 장군이며 동시에 귀족이며 정치가들이었다. 그러므로 이들은 경제력을 기반으로 정치에 임했고, 신분을 높였고, 그 신분에 따라 화려한 생활을 향유하였다. 다시 말하면 공화정 초기에 야만적이고 비참하게 보이기까지 한 모습으로 전장을 누비던 그 장군들과 그 가족, 나아가서는 그의 친족들이 이제는 화려한 저택에서 사치와 방종생활에 파묻히게 된 것이다.

한마디로 로마 귀족의 사치와 방종의 향락 생활의 경제적 기초가된 것은 노예 노동력에 근거한 라티푼디움(Latifundium)이라는 대토지 사유제였다. 그러므로 로마의 경제는 전쟁이 지속되어 지속적으로 노예 노동력이 보급되는 경우에 있어서만 그 유지가 가능한 체제였다.

그런데 아우구스투스 이래 평화는 왔다. 그러면 이 평화시대에 그 경제 체제를 어찌 유지할 수 있는가? 포로는 이제 있을 수 없게 되었다. 따라서 노예는 점점 그 수를 줄어가게 되었다. 노동력이 없는 대토지! 그것이 무엇에 필요한가?

그러면 로마의 지배자들은 이러한 상황을 극복하기 위하여, 즉 포로와 노예를 얻기 위하여, 노동력(energy)을 획득하기 위하여 놓았던 무기를 다시 들 수 있을까? 로마인에게 그것은 이미 불가능한 것으로 되었다. 평화를 맛보고, 향락을 맛본 그들, 그리고 군인이 되는 것을 수치스러운 것으로 생각하게 된 그들이 다시 무기를 잡는다는 것은 불가능한 일이었다.

　그러면 그들은 이 같은 경제적 난관을 극복하기 위해서 내핍을 할 수 있는가? 그것도 안 되는 일이다. 오히려 그들은 평화가 무르익어 갈수록 향락의 진미를 느낄수록 사치와 방종은 더욱 심해지고 경제적 낭비는 더욱 무절제하게 되는 것이다. 그러면 그들이 이러한 경제 문제를 어떻게 해결하였는가? 권력이다. 그들은 전쟁과 정치를 통해서 막중한 정치권력을 장악하고 있었다. 그러므로 이제 이들은 권력으로써 그들의 경제적 문제를 해결하려 한 것이다. 그들의 사치와 방종에 충당할 재원을 피지배의 민중으로부터 착취하려고 한 것이다.

　그러므로 이 당시 지배계급에 속해 있는 자들은 아우구스티누스의 말처럼[24] '선을 존경하거나 국가의 보전(保全)을 생각지 않고, 돈 모으는 방법을 강구하고, 또 이를 위해서 가난한 자를 부자에게 복종케 하는 데'만 관심을 쏟았다. 또 왕의 관심은 선을 행함에 있지 않고 그의 백성을 어떻게 복종시키느냐에 있었다.

　과거 지배계급은 전장으로 출진할 때 민중(民衆)의 도움을 필요로 했다. 아무리 고대의 전투가 장군위주로 행해졌더라도 그 장군을 따르는 병사가 없이 전투는 불가능하기 때문이다. 이때 그 장군들은 이러한 그들의 정복활동에다 그 민중을 동원하기 위하여 공화정, 민주정이니 하여 그들의 자유와 복지를 위하여 국가가 존재하는 것인 듯 기만하였다.

그러던 그 로마의 지배자들이 전쟁이 없어져 민중이 불필요하게 되자, 그들을 억압하고 착취하며 향락을 위한 희생을 강요하고 있는 것이다. 이것이 바로 지배자의 양심이라는 것이다.

피지배자! 민중! 특히 농민은 설사 지배자에 의하여 착취를 당하지 않더라도 부유해지기 어렵고, 향락이나 사치를 누리기란 어려운 존재들이다. 그들이 살기 위해 최선을 다한다 하더라도 역시 피지배계급은 생계, 그 이상의 것을 획득하기는 어려운 것이다.

하물며 이들에게 지배자들의 사치와 방종을 위하여 무한정으로 필요한 재화, 즉 과중한 세금이 징수될 때, 그들의 생활이 어떻게 되겠는가? 번스(E. Barnes)의 표현을 빌면,[25] 당시 피지배계층의 인민은 'desperate condition(절망적인 또는 죽을 지경인 상태)'에 놓여 있었다.

이러한 상황에 처한 것은 민중, 또는 농민에 한정된 것이 아니었다. 한때는 지배계급에 속해있던 중류계급(관료나 자유직업인)도 세월이 흘러가고 특권적 지배계급의 부가 비대해지고 향락생활이 깊어짐에 따라서 몰락되어 일반민중과 같은 상태, 즉 절망적인 상태에 이르게 된 것이다.

살아있는 자, 비단 사람만이 아니라, 일반적인 동물이라 하더라도 그의 생존권이 극도로 위협을 받게 되면 최후의 발악을 하게 되어 있는 것이다. 이제 가난한 자들은 어떠한 수단을 써서라도 그들의 살길을 찾지 않으면 아니 되게 되었다. 그리고 식자(識者)들까지도 로마의 이 같은 상황이 그대로 계속될 수 없음을 파악하고, 새로운 미래를 추구하는 노력을 하기 시작하지 않을 수 없게 된 것이다. 극단적인 퇴폐 속에서는 언제나 새 시대의 이상, 새로운 가치, 새로운 자유를 위한 투쟁이 시작되는 것이다.

셋째, 공화정 로마가 지니고 있던 종교는 그것이 전 세계의 패권자가 되고 제정으로 변모됨에 따라 종교 아닌 것으로 되고 말았다. 로마가 공화정 기간에 지니고 있던 종교는 그들의 민속적 토속신앙이었다. 이러한 민속적 종교는 그 민족이 자기들 끼리만의 사회를 이룩하고 살 때만 유지될 수 있는 것이다.

그런데 로마는 발전을 거듭했다. 그러면서 타민족을 흡수했고, 동시에 타민족 문화, 타민족 종교 등을 받아들였다. 여기서 로마인의 고유한 민족 종교는 그 고유성을 상실할 뿐만이 아니라, 자체 붕괴를 일으키지 않을 수 없었다. 다시 말해서 새 부대에는 새 술을 담아야 되듯이, 새로운 사회에는 새로운 종교가 필요하게 된 것이다.

그러나 로마인은 본질적으로 철학적이거나 내세적이거나 종교적 민족은 아니다. 그들은 인간의 힘을 믿었으며, 그 힘으로써 세계의 패권을 잡았고, 세계를 지배한 것이다. 다시 말해서 그들의 종교적 신이란 인간의 힘이며, 그들의 종교의 교주는 그 힘을 지닌 황제였다. 즉 제정 로마에 있어서 종교는 인격적인 황제에 대한 숭배였다.

그러나 그것이 설사 황제라 하더라도 인간은 역시 인간이지 신일 수는 없는 것이다. 그것도 이 시대, 즉 대 평화기(Pax Romana)의 황제는 이제 공화정시대의 전투의 승리자, 영웅적 인간이 아니라, 나태와 이기심으로 가득 찬 동물적 향락을 추구하는 잔인한 인간! 바로 그것이었다.

민중을 착취하여 콜로세움을 짓고, 그 속에서 무죄한 인민을 야수와 결투를 시켜놓고 야수적 악취미를 즐기는 자이며, 막대한 비용을 들여 화려한 목욕탕을 건설해 놓고 그 속에서 수많은 미녀들과 더불어 섹스를 즐기는 탐욕적인 자가 바로 그였다.

이제 피지배 민중의 눈으로 볼 때, 로마의 황제는 신이 아니라 악귀(惡鬼)였으며, 로마의 귀족은 그 악귀의 시동들이었다. 이런 의미에서 당시 로마 지배계급은 아우구스티누스의 눈에 카인의 나라, 즉 지상도시로 생각됐는지도 모른다.[26]

가치를 상실했고, 정치·경제적으로 절망했으며, 이제 신까지 상실한 로마와 그에 의해 지배되고 있는 전 세계의 인민은 어디서 구원의 길을 찾아야 할 것인가? 이렇게 절망한 민중에게 소망을 가져다 줄 자가 과연 누구일까?

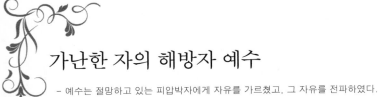

가난한 자의 해방자 예수

– 예수는 절망하고 있는 피압박자에게 자유를 가르쳤고, 그 자유를 전파하였다.

　권력과 정치, 경제 등의 현실적인 힘으로써 인간을 억압하고 있던 늙은 로마의 권위에 대항하는 피지배자, 피압박자들의 정신이 지향하는 자유의 방향은 어디일까? 그리고 육체적이고 물질적인 쾌락에 젖어 정신을 잃고 있는 로마인을 대신해서 세계사의 주도권을 이끌어 갈 수 있는 자는 누구인가?

　자유란 인간정신이 현재에 주어져 있는 상황에 만족치 않고, 그 불만을 극복하려는 노력이라고 했다. 이때에 자유는 자연히 현재의 상황과 반대 방향을 지향하게 마련이다. 인간적인 권력에 혐오를 느낀 현재인은 초인간적인 어떤 힘을 추구하고, 현실적인 세계에 절망한 자는 내세를 희구한다.

　그리고 한 민족이 자기 나름대로의 이상을 가지고 그것에 도달하게 되면, 스스로 보수자로 전락함과 동시에 자만(自慢)에 따른 퇴폐에 빠지게 되고, 한편으로는 이러한 문명인에 의하여 압박을 받으면서 그 문명인의 모습을 선망하여 자라나는 새로운 세대, 새로운 민족, 즉 종래의 야만인이 그 선임자의 퇴폐를 박차고 새 시대의 새 이상을 실현하는 주도자가 된다고 했다.

그러면 이 두 가지의 자유의 원리를 이제 입증할 자가 누구인가? 그것은 로마의 세력이 극대화되어 있던 당시, 이들에 의해서 압박을 받고 있던 이질적인 두 개의 세력이다. 그중 하나는 로마 시를 중심으로 볼 때, 남동쪽에 위치해 있으면서 로마 제국의 억압에 신음하고 있던 유대인이 그것이고, 또 하나는 로마 시를 중심으로 볼 때, 북서쪽에 위치해 있으면서 로마인의 군사적 정복에 의하여 신음하면서도 스스로의 야만성을 인지하고, 그로부터 탈피하기 위하여 정신적으로나 실제적으로 로마로 몰려들고 있던 게르만 민족이 그것이다. 그러면 이 두 가지의 이질적인 세력은 어떻게 작용하여 그들의 압박자요, 역사의 보수자인 늙은 로마에 대항하였는가?

완전 자유를 가르친 예수

예수! 그 이름은 피압박자와 가난한 자의 대명사였으며, 또 그들의 희망이었다. 예수가 태어난 유대(Judea)는 원래가 피압박의 상징이기도 하다. 유대인은 다비드에서 솔로몬에 이르는 2대에 걸친 왕정을 가져본 것이 고작이고, 그것을 제외하면 유사 이래로 피압박자로서 방황하였다. 이집트와 바빌로니아라는 고대 오리엔트의 양대 세력 사이에 끼어서, 한때는 이집트에 의하여 노예생활을 해야 했고, 거기에서 천신만고 끝에 해방을 하여 가나안 복지를 얻었으나 곧이어 바빌로니아에 의하여 유수(幽囚)되지 않을 수 없었다.

이처럼 유대인의 역사는 피압박의 역사였고 고난의 역사였다. 그중에서도 예수는 빈자(貧者)로 태어났다. 신분적으로 최하계급에 속하는 목수의 아들로 태어났고, 그것도 말구유간에서였다. 더욱이 로마가 그 지배하에 있는 민족들을 강력하게 통치하던 그 시대에, 그 로마의 지배하에서 태어난 것이다.

그러므로 예수는 태어나는 순간부터 압박을 받아야 했다. 당시 유대를 통치하고 있던 헤롯 왕은 새로 태어난 예수를 죽이기 위하여, 예수와 비슷한 나이의 어린애를 모두 죽이게 했고, 예수는 이를 피하여 이집트로 도피하지 않을 수 없었다. 이는 크로노스의 억압을 피하여 지중해의 크레타 섬에서 태어나, 님프들의 도움으로 성장하는 제우스의 운명과도 같다.

가난의 설움을 당해 보지 않은 자! 그는 그 가난이 어떤 것인지를 실감하지 못한다. 압박을 받아 보지 아니한 자! 그는 압박이 무엇인지 모른다. 그러나 예수는 가난과 압박 속에서 태어났으며 성장하였다. 그러기에 예수에게 있어서 로마의 민중과 로마 제국의 치하에서 신음하고 있던 전 세계 인민의 압박과 빈곤의 고통, 그리고 절망은 타인의 고통, 타인의 절망이 아니라, 그 자신의 고통이요 절망이었다.

그러면 어떻게 이 고통을 극복하고, 어떻게 이 절망에서 탈피하며, 어떻게 이 압박과 질곡으로부터 해방을 할 수 있는가? 저항이다. 투쟁이다. 그러나 그의 적은 너무나 거대하며 너무도 강하다. 압박받는 자, 절망한 자, 가난한 자들이 그들의 자유를 위해 투쟁하려 할 때 다가오는 보수자의 장애는 이제 어린 싹에 불과한 유약한 자유를 숨통부터 막아버릴 정도로 크고 강한 것이었다. 이러한 상황에서 자유는 어떻게 그 장애를 때려 부수고 해방을 쟁취할 수 있을까? 그렇다! 그것은 자유 그 자체의 성장이다. 거대한 체제의 두꺼운 껍질을 깨뜨려

버릴 수 있을 만큼 힘을 기르며, 스스로 성장해야 되는 것이다.

이 성장은 로마식의 현실적이고 물질적인 성장이 아니다. 칼보다 날카롭게 철봉보다 무거운 정신적, 내세적 소망을 가지는 것이다. 그리고 이 성장이란 수적(數的)인 성장이다. 압박을 받고 있으면서도, 그것을 받고 있다는 사실조차도 의식하지 못하고 있는 자들로 하여금, 그것을 의식하게 하는 것이요, 절망해 있으면서도 절망해 있는 것조차도 모르는 상태에 있는 대다수 민중에게, 그 절망한 자신을 깨닫도록 하는 것이다.

그러나 이렇게 만인이 자신의 상황을 인식하고 그것을 박차고 일어나 새로운 이상, 새로운 역사의 목표를 인식케 하는 데는 먼저 그것을 죽음으로써 시범해주는 천재가 필요한 것이다. 또 한 사람의 소크라테스를 필요로 하는 것이다. 크로체의 이른바 1인의 자유인이 출현해야 되는 것이다. 이 시대의 그 1인의 자유인이 누구였나? 예수 그리스도다. 그러면 예수가 가르친 자유란 어떤 자유인가?

그것은 〈산상수훈〉의 다음 한 구절로서 압축될 수 있다. '가난한 자는 복이 있나니 천국이 저희 것이요.' 여기서 가난한 자란 누구인가? 로마 제국의 지배하에 신음하고 있는 피지배, 피압박자의 전체다. 로마 황제와 귀족들의 경제적 수탈로 말미암아 생존권조차 유지하기 어려운 상황에 처하여 있는 경제적으로 가난한 자가 그것이며, 로마 제국의 정복과 지배에 의하여 자주독립권을 상실하고 경제적 착취를 당하고 있던 주변의 제 민족들이 그것이며, 야만이라는 멸시 속에 스스로 문명생활에 대한 굶주림을 느끼고 있던 문화적 빈자(貧者)들이 그것이다.

그러면 복이란 무엇인가? 그것은 축복 받음(blessed)을 뜻하는 데, 하나님으로부터 받은 축복 중에 가장 고귀한 축복이 무엇인가? 그것은 하나님으로부터 일거리를 받는 것이다. 즉 하나님의 소명(召命)을 받는 것이다.

배가 부른 자는 배가 부르기 때문에 먹을 것을 위한 일을 하지도 않고, 할 필요도 없다. 그러나 가난해서 배고픈 자는 일을 하지 않을 수 없다. 지배권을 장악하고 있는 자는 일을 하지 않는다. 더 큰 지배권을 잡을 필요가 없기 때문이다.

그러나 지배를 받고 있는 자는 일이 있다. 그 지배로부터 벗어나서 자신도 지배권을 획득해야 되기 때문이다. 완성된 문명을 향유하고 있는 자는 일이 없다. 그들은 스스로 창조해 놓은 문명에 빠져서 그 이상의 문명이 있을 것이라고는 생각도 못하기 때문이다. 그러나 야만인에게는 일이 있다. 그들은 그 야만인이라는 오명을 씻어야 하고, 나아가서는 더 훌륭한 문명을 창조해야 되기 때문이다.

그러면 이들 가난한 자에게 주어진 일이란 어떤 일인가? 현재를 극복하는 일이다. 현재에 그들에게 주어진 경제적 빈곤을 타파하고, 새로운 경제이상, 새로운 경제체제를 설정하는 일이다. 현재에 그들을 압박하고 있는 정치체제를 붕괴시키고 새로운 정치체제를 세우는 일이다. 현재의 부패된 문명을 극복하고 새로운 문명과 문화를 창조하는 일이다. 그렇기 때문에 가난한 자에게는 소망이 있고, 그들의 일이 꼭 성취되리라는 믿음이 있고, 그들의 공동과제를 풀기 위해 서로 협력하며 사랑하게 된다.

다음 천국이란 무엇인가? 한마디로 이것은 가난한 자들의 일이 성취되는 미래의 세계다. 아우구스티누스는 이것을 신의 섭리가 완전히 실현되는 종말로서 표현하였고, 헤겔은 이것을 정신, 그리고 인간의 자유가 변증법적으로 발전하여 절대정신, 절대자유로 되는 역사 발전의 최종적 단계로 보았다.

이처럼 역사는 이렇게 가난한 자들의 가난을 극복하기 위한 노력에 의해서 발전하게 된다. 그러므로 그 가난한 자도 일단 부자가 되면 역사 발전에 저해요소로 둔갑하게 된다. 그러기에 예수는 말하지 않았는가? "부자가 천국에 가기는 낙타가 바늘귀 속으로 들어가기보다 어렵다."고.

그러나 이러한 자유란 말로만 해서 성취되는 것이 아니다. 실천과 투쟁이 수반되지 않는 한 이상은 실현될 수 없으며, 순교적 전진이 없이는 천국에 도달할 수 없는 것이다. 다시 말해서 자유란 쟁취의 대상이지, 결코 타인에 의해서 주어지는 대상일 수는 없는 것이다. 그런데 투쟁은 자기내의 투쟁에서 비롯되지 않는 한, 어떠한 투쟁에서도 최종적 승리를 얻을 수 없다.

예수는 민중 앞에 서기 전에 우선 이 같은 자기의 내적인 투쟁을 전개한다. 이것이 마태복음 제4장에 서술된 마귀와의 싸움이다.

'예수께서는 성령에 이끌려 마귀에게 시험을 받으러 광야로 가서, 40일을 밤낮으로 금식하신 후에 주리신지라 시험하는 자가 예수께 나아와서 가로되 네가 만일 하나님의 아들이거든 명하여 이 돌들이 떡덩이가 되게 하라. 예수께서 대답하여 가라사대 기록되었으되, 사람이 떡으로만 살 것이 아니요, 하나님의 입으로 나오는 모든 말씀으로 살 것이라 하였느니라. …… 중략 …… 마귀가 또 그를 데리고 지극히 높은 산으로 가서 천하만국과 그 영광을 보여 가로되 만일 내게 엎드려 경배하면 이 모든 것을 네게 주리라, 이에 예수께서 말씀하시되 사탄아 물러가라 기록되었으되……'

사람들은 누구를 막론하고 자유를 사랑하고 자유 얻기를 희망한다. 그러나 그것을 쟁취하기 위한 투쟁에 나서지는 못한다. 왜? 먹을 것, 입을 것에 대한 근심 때문이다. 그리고 현재적 상황하에 펼쳐져 있는 욕망 때문이다. 편안히 살다 죽고 싶은 욕망, 권력을 잡아 남에게 호령하고 싶은 욕망 등 때문에 우리는 사탄 앞에 엎드려 경배를 하고 있는 것이다.

그러면 사탄이란 무엇인가? 악이다. 합리를 외면한 불합리다. 정의를 부정하고라도 현재적 향락을 추구하려는 인간의 사악한 모습이다. 따라서 그에게 엎드려 경배하라 함은 곧 현실과 타협하고 부정과 타협하며, 불합리에 순응하라는 것이다. 그러기에 사탄은 말한다. "선악을 논의하지 말라, 눈을 감아 달라, 이상이라는 헛된 고집을 꺾고, 상사에게 아첨만 하라. 그리고 진리 아닌 것을 진리라고 한 번만 수긍하라. 그리하면 현실적인 부귀영화를 누릴 수 있으리라."고.

이 세상에 현실적인 부귀영화를 싫어하는 자가 어디에 있을까? 그러나 자유로우려면 이것을 거부해야 한다. "사탄아 물러가라!"고 외쳐야 한다. 어떻게 이것을 거부할 수 있겠는가? 그것은 생에 대한 참된 인식을 통해서만 가능하다. 그리고 참된 인식이란 죽음에 대한 참된 인식을 통해서만 가능하다.

파스칼은 인간을 가리켜, "생각하는 갈대"라 했고, 딜타이는 이 말을 'Selbstbewußtsein(自己認識)'이라는 말로 풀었다. 인간이 다른 동물들과 구별될 수 있는 것은, 죽으면서 왜 죽는가를 생각하고, 죽기까지 무엇 때문에 살아 왔는가를 인식할 수 있기 때문이라 했다.[27] 그러면 우리는 무엇 때문에 사는가? 식물이나 동물과 같이 자연적으로 탄생되었으니까 자연법칙에 따라 살고, 자연법칙에 따라 종자를 남기고, 자연법칙에 따라 노쇠해서 죽어버리는 것일까? 그렇다면 인간을 구태여 다른 동물들과 구별할 이유가 없어진다.

앞에서 나는 인간이 다른 동물들과 구별되는 가장 중요한 요소는 정신을 가지고 있는 점이며, 그 정신을 움직여 자유를 찾고 그것을 통하여 문화를 창조하고 역사를 발전시키는 일이라 했다. 그렇다면, 인간의 참된 생은 그 자유를 위한 투쟁, 문화의 창조, 역사의 발전에서만 그 의미를 찾을 수 있는 것이다.

이와 같은 일들이 예수에게 있어서 그의 주(창조주)를 섬기는 일이었다. 그리고 그 창조주를 섬기는 일을 충실히 하는 자라면 먹을 것, 입을 것까지 생각지 않아도, 다 먹고 입고 살 수 있다는 것이다. 그러기에 그는 "공중의 새를 보라, 심지도 않고 거두지도 않고 창고에 모아들이지도 아니하되 너희 천부께서 기르시나니……"[28] 하고 인생을 낙관한 것이다.

인간이 태어나서 참으로 자기가 해야 할 소명을 성(誠)과 실(實)을 다 바쳐서 행하는데도 그 사회가 그를 굶어 죽게 하고 얼어 죽게 한다면, 더욱더 먹을 것, 입을 것이 없어 죽을지언정 자기의 일을 해야 한다. 그것이야말로 인간이 동물과 구별되는 인간답게 살다가 인간답게 죽는 일이 되는 것이다.

이러한 죽음이야말로 자유로운 생이며, 죽음을 초월한 생이다. 죽어서 참다운 생의 목적이 이룩된다면, 죽지 않고 어찌하겠는가? 그리고 살고서도 살아서 해야 할 일을 하지 못한다면, 무엇 때문에 사는 것인가? 결국 언젠가는 죽게 되는 것이 인생인데 말이다.

예수도 바로 이러한 점을 제시한 사람이다. 그러기에 그는 '내일 일을 염려하지 말라. 그날에 생기는 일을 네가 알지 못함이니라. 아마 너는 내일 이미 없을지도 모르고, 너는 너와는 이미 상관없는 세상을 위해 수고한 것이 되니라. 그 시간의 괴로움으로 족한 것이니라.[29]고 하여 인간이 일반적으로 지니고 있는 미래에 대한 공포로부터 해방할 것을 종용하였다.

그렇다! 우리 인간은 인간이기 때문에 내일을 두려워하고 있다. 오늘 상사에게 올바른 소리를 했다가 해고를 당하면 내일을 어찌 사나? 내가 낳아 놓은 자식들을 굶기게 되지 않겠나? 자식들의 교육도 못시키게 되지는 않는가? 나의 노년에는 깡통을 차게 되지는 않을까? 등등의 공포 때문에 우리는 현재에 용기를 상실하는 것이며, 오늘에 꼭 실천해야 할 일을 행하지 못하고 있는 것이다.

그러면 이러한 공포의 근원은 무엇인가? 결국 인간의 모든 공포는 죽음에 대한 공포로 귀결된다. 만약 먹지 않아도 입지 않아도 죽지 아니한다면, 먹고 입는 것 때문에 속박을 당할 자가 어디에 있겠는가? 그리고 먹고 입는 것에 구애를 받지 않는다면, 용기를 갖지 못할 이유가 어디에 있는가? 그런데 아무리 많이 먹고 아무리 잘 입어도 인간은 결국 죽게 되어 있다. 그런데 인간은 마치 죽지 않고 영원히 살 것 같은 착각에 빠져있다. 이 착각 때문에 인간은 공포를 갖게 되고 비겁해지게 된다.

그러므로 자유인이 되기 위해서는 이 죽음에 대한 공포로부터 해방되어야 하며 영원한 삶이라는 착각에서 깨어나야 되는 것이다. 그럴 때에 그는 비로소 굶주려도 돌을 떡으로 만들려는 유혹을 물리칠 수 있고, 세계 만국을 지배하는 현세적 부귀영화에 대한 유혹도 떨쳐버릴 수 있는 것이다. 그리고 이러한 유혹을 떨쳐버린 참다운 자유인이 되었을 때, 그는 만인 앞에서 '가난한 자의 복'을 외칠 수가 있는 것이다.

예수는 스스로 십자가에 못 박혀 죽음으로써 자기의 교훈을 실증하려 하였다. 마치 소크라테스가 독배를 마시고 스스로 생(生)과 사(死)를 초탈한 자유인임을 입증했듯이, 예수도 그의 죽음으로써 참다운 자유인의 삶과 죽음을 가르쳤다. 그러나 예수는 소크라테스에 비하여 인간적이었다. 소크라테스가 고고(高孤)한 철인이었는데 비하여, 예수는 민중이었으며, 민중으로써 고통을 느낀 사람이기 때문이다. 그러기에 그는 그의 개세마네 동산에서의 마지막 기도에서 이렇게 말하지 않았나.

"아버지여! 만일 아버지의 뜻이거든 이 잔을 내게서 옮기옵소서. 그러나 내 뜻대로 마옵시고 아버지의 뜻대로 되기를 원하나이다."

이처럼 예수도 고통을 피하고 싶어 한 인간이다. 그러나 그는 그것을 마지막 순간에 극복하여 아버지(아버지란 역사)의 뜻을 따랐다. 이렇게 고난을 달게 받으며 죽은 예수의 죽음은 당시 가난한 민중에게 삶을 가져다주었다.

현실적인 가난에서 탈피하여 천국(미래)의 부를 갖게 되었고, 현재의 애통을 내일의 위로로써 극복하였다. 그러므로 이들은 남을 긍휼히 여기고, 마음의 청결을 갖게 되고, 동지간의 화평을 갖게 하고, 의를 위하여 핍박받기를 원하게 하였다.

한마디로 예수의 죽음은 낡은 로마 문명 위에 새로이 이룩될 새 시대, 새로운 가치, 새 문화의 이상을 제시한 것이며, 동시에 그 이상을 성취하기 위해 필요한 용기를 당시의 새로운 자유인들에게 제공한 것이다.

예수 1인의 자유는 만인의 자유로

예수의 죽음을 계기로 로마에서는 새로운 싸움이 전개되었다. 현재의 권력을 지니고 현실적으로 누리고 있는 세력을 고수하려는 로마 지배의 기성세력과 현재는 약자이며 현실적으로는 가난하고 압박을 받고 있는 입장이지만, 미래의 소망을 가지고 새로운 세계를 이룩하려는 생명력 넘치는 신진세력의 대립투쟁이 시작된 것이다.

예수의 죽음은 바로 이 싸움의 선전포고였다. 예수가 살아 있을 때는 그 예수를 중심으로 유대(Judea)에서만 깃들어 있던 그 세력이 예수가 죽자, 그 제자들은 전 로마의 지배영지로 확산되어 동지들을 규합하기 시작하였다. 예수가 살아 있었을 때는 예수가 한 사람이었으나 예수가 죽고 나니 그 예수는 방방곡곡에서 수없이 많이 재생한 것이다.

한 알의 밀알이 썩어서 수십, 수백, 수천, 수만의 밀알을 생산해 놓은 것이다. 이 같은 확산과정은 그 후에도 계속되었다. 즉 예수의 제자들은 죽어서 또 수많은 예수의 제자를 낳아 놓았고, 그 제자들은 또 죽어서 그 몇 배의 제자를 생산했다. 이 수의 급증은 가히 기하급수적이라 할 수 있다. 이와 같은 확산과정의 일면을 잘 표현하고 있는《신약성서》〈사도행전〉을 인용하는 것이 보다 실감이 가지 않을까 생각한다.

'저희가 돌로 스테반을 치니 스테반이 부르짖어 가로되, 주 예수여! 내 영혼을 받으시옵소서. 하고 무릎을 꿇고 크게 불러 가로되, 주여 이 죄를 저들에게 돌리지 마옵소서. 이 말을 하고 자니라…… 중략 …… 그날에 예루살렘에 있는 교회에 큰 핍박이 나서 사도 외에는 다 유대와 사마리아로 흩어지니라. …… 중략 …… 그 흩어진 사람들이 두루 다니며 복음의 말씀을 전할세…… 중략 ……그 성에 온 기쁨이 있더라.'[30]

바로 이것이다. 예수를 증언하며 한 사람이 죽으면 그로 말미암아 열 사람, 백 사람의 새로운 증언자가 생겨 사방으로 퍼져가는 것이다.

그러면 어떻게 당시에 예수의 세력이 이처럼 빨리 대중에게 받아들여 질 수 있었는가? 그것은 이미 언급했듯이 민중의 호응 때문이다. 민중들의 활약은 성서상에서 주의 사자(使者)로 나타나고 있다.

'이에 베드로는 옥에 갇혔고 교회는 그를 위하여 간절히 하나님께 빌더라. 헤롯이 잡아내려고 하는 그 전날 밤에 베드로가 두 군사 틈에서 무쇠 사슬에 매여 누워 자는데, 파숫군들이 문밖에서 옥을 지키더니 홀연히 주의 사자가 곁에 서매 옥중에 광채가 비치며 또 베드로의 옆구리를 쳐 깨워 가로되, 급히 일어나라 하니 쇠사슬이 그

손에서 벗어지더라……중략…… 이에 첫째와 둘째 파수를 지나 성으로 통한 쇠문에 이르니 문이 절로 열리는지라. 나와 한 거리를 지나매 천사가 곧 떠나더라.[31]

이 얼마나 조직적이고 계획적인 민중의 레지스탕스인가? 그러나 민중은 무엇 때문에 이같이 호응할 수 있었는가? 물론 그 가운데는 이미 예수를 믿고 따르는 자들도 있었으리라. 그러나 아직 예수의 교리가 체계화되지도 아니했고, 교회다운 교회가 성립되지도 아니한 그 시대에 모든 민중이 기독교인이 되어 있었다고는 볼 수 없다. 그보다는 그 민중과 예수의 제자들과는 공동의 적을 가지고 있었다는 근본적 동질의식이 더 작용했으리라.

당시 로마와 그를 추종하는 지배계급 및 기성질서는 비단 예수와 그의 제자들만의 적이 아니었다. 그것들은 전 피압박자 민중의 적이었다. 오랜 기간을 두고 피압박, 피지배, 피수탈의 민중은 그들의 압박자, 그들의 지배자, 그들의 착취자에 대한 불만과 저항의식을 높여 왔다. 그러나 민중은 어디까지나 '중(衆)'이다. 그러므로 이들에게는 이들을 이끌어 규합시킬 수 있는 이상과 지도원리, 지도자의 등장이 없이는 스스로 단합된 힘을 갖는 일이 불가능하다.

그런데 예수의 죽음과 그 전파자들의 죽음, 그리고 이들이 죽음으로써 제시한 새 시대의 소망은 이들 민중들을 단합시킬 수 있는 충분한 응결력과 이들의 행동을 촉진시킬 수 있는 강력한 원동력이 될 수 있었다. 예수라는 인물이 획득한 1인의 자유는 그의 제자라는 소수자의 자유로 확대되었으며, 이것은 이제 만인의 자유로 확산되어 가고 있는 것이다.

드디어 예수의 제자들, 즉 기독교인들은 네로 황제가 그들을 호칭하여 '인류의 적(odium humani generis)'이라고 할 정도로 성장하였다. 가난한 목수의 아들 1인의 죽음으로 비롯된 이 새로운 세력이 이제는 로마 황제의 눈앞에 '인류의 적'이라는 거대하고 두려운 모습으로 등장하게 된 것이다. 이쯤 되면 이 두 개의 세력은 최종적 대결을 보지 않을 수 없게 된 것이다.

네로 황제는 드디어 이 인류의 적인 기독교도들을 죽이기 위해 칼을 뽑았다. 이것이 로마 시내의 화재사건을 빙자한 기독교인 박해사건이다. 이 사건은 로마 제국의 본질과 기독교도의 성격을 대비하는 의미 깊은 사건이었다. 네로 황제는 로마인의 본성과 방식대로 인간의 육체를 살육함으로써 기독교도들을 박멸시키려 하였다. 그리하여 무수한 기독교도를 체포하여 로마 제국의 권위의 상징이요, 로마 문화의 대표라고 할 수 있는 콜로세움에 그들을 넣고 맹수들과 싸움을 시켜 맹수의 밥으로 만들든가, 로마법의 상징인 십자가에 매달아 화형을 시켰다. 그러면서도 네로 황제는 이렇게 잔인한 살인 현장을 향락의 대상으로 삼았다. 이 향락이 바로 제정 로마의 상징이니까.

이러한 로마 황제와 그 추종자들의 피의 박해는 기독교의 성장을 저지하기는커녕 오히려 그것을 촉진시키는 역할을 했다. 기독교도로 대표되는 당시의 피압박, 피지배계급인 민중들은 무자비한 경제체제하에서 사느니보다 빨리 그리스도를 위한 순교를 당하여 축복받은 내생(來生)을 살고 싶어 했기 때문이다.[32]

이처럼 제국과 지배자의 압박에 대하여 기독교도와 민중들은 죽음으로써 대결해 나아갔다. 맹수에게 먹힌다거나 십자가에 매달려 죽는 다는 것이 그들에게는 스스로 예수가 되는 길이며, 현생의 고통을 청산하는 길이라고 생각했기 때문이다. 순교자 폴리카프의 죽음 장면은 그들의 이러한 마음을 여실히 보여주고 있다.[33]

> 총독은 격한 말로 대들었다. '나에게는 맹수들이 있소, 당신이 마음을 바꾸지 아니하면 당신을 맹수에게 내어 던지겠소.' 폴리카프는 대답했다. '얼러서 맹수들을 끌고 오시오. 좋은데서 나쁜 데로 마음을 바꾸는 것은 용납할 수 없소. 다만 나쁜데서 좋은 데로 마음을 바꾸어야 하오.' 맹수가 아니면 불속에 집어 던지겠다는 총독의 말에 폴리카프는 대답했다. '당신은 잠시 탈 불을 가지고 위협하지만, 불경한 자들을 위해 영원한 형벌의 불이 타고 있음을 아시오……'

순교자들의 정신으로 볼 때, 권력자의 강요에 의하여, 아닌 것을 옳다 하고, 옳은 것을 그르다 하며 굴종적인 생을 사는 것은 영원한 형벌에 빠져있는 것이나 다름이 없다. 현실적으로 절망한 삶을 살면서 정신마저 권력에 의해 굴종을 당한다면, 그 삶이 영겁의 형벌이 아니고 무엇이겠는가? 그렇다면 맹수에게 뜯기고 불에 탐으로써 느끼는 잠깐의 육체적 고통을 겪고 영원한 정신의 세계로 가는 것이 훨씬 떳떳하고, 훨씬 더 소망스러운 것이다. 그러므로 순교자는 그의 죽음 자체가 자신이 살아서 할 수 있는 가장 고귀한 일임을 깨닫고 이렇게 기도하였다.

'전능하신 주여! 당신이 저를 이 시간에 마땅한 자로 여겨 주심을 감사합니다. 이제 그리스도께서 순교행렬에 나의 작은 자리를 마련

해주셨으니, 성령이 썩지 아니하는 영생과 부활의 축복을 내려 주소
서……'

최고의 권력, 최고의 문화, 사나운 맹수, 그리고 철저한 법을 무기
로 하는 지배와 이에 대하여 오로지 정신의 영원한 삶을 믿고, 죽음을
밑천으로 하여 겨루는 이 대결에서 과연 누가 승리를 할 수 있을까?

한편 건전한 인간정신의 노력과 그 투쟁에 의하여 얻어진 정치권
력, 문화, 법률 등은 그 인간정신이 부패 타락함에 따라 무너지게 마
련이다. 권력은 그것을 휘두르는 자의 정신이 건전하고 그것을 사용
하는 목적이 합당할 때에만 그 위력을 발휘할 수 있다. 문화는 그것을
창조한 인간의 정신이 생명력을 유지하고 있을 때에 한해서만 그 생
명이 있을 수 있다. 법은 그것을 준수할 의도를 지닌 백성이 있음으로
서만 존재가치가 있다.

그런데 현재 로마의 상황은 어떠한가? 권력은 있으되 그것을 휘두
르는 자는 향락에 미쳐있고, 그것을 사용할 목적은 오직 민중에 대한
탄압뿐이 아닌가? 문화의 체계는 있으되 살아있는 정신이 없으니, 그
문화는 껍데기뿐이며, 법은 있으되 그것을 지키려는 백성을 잃었으니
그것은 죽은 법이 아닌가?

이제 로마는 시체다. 이제 로마는 기독교에 의하여 교체되지 아니
할 수 없는 역사적 전환기에 도달하고 만 것이다. 그리하여 콘스탄티
누스 대제는 기독교를 공인하지 않을 수 없게 되었다. 그리고 지금까
지 로마의 지배권에 의하여 압박받던 젊은 새 생명이 이제 그 압박으
로부터 해방을 얻고 자유를 쟁취하였다. 다시 말하면 예수라는 1인에
의하여 시작된 자유가 이제 만인에게 주어진 것이다.

게르만 민족의 각성과 기독교의 성장

기독교는 게르만 민족을 개종시켜 그의 세계지배권을 확보하였고,
게르만 민족은 기독교를 이상으로 삼아 스스로를 성장시켰다.

기독교는 무려 300여 년이라는 긴 세월에 걸친 투쟁 끝에 승리를
거두었고, 자유를 획득하였다. 그리고 이제는 종래의 그를 탄압하던
로마 정권과 제휴하여 로마의 국교라는 지위까지도 차지하게 되었다.

기독교가 이와 같이 로마 제국의 압박으로부터 자유를 쟁취하게
된 것은, 그것이 가난한 자의 종교로서, 가난한 자의 해방자임을 자처
하고, 압박받는 자의 메시아임을 내세웠기 때문이었다. 그렇기 때문
에 초기 기독교는 그것을 따르는 노예나 프리맨(freeman)[34] 등과 같은
하층계급인 민중의 현생의 절망과 서러움을 보상해주기 위한 노력을
다하였다. 아니 기독교 자체가 이 노력으로 구성된 것이다.

이 때문에 기독교는 그 이전, 오리엔트 문명 이래로, 인류의 정신적
노력에 의하여 창출된 모든 사상들 가운데서 민중의 요구에 맞는 모
든 사상들을 수집하여 종합한 것이다. 이를테면 민중의 고난의 의미
를 합리화시키기 위해서, 고난의 연속인 유대의 역사(구약)를 끌어들
여, 그 안에서 고난을 극복해간 모세, 여호수아, 삼손, 다윗, 솔로몬 등
의 영웅들과 현자들을 그들의 편으로 만들었으며, 이집트의 메시아
사상을 동원하여 고난 끝에 다가올 희망을 제시하였다. 그러면서도

한편으로는 그리스의 신플라톤주의 사상을 도입하여 목수의 아들 예수를 플라톤의 로고스(logos)와 대결시켜 신비화시켰다.

그러나 무엇보다도 기독교에 있어서 중요했던 것은, 로마 제국의 상층계급의 방종생활에 대한 민중의 적개심을 부각시키지 않으면 아니 되는 것이었다. 그러므로 기독교는 스토아 철학의 금욕주의를 받아들였고, 또 로마 민중의 구성원이 전 세계인(전 세계로부터 잡혀온 노예, 식민지에 포용되어 있는 민중)이라는 점에 착안, 스토아 철학의 세계주의적 사랑의 정신을 받아들였다.

그러면서 한편으로는 그의 추종자들을 조직 관리하기 위해서는 로마의 법과 행정체계까지 물려받았다. 이런 점에서 기독교는 명실 공히 세계적 종교요, 보편적(Catholic) 종교로서의 성격을 지니고 있는 것이며, 오리엔트 문명 이래 인간 정신의 노력에 의해 창출된 문화의 최종적 누적이라고 할 수 있다.

그러나 이러한 누적이 자연현상으로 이룩된 것은 아니었다는 점을 잊어서는 안 된다. 이것은 어디까지나 로마 제국의 말기적 현상에 불만을 가지고, 이를 극복하기 위한 자유의식을 발휘한 사도 바울이나 성 아우구스티누스 등과 같은 천재들의 정신적 노력의 결정체인 것이다. 그러므로 초창기 기독교는 순수했고 생명력이 넘치는 것이었다.

그러나 그 기독교도 이제 그 고난을 극복하여 로마의 위정자와 결탁하여 권력을 잡아야 했고, 늙은 로마가 게르만족의 용병대장 오도아케르(Odoacer)에게 고목처럼 쓰러지게 되면서 게르만족과 결탁하여 최고의 지배권을 장악하게 되면서, 압박자로서, 박해자로서의 잔인성을 보이기 시작하였다.

즉 기독교는 콘스탄티누스 대제의 밀라노 칙령(Edict of Milan)으로 로마 정부의 인정(AD 313)을 받기가 무섭게 니케아(Nicaea) 종교회의를 소집하였다. 그리고 아리우스파를 이단으로 규정하고, 아타나시우스(Athanasius)파의 삼위일체설(성부·성자·성령이 하나라는 설)을 앞세워, 절대자로서의 유일신 하나님과 유일한 세계지배자로서의 로마 황제를 양립시켜, 로마 황제 테오도시우스 치하에서 국가의 보호를 받는 유일종교로 되기에 이르렀다.

이로부터 기독교는 맹수와 같은 잔인성을 나타내어 '마니교'‘미트라이즘(Mithraism)' 등의 그 동복형제들을 이교도로 규정하고 철저한 탄압을 가하기 시작하였으며, 이러한 지배권을 유지하기 위해서는 이제 부자(富者)와도 손을 잡기까지 하였다.

그러나 이것이 곧 기독교의 완성을 뜻하는 것은 아니다. 그렇다고 이것이 기독교의 지배권의 확립이나 노쇠현상도 아니다. 어쩌면 이와 같은 현상은 살아있는 생명체가 그의 생명을 유지하기 위해서 취하지 않으면 아니 되는 생의 원리이며, 생존을 위한 잔인한 투쟁에서의 승리를 의미하는지도 모른다. 그리고 지배자가 아니면 피지배자일 수밖에 없다는 일도양단의 원칙인지도 모른다. 여하튼 기독교는 그를 억압하던 로마 제국으로부터 권력을 얻었으며 또 그와 경쟁하던 타종교의 세력을 타도함으로써 승리자의 입장에 서게 되었다.

그러나 기독교는 이 같은 승리를 확립해가는 과정에서 스스로 분열되지 않을 수 없었다. 즉 기독교를 국교로 인정한 로마 황제 테오도시우스가 죽은 후 로마는 실질적으로 동로마 제국과 서로마 제국으로 분립되고, 이에 따라 기독교는 서로마 제국과 결탁한 가톨릭과 동로마 제국과 결탁한 그리스 정교회로 분리되었다. 그뿐만 아니라 7세기경에는 마호메트 이슬람교가 발생하여 기독교의 발상지로 생각되던 예루살렘과 그 인접지역을 장악하였다.

여기서 과거 전성기의 로마가 지배하던 영토는 실제로 삼분되어 로마 가톨릭은 서로마 제국의 후계자로서 군림하게 된 것이다. 그리고 가톨릭의 로마 교황은 로마 황제를 대신하는 입장을 취하였다.

이에 로마 교황은 전성기의 로마에 대한 환상을 가지고, 그 세력을 계속 넓혀가지 않으면 안 되었다. 로마 제국이 군사적 정복을 통하여 확보하였던 모든 영토를 전파와 개종을 통하여 지배하에 두는 것만이, 가톨릭의 꿈을 실현하는 것이라고 여겼기 때문이다.

그러나 그의 야망은 곧 벽에 부딪치게 되었다. 그것과 병존해 있는 콘스탄티노플의 비잔틴 세계도 그의 영역을 지키려 했고, 더욱이 이슬람교의 교세는 오히려 가톨릭을 능가하는 정도로 강성하였기 때문이다.

이제 가톨릭이 세력을 확장시켜 그의 꿈을 실현시킬 수 있는 곳은 아직까지 독자적인 문화도 갖지 못했고, 독자적인 통일된 종교도 없으며, 또 법도 행정질서도 잡혀 있지 아니한 야만족인 게르만의 세계밖에는 없었다. 기독교도는 이제 제2의 전도사업을 위한 길을 떠나지 않을 수 없게 되었다. 게르만에게 이른바 복음을 전하기 위한 것이다.

그러면 당시 게르만 민족은 어떤 상태에 있었나? 한마디로 로마 제정 말기의 게르만의 입장은 그리스 말기의 마케도니아와 유사한 입장에 있었다. 지금까지 암흑의 습지대에서 자연적이고 원초적인 생활을 영위하고 있다가 이제 서서히 역사상에 그 두각을 나타내기 시작한 것이다. 다시 말해서 지금까지 세계사의 발전과정의 밖에서 생활하고 있던 게르만 민족이 로마의 정복을 당함으로써 문화의 빛을 받게 되었고, 그것을 통하여 그들 자신도 정신과 이성을 지니고 있음을 발견하고, 그것을 동원한 문화 창조의 사업을 시작한 것이다. 로마인은 그런 점에서 그들의 문화사적 역할을 게르만인에게 상속한 것이다. 즉 게르만 민족은 이제 노쇠해서 사망해가고 있는 로마인으로부터 세계사의 주도권을 상속 받아 세계사의 다음 목적을 실현하기 위한 역정(歷程)을 시작한 것이다.

A. 토인비는 인류의 역사와 문명을 '도전에 대한 응전'의 산물로 풀이하였다. 이를테면 이집트 문명은 나일의 범람이라는 자연의 도전에 대한 이집트인의 응전의 결과라는 것이다. 물론 헤로도토스가 일찍이 지적한 바와 같이 이집트 문명은 나일의 선물임이 확실하다. 그러나 이것이 반드시 '도전과 응전' 즉 '조건에 대한 반사'와 같은 물리적, 심리적 원칙에 따른 것이라고 볼 수만은 없다.

왜냐하면 여기서 우리가 주의를 기울이지 않으면 안 될 것은 도전에 대하여 응전하는 그 주체의 문제이기 때문이다. 묻건대, 인간은 도전을 받으면 반드시, 그리고 모두가 그에 대해 응전을 하는가? 종을 방망이로 치면 반드시 소리가 난다. 그리고 파블로프의 조건반사도 언제나 있을 수 있는 것이다.

그러나 인간의 도전에 대한 반응의 정도는 각각 다르다. 응전하는 자, 순응하여 항복하는 자, 그리고 중립을 지키는 자가 있게 마련이다. 그러므로 이같이 다양한 반응을 보이는 인간의 태도에 대해서는 언제나 그 반응과 그 태도를 결정하는 정신을 문제로 삼지 않으면 안된다.

그런데 정신은 그의 움직임을 통해서만 존재가 가능한 것이다. 그리고 그 움직임은 언제나 그 앞에 펼쳐져 있는 현재적 상황, 그리고 그 상황에 의해서 설정된 문제에 의해서 방향을 취하게 된다. 이 같은 정신의 방향과 그 움직임을 자유의식이라 하였다.

그러면 게르만 민족에게 있어서 그들의 정신의 움직임, 즉 자유의식은 어떤 것이었나? 원시적 상태에 있었던 당시 게르만인이 가지고 있었던 자유란 그 자연의 위압으로부터 어떻게 하면 그들의 생명을 유지하는가? 하는 것이었다. 이 당시 이들은 아직 사회라는 집단을 형성하지도 못하고 있는 형편이었으며, 기껏해야 씨족집단을 구성하고 있는데 불과하였으므로 이 문제를 해결하는 것은 그리 용이한 일이 아니었다. 이들은 이 문제를 해결하기 위하여 원시적 방법에 의존하는 수밖에 없었다.

그러나 차차 먼 동남쪽으로부터 문화의 빛이 비쳐오기 시작하자, 이들도 차차 문화에 눈을 뜨기 시작하였다. 씨족이 뭉쳐 부족을, 부족이 연합하여 부족 연맹을 만들어 가며, 이에 따른 생산기술, 종교의식, 그리고 신화적인 구전문학을 서서히 창조하기에 이르렀다.

그리하여 타키투스(Tacitus)가 이들에 대한 정복을 행하고 《게르마니아 사》를 쓰던 시기(AD 98)에는 '그리스의 호메로스시대와 같은 문화적 단계'에 이르러 있었다. 다시 말해서 로마가 제정을 수립하고 부귀영화를 누리던 시기에 이들 게르만인들은 문화의 눈을 뜨고 자리에서 일어나기 시작한 것이다. 그리고 이들은 이로부터 문명이 무엇인가? 세계가 무엇인가? 권력이 무엇인가? 지배가 무엇인가를 의식하기 시작한 것이다.

여기서 게르만 민족의 정신은 그 움직임의 방향 즉 자유의식이 설정되었다. 그들도 로마인과 같이 문명을 이룩하고, 도시를 세우고, 권력을 휘두르고, 세계를 지배해야 한다는 생의 목표가 설정된 것이다. 이들의 이상이 세워진 것이다.

이와 같이 방향과 목표를 설정한 정신! 그것은 그것의 목표를 실현하기 위해서 로마인과 접하였다. 로마의 군단이 이들을 정복할 때, 이들 중 어떤 이는 이들에게 대항하는 응전을 통하여 자민족의 민족의식을 일깨우고, 민족의 단결을 공고히 하여, 자기들의 권력국가를 형성하기도 하고, 어떤 이는 이들에게 순응하여 화려한 로마의 문물을 받아들여 자신들의 문화 발전을 위한 밑거름으로 사용하기도 하고, 어떤 이는 그들에게 노예로 잡혀 간다거나 용병으로 고용되어 장차 있을 게르만 민족의 대이동을 위한 길을 마련하기도 하였다.

이러한 모든 행동이 표면적으로는 상이한 것으로 보이지만, 정신이 설정한 목표, 즉 로마화, 문명화라는 목표에는 어긋나는 것이 하나도 없는 행동들인 것이다. 그러므로 이 과정 속에서 게르만인 중에는 애국자도 있겠고 반역자도 있었겠으며, 순절자도 있고 기회주의자도 있었겠으나, 거시적으로 볼 때는 그 모두가 다 역사발전의 추세에 순응하는 것이며 참가하는 일인 것이다.

이와 같이 게르만 민족이 문화에 대한 의식을 가지고, 그것을 위해서 로마로 진군해 왔을 때, 로마의 문화는 어떤 것이었나! 로마 문명의 원형은 무너져 버리고, 그 위에 새로이 성립되기 시작한 기독교 문화가 있었다.

　마치 마케도니아인이 그리스의 화려한 문화에 자극을 받아 자신을 성장시키고, 또 그리스 문화를 전수받기 위해 그리스 세계로 진군해 왔을 때, 이미 그리스 문화 자체의 전성기는 지나고, 그 문화에 혐오를 느끼고 새로운 미래 세계의 이상, 새로운 가치를 예시한 소크라테스의 철학이 그들을 기다리고 있었던 것처럼, 게르만이 로마를 향하여 진군해 왔을 때, 이미 로마 문화 자체는 붕괴되어 있었고, 미래 세계의 이상이요, 가치를 제시한 예수의 철학이 그들을 기다리고 있었던 것이다.

　다시 말해서 예수와 초기 기독교 성자들은 노쇠하여 부패 타락한 로마의 문화를 밑거름으로 하여 그것을 극복하는 새 가치, 새 이상, 새로운 자유의 표적, 새로운 역사의 목표를 제시하였다.

　그런데 이러한 새 가치, 새 이상, 새 역사의 목표의 실현을 담당하는 역할은 로마인이 아니라 게르만 민족이었다. 게르만 민족! 문화를 창조하고자 하는 의욕은 있으나 창조한 문화는 갖고 있지 못하였으며, 자라서 어른이 되고자 하는 희망은 가지고 있으나 아직 어린이의 상태에 있으며, 또 지배자가 되고 싶은 야망은 가지고 있으되 아직 지배권을 잡아보지는 못한 단계에 있는 게르만 민족! 그리고 이러한 생동하는 의욕과 희망과 야망을 가지고 있다는 이유 때문에 로마인들에 의하여 억압과 박해를 받아 했던 미성세대, 피지배계급으로서의 게르만 민족은 그들의 참신하고 젊고 활력 있는 활동력과 생명력을 동원하여, 기독교도가 제시한 새 가치, 새 이상, 새로운 자유의 표적, 즉 새로운 역사의 목표를 향하여 새로운 문화를 창조하는 역할을 맡은 것이다.

한편, 초기에는 현실적인 힘을 로마 제국에게서 찾았으나, 로마 제국이 멸망해버리자 찾을 길이 없게 된 기독교는 그들의 가치·이상·목적을 실현하기 위해 게르만족을 영입하지 않을 수 없었다. 기독교의 가치와 이상이 기독교의 머리라고 한다면, 기독교는 필요한 몸체를 이들 게르만 민족에게서 찾아야 했기 때문이다. 이것을 위해서 기독교는 게르만 민족을 교화시키는 일에 매진하지 않을 수 없었다. 여기서 게르만 민족과 기독교는 이해의 일치를 보았고, 이에 따라 양자는 결합하게 되었다.

이 결합을 위한 노력은 수세기에 걸친 기독교의 전도사업과 게르만 민족의 국가 및 사회(봉건사회) 건설사업의 진행과정을 통하여 지속되었고, 그 결과는 8세기 프랑크왕국 카롤링거 왕조의 샤를마뉴(Charlemangne)가 이슬람교의 침략을 저지하고, 기독교 세계의 현실적인 보호자가 됨에 따라서 이룩하게 된다.

그로부터 다시 샤를마뉴가 아우구스투스(Augustus)로 취임하고, 그리고 오토 대제(Otto I der Grosse)가 신성 로마 제국의 황제의 지위를 확보함으로써 기독교와 게르만 민족의 관계는 초기 기독교와 로마 제국과의 관계, 즉 테오도시우스에 의하여 국교로 인정된 이후의 기독교와 로마 제국과의 관계가 재현된 것이다. 그러나 로마 제국은 붕괴과정에 있었는 데 비하여 신성 로마 제국은 생성일로에 있는 제국이라는데 근본적 차이가 있다.

이때에 게르만 민족은 그들이 애초에 소망했던 로마 제국의 후계자로서의 위치를 확립하였고, 기독교는 로마 제국의 정신적인 지배권을 장악하고자 했던 목표를 신성 로마 제국을 통해서 성공한 것이다. 신성 로마 제국이라는 명칭은 바로 이 양자의 동시성공을 그대로 표현해주고 있는 것이다.

이와 같은 기독교와 카롤링거 왕조의 동시성공은 한마디로 그 양자의 야합을 의미하는 것이기도 하다. 그런데 양자의 야합이 이룩될 수 있었던 것은 양자의 이해의 일치에서만 가능하다고 하는 것을 간과해서는 안 된다. 우선 카롤링거 왕조는 기독교의 전파, 즉 하나님의 뜻을 내세워 자신의 현실적인 목적, 즉 정치·경제적 목적을 추구하였다.

냉엄하게 관찰해 보면, 우리는 현실적인 세력은 어디까지나 현실적인 목적만을 추구한다는 사실을 발견할 수 있다. 흔히 정치가들은 이데올로기를 내세우고, 그것을 실현하기 위하여 투쟁을 하고 있다고 한다. 그러나 이것은 어디까지나 그들의 정치활동을 합리화시키는 선전에 불과하다. 왜냐하면 이들은 실제로 그들의 활동을 하는 과정 속에서 그 이데올로기와 상치되는 행위를 하지 않으면 안 되기 때문이다.

프롤레타리아의 천국을 이룩하겠다고 호언장담하고 있는 마르크스주의자들과 그것을 중심한 위정자들은 실제에 있어 그들의 정치적 목적을 수행하기 위하여 그 프롤레타리아를 지옥 속으로 몰고 있지 않은가?

그들의 행위는 프롤레타리아의 적으로 간주하고 있는 자본주의적 실업가들보다도 더 잔혹하다. 이 점에 있어서는 카롤링거 왕조도 마찬가지였다. 그 왕조는 피압박자의 복락을 약속했고 화평을 기약한 기독교를 표방하고 그것을 전파한다는 명목으로 수없는 살육전을 감행했고, 그 살육전을 기초로 해서 그 왕조를 확고한 기반위에 올려놓았다. 이러한 모습을 번스(E. Burnes)는 아래와 같이 표현했다.[35]

> 그(샤를마뉴)의 치세(治世) 46년간(768~814)에 그는 54회 이상의 전쟁을 벌였다. 서유럽 민족 가운데는 이와 대결해서 싸우지 않은 자는 거의 없다. 다만 영국만이 제외되었을 뿐이다. 이러한 그의 싸움은 대부분 성공적이었다. 그 때문에 그는 중앙유럽과 이탈리아의 북부와 중앙의 대부분의 지역을 프랑크에 편입시켜 지배하였다. 이러한 정복 중에는 가공할만한 피의 희생과 난폭하고 잔인한 행위가 자행되었다…… 그러나 이러한 모든 행위는 이교도를 개종시켜 기독교도로 만들기 위해서라는 핑계에 의해서 이루어졌다. 이것이 그 시대 정신의 정형이다.

기독교가 공인되기 이전 로마 치하에 있었던 하부계층의 인민들은 미래에 다가올 천국을 바라고 로마의 압제와 대결하여 투쟁했고, 그로 해서 기독교가 공인되고 국교로 되고 이제 지배권을 확립하게 된 것이다. 그런데도 그 하부계층에게는 역시 천국이 오지 않았고, 그들에게 온 것은 소위 이교도라는 다른 세계의 하부계층이 속해 있는 인민을 죽이기 위해서 자기가 죽어야 하는 전장만이 기다리고 있었다.

바로 이것을 위해서, 현실 세계의 지배자들은 인민들이 죽으면서도 즐거운 마음으로 죽도록 유도하기 위해서, 현실적 고난을 겪으면서도 그 고난을 합리화시켜 그 고난으로 가득 찬 일을 수행하도록 하기 위해서, 소위 이상과 가치와 사상의 대행자로 자처하는 것이다. 이런 의미에서 위정자들이 내세우는 사상이란 이미 공허하고 가상적인 구호에 불과하며 단순한 명분에 불과하다. 이 명분을 위해서 카롤링거 왕조는 기독교에 무릎을 꿇고 기독교의 수호자로 자처하였다.[36]

한편 이상·가치·사상은 그 자체로서만, 즉 학자나 사상가의 두뇌나 저서 속에 담겨져 있어서만은 그 힘을 발휘하지 못한다. 그러므로 이상·가치·사상이 실현되기 위해서는 현실적인 세력을 등에 짊어지지 않으면 안 된다. 그러나 문제는 이같이 이상·가치·사상이 현실적 세력과 야합하게 될 때, 그것은 불가피하게 변질되지 않을 수 없다는 것이다. 그리고 그것이 현실적으로 변질되게 되면, 그때는 이상이 이상 아닌 것으로, 가치가 가치 없는 것으로, 사상이 사상 아닌 것으로 되고 만다.

물론 이와 같이 이상과 사상이 현실화되는 과정에서 현실 그 자체에 대해서 변화를 가하게 되는 것도 사실이며, 또 그것이 이상의 존재 가치이며, 가치 의식의 존재 가치이며, 사상의 실용적 힘이다. 그러나 그것들이 일단 현실과 야합하면, 그 자체의 생명력을 상실하게 되는 것도 사실이다.

그러므로 이상가나 사상가는 언제나 새로운 이상과 가치와 사상을 고안하여 현실에 의해 소멸되어 가고 있는 그 이상·가치·사상에 활력소를 제공하여야 된다. 여기서 이상·가치·사상, 즉 종교는 계속해서 그 자체의 활력 있는 삶을 지탱해가야 한다.

만약 그렇지 못하여 어떤 종교가 그 자체의 생명력을 상실하게 되어 현실적 권력에 시녀가 된다거나 또는 현실적 권력자로 변모하게 된다면, 그 종교(이상·가치·사상)에 소망을 걸고 그것을 의지해서만 살아갈 수 있는 하부계층은 절망하게 된다. 반대로 종교가 그의 생명력을 유지하고 있는 한, 현실적 세력의 지배가 아무리 광폭하고, 그로 말미암은 현세적 생활이 아무리 고달프더라도 민중은 소망을 가지고 살 수 있다.

기독교가 카롤링거 왕조와 야합하여 현실적인 세력과 결탁하였으면서도 당분간 그의 생명력을 유지해 갈 수 있었던 것은, 그 기독교 내부에서 일어나고 있던 계속된 혁신운동이 있었기 때문이다. 이 계속된 혁신운동이 수도원 운동이다.

압박 받는 자의 소망(메시아)으로 등장하여, 가난한 자를 구제하기 위하여 지배자와 부자를 대적하였고, 기성의 권위를 파괴하면서 성장한 기독교가 이제 신성 로마 제국이라는 세속적 권력과 결탁하여 스스로 압박하는 자의 입장에 서서, 지배자와 부자의 행세를 하며, 자칭 기성적 권위자임을 자부하게 되었다는 것은 원초적 기독교에 있어서는 커다란 유혹이며 시련이 아닐 수 없으며, 기독교 자체의 위기가 아닐 수 없다.

이러한 입장의 기독교라면 돌을 떡으로 만들어 먹으라는 사탄의 유혹을 물리쳤으며, 눈 아래 내려다보이는 천하만국과 그 영광을 주겠다는 사탄을 향하여 물러가라고 외친 그 예수를 배반하고 있는 것이라고도 할 수 있다.

여기서 진실한 기독교도들은 이러한 현세적 유혹과 시련으로부터 자신을 구하고 그들 자신이 본래의 기독교인으로서의 이상과 자세를 지켜서 가난한 자, 압박 받는 자에게만 약속된 천국의 기쁨을 얻기 위하여 광야에 수도원을 설치하고, 스스로 초창기 기독교인들이 당한 것과 같은 가난(청빈)과 금욕을 통한 고난을 실연하여, 즉 육체적이고 현세적 고통을 통하여 정신적니고 내세적인 구원을 구하였다. 이러한 노력의 일면을 보여주고 있는 성 베네딕트의 이야기가 있다.

> 베네딕트는 한 때 어느 여인과 정을 통한 적이 있다. 그 후 그는 그 연인에 대한 기억 때문에 고뇌를 하였다. 그 연인에 대한 기억으로 음욕이 불 일어나듯 일어났으며, 이것은 날이 갈수록 심하여졌다. 그 여인의 악한 영혼이 붙었기 때문이다. 그리하여 베네딕트는 결국 그가 수도하던 광야를 버리고 떠나가려는 결심을 하기에 이르렀다. 그러나 돌연히 하나님의 은총이 그를 도우시어, 그는 스스로 돌이켰다. 주위를 돌아봄에 곁에 많은 쩔래와 가시나무가 자라 숲을 이루고 있는지라, 베네딕트는 그의 옷을 벗어던지고 이 가시덤불에 몸을 던졌다. 그 뒤 거기에서 일어났을 때에 그의 온몸의 살은 참혹하게 찢어져있었다. 이와 같이 하여 베네딕트는 몸의 상처로서 영혼의 상처를 고쳤다.

현실적 권력과 현실적 부를 누리고 있는 기독교는 자신 생명력을 계속하기 위하여 이러한 노력을 하였다. 그러나 이것은 어디까지나 의도적 고행이지, 결코 상황에 직면해서 하지 않으면 안 되기 때문에 행하는 고행은 아니다. 지배권을 가진 자가 스스로 피지배자의 입장이 되어 피지배자가 당하는 고난을 당한다 해도, 그것은 어디까지나 가공적이고 정신적 사치에 지나지 않는 것이지, 실제적인 고난일 수는 없다.

부자가 가난한 자의 처지를 이해하기 위하여 단식이나 금식, 또는 걸식을 해서, 인위적이고 의도적으로 가난을 체험한다 하더라도, 그는 그 가난과 굶주림 때문에 죽지는 않을 것이라는 든든한 자신이 그의 마음속 깊은 곳에 자리 잡고 있기 때문에, 정말로 가난해서 굶주리는 사람의 입장은 될 수가 없다. 다시 말해서 이러한 의도적인 고통은 피지배자나 빈자가 실제로 당하는 고통일 수는 없다. 그것은 정신적인 절망을 수반하는 고통은 아니기 때문이다.

그런데 피압박자와 빈자들이 압박이나 가난 때문에 받는 육체적이고 물리적인 고통도 괴로운 것이겠지만, 그 보다 더한 고통은 그 압박과 가난이 계속될 것이라는 시간성이 가미된 절망적 고통이다. 고통을 받지 않아도 될 수 있는 환경에 있는 사람이 스스로 고통을 체험하기 위해서 받는 고통에는 시간성이 가미되어 있지 않다. 언제고 그는 그 고통을 청산할 수 있기 때문이다. 자의적으로 당하는 고통은 또 자의적으로 면할 수도 있기 때문이다.

그러나 이와 같이 자의적으로 당하는 고통이라 하더라도, 그 고통을 체험해보고자 하는 이들의 정신은 고귀한 것이다. 새로운 이상·가치·사상을 탄생시킨다거나 성장시키는 힘은 되지못할지 모르지만 일단 성장한 이상·가치·사상, 또는 이것을 담고 있는 체제를 계속 유지시킬 수 있는 힘으로서 작용하기에는 충분한 것이었다. 문제는 이러한 정신이 얼마나 오래 지속적으로 작용할 수 있는가하는 것일 뿐이다.

중세 기독교의 이 같은 정신의 노력은 비교적 오래 계속되었다. 물론 하나둘씩 성립되었던 수도원들은 세월이 흘러감에 따라 차차 초창기 창건자들의 정신이 퇴색되어 가고, 그에 따라 체제나 제도와 같은 껍질들만 남아 그 수도원 자체가 지배 권력기관으로 변모하고, 부자로 변질 되고 말았다. 그러나 이 때마다. 그것에 반기를 들고 수도원의 개혁을 도모하는 새로운 정신들이 출현하여 기독교의 생명을 유지시켜 가는 샘의 역할을 하였다. 그러므로 중세의 역사는 수도원의 성립과 붕괴, 그리고 개혁의 반복으로 이루어진 역사이며, 이것은 종국적으로 종교개혁으로 연결되었다.

가톨릭의 제국주의 운동

기독교는 유럽에서 지배권을 확립한 후, 제국주의에 이용되어 십자군 전쟁을 일으켰다.

신성 로마 제국의 성립은 기독교와 카롤링거 왕조의 공생을 의미하는 것이며, 그 양자의 목적을 동시에 성취시킨 일이라 하였다. 그러나 힘의 세계에 있어서는 이와 같은 공생(共生)이나 동시 성공과 같은 것은 결코 오래 지속될 수 없는 것이다.

그 양자가 공동의 적을 가지고 있을 때, 즉 양자가 공동의 목표를 가지고 있을 때에는 그것이 가능하지만, 그 양자가 그 공동의 적을 타도한 후, 또는 공동의 목표를 달성한 후에 그 양자는 필연적으로 적대 관계로 이행되지 않을 수 없다. 왜냐하면 힘의 세계에 있어서 정점은 언제나 하나이기 때문이다.

기독교와 카롤링거 왕조는 그들의 공동의 목적을 달성한 뒤, 즉시 이른바 교속분쟁(敎俗分爭)으로 알려진 투쟁으로 접속되어 간다. 세속 세력인 제국은 그 제국의 본질인 행정력을 교회에까지 행사하려고 하여, 교직임명권(敎職任命權)을 통하여 교회에 대한 지배권을 행사하였다. 이에 대항하여 교회는 교속의 분리를 부르짖었다.

그리하여 교황 그레고리 7세(Gregory VII)는 제국의 황제, 하인리히 4세(Heinrich VI)로 하여금 북이탈리아에 있는 카노사(Canossa)에서

3일간 밤낮을 엄동의 성채 밖에서 맨발로 견디며, 참회의 표식을 보이도록 하는 카노사의 굴욕(Penance at Canossa, AD 1077) 등을 통해서 당시의 교세를 과시하기까지 하였다.

무력을 지닌 제국의 황제가 어떻게 현실적인 힘에 있어 무력한 교황에게 이처럼 비참한 굴욕을 당해야 했는가? 이것이 바로 기독교 중심인 중세세계의 실정이다. 중세의 유럽에는 이른바 신성 로마 제국은 존재해 있었어도, 전혀 무력(武力)을 지니지 못한 형식적인 체제에 불과했다. 한마디로 신성 로마 제국이란 실질적인 힘에 있어서는 전혀 무력무능(無力無能)한 이름만의 존재였다. 그러므로 한 역사가는 이를 가리켜, 신성 로마 제국은 신성하지도 않고 제국도 아닌 허수아비였다고 말했다.

그리고 실제에 있어 그 사회를 구성하고 있는 것은 이른바 봉건체제(Feudalism)라는 지방분권적 체제였다. 전 유럽의 각 지역마다 영토의 소유주인 영주를 중심으로 하는 소규모의 사회들로 구성되어 있는 것이다. 그리고 이들 영주는 누구를 막론하고 정신적으로는 교황에 속하고, 사회적으로는 황제와 관계를 맺고 있었다. 이와 같은 영주의 이원적 관계 때문에 교황과 황제의 우열은 결국 영주들의 태도 여하에 의존하게 된다.

그런데 영주들이 갖는 황제에 대한 관계는 그 농도가 옅다. 봉건제도에 있어서 주종의 관계는 영토를 중심으로 하는 이해를 둘러싸고 성립되는 것인데, 이런 면에 있어서 황제는 실질적으로 영주들에게 별로 큰 영향력을 미칠 수가 없었기 때문이다.

그러나 교황과의 관계는 다르다. 영토가 자기의 신민에 대한 자신의 신분을 합리화시킬 수 있는 것은 아무래도 교황의 명의를 통해서만 가능했기 때문이다. 그리고 기독교라는 종교와 그것을 믿는 영주 및 그 신민들의 신앙의 영향력은 황제가 사회·정치적으로 그들에게 주는 영향력에 비하여 직접적이며 강력한 것이었기 때문이다.

그러므로 설사 하인리히 4세에게 굴욕을 주었던 교황 그레고리 7세는 그 후 군사력을 재정비한 하인리히 4세에게 복수를 당하여 로마로부터 추방을 당하였지만, 이것이 결코 신성 로마 제국의 교황권에 대한 우월이라든가 지배를 뜻하는 것은 아니었다.

결국 로마 교황의 세력은 십자군 전쟁 이후 성장한 민족의식을 기반으로 해서 각 지역 또는 민족단위로 성립되는 왕권국가들이 성립되고, 또 이를 중심으로 각 민족단위의 종교개혁이 일어나기까지 전 유럽의 실질적 지배권의 행사자로서 역할을 하게 된다.

서구 세계에서 최고의 지배 권력을 장악한 기독교는 다시 그들의 세력을 지역적으로 확대시키기 위한 제국주의적 속성을 노출시킨다.

이것은 매시대의 모든 세력이 그들의 최고 세력을 확보하였을 때는 반드시 노출시키는 속성이다. 아테네가 페르시아 세력으로부터의 위협을 떨쳐버리고 자강(自强)의 위치를 점했을 때 취한 소위 아테네 제국의 식민 활동이 그것이고, 로마가 카르타고를 분쇄하고 제정으로 전환하던 시기를 전후해서 행한 정책이 바로 그것이다. 이러한 현상은 정신력의 계속적인 자기실현이 중단되면, 죽어지는 생명체가 성장한 단계에 이르면, 필연적으로 취하지 않으면 안 되는 정신력의 자기실현의 일종이다.

기독교는 이 단계에서 대체로 두 가지 형태의 제국주의적 속성을 발휘한다. 그 하나가 문화적 제국주의라고 명명할 수 있는 것으로, 기독교사상 자체를 보다 넓은 세계로 확장시키고자 하는 운동이다. 이 운동은 쿠루니 개혁운동에서 비롯되어 우르바누스 2세(Urbanus II)의 십자군 운동으로 연결된다. 쿠루니 운동은 쿠루니(Cluny)에 의해서 비롯된 운동으로 성 베네딕트(Benedikt) 수도원이 본래의 이상, 사상을 상실하고 세속화, 현실화되어 타락의 일로에 있는 것에 반발하여 원초적인 기독교, 즉 고난 받는 예수 그리스도의 십자가 정신을 되살리고자 하는 개혁운동이다.

이 운동은 위로 그레고리 7세와 같은 교황을 배출했으며, 그것의 영향력은 전 유럽의 기독교도들에게 강력하게 미쳤다. 그것은 교인들이 예수 그리스도가 탄생하였고 수난을 당한 현장인 예루살렘 성지를 참배하는 일로 나타났다. 현재 마호메트교에 의해서 지배되고 있는 이슬람 세계로 그들의 신앙의 열기는 넘쳐흐른 것이다.

한편 그레고리 7세의 뒤를 이어 교황 직을 장악한 젊고 패기만만한 우르바누스 2세는 이러한 시대적 정세(時勢)를 이용하여 그의 교권이 미치는 영토를 넓히려는 야심을 가지고 있었다. 즉 같은 예수를 교주로 하되 교리논쟁으로 분리되어 있는 콘스탄티노플의 비잔틴 세계를 그의 세력하에 두고 싶은 야심에 불타 있었다. 다시 말해서 서구 세계에 있어서 기독교의 융성은 그 세력을 비잔틴 세계와 이슬람 세계에로 확산시켜 나가야 할 필요, 즉 기독교 정신의 투쟁을 위한 하나의 대상, 목표를 제시한 것이다.

이 같은 목표가 순수하게 기독교라는 정신의 목표라고 한다면, 한편으로는 세속적인 목표, 즉 경제적인 제국주의의 속성이 목표로 대두되었다. 기독교라는 정신과 그 정신을 중심으로 하는 가톨릭이라는 체제하에서, 세속적인 세력 즉 봉건적 사회의 세력은 성장하였다. 영주들은 차차 그들의 영토를 넓혀갔다. 그 결과 서구라는 일정한 지역 안에서는 더 이상 넓혀갈 영토의 여지가 없게 되었다. 그렇다고 그들의 경제적 욕구가 만족될 수는 없었다. 자체 내의 투쟁을 해서 상호간의 전쟁을 할 것인가?

소규모의 내전은 있을 수 있다. 그러나 가톨릭이라는 전체의 보편적 질서 속에서 대규모의 경제적 목적을 위한 전쟁을 일으키기에는 시기상조다. 종교적, 윤리적 정신이 그것을 용납하지 않았다. 그들은 다 같은 하나님의 백성들이 아닌가?

그러나 이러한 경제적, 영토적 문제는 전술한 정신적(종교적) 확산 의식을 겸하여 동방 세계에 대한 정복 의욕으로 승화되었다. 당시 십자군을 모집하기 위해서 행한 우르바누스 2세의 선동적인 연설은 이를 잘 나타내주고 있다.

"여러분이 살고 있는 이 땅은 모든 주변이 바다로 닫혀 있고, 산봉우리로 둘러싸여 있어서, 여러분의 거대한 인구를 수용하기에 너무 좁습니다. 그뿐만 아니라 자원이 풍부하지도 않고 경작할 땅도 충분치 않습니다. …… 성스러운 무덤[聖廟, Holy Sepulchre]을 향하여 길을 넓힙시다. 사악한 인종으로부터 토지를 빼앗아서 그것을 여러분의 소유로 하시고, 그 땅은 성서에 이르고 있는 것처럼 젖과 꿀이 흐르고 있는 곳이며, 하나님의 축복에 의하여 이스라엘(Israel)의 형제들에게 주어진 땅입니다. 예루살렘(Jerusalem)은 세계의 배꼽(Navel)입니다. 그 땅은 즐거운 천국과 같이 과실로 충만한 곳입니다."

이 얼마나 편파적이고 잔인하며, 이 얼마나 선동적이며 악랄한 제
국주의자의 연설이냐! 이것이 인류의 창조주인 하나님을 대신한다는
교황의 연설이다. 자기들이 잘 살기 위해서는 남을 사악한 인종으로
낙인을 찍어 그에게 서슬이 시퍼런 침략의 칼을 가져다 대는 것이 바
로 예수의 사랑이라는 것인가?

이것은 분명 기독교를 앞세운 추악한 인간의 야수성의 발로요, 이
들에 의한 십자군 전쟁이란 곧 기독교적 제국주의에 의한 침략전쟁
이라 해야 할 것이다. 그리고 민중의 고난의 상징인 예수와 그의 성스
러운 책이 이처럼 인간의 야수적 침략전쟁에 이용물로 전락되고 있
는 것이다. 아우구스티누스는 로마의 세계정복 정책을 '거대한 도둑'
[37]이라고 규정하였는데, 이제 기독교 교회 자체가 그 거대한 도둑으로
전환한 것이다.

어떻게 이와 같은 일이 일어날 수 있는가? 앞서도 언급했듯이 제
국주의란 어떤 특정된 시대에만 나타나는 특수한 이데올로기나 그에
따른 특수한 현상이 아니다. 이것은 인간성의 일면인 야수성에 근거
를 두고 있는 것이며, 그 표현으로 나타내는 현상이다. 이 같은 인간
의 야수성은 역사 발전과정의 말기적 상황에 도달할 때에 표출된다.

역사상의 한 국면은 초기에 정신적인 것에서 출발한다. 즉 1인의
자유인은 그의 생명을 희생시켜 가면서 이상·가치·사상을 제시하고,
그 다음 단계에는 그의 제자들이(즉 소수의 자유인) 그 스승이 제시한 이
상·가치·사상을 전파하기 위하여 고귀한 희생을 감내한다. 그 결과

그 이상·가치·사상은 모든 사람들에게 보편적으로 인지된다.(만인의 자유)

이 과정에 있어서 초창기에는 즉 1인 또는 소수 인이 자유로운 상태에 있어서 대체로 그들의 생활은 정신적인 것이 된다. 왜냐하면 그들을 둘러싸고 있는 보수자의 세력이 현실적이고 물질적인 세력으로 이들을 압제하고 있기 때문이다. 그러나 이러한 고난의 과정을 거쳐서 이상·가치·사상이 보편적으로 인지되는 단계에 이르면, 즉 만인의 자유가 실현되는 상태에 이르면 달라진다.

왜냐하면 이 단계에서는 그들 스스로가 지배자이며 압박자의 위치에 서 있기 때문이다. 따라서 이 단계는 실제에 있어서 그 이상의 붕괴가 시작되는 시기이다.

이때의 인간들은 고난을 수반하는 정신 위주의 생활이 아니라, 향락을 수반하고, 그것을 목표로 하는 물질 위주의 생활에 몰입하게 된다. 아우구스티누스(Augustin)의 표현을 빌면, 종래에는 영혼이 육체를 지배하던 것이 육체가 영혼을 지배하게 되는 것이다. 그리고 육체가 영혼을 지배하고 정욕이 이성을 압도하게 되면 도덕은 타락하게 된다.

물질 위주의 생활은 그 자체의 발전, 즉 사치와 방종과 낭비의 생활로 향한 발전을 도모한다. 이 발전의 결과는 재화의 결핍을 초래하고, 재화의 결핍은 필연적으로 그 재화의 획득을 위한 행위를 낳는다. 이 행위는 대체로 두 가지의 방법을 취한다. 그 사회 또는 국가의 힘이 아직도 건재하여 밖으로 뻗쳐 나갈 수 있을 때는 정복 사업으로 나타나고, 그럴 수 있는 힘이 없거나 그것이 노쇠하였을 때는 안으로 허약한 민중에 대한 착취로 나타난다.

아우구스티누스에 의하여, 주님의 집이요, 영적 생활의 추구를 목적하는 기구로 표현된 교회[38]도 이제 지배자의 권좌에 앉은 다음부터는 스스로 세속적인 로마 제국이 체험한 말기적 자세를 취하였다. 그리하여 교회는 본래의 모습을 버리고 감각적이고 육체적인 세계를 추구하였으며 피압박자인 아벨의 입장을 버리고 가해자인 카인의 입장을 취하였다.[39]

그러면서도 교회는 이러한 그의 세속적이고 육체적인 목적을 위해서 영적인 명분을 내세웠다. 교회와 그에 대한 추종자들의 세속적 욕망을 충족시키기 위한 정복 사업을 위하여, 즉 '거대한 도둑질'을 행하기 위하여 민중을 동원하지 않을 수 없기 때문이다.

지배의 권좌에 앉아서 민중을 이용하려는 자와 그에 의하여 이용을 당하는 민중의 사이에는 그 이용을 가능하게 하는 매체로서의 미신이 작용한다. 미신이란 이성에 의한 합리적 추구가 결여된 맹목적인 신뢰에서 이룩된다. 어떠한 기존의 사상이나 관습, 그리고 권위에 대한 이러한 신뢰가 바로 그것이다.

사상은 언제나 살아서 움직일 때만 진실하다. 사상은 계속되는 사고, 즉 이성에 의한 계속적인 비판과정 속에서 언제나 새로워지며, 그럼으로써 그 생명이 있게 된다. 그리고 이 계속되는 사고를 통해서 관습도 계속 개선되어 갈 때에, 또는 변경되지 않을 때는 변경되지 않는 합리적 이유가 있을 때에만 그것은 살아있는 것이다.

만약 그렇지 않고 과거에 사고된 사상을 과거의 형태대로 현재에 적응시키려 하면 거기에는 반드시 모순과 갈등이 나타나게 된다. 그 사상이 등장하던 과거의 상황과 현재의 상황이 같지 않기 때문이다. 그럼에도 불구하고 과거의 사상을 현재에 강제적으로 또는 무의식적 또는 습관적으로 적용하려 할 때, 그것은 미신으로 되고 만다.

이런 의미에서 기독교의 교리 및 아우구스티누스의 사상은 십자군 전쟁에 있어 미신으로 작용하였다. 앞서 언급한 바와 같이, 기독교 교리는 로마 제국 말기, 고난을 받고 있던 가난한 자들을 중심으로 이룩된 것이며, 아우구스티누스의 신국론(神國論)은 로마 제국의 멸망 원인이 부패 타락한 로마인들의 현세적 생활에서 찾아 기독교도들의 건전한 생활, 즉 영적 생활, 비물질적 정신생활 또는 금욕적 생활을 고취하려는 데서 이룩된 것이다. 그런데 이제 이것들이 타민족을 정복하여 이른바 기독교적 제국주의자들의 현실적이고 세속적인 목적을 위해 이용되게 되었으니, 이로부터 기독교의 미신화는 불가피하게 된 것이다.

십자군 운동에 적용된 가장 대표적인 미신이 성전의식(聖戰意識)이다. 이 성전의식이야말로 기독교 교리와 아우구스티누스의 이론을 당시 제국주의자들의 목적을 합리화시켜 민중을 기만하기 위하여 만들어진 가장 악랄한 선동적 미신이라고 하겠다.

즉 아우구스티누스는 정신적 삶과 물질적 삶을 대립시켰다. 여기서 정신적 삶을 위주로 하는 현실세계의 약자를 아벨=선(善)=천국=은혜=교회 등으로 보았고, 물질적 삶에 소속된 삶을 위주로 하는 현실세계의 강자를 카인=악(惡)=지상왕국=죄=국가 등으로 표현했다. 그리고 이 두 가지 세계의 대립과 투쟁의 결과는, 약자이며 수난자인 정신적 삶이 현실적으로 강자이며, 가해자이며 압박자인 물질적, 육체적 삶을 극복한다는 것이었다.

그런데 이러한 아우구스티누스의 이론을 제국주의자들은 현실적인 지배자인 자기들의 입장에서 해석하여 자기들의 제국주의적 욕망을 충족하기 위한 수단으로 호도한 것이다. 그래서 형식적이고 외형적이긴 하지만, 기독교를 믿고 그들의 야망에 추종하는 자들은 신의 도시에 속해 있으며, 그들의 적인 이교도 즉 이슬람교도들은 지상도시에 속하는 자들이라 해서 대립시켰던 것이다.

그리고는 자기들 나름의 신의 도시에 속하여 이교도들을 쳐부수는 전쟁을 신의 섭리를 실현하기 위한 싸움이라 하고, 이 싸움에 참가하는 십자군은 최종적인 승리를 거두게 될 것이라고 민중으로 하여금 믿게 하였다. 그리고 심지어는 영과 육의 싸움에서 결코 영은 사멸하지 않을 것이라는 기독교적 신념을 십자군의 육체적 생명의 불사(不死)로까지 외곡 선전하였다. 더 나아가서는 인간의 원죄의식을 이용하여 십자군에 가담함으로써 그 원죄에서 사(赦)함을 받을 것이라고 했다.

그러면 실제로 기독교와 이슬람교는 천상도시와 지상도시로 구별되어야 하는 것인가? 만약 기독교에서 추앙하고 있는 야훼신이 유일신이라면, 결코 편파적인 서구의 가톨릭에 속해 있는 사람들만의 신(神)일리는 없다. 우주의 유일신, 그것을 부르는 사람들이 사용하는 언어, 문화, 습관에 따라 이름이야 다를지언정, 그 본질과 실체에 있어서 다를 까닭이 없는 것이다.

그것을 야훼라고 부르는 유대인이나, 그것을 알라라고 부르는 아랍인이나, 그것을 붓다라고 부르는 인도인이나, 그것을 천(天)이라고 부르는 중국인이나, 하느님이라고 부르는 한국인이든 그것이 진정한 유일신이라면, 유일신일 뿐이지 다른 신일 수는 없다. 다만 그것을 부르며, 그에게로 향하는 참다운 정신, 영(靈)이 얼마만큼 그것에 도달하는가 하는 것이 문제일 뿐이다.

그리고 가난한 자, 현실적으로 버림을 받고, 압박을 받아 고난을 당하고 있는 자를 구제하는 것이 유일신의 뜻이고, 그 뜻을 실천하기 위해서 나온 구세주라면, 그것은 예수만일 수는 없다. 마호메트도 그요, 석가모니도 그중 한 사람이다.

이들도 물질적 삶에 비하여 정신적 삶을 중요시했고, 현세적인 부귀영화보다는 내세적인 소망을 더 바람직한 것으로 생각했고, 현실적으로 세력을 누리는 강자보다는 현실적 약자들을 중시했다. 이런 점에서 예수, 석가, 마호메트 등은 모두가 동지들이다.

불행히도 그들이 상이한 시대에 상이한 지역에서 태어났기에 서로가 서로를 몰랐지, 같은 시대에 같은 곳에서 만날 수 있었다면, 그들은 서로 동지임을 확실히 했을 것이다. 또 실제로 그들의 사상은 역사적으로 서로 연결되어 있는 것이 아닌가?

그럼에도 불구하고 기독교 세계가 이슬람 세계를 이교도로 간주하고 적으로 삼아 침략을 행하였다고 하는 것은, 종교의 본질적 차이에 그 원인이 있는 것은 아니었다. 그 종교 교리가 그 이론을 표현하고 있는 언어상의 차이에 있으며, 그 문화적 상이성에 있으며, 또 그 차이와 상이성을 만들어 놓은 지리적 거리 및 인종, 내지는 민족적 편견에 있는 것이다.

특히 이러한 구별은 종교를 체제에 도입하여 그로써 지배권을 유지하고자 하는 지배계급의 현실적 이해에 따라 인위적으로 조작된 적대의식에 의해서 고질화되고 있는 것이다.

이것은 기독교가 로마 제국에 의하여 공인되기 이전에는 타 종교, 즉 마니교, 미트라이즘(Mithraism), 조로아스터교 등과 공존했을 뿐만 아니라, 공동보조를 취하였으나, 공인되고 국교로 되는 순간 태도를 돌변하여, 그 동료 종교들을 탄압해버린 일을 돌이켜 볼 때 명백히 증명되는 것이다.

그러므로 십자군 전쟁은 그 성격에 있어서, 16세기 이후 종교개혁으로 말미암아 발생한 신구교간의 전쟁이나 다를 것이 없으며, 더 나아가서는 같은 프로테스탄트로서 이 같은 예수의 이름으로 승리를 기원하는 근대 기독교 국가들 간의 전쟁과도 다를 것이 없는 싸움이다.

이와 같이 지배자들의 현실적 목적을 위해서 종교적 신앙이 편파적으로 이용될 때, 종교는 그 본질에 있어 타락하게 되고, 미신으로 전락하게 된다. 아니 이렇게 이용당할 수 있는 종교는 이미 미신적 종교로 된 것이다.

가톨릭의 노쇠

– 십자군 전쟁 후 가톨릭은 그 본질을 상실하고
오히려 지상도시에 속한 세력으로 전락하여 그 노쇠를 재촉하였다.

　가난한 자의 구제를 위해서, 압박받는 자의 해방을 위해서, 절망한 자에게 소망을 주기 위해서, 성립된 기독교! 또 이를 위하여 예수는 십자가의 고난을 당하였고, 그의 제자와 성자들은 스스로 고행을 행하던 기독교! 이러한 기독교가 이제 부자의 편을 들고, 권력자의 편에 서서 피압박의 상징인 가난한 자들을 앞세워 제국주의 전쟁의 선발대로 삼아 특수계급의 세속적 이익과 야망을 위한 희생물로 만들었다는 것. 이 모든 것들은 기독교가 이제 무섭고 늙은 괴물로 변경되었음을 보여주는 것이며, 내부로부터 자체 붕괴를 향한 부패작용을 하기 시작하였음을 보여주는 것이었다.

　본래 지니고 있던 성격을 상실하고 초창기 기독교인들에 의하여 추구되던 이상과 가치, 목표를 잃어버린 가톨릭은 오히려 초창기 기독교도를 억압하던 로마 제국의 지배자들보다도 한층 더 세속적이고 육체적이고 물질적인 욕망에 사로잡혀 음란과 방종한 세대로 전락하게 되었다.

　이슬람 세계를 사악한 지상도시로 간주하고 수행하였던 십자군 전쟁이 실패로 끝나면서, 기독교는 더욱더 본질을 상실하고 타락하여,

그들 스스로 적으로 생각했던 지상도시의 생활에 탐닉하여 사치와 방종, 음란과 탐학이라는 반기독교적인 수렁으로 빠져들게 된 것이다.

여기서 예수 그리스도와 아우구스티누스의 교리 및 성서의 사상들은 백안시하게 되었다. 그리하여 이른바 성직자라고 하는 사람들은 그들이 무엇 때문에 성직이라는 직위에 있는가 하는 것조차 망각하고 있었다. 그리하여 그들에 의하여 이단자로 몰리고 있는 사람들보다 그들이 더 기독교에 대하여 무지하게 되어, 심지어는 대주교 및 수도원 성직자라는 인물들이 순진한 소녀와 기독교 교리에 대한 논쟁을 버리다가 몰리게 되자, 그 소녀를 화형에 처하는 정도에까지 이르렀다.

막스 웨버(M. Weber)의 말을 빌리지 않더라도 '직업(職業, Beruf)'이라고 하는 것은 인간이 생존하는 유일한 이유를 제공하고 있는 것이다. 그러므로 그것이 설령 성스러운 성직이 아니라 하더라도 그 직에 대해서 성실치 못한 자는 생존의 가치가 없는 것이다. 그뿐만 아니라 성실치도 못하며 그 직분을 수행할 수 있는 능력도 없는 자가 그 직을 가로채고 있다는 것은 가장 큰 죄악을 저지르고 있는 것이다. 하물며 하나님으로부터 부름을 받아(berufen) 타인과 민중의 영혼을 구제한다는 임무를 지고 있는 성직자가 그의 직을 망각했을 때, 그 결과가 어찌될 것인가?

불행하게도 역사발전의 단계가 정상에 가까워지게 되어, 그 노쇠현상이 나타나기 시작할 때면, 반드시 사람들은 직업에 주어진 임무나 책임보다 직업자체를 추구하는 경향을 나타내게 된다. 그럴 수밖에 없다. 기독교가 초창기에 있었을 때는 기독교에서 직업에 대한 책임을 지는 직책(職責)을 맡는다는 것이 곧 고난을 의미하는 것이었다. 그러므로 이 같은 고난을 전제로 한 '직책'에는 반드시 내적으로 성실성을 지닌 자만이 오를 수 있고, 고난 속에서 직분을 행함으로써 그의 정신적 삶의 목표를 추구하는 자만이 스스로 그 직책을 지닐 수 있는 것이다.

그러나 기독교가 어느 정도 세력을 갖게 되고 안정을 얻게 되면서, 그 직책 또한 고난의 직책에서 세력의 직책으로, 일을 위한 직책에서 권력행사의 직책으로 변모하게 된다. 이렇게 변모된 직책에는 참으로 일할 수 있는 자와 성실한 자는 오르지 않는다. 아니 오를 수가 없다. 일을 사랑하고 진실과 성실을 존중하는 사람이 이익(利益)과 권력이 있는 직책을 얻기 위한 사악한 싸움에서 승리할 수 없기 때문이다.

하물며 제국주의적 권력 확장과 경제적 침략을 획책한 기독교에서 이른바 성직을 맡은 사람들이 어찌 기독교인일 수 있겠는가? 가난한 자를 사랑하고, 압박받는 자를 위해 십자가에 못 박혀 죽은 예수가 어떻게 그 권좌 위에 앉아 있을 수 있겠는가? 분명 이 당시 권좌에 앉은 자는 은(銀) 다섯 달란트로서 그의 스승인 예수를 로마 병사에게 팔아 넘긴 가룟 유다가 아니면 안 되는 것이다.

그러므로 이 시대의 성직자는 기독교 자체에 대해서 무지했다. 아니 그것에는 관심도 없었다. 그들에게 중요한 것은 오로지 은(銀) 다섯 달란트에서 나오는 현실적인 향락! 그것뿐이었다.

그러면 그들의 현실적인 향락과 방종은 어떤 것이었나? 당시 교황과 성직자들의 방종생활을 그리고 있는 글을 인용해 보자.

교황 식스투스 6세(Sixtus VI)는 호화로운 순서와 수개월 동안의 광적인 카니발에 가면가장(假面假裝)하여 잡다한 군중 속에 끼어 왕래하였으며, 이노센트 8세(Inocent VIII)의 치하에서는 그 이전부터 싹트고 있던 추기경들의 폐풍이 극에 달하여, 1491년 카니발에서는 상호간에 호화롭게 장식한 가장 인물, 광대, 가수 등을 가득 실은 마차를 서로 보내면서 파렴치한 시가(詩歌)를 고성방가를 하였다.[40]

이것뿐만이 아니다. 이러한 상황 속에서 그들은 기독교 정신에 있어 가장 중요한 윤리규범이라 할 수 있는 금욕과 정절이 완전히 무시되고 있었다. 그에 대해서 다음 인용을 보자.

성직자들의 성 관념은 완전히 타락하여 그들이 결혼을 하는 것은 약과이며, 심지어는 간통을 함부로 행하였으며, 그로 인하여 사생아가 속출하였다.[41] 이러한 생활을 위하여 교황을 비롯한 성직자들은 성직매매[42]를 행하였으며, 또 일반인들은 이러한 향락과 특권적인 생활을 동경하여 성직을 얻기 위해 수단과 방법을 가리지 않았다. 식스투스 6세(Sixtus VI)이래 교황들은 암투, 뇌물주기, 매수, 공갈, 독살과 같은 방법을 가리지 않았으며, 또 교황이 된 자는 자신의 권력과 사치·방종생활을 지속시키기 위해서 종래에 그들의 적이요, 이교도인 터키인들과 동맹을 맺고 기독교 국가와 전쟁을 하는 일까지 있었다.[43]

성직자들의 현실주의! 어찌 가룟 유다의 행위인들 이를 따를 수 있겠는가? 사보나롤라(Savonarola)는 이러한 현상을 그가 20세 때 쓴 시에서 이렇게 표현하고 있다.

전 세계는 전복되고

모든 도의선미(道義善美)는 발을 끊고

어느 곳에도 세상을 비치는 빛은 없다.

인간은 죄를 범하고 악을 행하면서도 부끄러워 할 줄 아는 마
음이 없다.

약탈하여 살아가는 자와

타인의 고혈을 빠는 자가 판을 치며,

구걸하는 과부와 영아(嬰兒)가 몰려다니는데

가난한 자를 파멸시키고자 하는 자는 횡행하는구나.

거짓과 폭력에 의해서 가장 많은 것을 얻는다.

인간의 영혼은 선과 미와 온화를 버리게 되고,

하늘과 그리스도를 조롱하며

사람을 유린하는 자는 세속적 인간을 부러워하고 있다.

이와 같이 지배권을 장악하고 있는 성직자들이 신앙의 대상을 바꾸어 가고 있을 때, 민중들은 지배자들의 기만과 사기에 걸려 기복적 미신에 떨어졌다.

즉 그들은 기독교에 대하여 실생활에서의 효험을 기적이나 성물(聖物) 혹은 성자에게서 바랬다. 예를 들면, 프랑스의 알비(Albi)의 성 클라루스(St. Clarus)는 안질에 매우 효과 있는 성자로 믿어졌고, 독일의 성 볼프강(St. Wolfgang)은 늑대를 막아주는 성자로 기도되는 것이 보통이었다.

말하자면 성자숭배는 본래의 목적에서 벗어나서 중세 말에 이르러서는 민간 습속(習俗) 내지 마술 혹은 미신의 수준으로 전락되었다.[44]

성물을 갖게 된다든가, 성물을 간직하고 있는 성소를 순례하는 일은 액땜, 소원성취 및 그 밖의 효험을 바라는 통속적인 관념, 바꾸어 말하면, 곤란을 당했을 때 도움을 받겠다는 원시종교적인 목적에서 이루어졌다.

성물(聖物)의 수집이 선풍적으로 유행을 하게 되어 심지어 무비판적인 수집자는 성물의 이름이 붙은 것은 무엇이든지 사들였다.[45] 에라스무스(Erasmus)에 의하면, 당시 유럽의 전 교회가 지니고 있는 진짜 십자가의 나무 조각을 모두 모으면 커다란 선박을 건조하고도 남을 만한 것이었다.

이것이 과연 "가난한 자에게 복이 있으리라!"고 외친 예수에 의해서 시작된 기독교의 모습일 수 있을까? 이것이 음욕을 느낀다 하여 그의 육체를 가시덤불에 내던져 피를 흘리며 고행을 스스로 행한 베네딕트에 의해서 세워진 수도원의 모습일 수 있을까? 이것이 바로 금욕을 지상(至上) 과제로 삼고, 육체의 세계, 물질의 세계, 악의 세계인 지상도시를 버리고 영혼의 세계요, 선의 세계인 천상도시를 지향해야 된다고 한 아우구스티누스에 의해서 확립된 기독교의 참된 사상의 실현일 수 있을까?

예수의 뜻을 실현하기 위해서 세워진 교회가 그 예수의 뜻을 망각했다면, 그 교회가 계속 존립해 있을 필요는 없어진 것이다. 육체의 고통을 통하여 가난한 자의 괴로움을 느끼고, 그렇게 함으로써 예수의 본뜻을 상기시키는 것으로 기독교는 그의 생명을 유지해 왔는데, 이제 교회와 수도원이 이와는 정반대로 육신의 쾌락을 위하여 수단과 방법을 가리지 않게끔 되었으니, 이제 기독교는 더 이상의 존재가 불가능해진 것이다.

선(善)의 세계, 영혼의 세계, 즉 천상도시를 설정하고 거기에 도달하고자 하는 것을 목표로 삼아, 사람들을 이끌어 그의 세력을 넓힐 수 있었던 기독교 교회가 이제 그 천상도시를 포기하고 스스로 지상도시를 택하였으니, 이제 교회 내에 소속되어 있던 모든 사람은 악의 추종자가 되던가, 아니면 그 교회로부터 탈출하지 않을 수 없게 되었다.

이와 같이 중세 말기의 기독교(가톨릭)는 스스로 노쇠 붕괴되어 가고 있었다. 이제 가톨릭은 로마 제국의 말기적 현상을 그대로 모방 답습하고 있는 것이다.

포에니 전쟁을 승리로 이끌어 지중해 세계의 패자로 군림하게 되자, 북으로 진군하여 게르만 민족을 야만인이라 하여 약탈의 대상으로 삼았고, 그것이 끝나자 강력한 지배 권력을 동원하여 세계 각지로부터 수집한 막대한 재화를 이용, 사치와 방종, 음란과 횡포 등에 탐닉되어 스스로 노쇠·붕괴의 길을 걷던 로마 제국의 말기적 현상이 이제 가톨릭 체제에 나타나 있는 것이다.

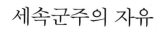

세속군주의 자유

– 교권에 의해 압박받던 군주는 교황권을 타도하고 근대 국가를 세우다.

　인간의 인간됨이란 인간이 타 동물과 달리 정신력을 가지고 있으며, 그것을 활용하여 문화를 창조하는 동물이라는 점에 있다. 그리고 인간은 자연에서 태어나 그 자연을 개발함으로써 문화를 창조하고, 그리하여 창조된 문화 위에 태어난 다음 세대가 그 기존의 문화를 자연으로 간주하여 그것을 개조하고 독창력을 가미하여 새로운 문화를 창조하는 일의 누적 작업을 통하여 역사는 이룩되는 것이다.

　이제 기독교는 몰락해가는 로마 제국 위에 탄생하여, 그 로마 문화를 하나의 자연으로 간주하여 그 나름대로의 기독교 문화를 이룩한 것이다. 이 과정은 예수가 십자가에서 순교한 이래 무려 15세기라는 긴 역정(歷程)으로 이루어진다. 그리고 그것은 십자군 전쟁을 막바지로 하여 그 문화의 황금기를 이룩한 것이다. 이 문화의 꽃이 만개한 것이 르네상스다. 그러기에 호이징거도 이 르네상스를 '중세의 가을'이라 호칭한 것이다.

　그런데 문화의 황금기란 언제나 그 속에 부정적 요소, 즉 데카당스의 요소를 지니고 있다. 페르시아 전쟁을 치루고 난 페리클레스시대의 아테네 문화의 황금기가 그러했고, 아우구스투스 이래 200년에 걸친 로마의 대 평화(Pax Romana)의 로마 제국의 황금기가 그러했다.

그리고 데카당스의 요소가 지배한 시대는 동시에 그로부터 다음에 올 시대를 이끌어 나아갈 새로운 이상, 새로운 사상, 즉 인간의 정신이 추구해 나아갈 새로운 목표를 설정하기 위한 고뇌가 포함되어 있음을 우리는 앞에서 보아 왔다.

가을이란 지난 1년간의 역사(役事)를 마치는 조락(凋落)의 계절인 동시에 내년 봄에 싹을 피울 씨앗을 맺는 계절이다. 그러나 가을이 있으면 겨울이 오고, 그 겨울이 지나야만 씨앗은 비로소 싹을 피울 수 있는 것이다. 르네상스는 중세문화의 가을인 동시에 근세문화의 탄생을 위한 시련의 겨울이기도 하다.

기독교의 미신화는 1,000여 년의 연륜을 먹은 기독교의 노쇠화를 뜻하며, 기독교의 조락을 위한 조짐이다. 그러나 노쇠한 자는 그대로 순순히 스러져가지만은 않는다. 그 노쇠를 의식하고, 그의 조락을 예감하게 되면, 단말마적 발악을 하도록 되어 있는 것이다. 비록 그 발악으로 생명이 연장되는 것은 아니지만, 발악은 하도록 되어 있는 것이며, 그 발악은 그대로 의미를 지니고 있는 것이다.

노쇠자의 마지막 발악은 빈약한 새 생명에 대한 억압과 핍박으로 나타난다. 그리고 빈약한 새 생명은 이 억압과 핍박에 자극되어 보다 강한 힘을 다지게 되며, 그로써 보다 오래 지속될 수 있는 생명력을 지닐 수 있게 된다.

로마 가톨릭은 십자군 전쟁이 있은 이래, 자체의 노쇠를 의식하기 시작하였다. 성전의식에 의해 출전하였다가 패전의 쓴 잔을 마신 뒤, 급격하게 나타난 민중의 신앙열의 냉각현상, 우물 안 개구리처럼 유럽기독교 세계만을 알다가 동방문화에 접하게 된 봉건 귀족들과 지식인들의 각성, 그리고 가톨릭의 보편획일주의에 대하여 맹목적으로 맹종하던 유럽 각 지역 민족의 민족의식의 각성과 이를 근거로 현세적 지배 권력을 잡으려는 군주들의 자주독립운동 등이 전 유럽으로 확대되어 갔다.

이렇게 유럽인들이 자아를 깨닫기 시작하였을 때, 그리고 새 역사의 새 이상, 새 자유의 목표를 설정하고 있을 때, 가톨릭의 세력도 그 절정기를 이루고 있었다. 그것은 강력한 세력으로 전 유럽 인민 위에 군림해 있었다. 그러므로 가톨릭이 주장하는 것은 모두가 정당한 것이었다.

여기서 가톨릭 교회는 그의 강한 세력으로써 그의 정당함을 앞세워 자위책을 강구하여 하였다. 물론 루소가 갈파하고 있는 바와 같이 [46] '누구보다도 강한 자가 항상 옳은 것이다.' 그런데 강함이란 젊음에 소속되어 있는 것이다. 따라서 젊음이 극치를 지나서 노쇠로 변하면, 그의 옳음도 점차 옳지 않은 것으로 변해 간다. 여기서 가치의 전도(轉倒)는 일어나는 것이다.

이제 젊음의 극치를 지나서 스스로 노쇠해 가고 있는 가톨릭으로서는 새로이 대두되고 있는 새 이상, 새 가치, 새 자유 앞에서 자신의 옳음을 재확인하려 하였으나, 그것이 불가능한 일임을 자각하지 않을 수 없게 되었다. 여기서 가톨릭이 취할 수 있는 일이란 자신의 허점을 강함으로 위장하여 자신을 과장하는 것뿐이다. 그래야만 자신의 주장을 옳다고 여겨주기 때문이다. 이 때문에 가톨릭은 그의 권위와 체제를 강화시키고자 했다.

이를 위한 첫째의 사업이 교회당의 건설과 의식(儀式)의 강화다. 원래 내실에 있어 결함이 생기게 되면 외양과 형식을 강화하고 과장시키는 것이 생명체의 일반적 속성이다. 앞서도 논한 바와 같이 가톨릭 교회는 이미 그 본연의 자세를 포기하였다. 그 자체가 행해야 할 소명을 외면하였다. 그 자체가 솔선해서 경계하고 멀리해야 할 세속적이고 육체적인 향락에 빠져들게 되어 헤어날 수 없을 정도가 되었다. 그렇지 않아도 기독교 교리 자체가 민중에게 먹혀 들어가지 않게 된 판국에 그것을 주로 해나가야 할 교회가 이처럼 속이 비고 부패 타락하였으니 민중들이 종전과 같이 교회를 신임할 까닭이 없다.

이러한 민중의 감각을 현혹하고 심리를 위압하기 위하여 교회는 장중한 교회당을 건축하고 거기에 휘황찬란한 장식을 하였다. 하늘 높이 고딕식의 우아한 뾰족 탑을 세우고, 거기에 다시 감상적이며 신비스러운 로마네스크의 조각과 회화로 장식했으며, 성서를 주제로 한 다채로운 채색의 유리를 끼웠으며, 그 안에서는 장중한 오르겐 소리가 메아리치며 울려 퍼졌다.

그러나 거듭되는 말이지만, 이같이 화려한 성전 안에 하나님은 실재하지 않았다. 아니 그 안에 하나님이 실재하지 않았기 때문에 그들은 교회를 더욱 화려하게 장식했던 것이다. 즉 그들은 미신과 체제 및 권위의 노예로 만들기 위하여 허위로 과장하여 무지한 민중의 눈과 귀를 현혹하였던 것이다.

그러나 이러한 노력은 오히려 가톨릭의 붕괴를 더욱 촉진시키는 결과를 가져왔다. 이를 위하여 소요되는 막대한 경비는 민중에 대한 잔인한 경제적 착취를 초래하여 민중들의 분노를 샀고, 이를 설계하고 장식하기 위하여 동원된 문화 예술인들의 출현은 오히려 가톨릭 체제에 대한 비판과 새 시대의 이상인 휴머니즘을 산출시키는 결과를 가져왔기 때문이다. 이를테면 르네상스의 교회당 건축은 곧바로 중세적 가톨릭의 권위와 근대적 휴머니즘의 투쟁의 현장이 된 것이다.

교회는 교권을 강화하려는 의도로 교회당의 건축을 시도하였고, 그것을 설계하고 장식한 건축가, 미술가들은 그들의 예술을 통하여 낡은 가톨릭 체제를 비판 타도하고, 새 시대의 막을 열려는 자유의식을 실현하였다. 그리고 이를 위해 경비를 부담하는 민중은 교회의 착취에 대항하여 적의에 불타는 눈을 번뜩거리며 도화선을 찾고 있었다. 이 장면은 그야말로 하나의 전장이다.

이러한 경우를 가장 잘 나타내고 있는 사람이 미켈란젤로다. 그는 교황에게 고용되어 성(聖)시스틴 성당에다 '최후의 심판'을 그렸다. 그러나 그것은 타락한 교황의 의도에 따른 단순한 교회당의 장식물이 아니다. 그것은 바로 그 교황과 성직자들의 사치·방종·낭비생활로 말미암아 질곡에 빠져 있는 민중의 해방을 상징하는 것이다. 그는 또 모세를 조각했다. 그것은 중세 가톨릭이라는 낡은 체제 속에서 신음하고 있는 민중을 구출하여 그들의 낙원인 가나안으로 이끌어가는 민중의 지도자다. 자유의 상징인 미켈란젤로의 다비드 상에 바치는 일본의 역사학자 하니고로(羽仁五郎)의 시는 미켈란젤로의 참 정신이 무엇인가를 읊고 있다.

미켈란젤로는 아직 살아있다.

의심이 가는 사람은 저 다비드를 보라.

다비드는 소년이다.

그가 괴물 골리앗을 죽이겠다는 결심을 하였을 때

사람들은 그를 붙잡았다.

그러나 확신을 가진 그는

한 개의 돌을 집어 들고 골리앗을 향하여 갔다.

그리고 소년 다비드는 드디어 괴물 골리앗을 타도하였다.

미켈란젤로의 다비드는 르네상스의 자유도시국가

플로렌스의 중앙광장, 그 의회의 정면의 계단을 향해 서 있다.

몸에는 한 오라기 실도 걸치지 않았고 새하얀 대리석이 발가벗

고 있다.

그리고 왼손에는 투석기를 어깨에서 등으로 걸치고 있으며,

골리앗을 타도할 돌은 오른손에 쥐어져 있다.

보라! 그의 입은 굳게 다물어져 있으며,

아름다운 머리털에는 이지(理智)의 힘으로 가득 차 있고,

눈은 인류의 적을, 민중의 적을 응시하고 있다.

　이 같은 가톨릭의 구세대의 체제 및 권위, 그리고 실재하지도 않는 하나님을 고집하는 미신을 깨뜨리고, 인간의 본성을 본질 그대로 되살려, 인간의 무한한 능력을 무한히 계발하고, 인간으로서 지니고 있는 동물적인 요소인 향락의 추구, 물질적 삶의 추구를 정당화시키고자 하는 휴머니즘의 정신은 마르틴 루터(M. Luther)의 종교개혁을 통해서 전 유럽세계로 확산되어 갔다.

유럽의 각 민족들은 종교개혁을 계기로 각 민족국가의 종교를 세우고, 로마 가톨릭 교황으로부터 독립을 하였으며, 교황은 바티칸 시에 널려져 있는 중세 및 르네상스에 건조된 문화재 관리자로 전락하여 가고 있었던 것이다.

이때에 교황은 중세적 권위의 상징인 종교재판을 무기로 삼아, 새 시대를 열고자 하는 새 시대의 영웅 천재들을 혹독하게 탄압하였다. 노쇠하여 종말을 맞이한 구체제가 새 시대의 이상을 추구하는 천재 영웅을 억압하고, 핍박을 가한 일은 각 시대의 말기적 현상이다. 소크라테스의 죽음과 예수의 죽음이 바로 그것들이다.

그런데 중세 가톨릭 교회에 의하여 억압되고 핍박당한 사람으로는 소크라테스나 예수처럼 독보적이고 신화적인 존재로 부각되는 사람이 없다. 그들처럼 그들의 이상을 주장하다가 죽은 사람이 없어서가 아니다. 오히려 아테네나 로마 말기에 비하여 숫자적으로 더 많은 사람이 가톨릭에 항거하다가 죽었기 때문이다.

아테네나 로마에서의 신화적 존재는 단일적인 것이었는데 비하여, 이때의 것은 복합적이었기 때문이다. 이를테면 소크라테스는 그 한 사람이 당시의 정치, 윤리, 종교, 가치 등 전 분야에 걸쳐 대항 투쟁하다가 대표적 또는 상징적 존재로서 희생을 당한 사람이다.

예수의 경우는 이와 조금 다르기는 하다. 즉 로마 제국은 원래 거대한 문화의 종합체요, 통일체였다. 그리고 그것을 이끌어 갈 수 있는 현실적인 힘의 소유자였다. 그러므로 제국 초기, 즉 예수가 활약하던 시기에는 거의 완전한 자유가 주어져 있었다.

이러한 자유의 상태에서 예수가 십자가에서 희생된 것은 로마 제국의 권력에 의해서가 아니라 유대인들의 종파적 갈등에 의해서였다. 그러므로 예수 자신의 죽음은 실제에 있어 로마 제국의 억압과는 관련이 없다.

그럼에도 불구하고 예수가 마치 노쇠한 로마 제국의 의해서 억압되고 희생된 것처럼 의식되고 있는 것은 로마 제국 말기의 가난한 자들이 예수교인이고, 그들이 예수를 그들의 입장을 대표하는 상징으로 만들었기 때문이다. 즉 예수라는 이름은 로마 말기의 반로마적 투쟁을 전개한 많은 사도(使徒)와 가난한 자들의 대명사가 되었다.

그러나 중세 말기에는 이처럼 상징될 어떤 특정 인물이 없었다. 이당시의 현상이 보다 다변적이고 복합적이었기 때문이다. 즉 이 시대의 문제는 철학이나 종교나 정치 또는 경제라는 특정된 분야의 것이 아니라, 이 모든 분야를 전체적으로 포함하는 문제이었기 때문이다. 그리고 이 시대의 문제는 어느 특정된 국가나 사회만의 것이 아니라, 십자군 전쟁 이후 유럽 각지에서 독자적으로 건립되기 시작한 각 민족국가들이 각자의 특수성을 지니고 제기한 문제이기 때문이다.

그러므로 이 시대의 희생자들도 어느 특정된 1인의 천재로 그치지 않고, 각 분야별로 각 국가별로 나타난 것이다. 이를테면 철학에 있어서 오캄(Ockham)에서 비롯되어 브루노(Bruno)로 연결되는 일군의 철학자들, 종교에 있어서 위클리프(Wycliffe)에서 비롯되어서 루터, 칼뱅(Calvin), 사보나롤라(Savonarola)로 연결되는 영웅적 종교 투사들, 과학에 있어 코페르니쿠스(Copernicus)에서 비롯되어 뉴턴(Newton)에 연결되는 학자들이 모두 이에 속한다. 그중 각 분야에서 대표적으로 그들의 새 이상, 즉 자유를 위하여 장렬한 투쟁을 하다 죽은 사람의 예화를 드는 것은 의의가 있을 줄 믿는다. 그러나 그중 철학에 있어서 브루노의 순절을 소개하고 그친다.

브루노(Giordano Bruno)는 당시(16세기)의 르네상스의 지식을 습득한 지성인이었다. 그는 로마 교회에서 주장하고 있는 중세적 유일신에 대하여 반대하고 범신론을 믿었다. 그리하여 그는 "하나님은 하늘의 옥좌에 앉아 있는 것이 아니라 모든 사람의 양심 속에 있다"고 증언하였다. 이것이 원인이 되어 그는 교회에서 추방을 당하여 전 유럽을 방랑하였다. 그러면서도 그는 투쟁을 계속하였다. 그 때문에 그는 가는 곳곳에서 박해를 받았다.

파리 대학에 취직하려다가 미사를 거부했기 때문에 쫓겨났고, 영국 옥스퍼드 대학에서는 인간의 영혼이 불멸한다는 원리와 코페르니쿠스의 학설을 강의하려다가 중단을 당하고 추방되었다. 그러나 이같이 계속되는 냉대와 추방, 박해를 무릅쓰고 그는 마르부르크(Marburg), 프랑크푸르트(Frankfurt), 취리히(Zurich) 등지를 방랑하면서 그의 철학을 강론하였다. 그리고 종당에는 다시 모국에 귀국하여 종교 재판을 받고 화형을 당하였다.

전하는 말에 의하면, 그의 친구가 그에게 "당신이 주장하는 범신론이 정당하다면, 그리고 참다운 진리를 증언하는 것이라면, 당당히 모국에서 증언할 일이지, 도망 다닐 필요가 없지 않은가?" 하고 권고하였다는 것이다.

어쨌든 그는 당당히 로마로 갔다. 그리고 거기서 다시 그의 소신을 강론하였다. 로마 교황은 그를 잡아 놓고 "만약 네가 너의 소신을 굽히고 하나님은 하늘에 있지 사람의 마음속에 있는 것이 아니라고, 한마디만 대중 앞에서 하면 너의 목숨은 살려 주겠다.”고 은밀히 말했다 한다. 그러나 브루노는 죽으면서 진실을, 자신의 소신을 밝혔다. 이렇게 해서 그는 소크라테스가 독배를 마시고 죽은 지, 2000년 만에 그를 따라 진리를 선포하다가 죽은 사람이 된 것이다.

이처럼 구시대의 허위와 투쟁하다 죽어간 인물의 정신은 결국 가톨릭 교회를 중심으로 형성된 중세적 낡은 체제를 하나하나씩 깨뜨리고, 새 시대의 막을 열었다. 그중 문화적 측면에서 성장한 새로운 시대의 운동을 르네상스, 종교적인 측면의 것을 종교개혁, 경제적인 측면의 것을 지리상의 발견과 그에 수반되는 중상주의 운동이라 한다. 그런데 이러한 개혁운동들은 모두가 중세의 교권에 대결해서 성장한 세속군주의 세력을 강화시키는 데 있어 강력한 영향력을 발휘하였다.

르네상스의 휴머니즘(Humanism)은 신권(神權) 지배의 관념을 지양(止揚)시켜 군주의 지배권 확립을 합리화시켜 주었으며, 또 군주의 통치권 개발을 촉진시켰다. 그리고 종교개혁은 가톨릭의 보편획일주의를 깨드려 민족적 종교를 확립시켰으며, 그를 기반으로 하는 민족의식의 고취와 민족적 독립의 정당화, 그리고 이를 위한 군주의 민족대표 의식의 정당화를 이룩하였다. 그리고 지리상의 발견과 중상주의적인 상업혁명은 군주의 정치자금과 상비군 유지자금(維持資金)을 충당시킴으로써 강력한 군주의 정치권력을 확보해주는 원동력이 되었다.

결국 르네상스, 종교개혁, 상업혁명 등의 사건들은 중세적인 교회의 지배를 종식시키고, 지금까지 교회에 종속되어 있던 군주의 지배권을 확립시키는 일을 이룩한 것이다. 이 결과로 나타난 일 중, 가장 중요한 것은 유럽 각 민족의 독자적인 근대국가의 형성이다.

중세에는 하나님이 하나인 것처럼 사회도 하나요, 국가도 하나요, 지배자도 하나 즉 교황뿐이었다. 그러나 실제에 있어 교황이 전 유럽을 지배 통치할 수 있는가? 그러므로 교황의 지배 통치는 형식적이고 의례적인 것이었다. 그리고 각 지역, 각 민족에게는 그들 나름대로의 세속군주가 존재해 있어서 실질적인 행정을 담당하였다. 그러나 그들은 종교적, 정신적으로 그리고 정치대사(政治大事)에 있어서 로마 교황의 간섭과 강제를 받았다.

그러던 것이 이제 각 국가의 군주는 이에서 해방되어 완전독립을 얻게 된 것이다. 그리고 종전까지 교황의 칙사격인 각국의 사제(司祭)가 군주의 상위에 위치하여 교황을 대신해서 정부에 간섭을 하던 것이 이제 각국의 교회는 군주의 휘하에 들어가게 된 것이다. 이것이야말로 군주권의 자유이며 민족의 독립인 것이다.

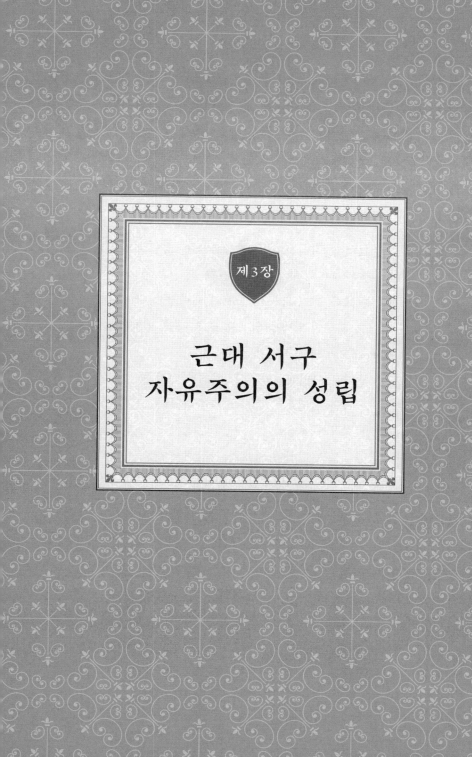

제3장

근대 서구
자유주의의 성립

군주권의 확립과 시민계급에 대한 압박

 – 교권체제로부터 자유를 얻어 지배 권력을 장악한 군주는
  그의 동지인 시민계급에 대한 압박자로 군림하였다.

　르네상스, 종교개혁, 지리상의 발견 등을 통한 휴머니즘의 가톨릭 체제에 대한 투쟁은 휴머니즘의 주체인 인간, 즉 군주에 의한 지배 권력의 확보를 가져왔다. 그러나 군주가 지배 세력을 장악하는 순간부터 그 지배 권력에 의하여 압박을 당하는 또 하나의 피압박자가 태어나게 된 것이다. 그것이 바로 시민계급이다.

　원래 군주의 권력은 시민계급의 힘을 기초로 해서 형성된 것이다. 군주와 시민은 십자군 전쟁으로 동시에 출생하였다. 군주란 십자군 전쟁에서 강력한 권력과 명망을 얻든가, 참전하지 않은 영주들이 참전한 영주들의 영토를 병탄하여 영토를 확장해서 권력을 장악한 이들이다. 그리고 시민이란 봉건영주들에게 예속되어 장원에서 살고 있던 농노신분이었으나, 영주와 기사들이 참전하여 장원의 질서가 문란해지자, 장원에서 탈출하여 도시로 몰려들어 도시에서 하역작업, 상공업 등의 직업을 통해서 자유를 얻고, 자유로운 상공업인으로 변모되면서 생겨난 계급이다.

　그중 군주는 십자군 전쟁 이후 급변한 결과로 나타난 다음의 몇 가지 여건을 기화로 급속도로 세력을 확대하였다.

첫째는 교황권의 실추였다. 장기간 지속된 전쟁의 결과로 민중의 신앙심이 냉각됨에 따라, 교황의 권위와 그에 대한 민중의 신임이 떨어지게 되었다. 이에 반비례해서 군주에 대한 민중의 의존도는 높아질 수밖에 없었다.

둘째는 민족의식의 대두다. 가톨릭의 이상은 유일신인 야훼신의 은총 아래, 세계 인류가 하나가 되는 것이었다. 하나의 사회·정치·경제·문화체제 속에서 기독교의 보편적 원리에 입각하여 하나의 동포로서 생활하는 것이었다. 실제로 이 같은 가톨릭의 이상은 십자군시대까지 통하였다.

그러나 십자군 전쟁에 모여든 병사들은 실제에 있어서 상이한 인간들이었다. 그들의 고향에서 하늘을 바라보며 목사의 설교를 통하여 알고 있던 같은 동포, 같은 야훼신의 아들들이 아니라, 언어와 문화 그리고 생각과 심지어는 인종까지도 같지 아니한 이질적인 인간들이었다.

더욱이 각 군단을 이끌고 온 지휘관들 간에는 지휘권을 둘러싼 대립까지 생기고, 이에 따른 반목질시가 일어났다. 여기서 종래의 보편주의(Catholicism)는 붕괴되기 시작했고 민족의식이 싹텄다. 군주는 이 민족의식 위에 강력한 지배 권력의 사상적 기초를 닦을 수 있었다.

그러나 군주가 그의 권력을 확보하는데 있어 중요한 것은 경제적 문제였다. 그의 영토를 넓히는 데는 무엇보다도 강력한 상비군이 필요했고, 확보한 영토를 관리하는 데는 행정관료 조직이 요구되었다. 그리고 이러한 상비군과 행정관료 조직의 유지를 위해서는 재정이 따라야 했다. 이 자금의 조달(調達)을 담당한, 즉 재정의 부담자가 바로 시민계급이었다.

성지순례(Pilgrim)와 십자군 등으로 말미암아 시작된 동방무역, 이를 통한 귀족 및 승려 등 상류계급들의 사치생활의 시작은 점차 중세 도시를 형성했고, 앞에서 말한, 장원의 농노출신이 도시로 진출하여 일으킨 상공업의 발전은 차차 상공시민계급과 그들의 부(富)가 형성되는 계기를 만들었다.

이러한 시대적 상황 속에서 군주와 상공시민은 공생적 관계를 갖지 않을 수 없었다. 즉 군주는 앞서 말한 바와 같이 상공시민의 자금 조달이 필요했고, 반대로 상공시민은 군주의 권력(常備軍)에 의한 보호를 필요로 하였다. 왜냐하면 상공시민은 설사 부(富)는 소유하고 있다 하지만, 신분적으로 봉건영주의 간섭을 피할 수 없었으며, 원거리 상업에는 해적이나 산적 등의 위험이 따랐기 때문이다.

여하간 군주와 상공시민은 각각 상호이해관계에 근거해서 봉건영주를 공동의 적으로 간주하였다. 그리고 이들 양자는 그렇게 함으로써 각각 커다란 이득을 보았다. 군주는 그의 정치 권력을 확대해 갔고, 상공시민은 그의 재력을 증대시켜 갔다.

그러나 이러한 관계는 그렇게 오래도록 지속될 수 있는 것이 아니었다. 군주는 그의 세력이 강해지자 상공시민을 배반하고, 그들 공동의 적이었던 봉건영주와 승려를 그의 휘하로 끌어 들이고, 반대로 그의 동지였던 상공시민을 단순한 경제적 착취의 대상으로 억압하였기 때문이다.

즉 군주는 그의 상비군과 관료조직이 확고해져서 소규모의 봉건영주가 감히 이를 대적할 수 없을 만큼 그 세력이 커졌다. 르네상스, 종교개혁, 지리상의 발견과 같은 전환기적 사건을 거치는 동안 그의 세력은 더욱 비대해졌고, 심지어는 그 세력이 절대적이라 하여 절대군주라는 명칭으로 불리게까지 되었다.

르네상스를 통하여, 인증된 군주의 만능의 능력발휘는 무한한 정치적 욕망의 충족을 합리화시켰고, 드디어는 그의 지위를 중세의 신의 경지에까지 끌어 올렸으며, 종교개혁을 통해서는 교황의 수중에 있던 종교적 권한까지 양도받았다. 그리고 지리상의 발견과 그에 따른 상업혁명을 통하여서는 중상주의 정책으로 경제적 강자의 자리를 차지하였다.

이와 같이 군주의 권력이 강화되자, 종래에 그에게 대적하던 봉건영주와 승려들도 태도를 돌변하여 군주에게 아첨하게 되었다. 원래 봉건영주가 군주를 대적한 이유는 군주를 대적함으로써 그들도 실력을 키워 군주의 권력을 쟁취하고자 하는데 있었다. 그러나 이제 군주의 세력이 이같이 비대화되어 도저히 적수가 될 수 없게 된 후에는 그에게 아첨하지 않으면 오히려 그의 생존권마저 박탈당하게 된 것이다.

한편 군주도 영주에 대하여 계속적으로 무력을 사용할 수는 없었다. 민족국가를 통치함에 있어서는 무엇보다도 민족의 단결이 중요하기 때문이다. 그러므로 군주는 이들 봉건영주와 그들과 병존해 있는 승려들을 회유할 필요를 느낀 것이다. 이 때문에 군주는 이들 영주를 궁정 귀족으로 승급시켜 우대하였으며, 이들을 통하여 상비군과 관료체제를 더욱 강화시켰다.

이와 같이 군주가 과거의 적이었던 봉건영주를 흡수하게 됨에 따라, 군주와 상공시민과의 관계는 단일화, 즉 시민은 군주의 재정부담자라는 일방적 관계로 변천된 것이다. 그리고 군주는 상공시민 가운데에서도 그의 측근자들을 상공귀족층으로 만들어, 그들에게 정치적 사회적 특권을 주는 보상으로 특수한 자금조달자로 고용하였다. 여기서 일반적인 상공시민은 권력으로부터 소외되고, 그들에게는 경제적 착취와 이에 거역할 경우, 정치적 억압만이 남게 되었다. 여기서 군주와 상공시민의 대립투쟁은 시작된 것이다.

군주의 압박과 시민계급의 저항

군주와 시민의 대립투쟁에서 군주는 시민을 어떠한 형태로 배반했으며, 어떠한 수단으로 압박하였는가?

상비군과 관료조직을 중심으로 강력한 권력체계를 형성한 군주는, 중세 교권사회에서 로마 교황권의 하수인의 역할을 담당하던 승려계급을 제1신분으로 받아들였다. 승려계급은 과거에 교황을 모시던 것과 마찬가지로 군주를 떠받드는 것을 조건으로 중세 말 르네상스 초기에 교황 측근으로 누리던 사치와 방종의 향락을 보장 받았다.

그뿐만 아니라, 군주는 중세시대에는 촌락에 거주하면서 촌스러운 영화로 만족하고 있던 향촌의 귀족들을 중앙궁정으로 불러들여, 제2신분이라는 명칭으로 사치와 음탕한 향락생활을 누리게 해주었다.

그리고 군주의 권력을 이룩함에 있어서 공훈을 세웠으며, 경제적 부담자였던 상공시민들은, 그중 몇몇의 아부적 인간들을 제외하고는, 철저한 착취의 대상으로 삼아, 군주와 제1신분과 제2신분의 방종생활에 소요되는 막대한 경비를 착취해 내었다.

이러한 체제는 아부적 승려계급의 고안으로 이룩된 왕권신수설을 기반으로, 군주는 누구에 의해서도 간섭이나 제재를 받지 아니하는 이른바 절대군주의 지위를 획득하였다.

그리고 이에 추종, 아부함으로써 몰락한 중세 가톨릭권위의 명맥을 유지하며, 향락생활을 지속하고자 몸부림치는 교황을 비롯한 승려계급은 그 절대군주의 권력을 빌어서, 시민계급에 대한 착취를 가하였다.

그리고 중세 봉건적 특권에 더하여 군대와 교회, 정부에서 고급 관직을 장악하고 있는 귀족계급은 국가로부터 작위와 은급을 받아 극도의 호화 생활을 하였다.

이러한 특권계급의 사치와 낭비생활을 위하여 시민, 즉 제3신분은 중세 봉건시대로부터 징수되던 조용조(租庸調)의 정규적 조세 이외에 정부에 따로 바치는 지세(Taille), 염세(Gabelle), 인두세(Poll tax) 그리고 교회에 바치는 십일조(Tithe)를 받쳐야 했다. 그뿐만 아니라 왕궁과 교회당, 귀족의 저택을 짓기 위해서, 시민계급은 1년에 수십 일씩 강제노역(Corvée)의 부담까지 지지 않을 수 없었다.[1]

한마디로 절대군주 체제하에서는 중세 말기 가톨릭에 의해 자행되던 민중에 대한 경제적 착취 위에 군주적 착취가 가중된 형편이었다.

이러한 형편은 전 유럽이 거의 모두 같았다. 그중에서 영국은 일찍이 의회가 발달하여 비교적 낫다고들 하는데도, 그 영국의 나은 형편을 토마스 모어(Thomas More)는 그의 작품 《유토피아》에서 다음과 같이 그리고 있다.[2]

> 귀하의 나라에 있는 양떼들입니다. 보통 양들은 온순하고 또 싸게 기를 수 있는 동물인데, 소문에 의하면 이것이 이제는 아주 사나와

져서 인간들까지 먹어 치워, 농토나 가옥이나 마을에 사람들이 없어져 가는 것 같습니다. ……중략…… 그 배후에는 조상들의 수입원이던 토지에서 나오는 수익으로는 만족하지 않는 귀족, 신사 또는 심지어 성직자들까지도 끼어있는 무리가 있습니다. ……중략…… 이 돼지 같은 놈(귀족)과 염병할 녀석(승려)들의 속임수와 협박에 걸려 농민들이 그의 농토로부터 쫓겨납니다. ……중략…… 남자와 여자, 남편과 아내, 고아와 과부, 어린 아이들을 지닌 부모 할 것 없이 모조리 쫓겨납니다. ……중략…… 더군다나 이 비참한 빈곤의 한편에는 때에 맞지 않는 사치가 활개치고 있습니다. 귀족들 자신은 말할 것도 없고 그들의 하인 또는 그들에게 속해 있는 공인, 노동자, 농민까지도 화려한 겉치장이나 호화스러운 음식에 탐닉되어 있습니다. 선술집, 요릿집 또는 이와 유사한 유흥장이나 술가게는 말할 것도 없거니와 방탕한 노름, 주사위, 카드, 볼링, 쇠고리 던지기 등이 모든 게 주머니를 털고 사람들을 도둑질하게 만들고 있지 않습니까.

한마디로 절대군주 체제하에서 시민계급은 그들의 생존권 자체에 위협을 느끼게 되었다. 이 때문에 시민계급은 생명을 내걸고 항거에 나서지 않을 수 없었다. 다음은 이러한 민중의 입장을 대변하고 있는 케트의 반란(Kett's Rebellion, 1549)에서 포고된 반란자의 항고 중 일부다.[3]

저 잘나고 높은 양반들의 거만함을 더 이상 더 보고 있을 수 없다. 우리들은 비참한 상태에 놓여 있다.
그들(귀족과 승려)은 온갖 쾌락을 누리며, 무엇이든 많이 가지고

있으며, 헛된 향락에 써버리며, 돈벌이만을 생각하며, 온갖 욕
망에 불타고 있다.

우리들은 노동과 망보기에 죽도록 지쳐 있으며, 일생을 땀과 신
음과 굶주림과 목마름으로 지낸다. ……중략…… 우리들은 이
토록 심하며 크나큰 흉포한 폭행을 참을 수 없는 것이다. 귀족
들이 이토록 크나큰 탐욕과 월권과 교만을 이 이상 더 평온한
마음으로 지켜볼 수는 없는 것이다. 우리들은 이토록 심한 횡포
를 참느니보다는 차라리 무기를 들고 온 천지를 뒤엎기를 원한
다.

이처럼 소위 구체제에 의하여 압박당하던 사람들이 생명을 내걸고
항거를 했으나, 초창기에 그것은 헛된 희생만을 초래했을 뿐이었다.
왜냐하면 구체제는 너무나 강하였고, 아직 노쇠해 있는 것도 아니었
기 때문이다.

오히려 군주는 그의 권한을 강화하였다. 그에 아부하는 교회와 교
직자를 활용하여 그의 지배권을 신권(神權)이라는 이름으로 합리화시
켰기 때문이다. 이 얼마나 아이러니컬한 것인가? 신의 권위를 부정하
고 나선, 그 인간이 이제 자신의 권력을 보강하기 위하여 신권을 들먹
거리고 있으니, 이제 군주라는 새로운 신에 의하여 하늘의 신은 이용
을 당하게 된 것이다.

중세에는 모든 인간이 신의 노예였지만, 르네상스 시대에는 신이
인간의 시동(侍童)으로 전락하고 만 것이다. 그러나 이와 같은 미신이
오래 갈 수는 없다. 왜냐하면 이 군주라고 하는 존재 자체가 자가당착
적 모순과 인간적인 이기심에 근거를 두고 일어난 것이기 때문이다.

여기서 군주와 꼭 같은 인간적 특성을 지니고 있는 시민은 그의 인간성을 지키기 위해서, 그 인간성을 발휘한 계속적이고 영구적인 투쟁을 하게 되는 것이다. 그리고 그 투쟁을 통해서 그들의 자유를 터득해 가고 명백한 투쟁의 목적을 설정해 가게 된다.

이 시대를 직시한 토마스 홉스(T. Hobbes)에 의하면, 인간의 본성은 이기적(egoistic)이며 인간의 모든 감정의 발로와 의욕은 순전히 그 자신을 보존하려는 자기 보존욕구에서 나타나는 것이다.[4] 군주들이 지금 이같이 그들의 권력을 확보하게 된 것도 실은 그것을 보존하기 위한 싸움의 결과다.

그렇다면 군주만이 인간일 수는 없지 않은가? 그 군주와 그의 측근들에 의하여 압박되고 착취를 당하고 있는 민중도 인간이며, 그들도 인간이라면 그들도 이기적일 것이고, 그들이 자신의 자기 보존욕구를 충족시키기 위하여 투쟁하지 않을 수 없을 것이 아닌가?

더욱이 홉스가 갈파하고 있는 바와 같이[5] 이 같은 인간의 자기보존의 권리인 자연권은 만인에게 평등한 것이며, 이 권리를 침해받지 않을 수 있는 자유가 만인에게 있으며, 또 이 권리와 자유는 누구에게도 양도할 수 없는 것이라고 할 때, 문제는 더욱 절실해진다.

그러면 현실적으로 민중은 무엇 때문에 그들의 자유를 포기하고 군주를 추종하고 있는가? 그것은 군주의 폭력이 민중의 것보다 강력하기 때문이다. 앞서도 언급했듯이, 민중은 군주의 지배와 광폭한 착취에 반발하여 저항을 했다. 그러나 군주의 폭력 앞에 저지당하고 말았기 때문에 그들은 군주 앞에 복종하게 된 것이다. 이처럼 '폭력에 굴복함은 불가피한 행위이지 자의적인 것은 아니다.'[6]

그러면 왜 군주나 귀족, 승려에 비하여 수적으로 월등한 민중이 소수자인 지배자를 타도하지 못하고, 그 폭력 앞에 굴종을 당해야 했는가?

힘의 강약은 수에 의해서 결정되는 것이 아니라, 질에 의해서 결정되는 것이기 때문이다. 민중을 구성하고 있는 한 사람 한 사람이 자신의 자연권을 인식할 수 있는 이성을 가지고 있으며, 그 자연권을 찾기 위하여 생명을 바칠 수 있는 용기가 있지 않으면, 그 수라는 것은 의미가 없다. 민중의 전체적 수는 지배계급에 비하여 다수임이 분명하지만, 이성과 용기를 가지고 있는 민중의 수가 소수일 때, 그 소수의 민중을 제외한 나머지 민중은 오히려 지배자의 편이 된다.

민중이 지배자에게 억압을 당하고 있다 하지만, 실제로 민중의 대부분은 그 억압을 인식할만한 이성을 갖고 있지 못하다. "노예의 신분으로 태어난 사람은 누구나 태어나면서 노예가 된다. 노예들은 속박 속에서 사노라면 어느덧 모든 것을, 심지어는 그로부터 탈출하려는 욕망까지도 상실하기 마련이다. 그리하여 노예인 그들은 자신의 노예상태를 사랑하게 된다."[7]고 말한 루소의 말과 같이 대부분의 민중은 자신에게 주어진 상황, 지위, 신분에 만족하고 있다. 지배자 및 지배계급에 속해 있는 자들이 자기 신분에 대해서 느끼고 있는 것과 꼭 같은 정도로 행복을 느끼고 만족감을 느끼고 있다.

여기에 민중이 자신의 인권을 상실하게 되는 근본적인 이유가 있는 것이다. 마치 병이 들어 있으면서도 병이 들어 있는 것을 망각하고 행복감에 빠져 있다가 죽음에 이르는 것과 같이. 지배자들은 이 민중들로 하여금 이렇게 만족을 느끼고 행복감을 갖도록 교육시킨다.

현재의 상황의 타당성, 사회계층의 필요성, 상하관계에 있어서의 충성과 복종의 중요성, 그리고 현 체제에 대한 합리성 등을 교육한다. 그리고 성직자들은 민중에게 미신까지 유포한다. 군주권은 신으로부터 받은 것이라든가[神授性], 귀족과 승려 신분은 하늘로부터 내려진 것[天賦性]이라든가, 그리고 시민 민중의 직분은 신에 의하여 주어진 것[召命說]이라는 등, 이 모든 것은 실제로 그들의 체제를 유지하기 위한 것이면서도 신을 들먹여서 우매한 민중의 이성에 흑막을 치고 민중을 기만하는 것이다.

이와 같이 군주가 그의 지배권을 유지하고 그의 야수적 이기심을 충족시키려고 전통과 미신을 인위적으로 조작하고 있는 판국에, 홉스나 루소가 이야기하고 있는 사회계약이라는 것이 있을 수 있겠는가? 원래 계약이란 계약 당사자 간의 힘이 팽팽히 맞서거나 상호보완적인 이해관계가 성립될 때에 한해서만 맺어지고, 그 효력이 발생하는 것이다. 그런데 군주와 민중의 관계는 실제로 승자와 패자의 관계 위에서 성립된다.

루소는 "(승자가) 패배자를 살려 주고 그 대가를 받는다면 승자가 패배자에게 무슨 은혜를 베푼 것이 되겠느냐?"[8]고 묻고 있지만, 실제로 승자가 무엇 때문에 패배자에게 은혜를 베풀어야 하는가? 같은 인간이라는 점 때문인가? 이것은 지나친 이상주의적 견해다. 이것은 루소가 성선설(性善說)을 지나치게 믿은 데서 오는 실망이다.

물론 순수한 이성의 합리적 판단에 따르면 그래야 마땅하리라. 그러나 인간은 누구나 그리고 언제나 이성적 동물인 것은 아니다. 인간은 이성과는 정반대되는 격정도 가지고 있으며, 심지어는 야수적인 잔인성까지도 지니고 있다. 이와 같은 점은 수없는 역사적 사실을 통해서 찾아볼 수 있는 것이 아닌가?

특히 인간이 지배권을 장악했고, 그 지배권에 만족하여 새로운 이상(理想)이라든가 새로운 미래적 소망, 가치를 갖지 못했을 때, 이성보다는 감성과 격정과 야수성을 더욱 노골화한다. 왜냐하면 원래 이성이라는 것은 사고의 주체인데, 사고는 언제나 현재상태에 만족치 않고 새로운 미래를, 새로운 가치를 추구할 때에 이루어지는 것이며, 여기서 비로소 이성은 건전한 생명력을 갖게 되기 때문이다. 이성이 생명력을 갖지 않게 되면 반대로 감성과 격정만이 기승하기 때문이다.

따라서 피지배의 민중은 지배자가 그와 맺은 계약을 지켜주기를 바라고 있거나 은혜를 베풀어 주기를 기다릴 것이 아니다. 자신의 권리를 찾기 위해서라면, 스스로 자신의 이성을 무기로 하여 힘을 기르고, 그 힘으로써 지배자와 맞서거나 지배자가 은혜를 베풀지 않고는 그 지배권을 유지할 수 없도록 만들어야만 한다.

역사를 돌이켜 볼 때, 실제로 스스로 노쇠현상을 노출하여 감성과 격정으로써 민중을 억압하면, 민중들도 계속적으로 자신에 대한 망각과 권위와 전통에 대한 맹목적인 복종만을 한다거나 미신에 사로잡혀 있지만은 않았다. 부당하고 비이성적인 지배자의 억압이 가중되면 될수록, 그것을 당하는 피지배, 피압박자들의 이성은 눈을 뜨게 되고, 그 이성에 의하여 설정된 새로운 가치와 이상 그리고 역사 발전의 목표를 향한 운동을 시작하였다.

이 운동은 민중 가운데에, 이성과 용기를 가진 소수자 또는 1인의 투쟁에 의해서 시작된다. 초기에는 이들의 투쟁이 실패로 끝나고 말지만, 역사의 발전은 결국 합리적으로 움직여 나가는 것이므로, 이성에 근거한 저항세력에게 힘을 준다. 그것은 앞서 누구이 강조한 바와 같이 미성세대의 기성세대에 대한 투쟁이기 때문이다.

이 시대에 새로이 태어난 신생 세력은 군주와 그 추종자(귀족·승려)들의 체제에 의하여 억압을 당하면서 그 당함을 인지할 수 있었던 계급, 즉 상공시민계급이었다. 노동자나 농민들로 구성된 타 민중이 아직 군주세력에 의해 당하고 있는 압박과 비합리적인 처사에 대하여 불만을 갖지 않고, 순한 양처럼 그들의 처지에 만족하고 행복감을 느끼고 있을 때, 이들 시민계급은 그것을 깨달았고, 그것을 깨닫고 보니, 그들의 삶 그 자체가 불만스럽고 불안하며 고통스러운 것으로 변하였다. 여기서 그들은 서서히 이성과 용기를 갖기 시작하였고, 아니면 그것을 가지고 있는 자들에게 동조하기 시작하였다.

이렇게 17세기 이후의 자유를 위한 시민계급의 대대적인 투쟁은 불이 붙기 시작한 것이다. 이 투쟁은 자연법 사상가들이 앞장을 서서 전통, 미신, 관습을 타파하는 일로부터 비롯된다. 이 투쟁은 먼저 이성을 활용하여 인간의 자연권을 발견한 이들이 그들의 능력을 먼저 발휘하여, 지배 권력을 장악한 인간들—군주, 귀족, 승려—에 의한 지배와 착취, 압박에 대한 저항을 시작하였다. 이어서 시민계급도 그의 이성을 활용하여 지배자들에 의해 교육된 전통과 미신과 습관에서 탈피함으로써, 그들의 자연권을 찾고, 자신들의 능력을 발휘할 수 있는 위치를 찾기 시작 한 것이었다. 그러므로 이 투쟁은 우선 이성과 그것을 활용할 수 있는 용기를 지닌 시민의 수를 늘리는 운동, 즉 계몽주의 운동으로 나타난다.

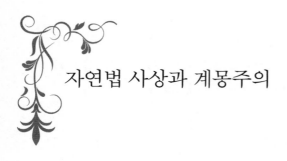

자연법 사상과 계몽주의

그러면 자연법이란 무엇인가? 루소는 그의 《불평등 기원론》에서 인간의 불평등을 두 가지 종류로 구별하였다. 그 하나는 자연적 불평등으로 연령, 건강, 체력의 차이 및 정신의 차이에서 연유되는 불평등이고, 다른 하나는 도덕적, 정치적 불평등이다.[9] 후자를 우리는 사회적 불평등이라 할 수 있을 것이다. 그런데 문제가 되는 것은 자연적 불평등이 아니라, 사회적 불평등이다.

인간을 벌거벗겨서 자연 상태에 놓았을 때, 자연적으로 동일한 능력, 즉 동일한 연령, 동일한 건강, 동일한 체력, 동일한 정신을 가지고 있는 인간이라면, 평등해야 된다. 이러한 자연 상태에서는 어느 한 인간이 다른 인간과 같이,[10] 자기의 생명을 보존하기 위하여 사고하고 행동할 뿐이라고 할 때, 더욱 그래야 한다. 그리고 차별이 있다면 그 인간이 지니고 있는 능력의 차이, 즉 연령, 건강, 체력의 차이 및 정신력의 차이에 의해서 지워지는 차별이어야 된다.

그리고 사회적 불평등도 이러한 차별에 근거해서 이루어지는 것이어야 된다. 즉 보다 능력이 있는 자가 보다 능력이 적은 자에게 그 무엇인가를 주었을 때, 그 보답으로 존경을 표해야 되고, 보다 능력이 있는 자가 보다 능력이 없는 자 위에 군림해야 된다. 여기서 루소의 이른바 도덕적 정치적 불평등이 성립되어야 한다.

그러나 실제로 사회적 불평등은 개인의 능력의 차별에 의해서 성립되는 것만이 아니다. 특히 군주중심의 구체제 아래서의 불평등은 인위적인 전통, 계급, 신분 등에 의해서 결정되는 것이었다.

이를테면 갑(甲)이라고 하는 사람은 정신적으로 지능지수가 낮고 육체적으로도 허약하지만 그의 부친이 귀족이기 때문에 사회나 타인에 대해서 아무런 기여나 공헌하는 바가 없더라도 귀족으로 대우를 받게 된다.

반대로 을(乙)이라는 사람은 정신적으로 지능지수가 높고 육체적으로도 건강하므로 인간 자체를 놓고 볼 때, 사회를 위하여 기여할 수 있는 능력을 지니고 있다. 그런데 그의 부모가 천민이라면 어찌 되었는가? 그에게 사회를 위하여 기여할 수 있는 기회가 주어지는가?

일이란 일자리가 있을 때에만 할 수 있는 것이다. 제아무리 훌륭한 보석이라 해도 그것을 필요로 하는 곳이 있어야 기능을 발휘할 수 있는 것과 마찬가지로, 아무리 능력을 지닌 사람이라 해도 그 능력을 발휘할 수 있는 자리, 즉 직업이 주어졌을 때, 비로소 그 능력을 발휘하고 사회에 기여할 수 있는 것이다.

그런데 사회는 그 능력자의 가문과 경력이 신통치 않다는 이유로, 그 사람의 능력을 확인하지도 않고, 그의 능력을 묵살해 버리고 있다. 이러한 사회에서는 정신적 육체적으로 무능력한 갑(甲)은 사회에 아무런 기여함도 없이 사회의 어마어마한 덕을 입지만, 개인적으로 유능한 을(乙)은 그의 생존권조차도 보호할 수 없는 것이다.

그렇다면 이와 같은 사회를 어떻게 개인주의에 입각한 사회라고 할 수 있는가? 르네상스가 개인주의의 재생운동이라 했는데, 그 르네상스의 결과로 생겨난 이 사회는 개인을 이와 같이 무시하고 학대하는 사회로 되고만 것이다.

자연법 사상은 바로 이와 같은 모순에 착안하여 사회를 위하여 기여할 수 있는 능력을 중심으로 인간을 평가하자는 사상운동이다. 인간의 외모와 가문 및 사회적 신분 그리고 인간의 지위를 초월해서, 한 인간이 얼마나 사회를 위하여 봉사하려는 의욕을 가지고 있느냐? 또 인간이 그에게 주어진 일을 효과적으로 행할 수 있는 능력을 얼마나 지니고 있느냐? 하는 것을 기준으로 해서 인간을 판단하자는 것이다.

그러므로 자연법 사상에서는 군주가 모든 시민들 중에서 가장 유능한 사람이고, 또 가장 타인(국민)을 위해서 봉사하려는 의욕을 가지고 있는 사람이라면, 국민은 그에게 그들의 자연권을 양도해도 관계가 없는 것이다(토마스 홉스의 주장).

그러나 군주가 이처럼 객관적이고 합리적으로 볼 때, 능력과 선의(善意: 국민을 위해 봉사하려는)를 지닌 자가 아니라, 전통계급과 관습에 따른 비이성적 요소들에 의해서 군주의 자리를 차지하였으며, 또 그 자리를 통해서 자기 자신의 이기적 욕망을 충족시키기 위하여 집권했다면, 문제는 발생한다. 이때에는 루소의 주장처럼 인민들은 그 군주를 제거하고 그들의 주권을 되찾아야 한다.

따라서 자연법 사상의 문제는 인간판단에 대한 문제로 된다. 즉 군주가 어떠한 당에 의하여 통치를 하며, 또 루소의 이론대로, 시민이 위정자를 선출한다고 할 때, 그 시민이 어떠한 판단력을 통해서 그들의 참정권을 행사하는가 하는 것이 문제로 된다.

이 판단의 문제에는 그 판단의 주체와 객체의 문제가 따른다. 그러면 그 판단의 주체는 무엇이며 객체는 무엇인가? 이성이다. 주체도 이성이고 객체도 이성이다. 위정자의 이성(이성의 객체로서 이성)의 진정한 모습을 판단하는 시민의 이성(이성을 판단하는 주체로서 이성), 이 두 가지의 이성이 문제로 된다.

당시 합리주의자들의 생각으로는 인간의 능력은 모두가 이성의 정도 여하에 달려 있는 것이었다. 그리고 능력 있는 사람을 평가할 수 있는 주체도 이성이다. 가장 본질적인 이성을 지니고 있으며, 그 이성을 가장 효율적으로 활용할 수 있는 자가 곧 유능한 인간이었다. 여기서 볼테르는 이성을 하나의 신으로까지 간주하였다.

그러면 이성이란 무엇인가? 그것은 합리적인 판단의 주체이다. 어떤 전통이나 신앙, 계급, 지위, 그리고 신분이나 이름과 같은 외연적(外延的) 선입견에 의해서 사물을 판단하는 것이 아니라, 이치에 합당하도록 사고하는 주체다. 그리고 이와 같은 일체의 외연적 선입견을 철폐하고 합리적으로 판단하고 그 판단에 따라 행동하는 것이 자유다. 이와 같이 자유롭게 행동할 수 있는 사람을 계몽된 사람이라고 부른다.

따라서 자연법 사상에 따른 인간의 평등한 자연권의 보장은 이성을 가지고 합리적으로 사고할 수 있는 시민 즉 계몽된 시민이 있음으로써 가능해진다. 그러므로 자연법 사상의 귀결은 계몽주의 사상이 된다.

그러면 계몽주의(啓蒙主義)란 무엇인가? 계몽주의에 있어서 계몽이란 무엇인가? 이에 대한 칸트의 답변을 요약하면 다음과 같다. 계몽이란 미몽상태(未夢狀態)에서 깨어남을 의미한다. 그러면 미몽상태란 어떠한 상태인가? 인간은 누구를 막론하고 이성을 가지고 있으며, 그 것을 사용할 수 있는 권리를 가지고 있다. 그러나 대부분의 사람들은 그것을 가지고 있다는 사실을 깨닫지 못하고 있다. 즉 미몽상태에 있는 것이다. 그러므로 계몽이란 인간이 스스로 이성을 가지고 있는 존 재임을 깨닫는 것을 의미한다.

그러나 이성을 가지고 있다는 사실만으로 계몽된 자가 될 수는 없다. 왜냐하면 이성을 가지고 있다는 것을 아는 것만으로 이성이 존재하는 것은 아니기 때문이다. 그러므로 이성을 가지고 있는 사람은 그 것을 사용해야 한다. 그런데 이성을 사용할 수 있는가? 이성을 사용한다는 것은 합리적으로 판단한다는 것이며, 합리적 판단을 위해서는 논의가 따라야 한다.

그러나 현 체제는 언제나 논의하지 말라고 말한다. 장교는 "논의하지 말라. 다만 교련을 할 뿐이다."라고 말하며, 세리는 "논의하지 말라! 세금을 내라면 내라!"고 말한다. 그리고 위정자는 "논의하지 말라! 다만 복종할 따름이다."[11]라고 말한다.

이처럼 인간이 그의 이성을 사용하는 데는 언제나 장애가 따른다. 그런데 이성이 이 장애로 말미암아 기능을 다하지 못한다면, 그 존재 가치는 상실된다. 그러므로 이성을 가지고 있는 자는 반드시 그 장애를 무릅쓰고 그의 이성을 사용할 수 있는 용기를 갖지 않으면 안 된다.

계몽된 사람이란 이처럼 자신이 이성을 가지고 있다는 사실을 깨닫는 것으로 만족치 않고 그것을 사용할 수 있는 용기를 가질 수 있는 자를 말한다. 그런데 이러한 용기란 다음에 인용하는 소크라테스의 말처럼 투옥, 재산몰수, 처형을 무릅쓸 수 있는 용기다.

> "……나는 과거나 현재나 어느 때고 반성 끝에 최선이라고 생각되는 이성이라면, 어떠한 것이든 그 이성에 따르는 성격의 소유자이기 때문에, 이제 이러한 운명(죽음)이 닥쳐왔다고 해서, 내가 전에 사람들에게 주고 있던 이성과 내가 지금까지 존경해 왔고 지금도 존경하고 있는 원리를 저버릴 수는 없는 것이다. 내가 이 순간에 보다 나은 다른 원리를 발견할 수 없는 한 너(크리토)에게 찬동할 수 없다. 다수의 권력이 나를 수없이 많이 투옥하고 재산을 몰수하고 처형한다 하더라도 매한가지다. 그러한 짓은 허깨비로 어린아이들을 놀라게 하는 수작에 지나지 않는다."[12]

이와 같이 계몽이란 이성의 자각과 그 이성을 활용할 수 있는 용기, 즉 자유로이 이성을 작용하여 논의하고 비판할 수 있는 인간으로 되는 것을 의미한다. 그리고 이러한 자유를 구속하는 세력과 대항해서 투옥, 재산의 몰수, 처형 등을 무릅쓰고 투쟁할 수 있는 인간이 되는 것을 뜻한다.

그리고 계몽주의 운동이란 지금까지 전통과 미신과 관습에 얽매여 있었던 민중(이 시대에는 시민계급이었지만)은 이러한 인간, 즉 계몽된 인간으로 만들기 위한 운동이다. 그러므로 이 운동은 구체제인 군주 중심의 지배체제의 불합리한 착취와 압박에 대항하여 민중 개개인이 소유하고 있는 자연권을 찾아 행사하여, 그들의 이성으로 판단할 때, 비합리적이고 불합리한 처사를 행하고 있는 군주를 타도하는 혁명운동으로 연결된다.

자유주의의 야누스

프랑스 혁명의 결과로 노출된 이성과 자유의 한계

　프랑스 혁명이 진행되고 있는 도중에 인간의 자유는 중대한 시련에 부딪히게 되었다. 그 하나는 개인의 자유가 절대적인 의미에서 가능한가? 하는 문제이며, 또 하나는 개인 각자가 지니고 있는 이성이 과연 어느 정도로 절대적 자유를 가능케 할 수 있는 것인가 하는 것이다.

　즉 개인의 자유가 절대적인 경지에 도달하려면 그 자유의 주체인 이성이 절대적인 것 또는 객관적인 것이 되지 않으면 안 된다. 이성이 절대적 또는 객관적인 것이 아닐 경우, 그에 의한 자유란 개인의 이기심, 동물성, 야수성을 표현하는 것이 될 것이고, 또 여기서 이성이라는 말은 그 이기심과 야수성을 합리화시키기 위한 방편적 용어로 전락하고 말기 때문이다. 그런데 실제로 그 절대적 또는 객관적 이성이 존재해 있는가? 헤겔에 의하면 이것은 현재하는 것이 아니라 인간의 정신이 변증법적 역사 발전에 의하여 절대정신으로 될 때 비로소 가능한 미래적인 것이다.

　그러므로 현재, 즉 역사의 발전 과정 중에 있는 현재의 단계에서 우리가 이성이라고 하는 것은 어느 정도 이기심과 야수성으로 윤색되어 있는 것이며, 그것을 주체로 하는 자유라는 것에는 이기심과 야수성의 충족을 위한 욕구가 포함되어 있는 것이다. 이러한 면은 프랑스 혁명과 그에 수반된 역사적 여러 사건에서 잘 나타나고 있다.

첫째, 이성이라는 이름으로 개인적 이기심과 개인적 야수성을 표하고 있는 경우다. 실례를 들면 프랑스 혁명 중에 나타난 살육전이다. 지롱드 당이 자코뱅당에 의하여 멸망당하고, 자코뱅당의 로베스피에르에 의하여 같은 당의 에베르 마라 당통 등이 살해되고 또 로베스피에르 자신이 자객에 의하여 피살되고 하는 등 모든 사건은 분명 이성을 신으로 모시는 자들에 의해서 행하여진 행위이며 자유, 평등, 박애의 기치 아래서 행하여진 것들이다.

그러면 이러한 살인과 폭력 행위가 과연 이성적인 행위이며, 자유와 평등 그리고 박애정신의 표현이란 말인가? 이는 인간심리의 심층 속에 자리하고 있는 이기심과 야수성의 노출이 아닌가? 한 개인이 다른 한 개인 위에 군림하고자 하는 욕구, 다른 사람들, 심지어는 동지나 나아가서는 부모 형제까지도 죽이고 자기만의 욕구를 충족시키려는 야수성의 표현이 아닌가?

또 이러한 행위에 대하여 갈채를 보내고 흥분하여 날뛰며 폭행을 자행한 대중의 행동은 이성적인 행위인가, 감성 내지는 격정적인 행위인가? 만약 이 모든 것이 이성에 의한 행위가 아니라고 할 때, 프랑스 혁명을 과연 계몽주의의 표현이며, 자유를 위한 혁명이라고 할 수 있을까?

둘째, 이성이라는 이름으로 계급적 이기심과 계급적 야수성을 호도하고 있는 경우다. 혁명 당시 프랑스의 민중은 정확히 말하면, 부르주아만이 아니라, 프롤레타리아까지 포함한 모든 민중이 자유에 대한 희망을 가졌고, 그 희망 때문에 개인의 희생을 감내해가며, 그 반대 세력인 구체제에 대항하였고, 종당에는 그것을 붕괴시켜 혁명을 성공시켰다.

그러나 막상 쟁취된 자유는 누구의 자유이었나? 당시의 이상주의적 혁명가와 그 지도자들이 부르짖던 바와 같이 모든 인민의 자유였나? 아니다! 그것은 단지 국가적으로 프랑스의, 계급적으로 부르주아지의 자유에 불과하였다.

그리고 여기에서 제외된 인민, 즉 계급적으로 부르주아지에 해당되지 않는 노동자, 농민은 오히려 그들도 참여하여 피를 흘린 그 혁명의 결과로 부르주아지에 의하여 직접적인 탄압을 받아야 했다. 노동의 착취, 인권의 무시, 부당한 인신구속, 비인간적인 대우 등을 당하게 된 것이다. 이것은 소위 산업혁명이 있은 이후에 더욱 가중되었다. 그리하여 절대왕권 체제하에서 보다 더 참을 수 없이 지독한 억압과 혹사를 당하였다.

그렇다면 과연 프랑스 혁명을 객관적 이성에 근거한 만민의 자유를 위한 운동이라 할 수 있겠는가? 아니면 그 당시에 새로이 등장한 부르주아지의 이기심과 야수성의 표현으로 이룩된 것인가? 그리고 이것은 가톨릭 교권에 대항하여 세속적 권력을 얻은 후 부르주아지를 억압하던 군주의 입장과 무엇이 다른가?

셋째, 이성이라는 이름으로 민족적, 내지 국가적 이기심과 야수성을 합리화시키고 있는 경우다. 프랑스는 혁명을 수행하는 도중에 그

혁명이 자국으로 전파되는 것을 두려워 한 이웃한 여러 나라들, 즉 영국, 오스트리아, 프러시아 등의 침략을 받았다. 이에 프랑스 혁명정부는 이에 대항하기 위하여 혁명의 주도 사상인 개인의 자유를 보류하고 민족적 단합을 외쳐 그들과 대적하였다.

그리고 나폴레옹의 출현으로 전세(戰勢)는 역전되어 오히려 프랑스가 그 국가들을 침략하는 이른바 나폴레옹의 침략전쟁이 수행되었다. 이때 나폴레옹군은 자유, 평등, 박애의 삼색기를 앞세우고, 그 자유와 평등 그리고 박애를 지지하여 그 군대를 환영하는 오스트리아, 프러시아의 인민들을 무참하게 짓밟고 나폴레옹과 프랑스인의 정복욕을 충족시켜 갔다.

프랑스의 국경을 방어하는 것이 아니라, 타국의 국경선을 넘어서 진군하였고, 그 곳에 괴뢰 정권을 세웠다. 그리하여 그 속에 포함된 인민에 대하여 정복자로서의 위용을 과시하며 군림하였고, 민족적 우월감을 내세워 착취했고 압박하였다.

이것이 자유인가? 이것은 이성적인 행위인가? 아니면 약육강식의 비이성적이고 야수적인 지배자의 횡포인가? 이것은 계몽주의자들이 그들의 적으로 간주하였던 가톨릭이 그들과 종교상의 이견을 가진 자를 이단이라 하여 화형을 가하던 비합리적이고 미신적 편견에 찬 행위와도 같은 민족, 또는 국경상의 차이를 이유로 가한 비합리적이고 민족적 편견에 근거를 둔 악행이었다.

이상과 같은 혁명의 결과로 노출된 계몽주의적 이성과 자유의 모순과 결함은 그 혁명을 시발점으로 하는 새로운 역사의 전망을 제시하였다. 즉 혁명을 통하여 제기된 이상의 몇 가지 새로운 문제는 사회주의 운동—부르주아지에 대항하여 자유를 얻으려는 프롤레타리아 운동과 민족주의 운동—선진국가의 지배에 대항하여 자민족의 자유를 쟁취하려는 운동으로 그 해결점을 찾는다. 이중에서 사회주의 운동에 관한 문제는 이 책의 집필 의도와 약간의 거리가 있으므로 다음 기회로 미루고 여기서는 민족주의 운동의 문제를 언급하는 것으로 만족하겠다.

민족주의의 형성

혁명 도중 영국, 오스트리아, 프러시아 등으로부터 선전포고를 받았을 때, 프랑스 혁명정부로서는 매우 어려운 지경에 빠지지 않을 수 없었다. 이때 프랑스 혁명가들은 그들의 이성과 자유를 위하여 개인적인 희생, 즉 개인의 천부적 자유를 포기하는 희생을 무릅쓰고 전장에 나아가야 한다고 외쳤다.

여기에서 자유자체에 대한 문제가 제기되었다. 민족전체의 자유를 위하여 개인의 자유를 포기해야 되느냐 하는 문제였다. 즉 물리적 힘에 있어서 그들보다 몇 배 강력한 적, 이른바 대불(對佛) 동맹체제와 대결하지 않으면 안 되는 프랑스 인민들은 그들의 자유와 이성을 재확인해야 되는 중대한 입장에 서게 된 것이었다.

자연법 사상이나 계몽주의 사상, 그리고 좀 더 소급해서 르네상스 정신에 입각해서 생각할 때, 자유란 근본적으로 한 개인이 자기에게 주어진 생존권을 보존하며, 또 그 개인으로서 지닌 자신의 능력을 발휘하고 욕구를 충족시킬 수 있는데 있다. 그런데 이제 프랑스 인민은 그들이 내세운 관념적인 자유, 평등, 박애라는 것을 위하여 오히려 이러한 자유를 포기하는 것을 전제로 하는 전쟁에 참여하지 않으면 안 되게 된 것이다.

그리고 자유란 한 개인으로서 타 개인에 의하여 간섭이나 강제를 받지 아니하고, 오로지 그의 이성에 근거하는 판단에 입각해서 행동하는 것을 의미한다. 그러면 과연 각 개인은 각자가 그의 이성적 판단에 따라서 그의 생존권의 위험을 전제로 하는 전쟁에 참여할 수 있을까? 만약 개인으로서 그것이 불가능하다면 전쟁을 포기하고 그들이 부르짖던 혁명 정신을 포기하고 다시 구체제로 복귀해야 될 것인가? 이러한 문제는 '개인'을 지상의 존재로 간주하는 자연법 사상이나 계몽주의 사상으로서는 해결할 수 없는 문제다. 그리고 여기서 모든 개인의 이성이 동등하다는 원칙은 무너진다. 다시 말하면, 각 개인은 그들 나름대로 천부적인 이성을 지니고 있는지 모르나, 이것은 그것을 계도(啓導)하는 이성이 없이는 참다운 이성으로서의 기능을 발휘하기 어렵다는 것이다.

전쟁이 개인의 생존권을 위협하지 않는다고 가정할 때, 즉 개인이 자신의 생명에 대한 공포가 따르지 않을 때, 개인은 그들의 전체적 목적을 위하여 참전해야 된다고 판단하는 것은 어렵지 않다. 그러나 막상 전쟁은 그의 생존권을 위협하는 것이며, 자신이 참전하면 죽을지도 모른다는 공포심이 첨가될 때 참전을 지원할 자는 별로 많지 않다.

어떤 흥분상태에서라면 몰라도, 이성에 의한 자기의 판단에 근거해서라면, 그렇다. 사실은 참된 이성이라면 자신의 생존권에 대한 위협에 따르는 공포심에 좌우됨이 없이 전체적인 입장에서 판단할 수 있는 것이겠지만, 실제에 있어서 이러한 이성이란 일반인이 갖는 것은 아니다. 소크라테스나 예수와 같이 죽음을 초월한 인물들만이 갖는 이성이다.

여기서 이성은 그것을 소유하고 있는 인물이 어떤 사람이냐에 따라 차별이 생긴다. 얼마만큼 소아적(小我的)인 이성이냐 또는 대아적(大我的)인 이성이냐 하는 차별이 생긴다.

루소는 그의 《사회계약설》에서[13] '인간이 생존하기 위해서는 단결하여 그러한 저항을 이겨낼 수 있는 힘의 총화를 이룩하고, 또 그 힘들을 하나의 원동력으로 가동시키고 조화 있게 협조시키는 것 이외에는 다른 방법이 없게 되었다'고 하였는데, 여기서 단결, 총화, 협조, 조화란 어떻게 가능한가?

인간이 천부적으로 소유하고 있는 그들의 자연권을 주장하면서, 자발적으로 이성을 동원하여 단결, 총화, 협조, 조화를 이룰 수 있는가? 만약 그것이 가능하다면 루소 자신이 이런 말을 구태여 할 필요도 없었을 것이다. 저절로 되고 있는 것을 구태여 언급한다는 것은 정력의 낭비이기 때문이다. 즉 루소가 이것을 주장하고 있는 것도 루소의 이성이 이 주장을 들어야 될 일반인민의 이성에 비하여 우월하기 때문이다.

물론 이 때문에 루소는 초기의 계몽주의적 경향에서 탈피하여 낭만주의적인 경향으로 전향하게 되었는지도 모른다. 이 같은 루소의 전향은 그 개인의 전향만이 아니라, 당시 사회적 정황의 전향이다.

즉, 프랑스 혁명은 이성을 신으로 생각하는 계몽주의에서 비롯된 것이지만, 혁명전쟁은 젊은이들로 하여금 라·마르세이유를 합창케

하여 감성을 자극하는 낭만주의로 방향을 바꾸게 하였다. 냉엄한 이성을 발동하여 자아의 존재를 의식하고, 자신을 도사리는 입장에서 탈피하여 감성을 돋아 전체를 위하여 자신을 희생의 제물로 바치는 용기를 갖게 하는 것이다.

인간은 자연 상태 또는 자연법 상태에서는 인간 대 인간의 투쟁을 행하며, 이 투쟁에 있어서는 개인의 이성이 얼마만큼 자기의 보존욕구를 위하여 능력을 발휘하느냐 하는 것이 문제였지만, 이제 문화 상태 또는 사회적 동물로, 사회구성요원으로 생존해 있는 인간은 만인 대 만인의 투쟁에 앞서서 집단 대 집단(민족 대 민족)의 투쟁을 해야 된다.

그리고 이 집단 간의 투쟁에 있어서는 개인이 집단을 위해서 그의 천부적 자연권을 포기할 수 있는 희생정신을 통해서만 그 승리가 가능해진다. 그리고 그 개인의 희생은 개인이 자신의 소아적 이성을 희생시키면서라도 추구할 가치가 있다고 생각할 만한 대아적 이성이 있어야 하고, 그것을 개인 앞에 제시해 줄 수 있는 개인의 이성이 있음으로서만 가능하다.

그러므로 루소까지도 '눈을 뜨고 있는 아이는 조국을 보아야 하며, 죽을 때까지 다른 것을 보아서는 안 된다.' 또 '모든 국민은 나라를 사랑하도록 교육되어야 한다.'고 하여 개인에게 그가 소속되어 있는 집단에 대한 교육을 강조하였다.[14] 거듭되는 말이지만, 이러한 교육을 위해서는 일반인민의 이성을 교육할 수 있는 능력을 소유한 이성에 의하여 교육되어야 하며, 이 교육을 통해서 각 개인은 개인적 이기심을 버리고 전체적 이성과 자유를 위하여 자발적으로 그의 이성을 활용할 수 있도록 만들어야 한다.

이러한 원리를 암시한 루소는 혁명전쟁이 일어나기 11년 전에 이미 죽었다. 그러나 이 원리는 프랑스 혁명과 혁명전쟁을 통하여 프랑스 인민에 의하여 교육되었다. 그리고 이렇게 교육된 인민에 의하여 프랑스 혁명은 일단 성공하였고 혁명전쟁에서 승리하였다. 그리하여 프랑스 인민은 국내적으로 개인의 자유(그 시대의 상황이 허락하는 범위의)를 일면 추구하면서, 그들이 세운 공화정 내지는 나폴레옹 정권을 위하여 자신을 희생하는 자유를 향유하였다. 그 결과 프랑스는 18세기 유럽 세계의 선진국이요, 신시대의 선도자의 위치를 점할 수 있었다.

그러나 자유란 어디까지나 상대적인 것이다. 프랑스 인민의 자유는 타 국가 인민의 억압 위에서 성립된 것이다. 프랑스 인민의 단결된 힘은 타국, 이를테면 대불동맹에 참여한 국가들을 정복하는데 이용되었다.

반대로 프랑스에 의하여 정복된 국가들은 아직도 구체제의 속박에서 벗어나지 못하였기 때문에 자유를 얻지 못하였고, 자유를 얻지 못하였기 때문에 자유에 따르는 제 문제, 이를테면 개인의 자유와 민족의 자유의 관계를 인식할 수 없었다. 그랬기 때문에 민족적 단결도 협조도 조화도 이룩하지 못하였고 그 때문에 전쟁에서 패배하였다. 결국 이 패배의 책임은 그 국가가 취하고 있었던 구체제에 있었다.

그러므로 그 국가들의 지성인, 자칭 자유주의자들은 이때야 비로소 계몽주의적인 자유, 즉 개인의 자유를 희미하게나마 깨닫기 시작하였고, 이 때문에 맹목적으로 프랑스 혁명을 찬양 내지 동경했고, 심지어는 그들의 조국을 유린해 들어오는 나폴레옹을 환영하는 매국적인 우를 범하기조차 하였다.

그러나 이러한 우(愚)는 순간적인 착각이었을 뿐이다. 왜냐하면 자유의식을 그 본질로 지니고 있으면서 단지 현실적인 무지 때문에 범하는 우는 그 자유의식에 의하여 곧 시정된다. 무지(無知)란 그 자체에 문제가 있는 것이 아니라, 무지하게 된 원인에 문제가 있기 때문이다. 알려는 의욕, 즉 지혜에 대한 사랑이 없는 자는 영원한 무지한 자요, 영원히 속박 속에 살아야 하는 자가 된다. 반대로 자유주의자, 즉 이성을 근거로 해서 사물의 진면목을 포착하고, 그에 의한 판단에 따라 행동하려는 의지를 가진 자는 그가 처해 있는 시간적 공간적 상황에 따라 순간적으로 어떤 특정 사물에 대하여 무지할 수는 있지만 그 무지가 계속되지 않는다.

베토벤은 나폴레옹 군대가 오스트리아에 진군했을 때, 나폴레옹을 위하여 교향곡을 작곡하여 그 명칭을 '영웅'이라 했다. 관념적 자유주의자인 베토벤의 눈에 비친 나폴레옹은 단순한 프랑스인이 아니라 전 인류를 구체제의 속박으로부터 해방시켜 줄 영웅이었다.

그러나 막상 군대를 이끌고 진군해온 현실적인 나폴레옹은 그러한 인류의 해방자가 아니었다. 그는 어디까지나 프랑스인이었으며 프랑스의 장군이었고, 프랑스의 황제였다. 그는 프랑스 인민으로부터 인기를 유지하기 위해서, 프랑스 혁명을 완수하기 위해서, 나폴레옹 제국을 확대하기 위해서, 프랑스 인민으로부터 적게 거둬들이는 세금을 그만큼 더 오스트리아 국민으로부터 착취하여야 했고, 프랑스인의 자유를 보장하기 위해서 그만큼 더 오스트리아 인민을 억압해야 했으며, 나폴레옹 제국의 야심을 충족시키기 위하여 무참하게도 오스트리아 영토와 인민을 유린해야 했던 것이다.

이것을 직시한 베토벤의 눈에 나폴레옹의 모습은 이제 달리 보였다. 그는 해방자가 아니라 구체제의 황제, 아니 거기에 민족적 차별의식(프랑스인의 민족 감정)까지 가미해서 오스트리아 인민을 구속하고 억압하는 폭군이었다. 그래서 그는 그의 교향곡의 명칭을 '황제'라 고쳤다.

나폴레옹이 비록 전통적인 전제군주는 아니었다 하더라도, 그가 비록 자유·평등·박애의 삼색기를 앞세운 프랑스 혁명의 결과로 출현한 지배자였다 하더라도, 그의 통치나 이민족에 대한 착취, 그리고 자유인·자유의식에 대한 억압은 결국 전통적인 전제군주의 그것과 아무런 차이가 없다는 것을 의미하는 것일 게다.

이와 유사한 일은 프러시아에서도 있었다. 피히테는 혁명전쟁이 발발하기 전 열렬한 자유주의자요, 프랑스 혁명에 대한 찬양자였다. 그러므로 그는 1790년대에 예나 대학의 교수로 재직하고 있던 동안, 프랑스 혁명가들의 '동조자'로 자처하여 대학생들에게 '자유, 평등, 박애'의 원리를 주입시켰다. 그리고 나폴레옹이 진군해 왔을 때는 흥분한 어조로 "저 모습을 보라, 저 백마 위에 자유의 불길이 활활 타오르고 있지 않은가?"라고 외치기도 하였다.

그러나 막상 나폴레옹에 의하여 프러시아가 패배하고 베를린이 점령당하게 되자 태도를 바꾸어 '독일 국민에 고함(Reden an Deutchnation)'이라는 연설을 통하여 독일 민족의 통일을 외쳤으며, 맹목적으로 '프랑스적인 것'에 경도되어 있는 독일 청년들의 정신적 각성을 촉구하였다. 그리고 독일의 전 인민이 무장하여 대불전쟁(자유전

쟁)에 출진할 것을 그의 '독일공화국'이라는 팸플릿 속에서 다음과 같이 묘사하고 있다.[15]

> 주일 아침…… 모든 교구민들이 도착했을 때, 교회의 문들이 활짝 열려지고 부드러운 음악이 흘러나오는 가운데 신도들이 안으로 들어갔다. 모든 이들이 자리에 앉았을 때 교구의 병기고를 이루는 대포, 소총 및 기타 무기를 드러내면서 성단에 있는 커튼이 옆으로 밀려 제켜진다. 왜냐하면 만20세에서 죽을 때까지 독일의 청년은 누구나 할 것 없이 군인이기 때문이다…….

이처럼 자유, 평등, 박애를 표방한 프랑스 혁명은 아이러니컬하게도 그 반대적 현상을 노출시켰다.

첫째, 프랑스 인민은 그들 자신의 자유를 보호, 확장시키기 위하여 타 국민의 자유를 박탈하고 위협하였다. 그 결과 각국의 자유주의자들은 자국민 한 사람 한 사람에게 국가 또는 민족이라는 전체 속에 자신을 귀속시켜 자신의 개인적 자유를 유보하고, 철저한 규범과 자기희생을 전제로 하는, 즉 비자유적인 군대에 입대할 것을 종용하도록 만들었다.

둘째, 프랑스 인민은 그들의 자유를 우선적으로 내세움으로써 그들의 평등사상을 깨뜨리고 민족적 차별의식을 조장하여 민족 대 민족의 대결의식을 촉진시켰다.

셋째, 프랑스 인민은 그들의 삼색기를 들고 전 유럽을 말발굽 밑에 유린함으로써 박애 정신을 외면하고 처참한 살육을 감행하였다.

이것은 바로 개인의 무한한 자유는 필연적으로 타 개인의 자유를 침해하는 결과를 초래한다는 자유의 상대적 관계가 민족과 민족 간의 관계 속에서 노출된 것이다. 여기서 마치 자연 상태에서 개인의 '만인에 대한 만인의 투쟁'이 일어나는 것과 마찬가지로, 국제사회에서는 민족(국가)에 대한 민족(국가)의 투쟁이 일어난다는 원리가 생겨난다.

프랑스가 혁명으로 타민족에 대한 정복 사업을 행하게 된 것도 실은 이 원리에 의한 역사적 과정에 따른 것이다. 투쟁에 있어서 통하는 것은 오로지 힘뿐이다. 그리고 그 힘이란 갑자기 생겨나는 것이 아니라, 일정한 역사적 과정을 거치고 난 뒤에만 조성되는 것이다. 그리고 자유의 투쟁이란 먼저 자유를 획득한 세력이 그 자유를 통하여 힘을 얻게 되고, 그 힘을 얻음으로써 지배권을 장악하는 것이다. 이런 점에서 18세기의 프랑스는 유럽의 지배권을 장악한 국가적 세력이다. 어떻게 해서 그 나라는 지배권을 장악하게 되었나?

프랑스는 르네상스의 개인주의에 근거한 군주권이 성립되는 과정에서 선진적 입장을 취하였다. 물론 스페인이나 영국도 이에 못지않게 선진적 입장을 취하였지만, 그들의 특징은 각각 달랐다. 스페인은 구세대의 잔존 세력인 로마 교황권에 지나치게 밀착되어 있었고, 영국은 이와 반대로 중세 봉건적인 지방분권적 성격을 지닌 의회세력이 비교적 강하였기 때문에 근대인의 눈으로 볼 때는 시민사회의 선진으로 보일지 모른다. 그러나 힘의 응결에 있어서는 미미하였다. 그러나 프랑스의 군주는 철저하게 군주권 위주의 세력 확장에 성공하였다. 그 결과 프랑스는 3국 중에서 가장 강력하고 실질적인 절대군주의 권력을 확보할 수 있었다. 이런 점에서 프랑스는 근대의 본질을 터득하는데 있어서 최선진이었다.

이와 같이 군주권 확립에 있어 선진인 프랑스는 시민계급에 대한 억압도 선진적이었고, 선진적으로 억압을 받는 프랑스의 시민은 이에 대항 투쟁하는데 있어서도, 즉 근대적 자유주의를 위한 투쟁에 있어서도 선진적으로 된 것이다.

프랑스 혁명은 이 자유주의 투쟁의 결실이다. 물론 프랑스 혁명이 영국 시민혁명에 영향을 받은 것은 사실이지만, 그 성격을 같이 하는 것은 아니다. 앞서 말한 바와 같이 영국의 시민혁명은 중세 봉건귀족의 군주권에 대한 저항이 연장되어 이룩되었기 때문에 철저한 의미의 부르주아 혁명이라고 할 수 없는 점이 짙다. 그러나 프랑스 혁명은 철저한 부르주아 혁명이다.

이처럼 근대사의 특징이요, 기본성격인 자유주의에서 선진인 프랑스, 즉 자유주의라는 색채가 입혀진 세계에 있어서 지배권을 장악한 프랑스가 아직 자유주의라는 근대사의 특징을 터득하지 못하여 후진 미개발상태에 놓여 있는 타 국가, 타민족들에 대하여 억압을 가한다고 하는 사실은 자유의 역사에 있어서는 극히 당연한 현상이다. 그리고 이처럼 프랑스에 의하여 억압을 받게 된 후진국이 이에 대항하여 자국, 자민족의 자유의식을 가지고 그의 억압자에 대항 투쟁한다는 것도 극히 당연한 현상이다.

억압자인 프랑스와 피압박자인 오스트리아, 프러시아, 이탈리아 등 제 민족의 투쟁 가운데서는 새로운 의미의 자유의 개념이 성립된다. 프랑스 혁명에 있어서 자유의 개념은 그를 위한 투쟁 자체가 시민이라는 개인이 군주의 억압에 대항하는 투쟁 속에서 형성되었기 때문에 개인의 자유, 즉 한 개인이 다른 개인이나 어떤 권위에 의해서도 간섭받거나 강제되지 않는다는 의미의 자유였다. 그러나 이제 민족(국가)간의 투쟁 속에서 형성되는 자유란 한 민족이 다른 민족에 의해서 간섭받거나 강제되지 않는다는 것이 그 의미였음은 당연하다.

개인의 자유와 민족의 자유, 이 두 가지의 자유는 근세 세계사에 있어서 가장 중대한 문제를 제기하고 있는 것이다.

개인이 각자 자신의 능력을 마음껏 발휘하고 또 자신이 느끼는 개인적 욕구를 마음껏 향유하는 것을 최종적인 목표로 하는 르네상스의 개인주의는 계몽주의 사상, 프랑스 혁명 등을 통하여 적어도 시민계급 이상의 신분을 지닌 인간에게는 중대한 문제가 되었다. 그리고 이들 인간들은 그들의 능력발휘와 욕구충족에 대한 방해요소를 제거해버리고 개인의 완전 자유를 확보하기 위해 노력하였고, 또 그 결과로 민주주의 제도를 마련하였다. 그리고 민족의 자유를 확보하기 위한 노력을 민족주의라는 말로 이름 짓기에 이르렀다.

그러므로 민주주의와 민족주의는 근대 자유주의의 양면이 되고 있는 것이다. 다시 말하면 근대 자유주의는 민주주의와 민족주의라는 두 개의 얼굴을 가지고 있는 야누스(Janus)다. 이 야누스의 두 얼굴은 상호 길항관계를 갖는다. 하나의 얼굴 즉 민주주의라는 얼굴이 웃으면 민족주의라는 얼굴이 울고, 민족주의라는 얼굴이 웃으면 민주주의라는 얼굴이 운다.

민주주의의 최종적 목표는 개인이 그의 이성에 근거하는 한, 어떠한 간섭이나 강제도 받지 않는 완전 자유에 있다. 즉 자신의 자율적인 규제를 제외하고는 어느 누구의 간섭도 어떤 종류의 권위에 의한 강제도 허용되지 않는 상태다.

이를테면 법률이 정하는 범위 내에서 임의적 행위를 할 수 있다는 것은 실제에 있어서 자유일 수가 없다. 왜냐하면 그 법률이 실제로 어느 계층의 사람들, 또는 어느 정도의 이성을 지닌 사람들의 의사에 의해서 만들어진 것이냐 하는 것이 문제이기 때문이다.

소크라테스를 죽인 우중(愚衆)에 의해서 만들어진 법률이냐? 예수를 죽인 보수적이고 부패 타락한 바리사이에 의해서 만들어진 법률이냐? 세계를 정복하고 그 피정복자를 일개 노동력의 근원으로 생각한 로마인에 의하여 만들어진 법률이냐? 존재하지도 않는 천국세계를 임의대로 설정해 놓고 그것을 이성을 가진 사람들에게 강요하는 미신가들에 의해서 만들어진 법률이냐? 군주와 그의 측근자들의 세속적 향락을 추구하기 위해서, 시민계급을 착취하기 위해서 만들어진 구체제의 광폭한 권위주의자들에 의해서 만들어진 법률이냐? 그렇지 않으면 노동자의 피를 짜내 공장을 짓고 그 공장을 유지하고 그들의 개인적 부(富)를 보호하기 위해서 만들어진 시민계급의 법률이냐? 하는 것들이 문제가 되고 있기 때문이다.

역사상에는 영구적으로 지속될 수 있는 법률이란 존재해 있을 수 없음을 우리는 역사를 통하여 알 수 있다. 그것은 그 법률을 만든 이성이 절대적인 것도 객관적인 것도 아니기 때문이다. 그리고 역사상 각 시대의 법률은 그 시대를 지배하고 있는 자의 이성에 의해서, 그 지배하고 있는 자들의 이해에 근거하여 만들어지고 있는 것이기 때문이다.

그런데 완전 자유를 누려야 될 개인은 이 불완전하고 상대적이고,

지배자의 주관에 의해서 만들어진 법률에 따라 자신의 자유를 유보할 수 있는가? 그리고 그 법률에 명시된 의무에 따라 개인이 군에 입대하여 그의 생명을 내걸고 전쟁에 참가해야 되는가?

여기서 문제가 되는 것은 그 자유를 유보하는 정도의 문제다. 완전 자유가 보장되지 않는다는 것이 전제된다면, 얼마나 완전 자유에 가까운 자유가 보장되는가 하는 것이 문제다. 만약 현존하는 법률을 깨뜨리고, 또 그 법률을 무시함으로써 보다 완전한 자유가 보장될 수 있다면, 그 법률을 깨뜨려야 하고, 지키지 않음으로써 더욱 불완전한 자유 밖에 주어지지 않게 된다면, 어쩔 수 없이 현존하는 법을 지킬 수밖에 없다.

민족주의는 이 점을 강조한다. 개인이 자신의 개인적인 완전자유를 고집할 때, 그 민족사회의 단결이 와해되고, 그 단결이 와해될 때 타민족의 침략을 받게 되며, 그 침략을 극복하지 못하면 타민족에 의한 지배를 받게 된다는 것이다. 자 민족이 자 민족의 이해관계에 입각해서 만들어 놓은 체제, 법률, 제도가 그 속에 포함되어 있는 개인에게 보다 큰 자유를 주겠는가? 아니면 타민족이 자 민족의 이해관계에 입각해서 만든 체제, 법률, 제도가 그에 의해 지배를 당하고 있는 피지배 민족에게 더 큰 자유를 보장해 줄 것인가?

루소는 "각 국가는 다른 국가만을 적으로 가질 수 있을 뿐, 사람을 적으로 삼을 수는 없다. 전투 중에 군주는 적국의 국가 재산은 모조리 노획하더라도 개인의 재산이나 생명은 존중해야 하며, 만약 그렇지 않으면 그는 강도다."[16]고 했다.

과연 강도가 없는 전쟁이 있을 수 있을까? 이상주의적 성선설(性善

說)에 입각할 때라면 이런 것이 있을지 모르겠지만, 현실은 그렇지 않다. 헤겔이 설정한 절대이성이 지배하게 될 역사의 종착 지점에서라면 이것이 가능할까? 그리고 천지개벽이 일어나 세계의 인민의 피부색, 언어, 국적 등이 완전히 단일화(單一化)된다면 모를까? 인간 간에 민족적 구별이 있는 한 민족주의는 존재하며, 인간 간에 색채의 구별이 존재하는 동안은 인종주의는 남아 있게 된다.

현실을 보라! 세계주의를 부르짖고 있는 이른바 선진제국이 얼마나 치열한 암투를 전개하고 있는가? 그리고 그들이 부르짖고 있는 세계주의의 마스크를 벗겨 보라! 얼마나 흉악한 민족적 편견과 인종적 차등의식으로 범벅이 된 얼굴이 찡그리고 있는가를 보게 될 것이다.

그러나 반대로 민족의 자유를 완전하도록 한다는 목적에 치우치면 어떠한 결과가 나타나게 되는가? 민족주의의 최종적 목표는 민족의 부국강병에 있다. 그리고 이것은 한 민족의 세계 지배라는 방향으로 유도된다. 이러한 민족주의의 필수적 조건은 그 민족을 구성하고 있는 개인의 그 민족이라는 전체를 위한 희생이다. 개인은 가급적 검약 생활을 하여 보다 많은 세금을 국가에 바쳐야 되고, 가급적 자신의 개인적 의지를 죽여 민족의 전체의지에 순응해야 하고, 가급적 자신의 행동을 절제해서 법률에 순종해야 하며, 가급적 국가와 민족을 위하여 목숨을 걸고 싸워야 한다.

한마디로 민족주의의 최종적 목표를 위하여 개인은 자신의 천부적 권리들을 포기하여야 한다. 마치 중세 초기의 기독교도들이 그들의 신을 위하여 자신을 헌신하였던 것과 마찬가지다. 왜냐하면 민족주의에 있어서 신은 민족 그 자체이기 때문이다. 그리고 민족주의는 하나의 종교이기 때문이다. 만약 그렇지 않다면, 민족주의의 기치 아래에서 죽어간 수많은 병사는 결코 죽을 수가 없는 것이다.

그러나 조금 생각을 돌려 보라! 그러면 인간은 무엇 때문에 사는가? 오로지 국가라는 또는 민족이라는 커다란 기계의 부속품으로 생존하다가 낡아서 못쓰게 되면 죽어버리는 존재에 불과한 것인가? 그렇다면 인생이라는 것이 너무나 비참하지 않겠는가?

눈을 감아 보아라! 그 무엇이 존재하는가? 민족? 국가? 세계? 귀를 막아 보아라! 무엇이 들리는가? 여인의 숨소리? 가족의 울음소리? 민족의 절규? 코를 막아 보아라! 무슨 냄새가 들어오는가? 문둥병이 들어 피부의 촉각을 상실해 보아라! 민족의 고통이 느껴지는가?

그렇다! 이 모든 감관의 주체인 '나', 그 개인이 존재하지 않으면 아무 것도 존재하지 않는다. 아니 존재하든 아니하든 관계가 없다. 그런데 그 '나'가 '나'를 잃어가면서 '민족'이라는 허깨비 같은 전체를 위해야만 되는가? 실은 민족주의의 근원도 '나', 그 '나'와 관계를 가지고 있는 가족, 후손들의 이해 속에 있는 것이다. 그런데 그것을 버리고 오로지 민족을 위해 희생만 한다면, 그 민족주의는 또 의미를 상실한다.

이와 같이 완전한 개인의 자유를 목적으로 하는 자유방임주의도, 개인의 무조건적 희생을 요구하는 극단적인 민족주의도 정의(正義)는 아니다.

그렇다면 정의는 무엇인가? 이 양자의 조화 밖에는 없다. 그러면 그것은 어떠한 조화인가? 1대 1의 조화인가? 정신문제에 있어서의 조화란 수치적 비율로써 논의할 수 있는 것이 아니다. 정신이란 원래 그 앞에 주어진 상황, 자연적 또는 문화적 상황에 대처하는 가운데서 그 조화를 이루는 것이다. 그것이 또 정신의 자율성이다. 즉 정신이 스스로 자신에게 주어진 문제를 발견하고 스스로 그 문제를 해결하는 일이다. 따라서 서구의 근대사에서 우리는 자유방임주의에 입각한 민주주의와 극단적 민족주의라는 양극 사이에서 각각 그 나라의 자연적, 역사적 상황에 따라 그 나라의 위치를 정하는 대표적 실례를 찾아 볼 수 있다.

이를테면 영국과 미국은 비교적 개인의 자유를 치중하는 민주주의를 발전시켜간 나라이고, 독일과 이탈리아는 비교적 민족의 자유를 치중하는 경향을 지닌 나라다. 그러면 그 이유가 어디에 있는가?

우선 영국은 지정학적으로 도버 해협을 사이에 두고, 유럽 대륙과 떨어져 있어서 근대 국가의 성립기로부터 현대에 이르기까지 대륙에서 진행된 수많은 전란에 직접 말려들어가지 않을 수 있었다. 그 때문에 역사적으로도 영국은 민족 이동기(移動期)에 노르만족의 침략을 당한 이래로 한 번도 대륙세력에 의한 침략을 받지 않았다. 나폴레옹도 히틀러도 영국 본토 상륙을 지상의 과제로 삼았지만 성공하지 못했다.

그러므로 영국은 브리튼 섬 안에서 자기들만의 문제를 해결하면 되었고, 또 그들의 필요에 따라 대륙정세에 관여하거나 또는 손해가 따를 것이라고 예견되는 일에 있어서는 영광의 고립정책을 선언하면, 그것으로 끝나고 말았다. 한마디로 영국은 중세 가톨릭 교황으로부터 종교적인 독립을 선언한 이래, 어느 국가 어떤 권위에 의해서도 그의 독립에 대한 간섭이나 강제를 당할 필요도 당한 적도 없었다.

이러한 상황 속에서 살아온 영국인들로서는 민족 또는 민족의 독립이라든가 하는 것은 관심 밖의 일이었다. 그러므로 영국의 사상가 중에서 민족에 관련된 문제를 취급한 사람이 거의 없다. 영국의 사상가들이 관심을 가지고 있었던 것은 오로지 개인의 자유, 개인의 복지 그리고 그들 특유의 혁명인 산업혁명으로 야기된 노사문제와 같은 것들뿐이었다.

미국의 경우는 이러한 원리가 더욱 현저하게 나타난다. 미국은 유럽 대륙과는 머나먼 대서양으로 격해 있다. 그러므로 유럽의 오랜 전통을 가진 민족 간의 투쟁, 국가 간의 투쟁은 피안의 불길 이외에 아무것도 아니었다. 예를 들면 제1차 세계대전이 일어났을 때, 미국인들은 그것에 대하여 '영화 팬이 갖는 흥미'를 가지고 관객의 입장으로 바라보고 있을 수가 있었다.[17]

그들은 독립혁명을 통하여 영국의 간섭으로부터 벗어난 후, 어느 누구에 의해서도 간섭받지 아니하고 발전했다. 서부로 향한 프런티어 운동을 통하여 인디언을 정복하고 무한대한 영토를 장악하였다. 여기서는 오로지 개인의 능력만이 인정되었다. 아니 여기서는 유럽에서보다 더 개인의 능력과 개인의 욕망을 마음껏 발휘하고 충족시킬 수 있었다. 이것을 제어하는 것은 아무것도 없었다. 개인의 능력의 차이, 그것 이외에는 아무 것도 제약이 없었다. 여기서 개인의 자유가 발전했고, 그것을 근거로 하는 자유민주주의가 성립 발전되었다는 것은 당연한 결과다.

더욱이 미국인은 제1차 세계대전과 제2차 세계대전까지도 피안의 불 보듯이 관망하는 자세에서 참여하였고, 그것도 그들 개인적 자본가들의 돈벌이를 위한 수단으로서였다. 따라서 미국의 현재적인 자유민주주의란 미국이라는 지정학적 상황하에서만 가능한 특수정치형태다.

그러나 독일이나 이탈리아는 이들과 전혀 다른 입장에서 전혀 다른 정치 체제, 정치사상을 형성해 왔다.

독일과 이탈리아는 나폴레옹의 침략이 있었을 때까지, 중세 봉건사회의 상징인 신성 로마 제국의 치하에 있었다. 그리고 18세기 말 비스마르크에 의하여 통일을 보기까지도, 100여 개가 훨씬 넘는 봉건적 영주국으로 분립되어 있었다.

이 때문에 독일은 로마 교황의 사치와 방종에 따른 경제적 착취의 대상이 되었고 이에 대한 반발로서 일어난 종교개혁 이래 종교전쟁의 전장이 되었다. 이처럼 계속된 국제간의 알력과 분쟁에 휘말려 기력을 펴지 못한 독일은 또 정치적 문화적으로 프랑스의 밥이 되어 있었다. 프랑스 혁명과 그 전쟁을 전후해서는 더욱 그러했다.

이러한 상황에서 독일 사상가들의 정신은 무엇을 생각할 수 있었을까? 그것은 명백하다. 독일의 통일이요, 독일의 근대화였다. 이것이 그들의 자유였다. 그리고 이것을 위해서는 먼저 분산된 독일인의 정신을 단합시킬 수 있는 사상의 형성이 필요하였다.

실제로 독일 관념론의 요체는 여기에 있다. 칸트는 독일인의 자유사상을 확립하기 위하여 이성의 문제를 생각했고 계몽주의의 본질을 갈파했다. 그의 제자인 헤르더는 독일인의 자포자기적 정신을 고양시켜 독일인으로서의 긍지를 갖게 하기 위하여 역사철학을 연구하였다. 그리하여 오늘날 우리가 볼 때 광신적인 쇼비니즘 이론이라고 밖에는 생각할 수 없는 인간진화론을 주장하였다.

헤르더에 의하면, 식물은 진화해서 동물로, 동물은 진화해서 포유동물이 되고, 포유동물은 진화해서 인간이 된다. 그리고 인간은 진화해서 게르만 민족이 된다. 이 얼마나 엉뚱한 착상이며 어처구니없는 망발인가?

그러나 이것은 헤르더만의 주장이 아니다. 현대 철학, 특히 역사철학 및 사회철학의 아버지격인 헤겔까지도 게르만에 의하여 세계지배가 이루어질 때 비로소 만인의 자유가 실현된다고 하지 않았는가?

따지고 보면, 독일 관념론자들이 철학을 하게 된 동기가 바로 이 점에 있었는지도 모른다. 그리고 이들의 철학이 종국에는 비스마르크의 철혈정책을 생산해냈고, 게르만 민족의 우월을 주장하여 60만 유대인을 가스실에서 집단으로 살해한 히틀러 정권의 수립을 가능케 하였다고 할 때, 이들의 이론은 결코 웃고 넘길 수만은 없지 않은가?

과연 이와 같은 독일의 민족주의의 책임을 게르만 민족이라는 민족의 성격으로 돌릴 수 있는가? 비스마르크나 히틀러 개인의 책임으로 돌려버릴 수 있는가? 영국이나 미국이 독일과 같은 지정학적, 역사적 상황에 처하여 있다면, 이들과 다른 입장을 취하였을까?

이에 대한 답변은 간단하다. 게르만 민족이 아닌 이탈리아, 즉 지중해의 아름다운 풍경 속에 낙천적이고 낭만적이고 음악적인 취향을 지니고 살아야 할 라틴 민족도 마찬가지로, 민족주의에 광신적이었고, 심지어는 무소리니의 파시즘 정권의 수립을 보았다는 사실로 그 답변은 충분하다.

결론적으로, 각 국가 각 민족이 지니는 자유의 기본 성격은 절대적이고 객관적인 것으로 존재하는 것이 아니다. 그것들이 처하여 있는 지정학적 역사적 상황에 근거하는 것이다. 시간적, 공간적 상황은 그 속에 사는 인간의 정신에 과제를 제공하고, 인간의 정신은 주어진 과제를 발견하고, 그것을 해결하기 위한 노력에 근거하여 자유의식과 미래사의 방향을, 그리고 인간의 제 행위의 지침인 가치를 설정하는 것이기 때문이다.

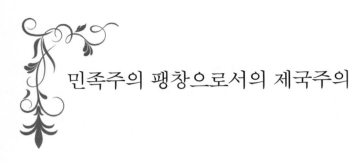

민족주의 팽창으로서의 제국주의

독일의 역사학자, 루드비히 데히오(Ludwig Dehio)는 문화의 확산, 국가 권력의 외연적 확대에 대한 설명으로 와상성운(渦狀星雲)적 형태의 발전법칙을 제시하고 있다. 즉 넓이에 있어 좁고 깊이에 있어 보다 깊은 그릇에 물이 가득 차게 되면, 그 물은 넘쳐흘러서 그릇을 담고 있는 넓이에 있어 보다 넓고 깊이에 있어 보다 얕은 그릇으로 들어가고, 그것이 가득 차면 다시 넘쳐흘러서 그 다음의 그릇으로 들어간다고 하는 것이다.

유럽에서의 자유주의 운동(민주·민족주의 운동)은 프랑스에서 시작되었다. 그리고 그것은 프랑스 영역을 넘쳐흘러서 전 서유럽 국가로 확산되어 갔다. 즉 나폴레옹 전쟁은 프랑스 이외의 민족국가들로 하여금 자유주의에 대하여 각성케 한 것이다. 그리고 나폴레옹의 몰락은 자유주의에 의한 전 유럽의 혁명을 야기(惹起)시켰고, 일시적으로 그 운동의 물결을 막고 있던 비엔나 체제가 붕괴되면서부터는 전 유럽이 자유주의 혁명의 도가니로 변하는 정도였다. 7월 혁명, 2월 혁명 등의 대대적인 혁명투쟁을 필두로 하여 야기된 자유주의 운동은 결국 독일과 이탈리아의 민족 통일을 성취시키는 데까지 이르렀다.

이와 같은 자유주의 운동의 전개과정 속에서 자유주의는 그 자체의 중대한 문제들을 발견하게 되었다. 원래 자유라는 말 자체는 막연하고 추상적인 의미로 사용될 때, 모든 개인이나 모든 민족이 공동으로 찬양할 수 있는 말이다. 그러나 그것을 어느 특정된 개인이냐? 민족이냐? 하고 구체적인 의미로 사용하게 되면, 그 말은 상대적이고 적대관계, 즉 이해의 상반을 전제하지 않을 수 없는 말이 된다.

　자유의 이상은 모든 인류가 인종, 민족, 계급, 직업, 성별에 관계없이 평등하게 향유하는데 있다. 하지만 그것은 어디까지나 관념이요 추상에 불과하다. 현실에 있어서 한 개인이 다른 개인보다 자유로우려면 다른 개인의 자유를 그만큼 침식해야 되고, 한 민족이 타민족보다 자유로우려면 타민족의 자유를 침해해야 된다. 따라서 개인이든 민족이든, 그것이 얼마만큼의 자유를 향유할 수 있는가, 없는가 하는 것은 그것이 얼마만큼의 힘을 가지고 있느냐에 따라 결정된다. 그러므로 평등한 자유의 균형이 이루어지려면, 그에 앞서 그들이 지니고 있는 힘의 균형이 이루어져야 한다.

　앞에서 언급한 바, 프랑스가 그 주변 국가 위에 군림하여 그 주변 국가에 대한 억압을 통하여 과도한 자유를 향유한 것은 프랑스가 지니고 있는 힘이 그 주변 국가들의 것을 능가했기 때문이다. 그러나 나폴레옹이 몰락한 후 그 힘의 질서는 역전되었다.

　비엔나 체제를 통하여 힘을 과시한 오스트리아의 메테르니히가 치는 장단에 맞추어, 프랑스는 물론 프러시아, 이탈리아, 스페인 심지어는 러시아, 영국까지도 춤을 추게 되었기 때문이다.

　그리고 이 과도적인 체제가 붕괴되고 독일, 이탈리아가 각각 통일

국가로 등장하여 그들 나름대로 민족의 단결된 힘을 과시하게 되면서부터, 유럽에서는 세력균형(Balance of Power)이 이루어졌다. 이 세력의 균형은 유럽 제국이 각자 향유하는 자유의 균형을 뜻한다.

이처럼 균형을 이룩한 유럽 여러 국가들의 자유는 그것이 균형상태에 고착되어 있는 한, 자유의 본질을 상실하게 된다. 즉 자유의 본질이 무한히 움직여 나아가는 것이라고 할 때, 유럽 여러 나라들의 세력이 서로 팽팽하게 맞서게 되어 그 힘이 움직임을 잃게 되면 자유는 고사되고 만다.

유럽인의 정신이 죽지 않고 살아있는 한, 그들의 자유는 결코 고사될 수 없는 것이다. 유럽 대륙이라는 고정된 지역 속에서 자유의식이 작용할 수 있는 장을 발견하지 못했을 때, 그들의 정신은 유럽 이외의 지역으로 진로를 개척하지 않을 수 없는 것이다.

이러한 진로는 이미 오래 전부터 열려 있었다. 근대적 자유주의가 성립되기 훨씬 전에 이미 스페인, 포르투갈인에 의하여 개척되어 있었고, 그 후 네덜란드, 영국 등에 의하여 계승 발전되어 있었다. 그것이 아시아, 아프리카, 아메리카 등지, 아직도 유럽적인 자유주의의 물결이 닿지 않아 미몽상태에 있는 지역이었다.

따라서 유럽의 자유주의 국가들은 마치 프랑스의 나폴레옹이 자유, 평등, 박애를 수놓은 삼색기를 들고 정복 사업을 일으켰던 것과 꼭 마찬가지로, 이 지역으로 자유주의의 기치를 들고 정복의 확산운동을 전개시켰다. 이것이 근대 제국주의 운동이다.

이 제국주의 운동은 19세기(독일과 이탈리아의 통일 이후)에 시작된 것은 아니다. 이것은 지리상의 발견과 함께 이미 16~17세기에 스페인,

포르투갈에 의하여 비롯되었다. 그러나 그 성격은 동일하지 않았다. 각 시대의 정치형태, 사회의 주도세력의 차이에 따라 그 성격을 달리했다.

첫 번째 경우, 16~17세기 스페인, 포르투갈에 의하여 추진된 제국주의 운동은 그 시대의 일반 정치상의 특징이 군주권을 중심으로 하던 시대이기 때문에 군주정치의 스타일을 취하고 있다. 군주는 그의 휘하에 있는 상비군을 새로 발견된 중남아메리카에 파견하여 그 지역의 토착민을 살육하고, 토착민이 지니고 있는 재산이나 그 지역에 산재되어 있는 금·은·귀금속을 약탈해 오는 이른바 약탈적 제국주의를 취하였다.

두 번째 경우로, 군주권의 절대적 위치에 이르렀던 17세기 말 18세기 초에는 주로 영국과 네덜란드에 의하여 추진되었는데, 이때는 중상주의라는 경제형태의 성립에 따라 이른바 상업적 제국주의 형태를 취하였다. 물론 이처럼 유화적인 형태로 전환된 것은 직접적인 약탈에 대항하는 토착민의 반감과 저항을 무마시키려는 것에 불과한 것이었다. 이들은 아메리카나 인도에 대규모의 회사(동인도 회사, 서인도 회사 등)를 설립하여 그 지역 주민의 우매함을 십분 이용하여 착취의 성과를 올렸다.

세 번째의 경우가 시민혁명의 결과로 지배계급으로 등장한 부르주아지에 의해서 수행된 상공업적 제국주의다. 앞에서 열거한 두 가지 유형의 제국주의는 아무런 이념을 앞세우지 않고, 오로지 그들의 무력을 수단으로 하거나 간교한 상업적인 계략을 활용한 솔직한 침략의 형태를 취하였으나, 이 상공업적 제국주의에서는 그들이 그들의 압박자에게서 당한 것과 같은 기만적 수단을 사용하였다.

즉 그들은 '자유주의', '문명' 등의 희망적인 용어를 구사하여, 그들의 침략의 대상으로 생각한 지역에 자유를 전파하고 문명을 보급하는 일이라고 그들의 침략을 합리화시키는 경우다. 그들은 일차적으로 그 지역의 어리석고 맹목적인 자유 숭배자나 문명을 선망하는 자들을 기만하여 앞잡이로 삼아 침략의 교두보를 마련하였다.

이러한 교두보를 마련함에 있어서 선도적 역할을 담당한 것이 기독교, 특히 가톨릭 선교사들이었다. 이들은 유럽은 하나님의 은총을 받아 발전한 문명의 나라요, 그 이외의 비기독교적인 세계의 모든 나라는 야만[18]의 나라라고 간주하였다. 그리고 이들 야만족에게 복음을 전파하는 것을 그들의 사명(Missionary)이라 생각하고 전도사업을 결행하였다.

물론 이들 선교사들이 의도적으로 제국주의의 앞잡이가 되기 위하여 이 같은 전도사업에 임한 것은 아니다. 기독교가 원래부터 지니고 있는 배타적 독선, 즉 그들의 종교만이 참된 종교이고, 그들의 종교를 믿는 자만이 천국에 갈 수 있다고 하는 생각, 또 그것을 믿지 않아 구원에서 제외된 사람들을 구제해야 된다는 구제사상에 전도의 근본 이유가 있었을 것이다.

그러나 그 속에는 기독교를 믿는 서구인의 전통적 당파성이 더 크게 작용하고 있음을 우리는 본다. 예를 들면 영국의 청교도 혁명 당시, 청교도들이 그들과 함께 예수를 구세주로 믿고 있는 가톨릭이나 영국 국교회들을 적으로 간주하고 박해하였다고 하는 것, 또 혁명에 성공한 후에는 같은 혁명대열에서 동지적 입장을 취하여 가톨릭이나 영국 국교회에 대적하였던 장로파(Presbyterian)나 독립파(Independent)를 적으로 삼아 타도의 곤봉을 들었다고 하는 것 등이 그것이다.

이들 청교도들이 무엇 때문에 이처럼 폭압적인 탄압자의 태도를 취하였는가? 버리(Bury)는 이들의 종교적 편협성 때문에 그랬다고 설명한다.[19] 그러면 그 종교적인 편협성의 근본 이유는 어디에 있는가? 그것은 생존경쟁의 본능에 있다. 자기와 같지 않은 자를 용납하게 되면, 그것에 의해서 자기의 생명이 앗아질지도 모른다는 공포심 때문에, 그가 힘을 지니고 있는 동안 그의 적을 죽여야 하는 것이다.

이 같은 생존경쟁의 전통은 험난한 권력투쟁의 배경 속에서 민족으로서 생존하기 위해 발버둥 치던 유대인의 전통이며, 십자가의 죽음을 눈앞에 놓고 경배하면서 언제나 죽음에 대한 강박관념에 사로잡혀 있던 기독교도들의 전투적 생활철학이다.

이러한 전투적 생활철학에서 기독교도들은 누구나 막론하고 배타적 성격을 지니게 되었으며, 타인의 이상이나 생각을 무조건 이단이나 이교라는 말로 몰아붙이는 편협성이 생겨났다는 것이다.

이러한 편협성을 지닌 기독교도들이기 때문에, 르네상스 종교개혁 이전까지만 하더라도, 사탄의 요소라고 규탄하던 물질문명과 과학문명을 앞세워, 이것을 소유한 자는 하나님으로부터 택함을 입어 복 받은 백성이라 자처하고, 이것을 소유하지 못했거나(아프리카인) 또는 그들보다 먼저 소유했었으나, 시대적 특성 때문에 일시적으로 발전의 템포를 멈추고 있던 자(아시아인)는 하나님으로부터 버림을 받아 장차 지옥에 갈 자라든가, 또는 미개인이라 규정하였다.

이러한 선교사들의 선동과 선전은 종교로만 그치지 않았다. 그들의 정치·경제·사회체제까지도, 더 나아가서는 문화일반까지도 하나님의 것이라 선전해서 현지인들로 하여금 그것을 모방하도록 강요하였다.

정치, 경제, 사회, 문화나 관습, 종교라고 하는 것들은 모두가 지리적 시대적 특성에 따라 각각 달리하도록 되어있는 것이지, 결코 보편타당한 유일의 것은 있을 수 없는 것이다. 마치 화단에 꽃들이 제각기 자신의 모양과 크기와 색깔과 향기를 가지고 있음으로서 전체 화단에 조화를 이루고 있는 것과 같다.

이 화단에서 비록 채송화의 크기가 다른 화초에 비하여 작다하더라도 장미나 기타 큰 화초에 비하여 그 가치가 열등하거나 우월한 것은 아니다. 마찬가지로 세계에 존재하는 모든 민족과 국가가 제각기 가지고 있는 생활, 풍습, 습관, 종교, 문화도 다 같은 가치와 존엄성을 가지고 있는 것이다.

그럼에도 불구하고 서구의 선교사들이 이를 야만적이고 미개의 것이라 하여 가치를 절하시키고, 그들의 것만을 옳고, 가치 있는 것으로 주장하여 강요하는 것은 결국 그것이 문화적 확대주의와 침략주의의 요소를 지니고 있는 것이 아니고 무엇인가? 더욱이 이런 것들을 일방적으로 강요 선전하기 위하여 선교사들이 세속적인 권력과 결탁하여, 권력으로부터 전도에 필요한 자금지원, 병력지원을 받았다는 것은 그것을 어찌 문화적 또는 종교적인 행위라고 할 수 있겠는가?

이러한 문화적 제국주의는 반드시 정치적, 경제적 제국주의를 끌어 들였다. 모든 비서구인들의 생활 관습과 문명을, 그리고 가치관을 유럽적으로 변개시켰을 때 나타나는 현상이 어떤 것이겠는가? 우선 정치적으로 서구적 정치형태를 따르기 위해서 비서구인은 그들 자체의 정치형태를 해체시키고 그들에게 미숙한 서구적 형태의 것을 취하면, 어쩔 수 없이 그것에 숙달되기까지는 서구인을 고문으로, 교사로 초빙하지 않을 수 없게 된다.

그러면 서구인 정치고문은 누구를 위한 정치적 조언을 할 것인가? 절대적 이성, 객관적 이성을 동원하여 현지인을 위한 정치를 할 것인가? 아니면 경제적 이득에 눈이 먼 서구 상공업자들의 이익을 위한 정치를 할 것인가? 전혀 타(他)를 인정할 줄 모르는 독선적인 기독교에 기반을 두고 자라난 그들인데, 그리고 만민의 구제를 부르짖으면서도 그 만민의 개념을 자기편의 사람으로만 규정하려는 편견과 비합리적 편협성을 지닌 그들인데, 과연 그들이 이르는 바, 현지 야만인의 이익을 위한 정치를 할 수 있겠는가? 우리는 청교도들로 구성된 아메리카 개척자들에 의하여 아메리카의 원주민인 인디언이 어떻게 몰살당하였는가를 알고 있다.

둘째, 기존의 생활 방법, 풍습을 서구적인 것으로 변경시킨다면 그 생활방법, 풍습에 따른 생활필수품은 어쩔 수 없이 서구의 제품일 수밖에 없게 된다. 여기서 문화적 제국주의는 경제적 제국주의로 전환된다.

어떠한 동기에서라도 일단 정치적 제국주의가 시작되면 거기에는 권력이 수반하게 된다. 그리고 미명의 고문정치는 내정간섭으로 탈바꿈하게 되고, 이것은 더 나아가서 정권찬탈에까지 연결, 괴뢰정권의 수립으로 나타난다. 그리고 일단 문화적 정치적 제국주의가 발을 붙이게 되면, 그것은 철저한 경제적 착취정책을 수반하게 된다.

제국주의의 본질

　이상에서 논한 바와 같이 근대 서구인의 제국주의는 기독교의 전도와 그것에 근거한 서구 문화를 앞세운 문화적 제국주의에서 출발하여 정치적 권력의 확대로 발달하고, 종당에는 근대 서구사회의 주인공인 부르주아의 경제적 확산운동으로 연결되어 왔다. 그러므로 근대 서구적 제국주의의 근본 목적은 경제적 제국주의에 있다고 생각하게 된다.

　그리고 지금까지 고찰해 온 서구사회의 발전, 즉 자유주의의 발전과 이를 연결해 볼 때, 경제적 제국주의는 역사적 필연성을 지니고 있는 것으로 이해된다. 위에서 언급한 바와 같이 서구의 근대적 자유주의는 그 본질에 있어 개인적 자유와 민족적 자유로 구분된다.

　그런데 그 개인적 자유가 주로 상공시민의 자유일 때, 상공시민들은 어떠한 방향으로 그들의 자유를 구가할 수 있을까? 막스 베버가 갈파한 바와 같이, 칼뱅의 프로테스탄티즘의 영향을 받은 상공시민은 그들의 상공업이라는 직업을 하늘로부터 받은 소명으로 생각하였다. 그런데 자유라는 말의 본뜻은 개인이 지니고 있는 능력을 최대한으로 발휘하는데 있다고 하였다.

그러면 상공시민의 자유란 무엇인가? 곧 상공업 활동에 능력을 최대한으로 발휘하는 것을 뜻한다. 이처럼 상공시민의 자유는 그의 기업 활동의 자유, 자유경쟁, 사유재산의 무한한 확대로 나타난다.

여기서 자본주의는 성립된다. 즉 자본주의는 상공시민의 자유주의라고 할 수 있다. 그러므로 자본주의의 최종적 이상은 상공시민이 기업 활동을 함에 있어서 어떤 누구에 의해서도, 어떠한 기관에 의해서도 간섭받지 아니하고, 강제되지 아니하는 자유방임주의에 있게 되는 것이다.

그리고 이와 같은 자본주의의 이상, 즉 상공시민의 완전 자유를 위해서는 그로 말미암아 억압을 받고 착취를 당하는 계급을 전제로 하지 않을 수 없다. 한때 마치 군주와 그 측근자들의 완전 자유를 위해서는 상공시민계급이 피해를 보았고 박해를 당하였으며 억압을 받았던 것과 마찬가지로, 이제 상공시민계급의 완전 자유를 위해서는 상대적으로 무산자 계급이 피해를 당하고 박해를 받아야 하며 억압을 당하게 된 것이다.

이와 꼭 같은 원리는 국제간에 있어서도 적용된다. 즉 상공시민의 개인적 자유를 민족적 자유로 대입시킬 때 다음과 같은 제국주의의 원리가 명백해진다.

우선 개인 개체의 기업이 그것의 영리 추구를 촉진시키기 위해서 상품시장을 확보해야 되는 것과 마찬가지로, 민족 개체로서의 자본주의 국가는 국부를 위하여 세계시장을 획득해야 할 필요를 느낀다. 그리고 개인적인 상공업자가 국내에서 가급적 안정된 노동력을 얻으면 얻을수록 더 많은 이윤추구의 목적을 달성할 수 있는 것과 마찬가지로, 민족 개체는 가급적 원료를 해외에서 많이 얻고 생산된 상품을 가급적 고가로 판매하면 할수록, 국가적인 이윤추구의 목적을 더 달성할 수 있다.

그러므로 민족 개체 또는 국가 개체는 보다 많은 식민지를 얻고, 그 식민지인들에 대한 착취를 혹독하게 해야 한다는 것이다. 여기서 제국주의 국가와 식민지의 피압박 민족 간의 국제적 관계가 성립된다.

이와 같은 국제적 관계 속에서 각 민족, 각 국가는 자유로워야 한다. 그리고 자유롭기 위해서 타민족 타 국가에 의한 간섭이나 강제를 당하지 않을 수 있을 만큼, 즉 제국주의 국가에 의해서 식민지 민족으로 전락되지 않을 수 있을 만큼 힘이 있어야 한다. 왜냐하면 개인이나 민족, 국가에 있어서와 마찬가지로 자유로우려면 그 자유를 얻을 수 있는 힘과, 지킬 수 있는 힘이 있지 않으면 안 되기 때문이다.

여기서 힘이란 무엇인가? 상공업 중심의 근대사회에 있어서 개인적인 실력을, 그 개인이 소유하고 있는 부(富)에 의하여 평가하는 것과 마찬가지로, 민족적 국가적인 실력은 그 민족이나 국가가 지니고 있는 부국강병의 정도에 따라 평가된다. 그리고 그 개인적인 부가 상공활동을 통해서 성취되는 것이다.

그런데 개인적인 상공업자는 그 부를 축적하기 위하여 어떻게 하였나? 말할 것도 없이 그들의 부는 노동자의 노동착취를 통해서만 가능한 것이었다. 마찬가지로 근대 국제사회에 있어서 부국강병이라는 것은 선진개발 국가가 상대적으로 허약한 약소저개발국가 또는 미개민족에 대한 부당한 착취의 기반 위에서 이루어진 것이다.

그러므로 국내사회에서 자유주의라고 하면, 기업가들이 그의 자본을 무기로 해서 그의 피고용자들에 대하여 마음대로 대우하고, 그것을 통해서 마음대로 사유재산을 확충해 나갈 수 있는 것을 의미한다. 그렇다면 국제사회에서는 이른바 선진 강대국이 그들의 부국강병을 무기로 하여 약소저개발국가 및 미개민족 위에 군림하여 그들의 뜻대로 착취하고, 그리하여 더욱더 그들의 부국강병을 확대시켜 나가는 것을 말하게 된다.

이에 대한 합리적인 이유로서, 개인 간에는 아담 스미스의 '보이지 않는 손(invisible hand)'을 맹신하는 자유방임주의가 생겨났고, 국제간에는 국제적 분업주의를 내세운 자유무역제도가 고창되었다. 그러나 이 모든 원리는 개인적인 자본가와 국제적인 부강국가의 편파적이고 이기적인 슬로건이었다고 하는 것이 사실이다.

이를테면 종래의 피고용인이 천신만고 끝에 소자본을 마련하여 중소기업에 참여하여 헌신적 노력으로 대자본가에 도전하면, 대자본가는 그 자유방임주의를 중소기업 억압정책으로 활용했고, 약소저개발국가가 민족적 단결과 희생적 국민의 노동력 제공의 결과로 상대 강국과의 무역의 균형으로 진행될 기미라도 보이게 되면, 일방적으로 보호정책을 내세우는 가변적이고 일시적인 자유방임체제다.

한마디로 근현대사회는 국내적으로 부르주아지와 프롤레타리아가 대립되어서, 프롤레타리아가 그를 억압하고 있는 부르주아지에 대항하여 자유를 얻기 위해 투쟁을 벌여 온 시대이며, 이와 마찬가지로 국제적으로 약소저개발국가가 그를 지배해 온 제국주의에 대항하여 민족적 자유를 쟁취하기 위하여 투쟁해 온 시기이다.

그러면 이 같은 시대에 직면해 있는 약소민족들은 서구 제국주의의 압박과 착취에 대하여 어떻게 투쟁하여 왔으며 또 투쟁하여야 할 것인가?

여기서 우리는 먼저 자본주의에 입각한 상공시민의 억압과 착취에 대항하여, 프롤레타리아가 어떻게 자유운동을 전개시켰는가를 고찰하지 않으면 안 된다.

프랑스에서 시민의 정치혁명이 과열되어 가고 있었을 때, 영국에서는 상공시민들에 의한 산업혁명이 전개되고 있었다. 증기기관의 발명, 방직기, 방적기 등 기계의 발명으로, 공장제 수공업(Manufacture) 시스템은 급속도로 변경되어 공장제 기계공업으로 되었다.

여기서 부르주아지는 경제적으로 지배자의 지위를 점할 수 있었다. 그들의 자본을 활용하여 대규모의 공장을 짓고 대규모의 기계시설을 설비하였다. 이 때문에 생산량은 급속도로 증가되고, 이에 따라 자본가의 경제력은 급속도로 확대되었다.

그러나 이와 같은 자본가의 세력 확대는 역으로 노동자의 비참한 생활을 더욱 비참하게 만드는 결과를 가져왔다. 공장제 수공업 시대에 도시로 무한정 진출한 무수한 노동자들은 이제 기계에 떠밀려서 거리로 나오지 않을 수 없게 된 것이다. 15세기 초에 있었던 인클로우져(Encloser) 운동에서는 양이 사람을 잡아먹는 야수로 변경되었으나, 지금은 기계가 사람을 잡아먹고 있는 것이다.

사람은 생존해야 한다. 생존하려면 먹고 마시고 입고 잠을 자야 한다. 그러나 기계에 의하여 몰려난 노동자들은 이것이 불가능하게 된 것이다. 그러므로 이들은 이것을 위하여 기계의 소유자인 자본가에게 자신을 덤핑해야 된다. 먹고 마시고 입고 자는 것을 최소한의 범위에서 유지시켜 생존만 가능케 해준다면, 아무리 싼 값에라도 자신을 팔 겠노라고.

이처럼 인간의 값이 형편없게 되자, '최소한의 비용으로써 최대한의 이익'이라는 경제 원칙을 내세운 부르주아들은 이 원칙에 의거하여, 가장 저렴한 인간들만을 골라서 채용했다. 그리고 여기에서 제외된 사람은 거리에서 죽어 갔고, 채용된 사람들은 공장에서 학대와 빈곤과 굶주림으로 점차적으로 시들어 갔다. 이처럼 자본주의의 원리는 부르주아지의 자유를 위하여 프롤레타리아를 죽음으로 몰고 간 것이다.

인간은 최악에 경우, 즉 죽음을 직면하게 되면, 자신을 깨닫고 용기를 갖고서 자유를 찾는다고 했다. 즉 압박은 자유의 도화선이라고 했다. 이 원리는 여기서 나타났다.

죽음을 당하도록 압박을 받은 프롤레타리아는 스스로 자신의 살길을 찾기 위한 자유투쟁을 벌인 것이다. 러다이트(Ludites) 운동, 차티스트(Chartist) 운동이 그것이며, 여기서 성립된 사회주의 운동이 그것이다.

처음엔 사회주의 운동도 프롤레타리아의 비인간적 처지와 대우에 대한 휴머니스트 운동으로 전개되었다. 로버트 오웬(R. Owen), 생 시몽(St. Simon) 등의 일이 그것이다. 부르주아지의 양심을 자극하여 인간애를 갖도록 하여 프롤레타리아를 구출하자는 것이었다.

그러나 경제적 동물인 부르주아지에게 있어서 통할 수 없는 것이었다. 아니 이것이 통할 수 있는 부르주아지라면, 그 당시로서는 사업에 성공할 수 없었을지도 모른다.

여기서 마르크스와 엥겔스는 이 같은 사회주의를 실현이 불가능한 공상적 사회주의(Utopian Socialism)라 규정하고, 이른바 과학적 사회주의(Scientific Socialism), 즉 공산주의를 창도하기에 이르렀다. 이 두 가지 사회주의에는 근본적 차이가 있다.

전자, 즉 공상적 사회주의가 인간의 성품이 근본적으로 선하다고 생각하는 공상에 근거한 것이라면, 후자, 즉 과학적 사회주의는 인간의 성품은 근본적으로 야수성에 있다고 생각하는 마키아벨리·홉스적인 성악설에 근거를 두고 있다는 점이다.

전자가 이상주의 내지는 루소적인 낭만주의의 표현으로 나타난 것이기 때문에 현실적으로는 아무런 실효를 보지 못하고 말았지만, 인간에게 한 가지 선한 꿈을 제공하여 문학자나 예술가들의 영역을 만들었다.

이에 비하여 후자는 철두철미 현실주의의 표현으로, 계급투쟁을 통한 혁명을 고취하여 실질적인 힘을 가질 수 있었다. 그리고 이 사상의 확대로 해서 부르주아의 압박에 의하여 절망상태에 있었던 프롤레타리아는 희망을 갖게 되었고, 그들의 세계를 창조하고 자유를 쟁취하기 위한 투쟁을 시작하였다. 그러므로 세상에서 어떻게 평가하든, 프롤레타리아에게 있어서 마르크스는 기독교에 있어서 그리스도였으며, 그의 공산당 이론은 복음이 아닐 수 없었다.

마치 로마 말기에 로마 귀족의 횡포 밑에서 신음하고 있던 모든 빈자(貧者), 현세에 있어 살아야 할 이유를 잃어버릴 만큼 절망해 있던 민중에게 '가난한 자에게 복이 있나니……'를 외쳐서 미래 세계에 다가올 천국의 희망과 기쁨을 제공한 예수와 같이 마르크스는 이 당시 부르주아지에 의한 억압과 착취 밑에서 죽어가고 있었던 프롤레타리아에게 미래 세계에 있을 희망과 복을 예시하여 주었다. 실제 이론이나 조직에 있어서도 마르크스는 원시 기독교의 천국이론과 조직의 방법을 그대로 채용하였다.[20]

프롤레타리아 혁명이 완성되어 프롤레타리아에 의한 독재가 이룩되었을 때, 프롤레타리아의 천국이 이루어질 것이라든가…….

여기서 프롤레타리아는 단결하였다. 마르크스를 그들의 구세주로 생각하여 그를 중심으로 단결하여 부르주아지의 억압과 착취에 대항하는 혁명을 전개하였다. 그 결과 마르크스의 사상적 제자인 레닌에 의하여 볼셰비키 혁명은 성공하였다. 그리하여 드디어는 공산주의 국가를 탄생시켰다.

이와 같은 공산주의 혁명의 성공과 공산주의 국가의 출현은 설사 공산주의 국가가 아닌 국가에서도 프롤레타리아의 해방을 가져왔다. 노동쟁의, 노동조합의 발생 등으로 말미암아 자본주의 국가에서도 자본가들은 과거와 같이 프롤레타리아를 대우할 수 없게 되었다.

아무튼 사회주의 및 공산주의의 출현과 그 혁명의 성공은 비록 완전한 것은 아니지만, 프롤레타리아에게 어느 정도 자유를 줄 수 있게 하였다. 프롤레타리아의 참정권 획득, 사회주의 정당의 출현, 노동조합의 결성, 그리고 그들의 자유를 얻기 위해 무엇보다도 중요한 언론 집회 결사의 자유의 확보 등은 이들의 자유를 확보해 주는 기초를 이루었다.

이처럼 부르주아의 개인적 자유에 따른 반작용으로서 프롤레타리아의 억압과 착취의 문제는 어느 정도 해결의 실마리가 보였다. 그러나 부르주아 국가의 국가적 자유에 의한 약소민족에 대한 억압과 착취의 문제는 해결의 실마리를 찾지 못하고 있었다.

볼셰비키 혁명에 성공한 레닌은 제3차 인터내셔널에서 제국주의론을 발표하여 세계의 약소민족을 억압하고 있는 자본주의 국가들의 정책을 제국주의정책으로 규정하고, 이에 의한 피압박 피착취의 약소민족을 국제적인 프롤레타리아로 규정하였다. 그리고 마치 국가 내에서 프롤레타리아가 부르주아지를 타도하고 정권을 장악하여, 프롤레타리아의 해방을 획득한 것과 마찬가지로, 전 세계의 약소국가, 약소민족들은 단합하여 제국주의 국가를 타도하고 약소민족의 해방을 이룩할 것을 촉구하였다. 그리하여 일국 내에서 프롤레타리아 혁명을 수행하여 계급이 없는 사회를 이룩하듯이, 공산주의에 의한 세계혁명을 이룩하여 무정부의 평등 세계를 형성할 것을 촉구하였다.

그러나 이 같은 레닌의 주장에는 문제가 있었다. 레닌의 공산주의와 그에 입각한 혁명은 현실적이고, 그러므로 현실적으로 성공이 가능했는지 모르지만, 그의 세계혁명 이론은 공상이든가, 아니면 자국의 세력 확장을 위한 또 하나의 제국주의적인 프로파간다의 성격을 벗어나지 못하였다.

단일국가 내에서 프롤레타리아는 부르주아지를 대적하여 단결할 수 있다. 왜냐하면 프롤레타리아들은 부르주아지에 의한 압박에 대하여 공통의 이해관계와 적대감을 가지고 있기 때문이다. 그리고 이 프롤레타리아의 지도적 역할을 하는 사람도 그 자신이 프롤레타리아라든가, 설사 마르크스와 엥겔스, 레닌처럼 자신은 프롤레타리아가 아니더라도 그에 공감을 느낄 수 있고, 또 프롤레타리아를 지도함으로써 그것을 바탕으로 정치적 역량을 발휘할 수 있는 조건이 있기 때문이다.

그러나 국제간에서는 이것이 불가능하다. 힘으로 맞서있는 국제관계에 있어서 약소민족 또는 약소국가가 전 세계의 약소민족을 단합시키는 지도력을 발휘할 수도 없고, 설사 발휘한다 하더라도 그것을 발휘하는 순간 강대국, 즉 제국주의 국가에 의하여 탄압과 멸망을 당하고 만다. 또 소련과 같이 강대국의 지휘하에서 이것이 이루어진다고 하는 경우, 그것은 결국 그 강대국의 국가적 이익에 의하여 희롱당하고 마는 결과가 된다.

자본주의 국가를 제국주의라고 규탄한 레닌의 공산주의 국가인 소비에트도 실제에 있어 그 국경선을 철폐할 수 없었으며, 국민적 차이성을 초월할 수도 없었다. 이처럼 소비에트가 자국의 이해득실을 무시할 수 없을 때, 그것은 결국 제국주의가 되고 마는 것이다.[21] 여기서 결국 약소국의 단결이란 소련이라는 신제국주의자에 의한 식민정책을 위한 일 밖에는 아무 것도 아닌 것이 되고 만다.[22]

가난한 자의 구제를 위하여 출발한 기독교가 종당에 사회 권력을 장악하고 난 후에는 그의 세력을 보다 확대시키기 위하여 타 종교에 대한 탄압을 가하였고, 그리고 전 게르만 민족의 정신세계를 석권한 후에는 십자군 운동이라는 제국주의적 침략을 수행하였던 것과 마찬가지로, 공산주의가 힘을 갖고 있지 못했던 시기에는 프롤레타리아의 이상이며 행동의 지침이었으나, 이제 정권을 장악하고 그 나름대로의 국가를 소유하게 된 후에는 위정자와 그 국가의 권력을 안팎으로 확대시키기 위한 프로파간다에 불과하게 된 것이며, 또한 그보다 허약한 약소국가에 대하여 음흉한 야심을 드러내고 있는 것이다.

　이러한 점에서 자본주의 국가의 상징인 미국과 소련이 취하고 있는 국제정치에서의 태도에 무슨 근본적 차이가 있는가? 어찌해서 소련은 같은 공산주의 국가인 중공(中共)과 국경분쟁을 일으키고 있는가? 어찌하여 소련은 세계 각처의 분쟁지역에 무기는 공급하면서 헐벗고 배고파 죽어가고 있는 파키스탄이나, 나아가서는 중공 등지의 수억만 프롤레타리아에게는 먹을 것을 나눠주지 않고 있는가?

　평등이라는 것은 인간에게 권력에 대한 의지가 살아있는 한은 영구히 불가능한 것이며, 그 평등이 불가능한 것인 한, 위정자가 어떠한 슬로건을 내걸고 선전한다 하더라도 계급은 존재하게 되며, 국가와 국가, 민족과 민족, 인종과 인종간의 차별은 존재하게 된다. 다만 차별은 그 차별을 받는 자가 스스로 자신의 힘을 양성하고, 스스로 발전 승화시켜 자신의 위치를 높일 뿐이다. 민족이나 인종도 마찬가지다. 진리나 가치는 오로지 힘에 의하여 규정되는 것이기 때문이다.

서구 세계의 종합적 정점으로서의 미국과 인종문제

한 시대의 이상이 형성되고, 투쟁을 거쳐 강력한 세력으로 성장하면, 그 시대의 지배적 위치를 점하게 된다. 그리고 그것은 다시 타인, 타민족, 타지역, 타세계로 세력을 확장하여 대규모의 전쟁을 일으키게 마련이다.

그리스 시대의 페르시아 전쟁, 로마 시대의 포에니 전쟁, 중세 가톨릭시대의 십자군 전쟁 등이 그 실례다. 유럽에서는 가톨릭 시대라는 오랜 기간을 거쳐 가며 세계를 지배해 온 체제의 억압 속에서 휴머니즘이 성장했고, 그것은 자유주의로 발전하였고, 종당에는 제국주의로 명명된 확산주의로 탈바꿈하여 아시아, 아프리카, 아메리카 등지의 타인, 타민족, 타지역을 지배·압박하기에 이르렀다.

여기서 유럽은 대규모의 전쟁을 치루지 않으면 안 되는 입장에 처하게 된 것이다. 제1차, 제2차의 세계대전이 그것이다. 우리는 이것을 명명(命名)하여 제국주의 전쟁이라 한다.

외견상으로 볼 때, 그리고 현재 역사학자, 정치학자들에 의하여 연구되어 있는 것을 근거로 생각해 볼 때, 이 전쟁은 페르시아 전쟁이나 포에니 전쟁, 십자군 전쟁과는 성격을 전혀 달리하는 것이다. 과거의 전쟁들은 주로 새로운 세력이 낡은 세력과 대결하는 이질적인 세계 간의 싸움이었는데, 이 전쟁은 유럽 내에서 공존하고 있는 국가 간의 싸움으로 모습을 나타내었다.

그러나 이 양차 세계대전을 좀 더 역사적으로 조감해 볼 때는 반드시 그런 것만도 아니다. 양차 세계대전은 상호 적대적인 국가의 그룹들이 역사적 동일성을 지니고 있다. 이를테면 제1차 세계대전에서 공동전선을 펴고 있었던 독일, 오스트리아, 이탈리아는 신성 로마 제국의 구성원 국가들이며, 이에 대결한 영국, 프랑스, 러시아 그리고 미국은 신성 로마 제국과는 관계가 적으며, 최근세에 이르러 자유주의 혁명 또는 산업혁명에 있어서 선구적 입장을 취하여, 독일, 오스트리아, 이탈리아보다 더 산업적인 선진국들이라는 점이다. 이러한 면은 제2차 세계대전에서는 더욱 명백해진다.

이렇게 볼 때, 이 양차 세계대전은 근대적 자유주의, 특히 경제적 자유주의가 그 자체의 세력을 확대하기 위해서 벌인 최후적 전쟁이며, 이 전쟁을 통하여 서구의 자유주의가 명실 공히 세계, 즉 지구적 세계(Global world)의 패자(覇者)로 군림하게 된 전쟁이라 할 수 있을 것 같다.

이 전쟁을 통해서 특히 두드러지게 대두한 것은 미국의 세력이다. 미국은 마치 아테네가 페르시아에 대결하기 위하여 여러 폴리스로 결속된 델로스 동맹의 맹주로 활약하여 전후 에게(Aege)의 패자로 군림하였던 것과 꼭 마찬가지로, 제1·2차 세계대전 중 맺어진 국제연맹, 국제연합 등을 앞세워 전후세계의 지배자로 군림하였다. 그리고 소련은 마치 그리스에 있어서의 스파르타와 같이 전쟁 당시에는 국제연맹, 국제연합 등의 회원국으로 활약하여 승리를 위해 중대한 역할을 하였으나, 전후에는 미국에 대한 경쟁의식이 발로하여 대립적 위치를 취하지 않을 수 없게 되었다.

그러면 미국은 어떻게 시작되어 성장하였으며, 미국이 갖는 현대 세계사적 의미는 무엇인가?

한마디로 미국은 서구 문명의 종합이다. 그 나라를 구성하고 있는 주민부터 르네상스 이후 등장한 전 유럽의 상공업자들로 구성되어 있다. 그중에서도 가장 유럽적이고 상공업적 정신이 투철한 영국인, 네덜란드인, 프랑스인, 그리고 독일인들이 중심세력을 이루고 있다.

유럽의 전형적인 상공업자, 즉 부르주아지! 그들은 17~18세기에 유럽의 절대군주 체제에 의하여 정치적, 종교적 그리고 경제적으로 핍박을 받고 있었던 계급이다. 그러므로 그들은 이 절대군주 체제의 억압으로부터 자유를 얻기 위하여 신천지 아메리카 대륙을 향하여 모험의 길을 떠났던 것이다.

이런 의미에서 미국은 유럽 부르주아가 지향한 자유의 실현이다. 한마디로 미국은 유럽의 부르주아 자유주의자들의 낙원이었으며, 그들의 개인적 자유를 마음껏 실현할 수 있는 천혜의 장이었다.

여기서 그들의 자유를 억압하는 것은 단지 인디안 원주민들의 허약한 저항과 황막한 자연, 그리고 그들 자신들이 지니고 있는 폭도들이 있었을 뿐이었다. 그러나 이러한 장애란 개인적인 능력과 자유에 대한 개인적인 추구에 의해서 충분히 극복될 수 있는 것에 불과하였다. 그러므로 이들에게 있어서 중요한 좌우명은 자유! 그것뿐이었다.

정치, 경제, 문화, 사회적으로 상이한 유럽 각국에서 이질적으로 성장한 이질적인 종교, 풍속, 언어를 가진 그들이었지만, 그들은 그들에게 공통된 요소로서 자유라는 좌우명을 중심으로 융합되지 않을 수 없었다.

한마디로 미국은 오로지 자유라고 하는 하나의 용광로 속에서 상이한 민족이 하나로 융합되어 자유민족으로 변화된 민족에 의해서 이룩된 나라다.

그러나 미국 민족은 색깔의 차이를 지니고 있었다. 미국 민족 색깔은 백색이었다. 그리고 그들이 좌우명으로 삼았던 자유란 오직 백인종의 자유였다. 그러므로 백인종으로서의 미국인들은 그들의 경제적 욕구, 즉 부르주아적 자유의 실현을 위하여 아프리카의 흑인을 노예로 삼아 비인간적인 학대를 가하였으며, 심지어는 한국인을 포함한 황인종까지도 채찍으로 강제 노동을 시켰던 것이다. 그리고 이와 같은 유색인종에 대한 미국인의 편견은 아직도 그 세력을 더해가고 있는 형편이다. 마르틴 루터 킹 목사의 연설처럼 링컨에 의해서 노예해방 선언이 발표된 지 100여 년이 지나간 시점에도 흑인은 역시 노예의 상태 그대로 있는 실정이다.

이와 같은 현상은 미국의 입장에서는 어쩔 수 없는 상황일지도 모른다. 그 미국인의 고향인 유럽에서는 부르주아들이 19세기에 극도에 이른 산업혁명에 처하여 프롤레타리아라는 같은 피부색깔의 무산자들을 학대함으로 현대적인 대자본가로 등장할 수 있었고, 그 자본가들을 주축으로 하는 제국주의국가로의 국가적 발전을 도모해 왔다고 볼 때, 미국의 자본가들에게 있어서는 유색인종을 제외하고는 실제로 프롤레타리아 계급이라는 것이 존재할 수 없었기 때문이다.

여하튼 백인종을 지배계급으로 하는 미국은 유색인종이라는 피지배계급에 대한 잔혹한 학대와 억압을 통하여 그들의 대자본을 형성시킬 수 있었고, 또 전 세계의 지배권을 장악할 수 있을 정도의 강력한 제국주의국가로 성장할 수 있었다.

미국인의 고향인 유럽에서는 부르주아와 프롤레타리아의 문제는 있었지만 인종의 문제는 없었다. 그런데 미국은 애초부터 인종의 문제를 안고 출발해서 이제 프롤레타리아 세력을 외면한 자유주의 세계에 있어서 인종문제라는 커다란 문제를 노출시켜 가면서 세계 지배자로서 위치를 점하고 있었다.

특히 중요한 것은 제1·2차의 양차 세계대전 후 미국이 실제적인 세계의 대표자로서 군림하게 되는 순간부터 미국이 역사적으로 지니고 있었던 인종문제가 세계적으로 번지기 시작하였다는 사실이다.

다시 말하면, 오랜 역사와 찬란한 문화유산을 지니고 있으면서도 일시적으로 서양문화에 의하여 침식되어 맥을 못 추고 있던 동양 제국의 황인종이나, 자연의 혜택 때문에 역사와 문화에 대해서 관심도 없이 원시적 생활에 자족하고 있다가 서구인의 난폭한 침략정책에 의하여 각성하기 시작한 아프리카의 흑인종, 그리고 중남아메리카의 저개발약소민족들이 스스로 자기의 역사와 문화에 대한 존귀함을 깨닫게 되고, 서구인의 일방적 지배에 대한 저항 의식을 갖게 되어, 드디어는 강력한 국가체제, 사회체제를 형성하고, 경제적, 문화적, 정치적으로 서구 백색인종들에 맞서가고 있다는 사실이다.

그리고 이들도 제 나름대로의 자유를 부르짖고 자유를 위한 투쟁을 결의하였으며, 또 그들 나름대로 그들의 현재 상황에 근거한 가치와 이상을 설정하고, 그것의 실현을 위해 개인적, 민족적으로 총력을 기울이고 있다는 사실이다. 때문에 19세기 말 20세기 초가 영국 산업혁명의 결과로 야기된 부르주아지와 프롤레타리아의 투쟁의 시기였다고 하면, 그로부터 1세기가 지난 20세기 말 이후에는 미국의 영향권하에 있는 유색인종이 그의 자유를 위한 투쟁을 전개시켜 나가는 시대로 역사의 현장은 전개되고 있는 것이다. 이와 같은 현상은 세계사를 발전시켜 나간 자유의식의 정당한 표현이며 역사발전의 당연한 귀결인 것이다.

다만 여기서 문제로 되는 것은 앞으로 세계사의 주역(主役)으로 활약할 유색인종이 어떠한 미래사의 목표를 설정할 것이며, 어떠한 사상과 가치에 입각할 것인가? 하는 것일 뿐이다. 이런 의미에서, 아직도 유색인종들이 백인종들의 굴레에서 완전히 벗어나지 못하고 있으며, 이들의 헤게모니에서 간섭과 강제와 억압을 받고 있다고 하는 현실, 그리고 유색인종을 지배하고 있는 미국을 비롯한 백인종의 제 사회에서 야기되고 있는 문화, 정치, 사회, 윤리, 가치, 사상 등의 문제점 등은 앞으로 미래사의 새 목표, 새로운 가치, 새 윤리, 새 사상을 설정하기 위해 인간의 정신력이 작용해야 할 필연성을 제시해 주고 있는 것이다.

서구 주도형적인 세계사의 종말

　지금까지 나는 현재의 세계를 지배하고 있는 세력이 어떻게 형성되어 왔으며, 그것의 본질이 무엇인가를 개략적으로 피력하였다. 그러므로 나는 이 글에서 이 세력, 이를테면 서구 주도적인 현세계가 지니고 있는 문제점들을 밝히지 않으면 안 되는 단계에 이르렀다.

　그러면 문제점들이란 무엇인가? 첫째, 가치관의 문제를 말하지 않을 수 없다. 서론에서 나는 인간의 역사는 사상사, 즉 사고의 역사라고 했다. 그런데 그 사고의 방향을 결정하는 것은 무엇보다도 사고자가 지니고 있는 가치관이다. 따라서 역사란 또 가치관의 역사일 수도 있다. B. 크로체의 말과 같이 '현재 생에 대한 관심'에서 가치는 규정되고, 그 가치관에 따라 사고의 방향이 결정되고, 그 사고에 의하여 문화 및 역사는 창조되는 것이다. 그렇다면 현재 세력을 장악하고 있는 서구적인 인물들이 어떠한 가치관을 가지고 있느냐 하는 것을 이해한다면, 미래의 서구인의 운명과 그들에 의하여 주도되고 있는 현세계의 역사가 어떻게 전개될 것인가 하는 것을 점칠 수 있을 것이다. 그리고 그들의 가치관이 어떤 것인가를 알기 위해서는 그들이 처하여 있는 현재의 역사적 위치가 어떤 것인가를 이해하면 될 것이다.

르네상스 이래, 현재까지의 역사는 바로 서구인들의 자유의 역사였다. 그들이 가톨릭 및 중세 봉건적 질서에서 탈피하여 신 중심에서 인간 중심으로, 정신적 생활에서 육체적이고 물질적인 생활로 이행하여 온 과정이었다. 그리고 이 이행을 위하여 전쟁, 혁명, 살육을 해왔다. 그 결과로서 서구인은 현재의 문명을 낳았다. 그리고 그것을 위해서 전 세계를 정복하였고, 그 결과로 서구식 문물로 채색된 지구적 세계(Global World)를 이루어 놓았다. 한마디로 현대는 서구인의 르네상스의 자유가 실현된 시대다. 즉 서구 문명의 절정기다. 그러나 자유의 실현! 그것은 어쩔 수 없이 연줄이 끊어진 연이며, 절정! 그것은 위기의 시작이며 몰락의 시작이다.

이 점을 소로킨(Sorokin)은 '서구의 문화와 사회는 이미 그의 절정기(Zenith)를 지났다. 현시점에서 그것은 몰락의 마지막 단계에 놓여 있다. 현재의 위기는 서구문화와 사회의 역사적 존재로서의 종말이 시작되고 있는 것일 뿐이다. 이러한 운명을 교정할 수 있는 방법은 존재하지 않는다. 또 어떠한 치료법도 서구문화의 사망을 막을 수는 없다'[23]고 표현하고 있다.

즉 추구하던 목적이 달성된 문화의 절정기에 있는 인간에게는 행동해야 할 방향과 목적이 없는 것이다. 즉 '현재 생에 대한 관심'이 없게 된 것이고, 가치를 상실하게 된 것이다.

자본주의적 산업의 발전과 휴머니즘에 근거한 사회복지제도 결과 서구인은 아무리 가난한 자라 하더라도 굶어 죽지 않게 되었다. 그뿐만 아니라 육체적 자유의 지속적인 추구는 결국 육체를 윤리적 속박으로부터 해방시켜 프리섹스의 경지에까지 도달하게 되었다. 과학의 발달은 육체적, 정신적 고통을 수반하는 노동으로부터 인간을 해방시켜 이른바 컴퓨터시대를 출현시켰다.

그러면 여기서 인간은 무엇을 할 것인가? 무엇을 위하여 생각할 것이며, 무엇을 위해서 몸을 움직일 것인가? 보다 더 편한 생활과 과학 연구를 위하여 머리를 쓰고 연구한다고? 그것은 소수자의 과학에 미친 자들에게 맡겨두면 끝난다. 대부분의 사람들은 그야말로 두뇌를 움직이고 몸을 움직여야 할 이유를 찾지 못하고 있다.

그렇기 때문에 대부분 현대의 문명인은 현대적인 기계와 메커니즘에 몸을 맡긴 채 죽음을 기다리며 멍청해 있다. 그리고 젊은이들은 그래도 끓어오르는 피를 가지고 있기 때문에 기계와 메커니즘으로부터 탈피해 보려고 머리를 움직이고 몸을 써보려고 한다. 그러나 하고 하다가 그 대상을 찾지 못하니까 섹스로 말초신경을 자극해 보고, 스포츠와 춤으로 열을 올려 보며, 스피드로 긴장해 보려고 했다. 그러나 그 효과도 당분간이었다.

그러므로 그들은 다시 자신의 의식을 엘에스디(L. S. D.), 마리화나, 아편, 대마초 등 환각제로 마비시켜, 끓어오르는 피를 멈추게 하려 하였고, 나아가서는 아예 그들을 둘러싸고 있는 현대문명 자체를 거부하는 움직임(히피, Angry Young-man)까지 나오게 되었다. 그러나 이들에게는 길도 소망도 없었다. 이들에게 새로운 역사의 목표가 될 수 있는 새로운 가치와 새로운 자유의 여신이 나타나기까지 이들은 절망해 있을 수밖에 없는 것이다.

아놀드 토인비(A. Toynbee)는 이 같은 현대의 종말적 위기를 극복할 수 있는 것은 정신적인 것, 즉 종교라 했다. 그리고 그것도 기독교라 했다. 그러면 과연 현재의 기독교가 이 위기를 극복하는 새로운 소망, 새로운 가치를 제시할 수 있을까?

이는 한마디로 새 술을 낡은 부대에 담아 보겠다는 망상이다. 왜냐하면 현재 상태대로의 기독교라면 그것은 낡은 부대에 불과하기 때문이다. 그것도 바로 서구문명이라고 하는 것을 담고 있으면서, 그 서구 문명과 함께 썩어서 터지게 되어 있는 부대이기 때문이다. 즉 기독교가 그것의 현대적인 체제와 교리를 그대로 고집하고 있는 한, 그것으로 현세계의 위기를 극복하고 나아가서 새로운 미래사를 창조하는 전위적인 역할을 할 수는 없다.

그 이유 중에서 가장 명백한 것을 예로 들면, 기독교가 지니고 있는 편협성이다. 일체의 타종교의 교리나 의식, 나아가서는 진리성까지도 인정하려 들지 않고 오로지 기독교 자체만, 그것도 자파의 주장만을 고집하며, 자파가 아니면 무조건 이단, 이교로 몰아붙여 적대시하는 기독교! 그런 편협한 종교로서는 미래의 세계적 보편 종교로 발전하기가 어렵다. 만약 기독교가 사망하지 아니하고 역사적 생명력을 유지하려면 마치 유대교가 예수 그리스도에 의하여 탈바꿈을 했듯이 근본적 탈바꿈을 하지 않으면 안 된다.

유대교는 원래가 지극히 편협하고 소규모적이고 특수종족인 유대인을 위한 종족중심의 종교였다. 고대사회의 각 종족이 대개 그러했듯이, 유대인은 혈연을 중심으로 하는 종족집단으로서 그들의 조상과 연결된 야훼신을 신앙하였다. 그러나 역사는 이 같은 소규모의 종족중심사회를 그대로 내버려 두지 않았다.

로마의 정복과 세계정책은 지중해를 호수로 하는 연안의 3개 대륙,

즉 동으로 아시아, 남으로 아프리카, 북으로 유럽대륙을 포괄하는 세계를 형성시켰고, 그 속에서 세계적인 문화를 이룩하였다. 그리스의 철학, 유대인의 역사와 종교, 페르시아의 전통, 이집트의 문화가 바로 로마 제국이라는 커다란 호수로 흘러 들어가게 된 것이다. 그리고 로마의 모든 전통과 문화, 사상의 종합 위에서 형성된 종교가 요구되었던 것이다.

여기서 예수는 '새 술은 새 부대에'에 담아야 된다는 진리를 깨닫고, 유대인의 편협한 종족적인 종교를 깨뜨려 세계인의 종교로 승화시켰다. 예수의 십자가는 그것의 상징이어야 한다. 즉 종래에 야훼신은 유대인만의 편협한 신이었지만, 이제는 종래에 유대인의 적이었던 이집트, 바빌로니아, 로마인들을 포함한 만민의 신으로 탈바꿈하였으며, 예수는 그 탈바꿈을 시킴으로써 만민의 구세주가 된 것이다.[24]

그러나 유대인만의 야훼신을 고집한 전통적인 바리사이들은 이를 따를 수 없었다. 그들의 종교적 편협성이 야훼신을 세계인에게 내어줄 수 없었고, 그들의 종족적 우월감이 당시대를 풍미한 세계주의를 받아들일 수 없었다. 그리고 이 때문에 이들 유대인들은 로마라는 문화적 호수에 모여들어 있는 전 세계적인 다양한 문화를 받아들일 수 없는 아집을 갖게 하였다. 그 결과 유대교는 그대로 제자리에 주저앉아 결국은 미신적이고 종족적인 신앙으로 낙후된 채 세계 종교사의 유물로서의 가치를 갖는 것 외에는 아무런 힘을 지니지 못하게 된 것이다.

그러면 현재의 기독교는 어떠한가? 예수 당시의 유대교와 그 입장에 있어서 무엇이 다른가? 기독교는 아직도 초대 교회시절부터 지니고 있던 편협성과 외고집과 독선을 그대로 지니고 있다. 마치 유대인들이 그랬던 것처럼, 자기들 것 이외의 것은 이교도적인 것이라 하여 배타적 자세를 취하고 있으며, 기독교를 중심으로 하여 얻어진 생활풍습, 정치제도, 경제체제를 유일하게 정당한 것으로 고집하고 있으며, 그것을 타민족, 타세계인에게 강요하고 있지 않은가?

한 마디로 기독교의 교리는 유대교와 다름없이 편협성과 불합리성을 지니고 있다. 전통적인 기독교 교리에 따르면, 세례를 받지 않은 자는 구원을 받을 수 없다. 이 세상에서 아무런 죄를 지은 바가 없는 어린아이일지라도 유아세례를 받지 않고 죽으면 천국에 갈 수 없다는 것이다.

이 교리를 확대 해석하면, 시간·공간적으로 연결이 되지 않아서 기독교를 접하지 못해 세례를 받지 못한 모든 세계의 그리고 모든 역사의 과정 속에 태어났다가 죽은 사람은 모두가 지옥에 가 있다는 결론이 나온다. 이처럼 모순된 교리가 어디에 있는가? 그리고 이처럼 불공평하고 편협한 신이 어디에 있는가?

시간적으로 예수보다 먼저 태어났기 때문에, 그리고 공간적으로 유대가 아닌 곳, 인도에 태어난 석가나 중국에 공자, 노자, 맹자, 장자, 그리고 소크라테스 등과 같이 인류사에 빛을 남겼으며, 타인과 진리, 선과 미를 위해 일생을 살아간 사람들이 세례를 받지 못했기 때문에 지옥에 들어가 있다면, 분명 지옥과 천국의 개념은 역전되지 않으면 아니 될 것이다.

숫자적으로 따진다 하더라도 이른바 기독교도들이 상정한 지옥에는 그들의 천국보다 더 많은 성현들과 선인들이 살고 있을 것이기 때문이다. 그렇다면 과연 현대의 참된 지성인이라면 어디로 가기를 원할까? 독단적이고 편협하여 자기들만이 구원을 받았다고 생각하는 소수의 독선가들이 살고 있는 천국을 선택할 것인가? 아니면 석가, 공자, 노자, 맹자, 장자, 소크라테스, 플라톤 등의 성현들이 살고 있으며, 사상의 자유가 보장되어 있어 석가를 생각하든 소크라테스를 생각하든, 자유가 주어진 지옥을 선택할 것인가?

어떤 신의 뜻에 의하여, 또는 어떤 종교를 믿고 있는 사람들에 의하여, 또는 어떤 방법에 의하여 그렇게 되었든, 현재의 세계는 하나의 세계로 되어 있다. 종전까지 동양, 서양, 남양 등의 각 지역에서 제각금의 역사를 통하여 발전된 각양각색의 문화가 이제 세계라고 하는 커다란 호수에 함께 모여 있게 되어 있다.

그리고 이제부터의 역사는 이 문화를 기초로 하여 새로운 발전의 여정을 시작하게 되어 있다. 이러한 상황에서 어느 특수한 역사나 전통을 지니고 있는 문화, 사상, 종교가 그 자체의 존엄성만을 고집하여 편협성을 노출시킨다는 것은 결국 지금부터 2,000년 전의 유대교와 유대인의 운명을 답습하는 것 밖에는 길이 없다.

여기서 현재를 출발점으로 하는 새로운 역사의 발전에 기여할 수 있는 종교가 있다면, 그것은 불교, 유교, 마호메트교, 기독교, 나아가서는 인도교 등의 모든 종교를 포괄하며, 각 종교, 각 철학상에 있어 기여한 인물들을 선지자로 하고, 지금까지 창출되어 온 모든 진리를 그 내용으로 하는 종교이어야 할 것이다.

토인비가 시사(示唆)한 바와 같이, 이러한 종교가 기독교에서 나올 수 있을까? 만약 현재의 기독교인들이 그들의 맹목적인 신앙이라는 환각에서 깨어나 참다운 이성으로써 세계사를 파악할 수 있다면 가능할지도 모른다.

이를테면 예수를 십자가에 못 박아 죽인 유대인의 폐쇄적이고 광신적인 맹신을 버릴 수 있다면, 그리고 만약 전통적인 기독교의 모든 지도자들이 그들 나름대로의 종교적 권위주의에서 탈피하여 불교적인 해탈(解脫)의 경지를 체험하여, 참다운 신이라는 것은 인간의 오관을 통해서 형성된 형상이 아니라, 그리고 시간적 공간적으로 제한된 문화, 역사의 상황에 의하여 형성된 관념의 소산이 아니라, 신은 신 자체대로 존재하며, 역사의 발전에 따라 무한히 그 참모습을 노출시켜 가고 있는 존재라고 하는 것을 납득하게 될 때라면 가능할 것이다.

만약 기독교가 이를 할 수 없는 입장이라면, 새로이 성장하고 있는 새로운 세력, 새로운 문화, 새로운 사상을 포함한 새로운 종교의 자유운동에 대한 압박자로 남아 있다가, 언젠가는 마치 예수를 빌라도에게 떠밀어 죽이라고 부르짖던 바리사이와 같은 역할을 하고 말게 될 것이다.

둘째, 정치의 문제다. 현세계의 정치는 데모크라시를 이상으로 설정하고 있다. 영국을 중심으로 하는 자본주의적 세계에서도 그렇고, 소련을 중심으로 하는 공산주의적 세계에 있어서도 그렇다. 그리고는 각자 자기들 나름대로의 데모크라시를 가지고 자기들 것이 올바른 것이라고 주장하며 그들의 방법을 이른바 약소저개발국가에 강요하고 있다.

그러면 그 데모크라시의 근원은 어디에 있는가? 그 성립과정을 돌이켜보면, 그것은 명백히 시민혁명기의 계몽주의자들이 주장한 자유주의에 근거하고 있는 것이다.

그러면 현대의 데모크라시는 과연 자유주의의 참다운 실현이며, 또 유일한 자유의 실현 수단인가? 우리는 여기서 이 데모크라시의 제도적 창안자라고 할 수 있는 몽테스키외의 생각을 다시 음미해 보지 않을 수 없다. 몽테스키외는 《법의 정신》의 일절에서 다음과 같이 3권 분립의 필요성을 설명하고 있다.

> 정부에는 입법, 행정, 사법의 3권이 있는 바, 그중 입법권과 행정권이 같은 사람의 손아귀에 있을 때는 포학한 법률이 실시될 위험이 있으며, 입법권과 사법권이 결합될 때에는 재판관이 자의의 입법을 해서 인민의 생명과 자유는 유린되며, 행정권과 사법권이 결합될 때는 재판관의 폭력 압제의 행위를 낳는다. 하물며 이들 삼권을 동일인이, 귀족이든 혹은 민중이든을 불문하고 동일의 인간이 행사한다면 만사는 그것으로 끝날 것이다.

춘향을 인민에 비유하면 춘향을 치죄할 수 있는 권력자가 변 사또 혼자이어서는 아니 되고, 변 사또가 행정권을 장악하였으면 김 사또는 입법권을, 박 사또는 사법권을 장악하여야 이 세 명의 사또가 다같이 춘향을 소유하려는 욕심 때문에, 서로 견제함으로써 아무도 춘향의 강제 수청을 요구하지 못하게 하는 이른바 권력의 균제를 이루어, 춘향의 정절을 지키게 해야 한다는 말이 된다.

몽테스키외 당시에 이 이론은 극히 당연하고 참된 것이었다. 그리고 이것은 로크의 2권 분립의 결함까지도 보충한 훌륭한 이론이다. 그러나 이 이론이 현재에도 금과옥조로 신봉할 수 있을 만큼 불가변의 진리일 수 있을까?

몽테스키외 자신도 로크가 진리라고 생각한 2권 분립이론을 변경시켜 3권 분립이론을 만든 사람이며, 또 그는 스스로 "모든 정치체제나 제도는 결코 보편타당한 것이 아니며 각 시대 각 지리적 상황에 따라 달라야 된다."고 하였다.

우리가 극히 주의하지 않으면 안 될 것은 역사의 발전 속에서는 그 발전 과정의 매단계마다 그 나름대로의 특성을 지니고 있다는 사실이다. 그렇다면 정치제도나 정치 이상도 그 시대와 사회의 특성에 따른 특성을 지니고 있어야 된다.

이를테면 로크나 몽테스키외가 살았던 시대는 오늘날에 비하여 중세시대에 근접해 있었던 시대요, 중세시대에 근접해 있는 시대라면 중세의 특성인 종교적 윤리, 도덕성이 현대에 비하여 강조되어 있었으며, 인간의 정신을 보다 강하게 지배하고 있었다. 그러므로 남녀 간에는 비교적 강한 정절의식도 있었을 것이고 위정자들 간에는 양심도 있었을 것이다.

그렇기 때문에 제도를 그와 같이 분립시켜 놓으면 자연히 견제도 되고 균형도 이루었을지 모르지만, 현대에는 그렇지 않다. 위정자들은 공동으로 결탁하여 인민을 착취할 수도 있으며, 비유하면 성적으로 타락한 오늘날의 사또들은 변 사또 혼자서 춘향의 몸을 유린하지 못하게 견제하여 춘향의 어부지리를 용납하기는커녕, 오히려 합작 윤간을 하여 춘향의 생명마저 죽일지도 모르는 것이다. 반대로 각 부처 간의 견제가 지나쳐서 마땅히 춘향을 보호해야 할 관리들이 타인의 오해가 싫어서 그녀를 그대로 방치해 두어 생명의 위협을 당하는 공포 속에서 떨게 내버려두게 될 수도 있다.

실제로 현재 세계의 정치 현상은 이상 양자의 추한 모습을 보이고 있지 않은가? 인민의 자유를 보장한다는 데모크라시의 기치 아래서 자유가 지나쳐, 거리에 건맨(권총 든 사나이들)들이 활약하여 선량한 시민의 야간 통행이 불가능하여 규정된 통금제도가 없는데도 야간 통행이 불가능한 시카고 거리의 모습이 후자의 예라고 한다면, 프롤레타리아의 해방, 프롤레타리아의 천국을 프로파간다로 내세우고 세계혁명을 고창한 소련의 공산주의 정권과 그를 추종하는 그 유사 정치집단들의 기만정치는 전자의 예라고 할 것이다.

더욱이 이들이 이른바 서구적 강대국들은 자유라는 허울 좋은 이름으로 세계 약소 저개발 국가들을 위협하여, 그들의 참다운 자유를 탈취하고 억압하는 국제정치를 행하고 있지 아니한가?

이 점에 있어서는 소위 자유진영의 총수임을 자처하여 각 민족이 자민족의 문제를 스스로 해결하여야 함에도 불구하고 일일이 간섭하여 민족적 자유를 무시하고 있는 미국의 경우나, 이른바 세계약소민족의 제국주의로부터의 해방을 위한 세계혁명을 고창하고 있는 소련의 경우나 마찬가지이다.

얼마 전까지 지구상의 3분의 2를 점유하고 있는 약소저개발국가와 그 속에 포함되어 있는 인민들은 서구적 열강들의 그럴듯한 미사여구에 현혹되어 왔다. 그러나 최근 국제정세는 판이하게 달라져 가고 있다.

아프리카의 유색인종들은 그들 나름대로의 독립 국가를 형성하여 그들의 자존심을 높여 가고 있으며, 그들의 독자적인 개발과 문명으로의 발 돋음을 시작하였고, 중동의 유색인종들은 그들의 재산인 석유를 무기로 하여 그들의 국제상의 새로운 위치를 다져가고 있으며, 아시아와 남양 군도의 유색인종들은 그들의 오랜 역사와 화려한 문화를 배경으로, 새 시대의 새 문화의 창조를 위한 노력을 경주하고 있으며, 중남아메리카의 유색인종들 또한 종래의 정치적 경제적 속박으로부터 독립하여 개발에 박차를 가하고 있다.

여기에서 이들 각자는 자기들의 현실에 맞는 그들 자신의 정치체제와 제도를 창안 발전시켜 가고 있는 것이다. 그러므로 서구인의 일방적 고집으로 이들에게 강요된 제도, 체제 등은 이제 서서히 붕괴되어 가고, 이에 따라 국내 국제적으로 새로운 정치풍토는 조성되어 가고 있는 것이다. 이것은 신시대의 역사를 두고 발전시켜 나아가고 싸워 나아갈 새로운 자유의 과제 설정을 위한 정치적 측면인 것이다.

셋째로 경제의 문제다. 서구의 자유주의 운동은 경제적 자유주의와 밀접한 관계를 맺고 있는 것이었다. 아니, 차라리 서구의 근대적 자유의 개념은 경제적 자유라고 해도 과언이 아닐 것이다.

서구의 근대적 자유가 상공업자들의 자유에 근거를 두고 있는 것이며, 또 이에 저항한 프롤레타리아의 자유라고 하는 것도 실제로 프롤레타리아가 부르주아지로부터 당한 경제적 착취에 대항하는데 있었기 때문이다. 그러므로 근대 서구의 자유주의라는 말은 자본주의라는 말과 혼동이 되기도 하며, 이에 반대되는 동구세계의 공산주의를 반(反)자유주의로 취급하기도 한 것이다.

여하튼 경제사적 견지에서 볼 때, 서구 세계의 발전과 그에 의한 세계지배는 세계를 자본주의 불록과 공산주의 불록으로 분할하는 결과를 가져왔다. 아니 이는 분할이라기보다 양대 세력권으로의 통합이라는 것이 더 타당할 것이다.

그러면 이 양대(兩大) 경제적 이데올로기의 현상은 어떠한가? 강념(岡稔)의 주장에 의하면 현재는 자본주의체제와 사회주의체제의 동시 병존의 시대다. 즉 강념은 '고대 노예사회 다음에 중세 봉건사회가 출현하였고, 또 봉건사회에 자본주의 사회가 대신한 것과 같이, 자본주의도 그 생산력과 생산관계의 모순에 따라 조만간 프롤레타리아 혁명에 의해서 타도되고, 사회주의에 의해서 교체되어야 한다는 것이 마르크스주의의 근본사상이다.

그러나 사회주의 세계체제가 현존하고 있다는 사실은 이 예견이 올바르다는 점을 입증하는 것이 된다. 그러나 다른 한편으로는 "사회주의 혁명은 최고로 발전한 자본주의에 대한 반조정의 결과로 일어난다."는 마르크스의 예견대로 자본주의국가에서는 혁명이 일어나지 않았으며, 러시아 혁명도 세계혁명으로의 발전할 것이라는 예상이 실현되지 않았다. 그 결과 계기적(繼起的) 체제가 장기간에 걸쳐서 동시 병존하는 상황이 생긴 것이다.'[25]고 했다.

그러면 과연 현재의 이 양자의 대립은 사회주의 일변도로의 진행 과정이란 말인가? 이것은 사회주의라는 자파의 고집을 합리화하려다가 스스로 내세운 변증법의 기본 원리를 망각한 주장이다. 변증법에 있어서 정(正, an sich)과 반(反, für sich)의 대립이라는 것은 합(合, an und für sich)의 현상으로 이행되는 것이 원칙이다.

즉 자본주의에 대항해서 성립된 사회주의는 자본주의를 타도하고 스스로 완성시키는 것이 아니라, 상호 결합을 통하여 새로운 운동을 낳게 되는 것이다. 실제로 이와 같은 운동은 양측에서 동시에 일어났다.

제1차 세계대전의 여파로 일어난 경제공황을 극복하기 위하여 취한 루스벨트의 뉴딜(New Deal)정책은 사실상 자본주의의 본질적 방향을 사회주의로 전환시켰으며, 제1차 세계대전 중에 공산주의 경제정책에 실패한 레닌이 취한 신경제정책(NEP)은 자본주의와의 실제적인 타협을 한 것이다.

이를테면 완전자유경쟁을 이상으로 삼는 미국의 자본주의체제는 뉴딜 정책에 따라 성립된 법안이라든가, 세제(稅制) 등으로 기획경제의 면을 부상시켰고, 실업 구제와 사회복지정책 그리고 노동조합을 통하여 노동자의 복지와 생활조건을 확보하여 주었다. 그리하여 산업혁명의 여파로 야기된 모든 사회문제를 해결하는데 어느 정도 성공하였다.

그리고 철저한 재산의 공유를 원칙으로 하는 소련의 공산주의는 신경제정책(NEP)을 통하여 비록 부분적이기는 하지만 사유재산을 인정하였고, 또 2차 세계대전 시에는 스탈린에 의하여 일국사회주의라는 국가주의의 마각이 드러났고, 더 나아가서는 이른바 중·소 국경분쟁과 이념분쟁을 통하여 그들의 수정주의는 전 세계에 폭로되기에 이르렀다.

여기서 명백해진 것은 경제라는 현실이 지니고 있는 냉혹한 국제적인 이기주의라는 것이다. 즉 이른바 자유진영의 선진국들이 아무리 저개발약소국가에 대한 원조, 개발촉진 등을 외쳐댄다 하더라도 그것은 어디까지나 자국, 자국민의 경제적 안정과 발전을 도모하기 위한 제국주의적 프로파간다에 불과하며, 또 공산진영의 국가들이 제아무리 국제적 프롤레타리아인 약소민족의 제국주의로부터의 해방을 부르짖는다 해도, 그것 또한 자국과 자국민의 경제적 안정과 발전을 위한 것이라는 점이다.

이것은 현재에 선진국가가 후진저개발국가에 대하여 취하고 있는 무역의 통제정책으로 입증되고 있는 것이 아닌가? 생각해 보라! 15년 전만 하더라도 몇 억불씩 무상원조를 주고 있던 미국이 이제 독자적으로 경제 발전을 해보겠다고 발버둥을 치며 생산해 놓은 생활필수품에 대하여 자국의 업자들을 보호한다는 명목으로 쿼터제를 실시한다는 것은 배리(背理)되는 일이 아닌가?

몇 억불은 무상으로 줄 수 있는 미국이 그 값에 해당하는 물건을 받고 같은 금액의 돈을 지불하는 일은 못하겠다고 하는 것은 어떠한 이치에서인가? 무상으로 돈을 주는 원조행위도 역시 그것을 받는 나라의 이익을 위해서가 아니라, 그것을 주는 자국의 이익을 위해서라는 것이 아닌가?

환언해서 개인의 사유재산을 근거로 하는 자본주의와 그 자본주의의 부르주아지 횡포를 뒤엎고, 프롤레타리아의 천국을 약속한 자본주의의 반조정(Antithese)으로서의 공산주의의 대립에서 양기(陽氣, aufheben)된 종합(Synthese)으로서 등장한 경제사상은 결국 국가주의의 경제체제라는 것이다. 국제 경제상에서 국가이익(National Interest)을 최대한으로 도모하고, 그로써 부국강병을 이루고, 또 국민에 대한 가능한 범위 내에서의 균등분배를 통하여 사회복지를 이루는 것이다.

이와 같은 현대의 국제적 경제원칙은 국가 간의 경제적 자유경쟁을 전제로 하며, 권력 집단으로서의 국가와 국가 사이에 야기되는 자유경쟁은 국력을 통한 경쟁이다. 이것은 현재 세계의 지배권을 장악하고 있는 이른바 선진국들이 그들의 지배권을 계속 유지하고자 하는 노력에서 유발된 필연적 현상이다.

그리고 이것은 어쩔 수 없이 신생 저개발약소민족의 국가들, 인종적으로 보면 대부분 유색인종들로 구성된 국가들에 대한 압박으로 나타나게 마련이다. 여기서 선진국들과 후진저개발국가들 간에는 보이지 않는 싸움이 시작된다. 현재 선진국가의 입장에서 볼 때, 이 싸움은 결코 싸움같이 생각되지 않을지 모르지만, 앞으로 이 싸움은 점점 더 치열해질 것이며, 자유의 기본적 원리가 변경되지 않는 한, 종당에는 후진저개발국가들의 승리가 있을 것이다.

그러면 이러한 경제적 투쟁에서 후진저개발국가는 어떻게 강력하고 거대하며 부유한 선진국들과 대적해서 승리할 수 있는가? 빈곤한 자가 경제적인 투쟁에서 승리를 하기 위해서는 그 빈곤을 부(富)로 생각할 수 있는 정신적 자세를 가져야 한다. 다시 말하면 경제에 대한 관념을 독자적으로, 즉 가난한 자대로의 경제관을 확립하는 데에서부터 그 투쟁의 시발점을 찾아야 한다.

경제의 문제는 인간과 재화의 관계에 의하여 성립된다. 그리고 재화의 문제는 물질이 지니고 있는 효용가치의 문제다. 그런데 그 가치라는 것은 그것이 경제적 가치라 할지라도 주관적이고 관념적인 것이다.

다시 말하면, 절대적 가치란 존재하지 않는다. 효용가치란 어떤 물질이 인간의 욕구를 얼마만큼 충족시킬 수 있는가 하는 정도에 따라 결정되는 것인데, 그 인간의 욕구라는 것은 어떤 것인가? 인간의 욕구는 그 자체가 상대적인 것이며 발전적인 것이다. 이를테면 인간이 느끼는 가장 기본적인 욕구는 생존을 위한 욕구, 즉 생명을 유지하기 위해서 필요한 기본적인 에너지의 충전을 위한 욕구다. 이러한 욕구를 충족시키기 위해서 보급되는 재화는 인간에게 있어서 최고의 효용가치를 지닌다.

그리고 일단 이 생존을 위한 조건으로서의 욕구충족이 이루어지면, 그 다음부터 느끼는 욕구는 사실상 정신적 욕구에 속하게 된다. 식도락이라든가, 화려한 저택이라든가, 멋있는 의상이라든가, 그 밖에 문명의 이기 등등은 생존의 문제와는 관계가 없다. 정신적 욕구를 느끼지 않는 것으로 생각되는 일반 동물들이 일단 생존의 욕구, 즉 개체보존과 종족번식의 욕구가 충족되면 그 이상의 것을 추구하지 않는다는 사실로서 이것은 명백히 입증된다.

가난한 자에게 있어서는 생존을 위한 조건으로서가 아니라, 정신적인 욕구를 충족시키기 위하여 물질, 즉 재화를 사용할 때 그것은 낭비이며 사치다. 왜냐하면 이때에 소모되는 재화는 제대로 효용가치를 발휘하고 있지 못하기 때문이다.

인간은 육체와 정신으로 구성되어 있다. 그러므로 인간은 육체적인 욕구와 정신적인 욕구를 느낀다. 여기서 육체적인 욕구가 개체 보존과 종족 번식을 위해서 필요한 것이라면, 정신적인 욕구는 인간의 자기향상의 속성, 즉 신에게 근접하려는 인간의 신성(神性)에 기인하는 것이다. 먹고 마시고 잠자고 추위를 피하는 등을 위한 경제 행위는 근본적으로 전자, 즉 육체적 생(生)을 조건으로 해서 이루어지는 행위이고, 철학, 예술, 종교 등의 행위는 후자, 즉 정신적인 생(生)을 위한 조건으로 이루어지는 것이다.

그런데 인간생활이 육체적 생에 치우치게 되면 상대적으로 정신적 생에 있어 소홀해진다. 따라서 인간이 인간으로서의 생활을 신에 근접해 가려는 생활을 지향하려면, 경제생활에 있어서는 육체적 생존을 위한 정도에 가급적 가까운데서 만족을 구할 수 있어야 한다.

그리고 이를 위해서 인간은 그의 경제생활을 최소한으로 축소시키도록 노력하는 자세를 취하지 아니하면 안 된다. 이것은 경제적 부가 확대되면 될수록 더욱 필요한 노력이다.

현대 서구적인 인간들은 가급적 많은 재화를 소모하면 할수록 그만큼 더 행복해 질 수 있다고 생각하고 있다. 그러나 과연 현재 경제적 부가 주체할 수 없을 정도에 이르는 서구인들이 실제로 그에 비례하는 행복을 느끼고 있는가? 재화를 통해서 인간이 행복을 느낀다는 것은 인간이 그 재화의 효용가치를 최대한으로 향유할 때이다. 그런데 앞서 언급한 바와 같이 재화가 최고의 가치를 지닐 때는 그것이 인간의 기초적 욕망, 즉 생존을 위한 욕망을 충족시킬 때이다.

실례를 들어 보자. 호의호식에 마비되어 있는 재벌의 자녀가 빵 한 덩어리를 먹을 때와 가난한 집 아이가 아침과 점심을 굶은 후 저녁에 그와 동일한 빵 한 덩어리를 얻었을 때에 느끼는 기쁨의 크기가 어떻게 다르겠는가? 너무 잘 먹어 버릇해서 이 세상에 먹고 싶은 것이 없어 식욕을 잃고 있는 갑부의 자녀는 얼마나 불행한 자인가?

재화의 다소로서 인간의 행·불행을 규정하고자 하는 일반적인 행복이론은 결국 재화라는 우상에 대한 허황된 미신에 지나지 않는다.

그런데 현재 서구인은 대부분 이러한 미신에 사로잡혀 있다. 그들의 역사가 바로 이 미신 때문에 이룩된 역사이기 때문이다. 중세에 봉건제도하에서 농노로서 빈곤과 압박을 짓씹으면서, 그들을 감금하고 있던 장원을 탈출하여 도시로 가서 빈곤을 타파하고 부를 획득하려 했으며, 그 결과로 획득한 부를 통해 자유를 얻어야 했던 서구 부르주아의 후예들인 서구인들이 이같이 미신에 사로잡혀 있다고 하는 것은 극히 당연한 일이다.

그러나 이제 그들은 그것이 미신임을 인지할 때가 되었다. 그러나 지금까지 그들이 철저하게 믿고 있던 미신적인 신을 갑자기 버릴 수는 없는 것이다. 왜냐하면 그들은 이미 늙어서 그들의 새로운 신을, 그들의 새로운 자유를, 그리고 역사 발전의 새로운 목표를 착안할 수 없기 때문이다.

그러므로 그들은 이제 단말마적으로 그들 종래의 미신적인 신을 계속해서 참다운 신이라고 고집하려 하고 있으며, 타인들에게까지 강요하고 있다. 그 결과 그들은 보다 많은 재화의 획득을 위하여 광분하고 있으며, 그들의 허전한 속마음을 위장하기 위해서 점점 더 심한 소비, 사치생활을 강행하고 있는 것이다. 그러나 그들에게는 마치 산 너머에 행복이 있는 줄 알고 산을 넘고 물을 건너는 영원한 방황 속에서 스스로 노쇠하여 죽음의 길을 향하고 있는 자와 같이 언제나 절망만이 앞에 있다.

이와 같은 절망 때문에 그들은 더욱더 재화확대에 광분하고 그들의 국가체제는 이기적 국가주의의 벽을 더욱 두껍게 만들고 있는 것이다. 그러나 그들의 이 같은 일은 마치 계속 흘러내리는 모래산 위에 돌을 계속해서 끌어 올리려고 애쓰는 시지프스 신화의 헛된 노력에 불과하다. 다만 이 행위로 얻어지는 것은 개인적 또 국가적인 소비의 확대뿐이며, 또 이를 통하여 민족적인 빈익빈(貧益貧), 부익부(富益富)의 현상만을 가중시켜 가난한 저개발민족, 즉 유색인종들의 자유의식만을 고취하고 있을 뿐이다.

여기서 우리가 명백히 해두지 않으면 아니 되는 것은 인간의 경제생활, 즉 재화확대를 위한 활동이라는 것은 그 근본적 목적이 그 활동의 행위자 자신의 소비생활을 위한 것이 아니라, 그 행위 자체가 인간으로서, 즉 창조능력을 지니고 태어난 인간으로서 행하는 일종의 창조행위이어야 한다는 것이다.

인간이란 원래 일반적인 동물과는 다른 동물이다. 일반적으로 동물들은 머리와 몸체가 수평으로 되어 있어 대지와 평행되는 움직임을 가지며, 그 움직임을 통하여 개체보존과 종족번식으로 끝나는 생존만으로 생을 산다.

그러나 인간은 머리를 하늘로 향하고 두 다리로는 대지를 밟고 수직으로 서 있다. 그리고 몸체는 머리와 발, 하늘과 땅을 연결하고 있다. 여기에 인간의 삶은 일반 동물의 삶과는 구별되는 삶이 있게 된다.

즉 인간의 머리는 하늘을 향해 있다. 그러므로 그것은 대지 또는 현재에 만족하지 않고 스스로 신을 지향한다. 만약 인간이 오로지 머리만을 가지고 있다면 인간은 인간이 아니라, 천사나 아니면 신이 되었을 것이다. 그러나 엄연히 대지의 중력을 받고 있다. 그러므로 두 발을 대지, 즉 현실에 딛고 있지 않을 수 없다. 하늘로 향하는 머리의 작용력 그리고 대지로 향하는 중력의 접합점인 마음은 이 두 방향의 힘에 의해 언제나 움직이고 고민하게 되는 것이다. 대지와 평행적인 삶을 사는 동물은 고민이 없다. 그러므로 그것은 오로지 그의 육체적 생존에 필요한 재화를 획득하는 것만으로 행복을 느낀다. 그러나 인간은 그것으로 행복을 느낄 수 없는 동물이다.

인간이 행복해 질 수 있는 길은 그의 특수한 속성인 신성(神性)을 지향할 때다. 비록 대지 위에 두 발을 딛고 서 있기는 하지만, 스스로를 상승시켜 신에게로 가까워 질 때, 그리고 그런 노력을 할 때, 비로소 인간은 존재가치를 느끼고 행복감을 갖게 된다.

인간의 경제행위 또는 기업가의 기업도 물질 자체를 구하는 행위, 재화 자체에 목적을 둔 활동이 아니라, 그 자체가 자신의 상승, 즉 신에게 접근하려는 행위, 즉 창조행위이어야 한다. 이를테면 철학자는 연구와 사색을 통해서 절대적 진리에 접근하기 위해 노력하며, 예술가는 그의 작업을 통해서 절대적 미에 접근하려 노력하고, 종교가가 종교 활동을 통해서 성(聖)에 도달하려고 하듯이, 기업가는 그의 기업을 통해서 공리를 실현하려고 노력하여야 할 것이다.

그리고 철학자, 예술가, 종교가의 활동이 동물적인 욕망, 물질적이고 육체적인 쾌락을 충족시키는 것을 목적으로 하지 않는 것처럼, 기업가의 활동도 동물적인 욕망이나 물질적인 이익에 목적을 두어서는 아니 된다.

만약 기업가가 이와 같이 자신이 스스로 신에 접근하기 위한 행위로서 기업을 하게 된다면, 그 기업가 개인은 철학자가 진리를 터득하고 느끼는 고상한 쾌감과 행복을 느낄 수 있게 될 것이고, 예술가가 스스로 창조해 놓은 미를 감상하며 느끼는 흐뭇함을 느낄 수 있을 것이며, 진정한 종교가만이 만날 수 있는 참된 신을 교회당이나 불당이 아닌 바로 그의 기업 속에서 만나 볼 수 있을 것이다.

그리고 이와 같이 진실한 창조행위의 가치를 터득하고 그의 기업에 임하게 되면, 그 기업가의 재화획득을 위한 활동은 있어도 사유재산의 확대를 위한 원시적이고 비열한 행위는 있을 수 없을 것이고, 또 재화의 효용가치를 높이기 위한 노력은 있어도 허망한 소비확대를 위한 광분은 없을 것이다. 이렇게 될 때, 부의 편중은 있을 수 없고 빈익빈 부익부의 사회적 부조리는 제거될 것이다. 또 이와 같이 될 때, 국가의 부는 증대될 것이며 강병 또한 이루어질 것이다.

그러므로 신생 후진저개발의 약소민족은 이 같은 새로운 경제관을 근거로 할 때, 현실적으로 보다 강력한 기성지배 세력인 제국주의 세력에 대결하며, 그것을 능가하고 새로운 세계사의 주도권을 장악할 수 있는 길이 열리게 될 것이다.

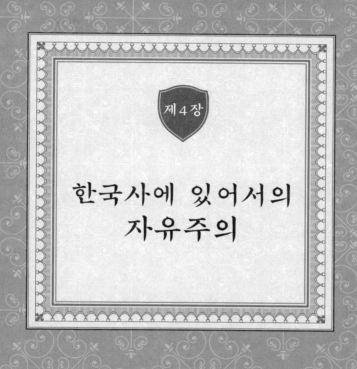

제 4 장

한국사에 있어서의
자유주의

이제 우리는 서양 제국주의의 침략에 의하여 한때 굴종과 억압을 받았던 유색인종이 그들의 자유를 위해 어떻게 투쟁하여 왔는가 하는 것을 살펴보아야 할 단계에 이르렀다. 그러나 이것은 간단한 일이 아니다. 아시아, 아프리카, 아메리카에서 새로이 두각을 나타내고 있는 수많은 유색인종의 민족적 자유운동을 전반적으로 논의한다는 것은, 보다 넓은 연구와 또 한 권의 책을 필요로 하는 것이다. 그러므로 나는 여기서 그중 한 예로서 내가 속해 있는 한국민족의 자유운동을 언급하는 것으로 대신하고자 한다.

'아'와 '비아'의 투쟁으로서의 자유운동

우리는 앞에서 모든 인류의 역사는 자유의 역사라고 했다. 이 점은 한민족의 역사에 있어서도 마찬가지로 적용된다. 그러면 한민족의 역사에 있어서 자유는 어떻게 작용하였는가?

단재 신채호 선생은 《조선상고사》 총론에서 인류의 역사를 '아(我)와 비아(非我)의 투쟁사'라고 하였다. 그러면 '아'는 무엇인가? 단재 선생은 이에 답하여 "무엇을 '아'라 하며, 무엇을 '비아'라 하느뇨? 깊이 팔 것 없이 얕게 말하자면, 무릇 주관적 위치에 선 자를 '아'라 하고, 그 외는 '비아'라 하나니……"라고 했다.

그러면 주관적 위치란 무엇인가? 여기서 주관이라 함은 일반적으로 이야기되고 있는 바의 주관, 즉 감정적 주관이 아니다. 단순히 상대주의적 입장에서 '너의 생각도 옳고, 나의 생각도 옳고' 하는 식의 주관도 아니다.

여기서 주관이라 함은 이성에 근거를 둔 자아중심의 판단을 뜻한다. 이것을 자유의 원리에 입각해서 볼 때, '아'란 자유의 주체다. 즉 '아'란 자아(自我)를 이르는 것이니, 이는 자기가 자기 자신의 존재를 의식하는데서 비롯되는 것이다. 자기의 존재의식을 근거로 자아의 삶의 가치를 인식하고, 그 가치에 따른 삶의 목표를 설정하고, 이에 따라 이루어지는 일체의 행위를 '아'에 속한 것이라고 할 수 있다.

그러므로 자유가 정신의 움직임이며, 움직임은 출발점과 지향하는 목표, 그리고 속력이 있어야 한다면 '아'는 자유의 출발점이 되는 것이다.

그러면 '비아'란 무엇인가? 단재 선생은 '아' 이외의 것을 '비아'라고 하였다. 조선인의 입장에서 보면 영국, 미국, 독일, 프랑스 등이 '비아'이며, 무산계급에게는 지주나 자본가 등이 '비아'다. 그리고 이러한 '비아'의 관념은 정치나 경제의 문제에 제한된 것이 아니라, 학문이나 기술, 직업, 의견 등에 있어서도 반드시 본체(本體)인 '아'가 있으면 그 '아'와 대체되는 '비아'가 있게 마련이다. 그리고 이것은 가시적(可視的)인 자기와 남 사이에만 있는 것이 아니라 자기 자신의 정신 속에서도 '아'와 '비아'의 투쟁은 있게 마련이다.[1]

따라서 '아'를 주체라 한다면 '비아'는 객체요, '아'를 자유의 출발점이라고 한다면 '비아'는 타율의 유혹이 될 것이며, '아'를 이성이라고 한다면 '비아'는 감성이 될 것이다. 그리고 자기의 존재 의미, 생의 가치와 목표를 의식하고 행하는 일체의 행위를 '아'의 것이라고 한다면, 자아를 망각한 채, 타에 이끌려 타에 대한 맹목적인 모방과 추종에 의하여 이루어지는 일체 행위는 '비아'에 속한 것이 될 것이다.

그러므로 역사가 '아와 비아의 투쟁사'라고 할 때, 그 투쟁은 안으로 주체와 객체의 투쟁이며, 자율과 타율의 싸움이며, 이성과 감성의 싸움이다. 그리고 밖으로 확대했을 때, 이것은 자기와 타인과의 싸움이며, 자민족과 타민족의 투쟁이다.

그런데 이 투쟁은 안으로 자기 내적 투쟁으로부터 비롯되지 않을 수 없다. 이 내적 투쟁의 기본이 되는 투쟁은 우리의 중심에 자리 잡고 있는 비아와 아, 즉 동물적 마음과 인간적 마음의 투쟁이다.

인간이 무엇이며, 내가 왜 이 고통스러운 생을 살다가 허망한 죽음의 세계로 가버리고 마는가를 생각지 않고, 맹목적으로 태어났으니까 먹고 마시고 즐기면서 죽을 때까지 살다가 죽을 때가 되면 죽는다고 생각하는 마음이 '비아'요, 참다운 삶을 위해서는 이 문제를 생각지 않을 수 없으니, 그 생각 자체가 고통이지만 생각하지 않으면 안 되겠다는 마음이 '아'다. 그리고 이 두 개의 마음의 투쟁이 있게 된다.

이 투쟁에서 개인은 비로소 자아를 발견한다. 자기가 무엇을 위해서 살아야겠다는 주관적 생의 목표가 성립되고, 자율적인 행동의 방법이 정립되고, 자신의 이성을 발견하여 그것을 활용할 수 있는 용기를 갖게 된다. 다시 말하면 자기의 내적 투쟁에서의 승리는 자기 내에서의 해방이며 자유의 쟁취다.

'아'와 '비아'의 이 같은 심중(心中) 투쟁은 밖으로 개인과 개인, 민족과 민족의 투쟁으로 전개된다. 그러면 개인과 개인의 투쟁에 있어서 승패는 무엇으로 가리는가? 한 개인이 타 개인을 억압하고 지배하는 것을 승리라고 하는가? 아니다! 아무리 정치적으로 지배권을 장악하여 권좌에 앉아있다 하더라도 그것이 그의 생의 참된 의미와 일치되지 않을 때, 그를 승리자라고 볼 수는 없다.

세계 인류 중에는 수많은 지배자가 있었다. 그리고 한국사에는 수많은 왕들이 있었다. 그런데 그 지배자나 왕들 중 지금 우리가 기억하고 있는 지배자나 왕들은 몇 명이나 되는가? 아무리 왕이라 하더라도 거기에는 역사적 존재로서의 왕이 있고, 동물적인 생이 있다. 성공적인 생을 산 왕이 있고, 생에 있어서 실패한 왕이 있다.

개인의 승패는 현실적 지위와 위치에 있지 않고, 그의 생이 역사 발전에 있어서 어떠한 기능을 하였는가 하는데 있다. 무엇을 했느냐에 있지 않고, 역사가 자기에게 준 소명을 옳게 발견해서 역사의 의지에 맞을 만큼 그 소명을 실행하였느냐 하는 데 있다.

이는 민족의 경우에서도 마찬가지다. 한 민족이 타민족을 정복하고 그를 얼마만큼 지배하였느냐 하는 것으로 민족의 우열이 판가름되는 것이 아니다. 민족의 우열은 그 민족이 세계사에 있어서 기여한 것이 무엇이냐 하는 것으로 결정된다.

그런데 개인이 자신의 내적인 자유를 얻지 못해 가지고는 자기에게 주어진 소명을 다할 수 없다. 자신의 이성이 없을 때, 자기의 주관적 가치가 불분명할 때, 자기의 소명이 무엇인지 판단할 수 없을 것이다. 그리고 민족이 이처럼 자유를 갖지 못하고, 이성과 가치의식을 지니지 못한 개인으로 구성되어 있을 때, 그 민족은 독립적인 위치에 서지 못할 것이며, 독자적으로 세계사에 기여할 수 없을 것이다. 이와 같은 개인과 민족을 타율적인 개인, 타율적인 민족이라고 지칭할 수밖에 없다.

그러면 한민족사는 어떠한가? 이 투쟁에서 승리한 역사인가? 패배한 역사인가? 현시점에서 돌이켜 볼 때, 한민족의 역사를 성공적이라고 보기는 어렵다. 구태여 사대주의를 논의하지 않더라도 한민족사가 세계사에 끼친 영향이라는 점에서 보거나 한민족사의 자체적 성격을 논의할 때 뚜렷하게 내세울 수 있는 것은 별로 없다고 해야 하는 것이다. 물론 우리 자체의 입장에서 볼 때, 우리 나름대로 내세울 것이 전혀 없는 것도 아니겠으나, 있는 것보다는 없는 것이 많다. 그러면 그 이유가 어디에 있을까? 여기서 우리는 바로 그 이유를 논의해야 하는 것이다. 역사는 과거가 중요한 것이 아니다. 그 과거를 근거로 해서 미래로 발전해 나아갈 현재인의 의지가 중요하기 때문이다.

한민족사에서의 '아'와 '비아'의 형성

　한민족사에 있어서 '아'와 '비아'의 투쟁은 한사군(漢四郡)의 침략에서 비롯된다. 문화가 있기 이전, 역사가 발전되기 이전에 인류는 자연을 '비아'로 대적해서 그들의 문화와 역사를 이룩해 나아갔다. 자연이 인간에게 가하는 위협과 공포로부터 해방하기 위하여 인간은 자연과 대결하고, 그 자연에다 정신을 투여함으로써 자연을 '아'의 편으로 만들어가는 과정이 세계의 고대사가 갖고 있는 특징이다. 그러므로 자연과의 투쟁이 심하면 심할수록, 그리고 자연의 도전이 강하면 강할수록 그 인간이 창조해 놓은 문화와 역사는 찬란하고 선진적이며 그 민족의 자유의식은 투철하다.

　그런데 적어도 신석기시대에 농경이 시작된 이후의 한반도의 자연은 그렇게 강렬한 도전자는 되지 않았다. 이집트처럼 주기적으로 범람하여 문전옥답을 앗아가는 나일 강도 갖고 있지 않으며, 인도처럼 인간세계를 사바세계(娑婆世界), 고해(苦海)로 혐오케 하는 혹심한 더위도 없으며, 중국처럼 강력한 전제군주의 권력이 성립되지 않고는 치수사업을 일으켜 인민의 생존권을 보호할 수 없을 만큼 변덕스러운 황하도 갖고 있지 않았다.

한반도의 자연 풍토는 너무나 좋다. 아지랑이 피어오르는 춘삼월, 봄이 오면 눈 녹은 물을 끌어대는 '물꼬를 깊이 치고 도랑을 밟아 물을 막고'[2] 못자리를 만든다. 모판에 모가 자라는 사오월, 하늘이 적당한 비를 내려주면 농부는 모를 낸다. 오뉴월 뙤약볕이 모를 무럭무럭 자라게 하면 농부는 정자나무 그늘에서 낮잠을 자든가, '천심'을 생각하고 '은혜의 망극함'을 아는 농부와 목동은 이삼차 김을 매고 농우(農牛)를 보살피는 것으로 족하다. 칠월 맹추(孟秋)가 되면 누런 벼이삭은 베짱이 우는 소리와 함께 고개를 숙여간다.

이처럼 절기에 맞는 농경생활, 그리고 매절기마다 부지런한 아낙네의 소쿠리에 가득 넘치는 산채(山菜)나물, 들나물, 약초…… 이 모든 것은 그야말로 하늘로부터 받은 한민족의 은혜가 아닐 수 없다. 그렇기 때문에 한민족은 천혜를 즐기며 목가적이고 낙천적인 고대의 삶을 살았다. 자연과의 대결이 아닌 자연과의 화합 속에서 생활하였다.

그러나 역사상에서 인간은 언제나 동일한 형태의 생활을 지속시킬 수는 없다. 아무리 인간이 그것을 원한다 하더라도 역사의 발전은 그것을 용허하지 않는다. 귀한 보물이 있으면 그것을 탐내는 자가 있게 마련이며, 극락의 즐거움이 있으면 그것을 시기하는 이웃이 있기 때문이다. 여기서 역사상에 존재하는 모든 인간은 투쟁의 장으로 끼어들지 않을 수 없게 되는 것이다.

목가적이고 낙천적인 한민족이 처음으로 적극적인 투쟁을 벌이게 된 계기는 중국 대륙에 성립된 한(漢)나라의 침략에 의해서 만들어졌다. 춘추전국시대의 분권적 권력 질서 속에서 약육강식의 혼란 끝에 통일된 진나라, 그리고 그 뒤를 이은 한나라는 자칭 천명(天命)을 대신하는 천자라 하여 천하통일을 획책하였다. 이러한 통일정책의 일환으로서 한 무제(漢 武帝)는 한반도에 위치해 있던 위만을 멸하고 이른바 한사군을 설치하였다. 이러한 한(漢)민족의 침략과 지배는 아직까지 선사시대적인 생활에서 탈피하지 못하고 있었으며, 혈연중심의 씨족, 자연중심의 부족, 그리고 이들의 연명체로서의 미숙한 사회체제 밖에는 이룩하지 못한 한(韓)민족에게는 커다란 도전이 아닐 수 없었다.

한(韓)민족은 이 같은 한(漢)민족의 도전과 그 압박에 대항하는 투쟁을 시작하였다. 그 힘으로 볼 때, 아직 한(漢)나라와 싸워서 승리할 수 있을 만한 문화적, 정치적, 경제적, 사회적 실력은 갖추지 못했지만 이들은 투쟁하였다. 그 결과 한사군이 설립된 지 불과 20여 년 만에 자비령(慈悲領) 이남의 진번과 함경남도 지역의 임둔군을 축출하는데 성공하였다.

그러나 중요한 것은 한(韓)민족이 언제 이들을 축출했느냐 하는데 있지 않다. 중요한 것은 이 투쟁을 통해서 비로소 한민족이 자아의 존재성을 인지하기 시작하였으며, 민족의 존귀성을 확인하게 되었으며, '아'와 '비아'를 비로소 의식하기 시작하였다는 점에 있다.

한사군의 침략이 있기 이전, 한(韓)민족 간에는 작은 '아'와 '비아'의 싸움이 있었을 것이다. 산 너머, 개울 건너의 이웃, 씨족과 씨족, 부족과 부족이 각각 제 나름대로의 '아'를 위하여 '비아'와 대결 투쟁하였다. 그리하여 돌멩이를 던지는 석전(石戰)을 했으며, 약탈을 하고 권력 싸움을 벌였을 것이다.

그러나 중국의 한(漢)족이라는 보다 큰 적을 맞이한 이들에게 있어서 종래의 그들의 적은 적이 아니라 동지였다. 얼굴의 생김도, 입은 옷 모양도, 쓰는 말도 같지 아니한 중국의 한(漢)민족에 비하면 같은 생김새, 비슷한 옷 모양, 같은 말 등을 지닌 종래의 적은 적이 아니라 자기였음을 알게 되었다.

여기서 그들은 단결하였을 것이다. 외민족의 침략을 때려 부수지 않으면, 그리고 외민족의 지배로부터 해방하지 않으면, 민족과 그 속에 포함된 개인이 모두 죽게 된다는 엄연한 진실을 절실히 느끼지 않을 수 없었을 것이다. 그리고 이러한 감정을 근거로 민족적 단결이 이루어지지 않을 수 없었을 것이다. 여기서 '비아'의 도전에 대한 '아'의 응전이 시작된 것이다.

그러나 '대아(大我)'는 '소아(小我)'의 성립에서 비롯되지 않으면 안 된다고 했다. 자기의 투쟁에서 승리하지 못한 '아'는 대외적 투쟁에서 승리할 수 없다고 했다. 이 같은 현상은 바로 한사군의 침략 당시에도 나타났다. 자아의 위치를 망각하고 타의 화려함과 선진성과 강력함에 맹목적으로 현혹되어 모방, 추종하려는 일부 계층의 인간들도 한민족 가운데에는 있었다.

손진태 선생은 《한국 민족사개론》에서 '아직 미개한 당시의 약소 추장들은 고귀 찬란한 중화의 의관(衣冠), 인수(印綬)와 대중화제국(大中華帝國)의 정식 책봉에 대하여 영광으로 생각하였을 것이다'라고 하였다.

자아의 위치를 깨닫지 못하고 있었기 때문에, 자신을 타에 의존하면 그것이 자기와 자기 민족을 영원한 압박과 질곡 속으로 몰아넣는 것이라는 것을 깨닫지 못했기 때문에, 단순히 외민족의 힘과 화려한 문화에 현혹되어 그에게 기생함으로써 현세적이고 순간적인 안일을 추구하는 일부 아세분자(阿世分子)도 있었던 것이다.

감각적으로 느껴지는 개인의 부귀영화에 현혹되어 자기 나라에서 자기 민족 위에 군림하여 자기의 동포를 지배하는 위치에 있는 추장들, 즉 지배자들이 타민족으로부터 인수(印綬)를 받고 책봉(冊封)을 받고 남의 나라의 의관을 쓰는 자들은 어느 시대에나 있었다. 위정자가 스스로 자기의 백성을 다스리고 외민족의 간섭으로부터 보호할 수 있는 능력이 없다고 인정되면, 그 위정자는 즉시 자신의 권력을 포기해야 됨에도 불구하고 한사군 당시의 일부 부족장들은 이를 포기하지 않았을 뿐만 아니라, 오히려 그 권력을 유지하기 위해 민족을 외민족에게 팔아먹기까지 하였다.

이와 같이 한민족의 역사는 외민족의 도전과 압박에 대한 민족적 응전과 저항을 통해서 자아를 각성하며 민족을 발전시켜 나가는 흐름과, 이에 반하여 외민족의 문화와 권력에 대하여 맹목적으로 모방하고 추종하는 아세(阿世)적 지배계급이 자기들의 지위와 권력을 유지하기 위해 민족을 팔아먹음으로써, '아'를 죽이고 민족과 민중을 압박하는 '비아'의 흐름으로 이룩되게 된 것이다. 그러므로 한민족사의 특징은 이 같은 '아'와 '비아'의 내적 투쟁사라는 점에 있게 된다.

그러면 이 투쟁사에 있어서 '아'의 편에 섰던 자는 누구이며, '비아'의 편에 섰던 자는 누구인가? 자아의 존재가치를 알고 자아의 입장에서 생을 산 자는 '아'의 편이요, 그렇지 못한 자는 '비아'의 편이다. 자아의 앞에 다가오는 고난과 고뇌를 감수하며 이를 극복하기 위한 투쟁을 하는 자는 '아'의 편이요, 그렇지 못하여 만사를 편의에 따라 해결하고자 하는 안일무사주의자는 '비아'의 편이다. 자아에서 출발한 정신활동을 통하여 창조에 이바지하는 자는 '아'의 편이요, 무조건 타의 것을 모방하는 것으로 만족하는 자는 '비아'의 편이다. 그리고 합리적으로 이성을 활용하는 용기를 가진 자는 '아'의 편이요, 감정에 휘말려 미신과 보수주의에 침잠되어 있는 자는 '비아'의 편이다.

한민족사에 있어서 이와 같은 '아'와 '비아'의 대립은 고구려적 기질과 신라적 기질의 대립, 민중과 지배 귀족의 입장의 대립, 충신열사와 아세주의자, 기회주의자의 대립, 그리고 투사(鬪士)와 걸사(乞士)의 대립으로 나타난다. 그러면 한민족에 있어서 '아'와 '비아'의 이와 같은 대립과 투쟁에서 승리는 어느 편의 것이었나? '아'의 것이었나? 아니면 '비아'의 것이었나? 불행하게도 표면에 나타난 현상으로 보면 한민족사의 과정은 '비아'의 승리로 점철된 역사다. 그러나 그 역사를 지지하고 발전시켜 온 것은 '비아'가 아니라 '아'였다.

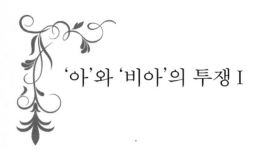

'아'와 '비아'의 투쟁 I

한민족사에 있어서 '아'와 '비아'의 내부적 투쟁의 문제점은 삼국시대의 대내적 투쟁과 비합리적인 삼국통일이라는 사건에서 비롯된다. 한마디로 문화적, 정치적, 경제적, 그리고 군사적으로 삼국 중에서 가장 강성하였던 고구려가 가장 허약했던 신라에 의해서 멸망되고, 신라에 의한 통일이 이루어졌다고 하는 사실에서 '비아'의 표면적 승리가 명백해진 것이다.

신라는 정치, 경제, 문화의 입장에서 볼 때, 삼국 중에서 가장 허약한 나라였다. 태백산맥과 소백산맥 뒤쪽에 치우쳐 있어서 국제적으로 고립되어 있었고, 문화적으로 소외되어 있었으며, 경제적으로 궁핍을 면치 못하고 있었다.

이러한 신라가 그 생명을 유지할 수 있었고, 또 삼국통일을 이룩할 수 있었던 것은 전적으로 국제정세를 이용한 기회주의적 입장을 취한 데 그 원인이 있다. 고구려가 새로이 중원의 왕자로 군림하여 천하통일을 꿈꾸고 있던 수나라와 대립되어 있을 때, 신라의 진흥왕은 이를 이용하여 한강 유역을 점유하여 북한산 순수비를 세웠고, 더 북진을 계속하여 함경도에 마운령과 황초령 순수비를 세웠다.

그리고 그 뒤를 이은 진평왕 때에는 걸사표(乞士表)를 보내어 수의 고구려 공격을 요청하기까지 했다. 그리고 그 뒤 선덕여왕과 진덕여왕, 두 여왕의 치세에는 백제의 공격을 감당할 수 없어 당에 당평송(唐平頌)을 보내어 비아적이고 사대적인 추파를 보내었을 뿐만 아니라, 드디어 김춘추는 당의 군사력을 불러 들여 백제와 고구려를 순차적으로 멸망시켰다.

물론 신라의 입장에서 볼 때, 자국의 다급한 국가적 문제를 해결해야 된다는 절박한 처지와 그것을 극복하기 위한 노력을 이해하지 않을 수 없다. 도전에 대한 응전이었다고 해도 좋을 것이고 죽지 않기 위한 몸부림이었다고 이해할 수도 있다.

그러나 민족적인 차원에서 볼 때, 그것은 '페어플레이'는 아니었다. 한마디로 신라의 삼국통일은 독자적인 실력에 의한 합리적 통일이 아니라, 무력으로 인한 멸망을 임기응변적으로 모면하려 한 계략에 의한 부정한 경기의 승리다.

그러므로 당나라는 고구려를 멸망시키고 안동도호부(安東都護府)를 설치하기에 앞서 신라에 계림도독부(鷄林都督府)를 설치하지 않았는가? 엄격히 말하면 고구려가 멸망하기 이전에 신라는 이미 당(唐)에 자발적으로 복속되어 있었던 것이다. 그 결과 고구려의 '아'를 지키기 위한 투쟁의 결과로 한반도에서 축출되었던 한족(漢族)의 세력이 신라에 의하여 다시금 한반도를 점탈하게 하였으니, 이 신라의 통일이야말로 '아'의 것인가, '비아'의 것인가?

김춘추에 의한 '비아'의 승리, 죽음으로써 민중을 보호하고 나라를 지키겠다는 결의를 가지고 사랑스러운 처자를 죽이고 출전한 계백(階

(伯) 장군은 죽고, 잘생긴 얼굴을, 구변 좋은 입술을 가지고 외세를 끌어들인 김춘추는 만고의 영웅으로 떠받들어지는 한국사의 논리! 그리고 자주, 자강, 자립을 부르짖으며 계속적으로 외민족과의 투쟁을 전개시키던 고구려의 허망한 최후! 그리고 승자가 역시 승자라고 주장하는 후세 사가들의 비정한 사론(史論)! 이것들은 그 후 한민족, 특히 지배권에 혈안이 되어 있는 자들에게 무엇을 가르쳤겠는가?

정권을 잡고자 하는 자, 정치투쟁에 있어서 승리를 얻고자 하는 자는 무조건 외세를 등에 짊어져야 된다는 정쟁(政爭)의 원리를 가르쳤다. 위정자, 지배자는 그의 정치권력과 지배 권력을 유지하는데 있어 중요한 것은, 통치를 받아야 하는 민중이나 그들이 수호해야 할 민족이 아니라, 오로지 강대한 중원세력의 눈치를 보고, 그에 대해서 아첨의 추파를 던지는 것이라고 하는 것을 가르쳤다.

신라의 진평왕이 수나라에 걸사표를 보내고 진덕여왕이 당나라에 당평송을 보냈듯이, 한반도에 대하여 영향력을 행사할 수 있는 세력이라고 인정되면, 그것이 어떠한 종족이든 간에 구원을 요청하고 내정간섭을 구걸하는 것이 자신의 정치권력을 유지하고, 민중에 대한 지배권을 확보할 수 있는 최선의 방법이라고 하는 것을 가르쳤다.

그러나 신라라고 해서 반드시 '비아'의 세력만 있었던 것은 아니다. 문무왕(文武王)도 있었다. 왕으로 무엇을 해야 할 것인가 하는 것을 깨닫고 있었던 문무왕도 있었다. 그는 그의 아버지 김춘추가 끌어들인 당나라 세력을 한반도에서 축출하였다. 당나라의 앞잡이가 되어 있던 그의 친동생 김인문(金仁問)을 대적하고, 고구려의 유민인 안승(安勝)을 동지로 규합하여 외세를 이 땅에서 몰아내었다.

그리고도 마음이 풀리지 않아 죽음을 앞에 했을 때, 자기가 죽거든 동해의 해룡(海龍)이 되어 조국을 수호하고자 하니, 동해에 수장(水葬)을 지내 달라고 하지 않았던가? 한 인간의 핏속에도 '아'와 '비아'의 성품이 대립되어 싸우고 있다. 당나라 세력을 끌어들인 김춘추의 '비아'적 성품이 그의 친형이요, 민족의 수호자인 문무왕에게 칼을 들이대고 당의 앞잡이가 되었던 김인문의 핏속에 흐르고 있다면, 곤경에 처한 나라를 어떻게 해서라도 구해 보겠다는 김춘추의 '아'의 성품은 문무왕의 핏속을 흐르고 있었던 것이다.

이처럼 삼국의 통일은 그 자체가 '아'와 '비아'의 민족 내부적 투쟁이요, 동시에 개인의 심중투쟁(心中鬪爭)이었다. 그 때문에 개인의 양심 속에서는 현세적 이해에 따라 '비아'를 택할 것인가? 아니면 인간의 생존가치에 입각한 '아'를 택할 것인가의 싸움이 시작되었으며, 민족 간에는 강대국을 추종하여 지배권에 근접하고자 수단과 방법을 가리지 않으려는 무리들과 개인의 양심과 민족의 굳건한 발전을 위하여 투쟁하고자 하는 이들로 나뉘어 싸움을 하게 된 것이다.

한민족사에 있어서 '아'와 '비아'의 싸움은 불행하게도 '비아'에게 유리하게 전개되어 갔다. 왜냐하면 '비아'에게는 그것을 합리화시켜 주고 힘을 대어주는 유학이라고 하는 현실적 합리주의가 있었기 때문이다. 그러므로 아직 한국사에 있어서 유학의 영향력이 작용하기 이전 시대인 통일신라시대만 하더라도 전적으로 '비아'가 지배한 시대는 아니었다.

비록 통일신라 자체가 당의 영향력하에서 형성된 국가이며, 거기에서 발전된 문화와 사회 제도 등이 당의 영향을 입지 않은 것이 별로 없다고 하더라도, 그것은 외면적인 것일 뿐이지 내면적인 것은 아니었다.

이를테면 신라가 지니고 있는 신분제도, 정치제도만 하더라도 원시 신라에서 연유되는 골품제도에 그 뿌리를 두고 있는 것이었으며, 신라인의 정신세계를 지배한 불교만 하더라도 당나라에 유학하고 온 유당승(遊唐僧)에 의하여 맹목적으로 수용된 당나라의 불교가 아니라, 원효 대사에 의해서 재창조되고 토속화된 법성종과 정토신앙이었다.

그러므로 신라인들은 중국의 불상을 모방하되 그것에 그치지 않고 불상의 원리를 추구하려 하였고, 중국의 탑으로부터 연유되는 탑파예술을 창조하였지만 중국식이 아닌 한국식의 것을 만들었다.

그러므로 이와 같은 신라의 일반적 풍토는 신라 말 당에 유학하여 유학을 전적으로 익히고 돌아온 최치원(崔致遠), 최언위(崔彦偉), 최승우(崔承祐)와 같은 이른바 숙위학생(宿衛學生)에게 적이 아닐 수 없었다. 그리고 이들 숙위학생들에 의한 유학사상의 체계적 도입과 통일신라의 멸망은 곧 '아'의 쇠퇴요, '비아'의 득세다.

그리고 통일신라의 뒤를 이은 고려의 역사는 '아'와 '비아'의 투쟁사이며, '아'가 '비아'에 의하여 패배해가는 역사다. 여기서 '비아'에 의한 '아'의 패배라 함은 유학이 한민족의 의식세계에서 그 영향력을 확장시켜 나아가 드디어는 조선 왕조가 사대주의를 표방하는 단계에까지 이르는 과정이라는 것이며, 한민족의 자유가 중화사상에 의하여 소멸되어 가는 과정이라는 것이다. 그러면 고려사에 있어서 한민족의 자아는 어떻게 쇠잔되어 갔는가?

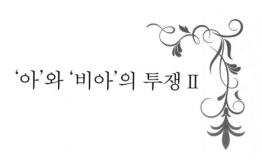

'아'와 '비아'의 투쟁 Ⅱ

고려는 왕건(王建) 태조가 개국을 선포할 당시부터 '아'와 '비아'의 요소를 동시에 포함하는 정책을 내세웠다. 스스로 고구려의 후신으로 자처하여 고구려의 고토(故土)를 회복하고자 하는 북진정책을 세웠고, 한편 신라 문화의 후계자로 자처하여 신라 말기에 발전한 선종을 중심한 호국불교를 국시(國是)로 삼았다.

이 같은 태조의 정책은 단지 표방된 국시로만 끝나는 것은 아니었다. 그리고 탁상공론만도 아니었다. 현실적으로 그는 고구려의 고도(古都)인 평양을 서경(西京)이라 하여 중시하였고, 동시에 고구려계인 유민에 대한 깊은 배려를 하였다. 여기서 고려사의 내부에는 친(親)고구려적 맥(脈)과 친(親)신라적 맥(脈)이 양립하게 되었다.

그러나 어차피 친고구려적 맥의 힘은 친신라적 맥에 의하여 압도당하지 않을 수 없었다. 고구려가 멸망한 지 무려 2~3세기에 걸친 세월이 실질적으로 고구려의 기맥을 쇠잔시켰기 때문이다. 남은 것은 고구려의 영토적 위대성을 향한 꿈과 고구려인의 상무적 기상에 대한 향수가 있었을 뿐이었다. 그러나 이것은 지나친 당의 영향하에서 자아의식을 상실해가고 있었던 신라 말기적 정신풍토에 대한 반조정

(Anti-these)으로써 중대한 의미를 지니는 것이었다.

그러나 이것은 왕건 태조의 꿈이었을 뿐, 광종 때에 과거제도가 실시되고, 이를 계기로 지배귀족이 그들의 출세와 영달을 위해서는 유학을 배우지 않으면 안 되게 되면서부터, 그와 같은 고구려적 기상, 또는 통일신라 초창기의 독자적인 불교정신은 차차 유학이라고 하는 사상에 의하여 마멸되어 가게 되었다.

즉 유학을 통하여 현세적이고 개인적인 출세와 영달을 얻은 유생귀족들은 차차 공맹(孔孟)의 고국을 자기의 고국으로 생각하고 싶어 했으며, 공맹(孔孟)의 시조를 자기의 시조로 생각하고 공맹의 천(天)을 자기의 천으로 받들고 싶어 했다.

그러므로 고려의 귀족들은 거란족과 투쟁을 하되 자민족을 보호하기 위해서가 아니라, 천자를 위하여 오랑캐를 친다는 명분에서 싸웠고, 고려조정의 신하들은 자기 임금에게 최종적 충성을 바치는 것이 아니라, 궁극적인 충(忠)의 대상은 천자(天者)와 천(天)에 있다고 생각하였다.

이 때문에 고려의 지배자들은 거란족이나 여진족이 만주에 위치해 있을 때는 적으로 간주하였지만, 그들이 세력을 떨쳐 중원을 장악하면 그들을 천자라 모셔 군신의 예를 갖추었다. 물론 고려의 지배계급이 이와 같은 자세를 취하게 된 이유는 그들의 현실적이고 개인적인 이해관계에 근거를 두고 있다.

이를테면 이자겸(李資謙)과 같은 자는 자신의 출세와 부귀를 위하여 딸을 셋씩이나 같은 왕실에 출가시키는 불륜(不倫)을 자행했고, 또 중원을 장악한 금나라의 침공이 있자 싸워보지도 않고 항복하고 말

왔다.

이와 같은 '비아'적인 고려 귀족사회에 대한 '아'의 투쟁이 없을 리 없다. 그것이 바로 고구려계의 서경인 묘청(妙淸)이 일으킨 난이다. 묘청은 동향인 정지상(鄭知常), 백수한(白壽翰) 등과 더불어 이자겸의 횡포로 인하여 피폐된 고려 왕실을 서경으로 천도함으로써 중흥을 도모하고, 이를 계기로 종래의 사대적 유생들에 의하여 금나라에 복속된 상태에서 벗어나 자립을 선언하는 칭제건원(稱帝建元)을 주장하였다. 그리고 힘을 키워 금나라를 정복하여 왕건 태조에 의하여 주창된 고구려 고토의 수복을 주장하였다.

그러나 이것은 유학사상에 의하여 철저하게 세뇌되어 있는 김부식(金富軾)과 그 세력에 의하여 좌절되었다. 김부식은 묘청 등의 칭제건원(稱帝建元)에 대하여 '대금(大金)이 노할라!'고 외쳐 안일무사주의의 '비아'의 속성을 노출시켰고, 묘청 등이 고구려 고토의 수복을 위해 필요하다고 생각된 전진적 천도론에 대하여 지역적 파벌의식(地域的 派閥意識)을 내세워 이기적 '비아'의 근성을 폭로하였다. 결국 이 묘청의 난에서 나타난 '아'의 '비아'에 대한 저항, 외세의 지배에 대항하는 민족적 자유의지는 유학사상에 맹목적으로 경도된 김부식 등의 '비아'적 속성에 의하여 차단되고 만 것이다.

그러나 고려가 지니고 있는 '아'의 요소가 여기서 완전히 쇠잔되어 버린 것은 아니다. 김부식이 묘청 난을 진압시킨 것을 계기로 유학 중심의 문신의 세력은 극도에 이르렀다. 그러나 이들 문신은 이름이 문신이지, 그 이름에 해당되는 학문 연구가는 아니다.

소위 문신이라고 하는 사람들의 '문'자는 과거(科擧)를 보고 관직을 점유한다는 의미 밖에는 없다. 원래 시험이라고 하는 것은 최소한의 노력으로써 최대한의 효과, 즉 합격만을 하면 끝나는 것이다. 그러므로 과거라는 시험을 위해서 학문을 한 사람들에게 학문이 있을 까닭이 없다. 그들은 과거의 관리자인 지공거(知貢擧)와의 사적관계, 즉 문하생이 되는 관계를 통해서 편리한 방법으로 과거에 급제할 수 있었다. 그리고 그 문하생과의 관계를 통한 학벌관계로써 출세도 할 수 있었다.

그러므로 고려에는 문치주의는 있어도 학문은 없었고, 문신은 있어도 학자는 없었다. 이와 같이 고려의 정권을 잡고 있는 문신이라고 하는 사람들은 학문도 철학도 정치에 필요한 실용적 지식도 갖고 있지 않았다. 다만 왕과 더불어서 향락적인 향응을 하는데 필요한 시문을 읊는 것으로 문신이 갖는 실력은 충분한 것이었다. 그리고 소위 인간관계를 잘 맺고 뒷구멍에서 끙끙대며 권모술수를 꾸미는데 필요한 말재주와 파렴치한 얼굴만 가지고 있으면 되는 것이었다.

한마디로 고려의 지배권을 잡고 있었던 문신이란 궁극적인 생의 가치를 망각한 채 눈에 보이는 환락과 편의에 환장이 되어 권력에 무조건 아부하는 아세주의의 '비아'의 상징이다. 그리고 실체와 진실을 상실한 채, 허망한 형식에 사로잡혀 향락이라는 뜬구름에 씻겨가고 있는 헛된 인생들이었다.

그러면서도 이들은 무신을 압박하였다. 외적이 쳐들어오면 선발대로 나아가서 싸우다가 죽을 무신들을 단지 문자를 쓰지 못하는 계급이라 해서, 시문(詩文)을 지어 왕의 비위를 맞추는 재주가 없다는 이유로 해서, 이들을 억압하였다. 억압을 받는 자는 자유를 의식하게 마련이다. 압박자에 대한 저항과 보복을 행하게 마련이다. 이것이 바로 인간이 지니고 있는 원초적 자유의식인 것이다.

문신에 의하여 불평등한 대우를 받던 무신이 일어났다. 김부식의 아들, 김돈중(金敦中)으로부터 수염을 태우는 수모를 당한 정중부(鄭仲夫)는 일어나서 200여 년간 고려사를 지배해 오던 안일무사주의의 상징이며, 아세주의, 향락주의의 표본인 문신들을 청소해 버렸다.

모든 귀족에 의하여 억압을 당하던 천민들도 일어났다. 국가 재원으로 갖은 고초를 당하여 노동을 착취당하면서도 인간으로서 대접을 받지 못하고 있었던 천민들이 비로소 자유의 참맛을 알았던 것이다. 그리하여 사노(私奴) 만적(萬積)은 '장상(將相)이 어찌 씨가 있으리오? 때가 오면 누구든지 할 수 있다.'[3]고 외쳤다. 이 얼마나 절실한 자유의 절규인가? 그러나 역사는 아직 이들에게 자유를 주지 않았다. 다만 무신들에게만 자유가 허용되었을 뿐이다.

무신들은 정치에 대하여 무지했다. 그러나 뼈저린 압박을 받았고 이에 대한 처절한 저항의식을 지니고 있었던 그들의 정신은 절실했다. 그들은 현세향락에만 몰두하지 않았다. 초창기에는 그들에게 다가오는 적이 그것을 용납하지 않았고, 후기에는 몽골족이라는 외민족과의 투쟁 때문에 그럴 수 있는 여유가 없었다. 만약 문신들이 집권하고 있었던 시기에 몽골족의 침략이 있었다면 싸우지도 않고 항복하고 말았을 것이 분명하지만, 이들은 그래도 투쟁을 했다. 6차에 걸친 집요한 침략에 대항하여 사력(死力)을 다하여 싸웠다.

역사에 있어서 전쟁의 승패는 그리 큰 문제가 되지 않는다. 전쟁에서는 승리하는 경우도 있고, 패배하는 경우도 있기 때문이다. 중요한 문제는 그 전쟁에 임하는 민족의 자세다. 패배가 무서워서 싸워보지도 않고 미리부터 패전의식에 사로잡혀 항복을 하느냐, 아니면 전쟁 자체가 그 민족에게 주어진 역사적 소명이며, 민족적 시련임을 깨닫고 최선을 다하느냐 하는 것이 문제다. 역사가 민족에게 제시한 소명과 시련에 대하여 지성(至誠)을 다하여 임하는 민족이라면, 설사 어느 전쟁에서 패전을 했다 하더라도 그것은 일시적 패전이지, 그것이 역사 자체를 오도할 만큼 큰 사건은 아니다.

몽골족의 침략이 있었을 때, 고려는 종국적으로 패전하였다. 그러나 용감하게 싸우다가 패전한 것이다. 귀주(龜州)를 지키던 김경손(金慶孫) 장군은 '감사(敢死)의 사(士) 12인'[4]을 중심으로 죽기를 맹세코 싸웠다.

그리하여 드디어는 전 유라시아 대륙을 휩쓴 몽골의 노병으로 하여금 '내가 소년 때부터 종군하여 천하의 성지(城池)와 공전(攻戰)의 상황을 역관(歷觀)하였으나, 일찍이 이와 같이 공격하여도 끝까지 항복하기를 싫어하는 것을 보지 못하였다.'[5]는 탄식을 하고 돌아가도록 했다.

그리고 승장(僧將) 김윤후(金允侯)는 몽골의 제2차 침략이 있었을 때 의병을 이끌고 적장 살례탑(撒禮塔)을 죽이고, 몽골군으로 하여금 철수케 하였으며, 70여 일에 걸친 적의 공격을 무찌르고 충주 성을 지키는데 성공했다. 만약 고려가 몽골의 침략을 받았을 때 이처럼 진지하게 대적한 사람이 없었고 다만 홍복원(洪福原),[6] 최탄(崔坦),[7] 조휘(趙輝), 탁청(卓靑)[8]과 같은 반역자(叛逆者)의 무리만 있었다면, 지금 우리는 고려사를 어떻게 읽을 수 있을 것이며, 그러한 민족의 후손으로서 어떻게 미래사에 다가오는 고난을 극복해 갈 수 있는 용기를 얻을 수 있단 말인가?

몽골의 세력은 너무나 강하였다. 그리고 고려 초기부터 지배계급 속에 깊이 뿌리 박혀 있어 지배귀족들의 머리를 철저하게 지배하여 오고 있었던 안일무사주의의 '비아'의 속성과 아세주의, '비아'의 근성은 무신정권의 와해와 더불어 다시 그 머리를 들기 시작하였다.

그리하여 삼별초 난으로 지칭되고 있는 무신들의 '아'를 위한 최후의 투쟁을 압살하고, 드디어 그들은 고려의 운명을 몽골의 지배하에 팔아 넘겼다. 이것은 고려사를 통하여 면면히 지속되어 온 '아'와 '비아'의 투쟁에 있어서 '비아'가 '아'를 크게 억누르게 된 사건이며, 이로써 '아'는 점차 그 기력을 상실당하여 중원의 중화사상 속에 민족의식을 침작시키는 계기가 된 사건이었다.

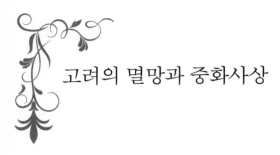

고려의 멸망과 중화사상

몽골과의 투쟁에서 고려가 패배하였다는 사실은 '비아'적 고려 문신들에게 '아'에 대한 주장이 무모한 것이라고 하는 것을 입증해 주는 것이었다. 한반도라는 지정학적 위치에 처하여 있는 한민족으로서는 만주족이나 몽골족들처럼 중원을 향해 진군할 수도 없고, 일본 족들처럼 대륙의 정세와는 무관한 상태에서 생활할 수 없다는 것을 진실로 받아들이게 하였다.

이 때문에 대륙에서 국제정세가 뒤바뀌고 고려에서 공민왕의 개혁정치를 통하여 종래에 원나라에 아부하여 득세하였던 권문세족들이 타도되는 신시대가 도래하였음에도 그 시대적 조류에 따라 새로 등장한 이른바 신진사대부(新進士大夫)의 세력이 처음부터 사대적 경향을 주창하고 나왔던 것이다.

그리고 이러한 경향에 순응하는 것이 현실적으로 실리를 얻는 길이라고 생각하였던 것이다. 그리고 이때에 도입된 주자학은 힘에 의하여 억압을 당하고 있는 고려인에게 피압박을 합리화시키는 역할을 담당하였다. 그리고 이 주자학을 새로운 사회사상으로 받아들인 사대부 세력이 고려의 실권을 잡게 된 것이다.

고려의 역사는 '아'와 '비아'의 가장 전형적인 투쟁의 역사였다. 이 투쟁은 '아'의 기질을 담은 불교사상과 '비아'를 합리화시키는 유학사상과의 투쟁이었으며, 민족주체성을 앞세운 고구려의 상무적이고 호전적인 무인 기질과 사대를 현실적 진리로 받아들인 신라의 안일무사주의와 아세주의의 문신기질의 투쟁이었으며, 민족의 주체이며 국가의 주인이면서도, 지배계급에 의하여 일방적인 압박과 착취를 당하여 온 민중과, 불로소득의 부귀영화 위에서 향락생활에 탐닉되어 있던 귀족의 투쟁이었다.

그런데 이제 명나라에 대한 사대를 표방하고 주자학을 이상으로 삼는 사대부 세력이 정권을 장악하고, 지배권을 잡게 되었다는 것은 불행하게도, 이 투쟁에서 전자가 후자에 의하여 패배 당하였다는 것이 된다. 그리고 최영(崔瑩) 장군이 이성계(李成桂)에 의하여 제거되었다고 하는 역사적 사실은 '아'가 '비아'에 의하여 최종적으로 패배했다는 것이 된다.

최영은 몰락해가는 고려를 중흥시키려고 노력한 최후의 인물이다. 동시에 소멸되어 가고 있는 '아'를 최후적으로 지키고 실현하려다가 실패한 사람이다. 당시 동아시아(東亞)의 정세는 과도기에 있었다. 노쇠한 원나라는 새로 등장한 명나라에 의하여 패망하여 북으로 퇴진하고 있었으며, 신흥 명나라는 아직 중원을 완전히 장악할 수 있을 만한 실력을 지니고 있지 못하였다.

이러한 국제 정세는 고려가 국초에 내세운 북진정책, 즉 고구려의 고토인 요동을 회수할 수 있는 절호의 기회였다. 최영은 이 기회를 이용하여 멸망해가는 고려 왕실도 소생시키고 잦아드는 고려인의 기맥도 새롭게 하려 하였다.

인간의 정신과 자유의식 그리고 인간의 힘은 그 대상을 갖게 되었을 때 새로워지게 마련이다. 작은 자는 큰 자를 대적할 때 비로소 커질 수 있는 것이다. 그런데 이성계는 최영의 이 같은 자유의식을 이소역대(以小逆大)라는 합리론을 내세워 불가론(不可論)을 주장하고, 스스로 작은 자로, 약자로 자인하였을 뿐 아니라, 큰 나라에 예속되기를 자처하였다.

그 결과 최영은 죽고 이성계는 왕이 되었다. 최영을 따르던 자는 역적의 누명을 쓰고 이 세상에서 사라져 갔고, 이성계를 따르던 자는 개국공신으로 후대에 이르기까지 부귀영화를 누렸다.

그러나 민족사와 정신사적 입장에서 볼 때, 이성계는 민족과 민중을 버렸고, 최영은 민족과 민중 속에 흡수되어 민족사를 이끌어 가는 민중의식의 굳건한 맥박이 되었다.

경기도 일원에서는 무당들이 굿거리를 할 때 '최일 장군'을 불러 모신다. 그리고 그의 영혼 앞에 제사를 지내며 그를 호국의 신으로 받들고 있으니, 여기서 최일 장군이란 최영 장군이다. 이들이 이를 수호신으로 받드는 일은 최영이 형(刑)을 당함에 이르러 말하기를 '내가 평생에 탐욕의 마음을 가졌다면 무덤 위에 풀이 날 것이요, 그렇지 않다면 나지 아니하리라'고 하여, 지금도 고양군에 있는 그의 무덤이 적분으로 남아있게 된 데에 연유하는 것이다.

이처럼 민중이 최영을 숭배하게 된 것은 그의 출세 때문도 아니며, 그의 관직이 팔도도통사에 이르렀기 때문도 아니다. 그가 지니고 있었던 청렴결백한 마음, 오로지 민족과 국가를 위해 사심을 갖지 않았던 순수한 마음이 민중의 심중에 흐르고 있기 때문이다.

한마디로 최영은 죽었어도 그 정신과 영혼은 살아서 민족사에서, 민중의 가슴속에 도도히 흘러 민족사가 발전해 나가는데 있어서, 민중이 그의 자유를 위한 투쟁을 하는데 있어서, 강력한 힘이 되고 있는 것이다.

사람은 한 번 나면 한 번 죽게 마련이다. 죽은 다음 그의 영혼은 남아서 천국에도 가고 지옥에도 간다고 한다. 그러면 그 천국과 지옥이 어떻게 다른가? 인간이 죽은 다음, 그의 영혼이 가는 곳은 미래사 속에서 생존하는 민중의 정신이다. 그 속에서 그들의 영혼이 어떻게 평가받고 있느냐에 따라 천국과 지옥은 결정된다. 그들 민중의 가슴 속에서 그것들은 어떤 역할을 하느냐에 따라 선한 영혼과 악령은 구별된다.

이에 비하여 이성계와 그의 일파는 현실적으로 출세하였고 부귀를 얻었지만, 그들로 인해 한민족의 존재의미는 희박해졌고, 국가는 기껏 중화에 예속된 지방제후의 입장으로 전락하고 말았다. 그리고 그들 개개인은 정권에 혈안이 되어 동족상잔의 상징으로, 당쟁의 원흉들로 낙인이 찍혔으며, 그 후 민족사에 생존했던 민중들의 가슴속에 악령으로 살아있게 되었을 뿐이다. 그리고 이 악령들에 의하여 한국의 민족사는 그 개별성, 독자성을 상실하고 중화사상의 굴레 속에 포함되게 되었다. 그러면 중화사상이란 무엇인가?

주대(周代) 이래로 중국인과 그 주변 민족의 정신세계를 지배해 온 중요 사상은 천지인(天地人)과 천자(天子)에 대한 관념이었다. 이 사상에 의하면 우주는 천(天)과 지(地)로 구성되어 있고, 인(人)은 그 천과

지를 연결하는 존재인 것이다. 그리고 천은 지, 즉 전 천하(全天下)를 지배하여야 하는데, 천은 형이상자(形而上者), 즉 형이상학적 존재다. 형태를 가지고 있지 아니한 천, 눈으로 볼 수도 없고 손으로 만질 수도 없고 귀로 들을 수도 없고 코로 냄새를 맡을 수도 없고 혀로 맛도 볼 수 없으면서 존재하는 천, 그것은 볼 수도 있고 만질 수도 있고 들을 수도 있고 냄새를 맡을 수도 있고 맛을 볼 수도 있는 지(地)를 직접 지배할 수 없는 것이다. 그러므로 그것은 천자라는 대행자를 사람 중에서 발탁하여 천자로 삼고 그로 하여금 천하를 지배하게 한다. 고로 천자는 천의 대명자로서 중원에 위치하며 거기에서 천을 대신해서 전 천하를 다스린다. 그리고 그 천자가 군림해 있는 중원은 천하의 중심이며, 세계 문화의 발원지다.

그러므로 천하의 모든 민족은 그들이 천에 의해 주어진 땅에 살고 있는 한, 누구나 천자의 지배를 받아야 하고 교화를 받아 중화의 문화권 속에 포함되어야 한다. 만약 그렇지 않고 천자의 권위를 인정하지 않는다거나, 중화문화의 수용을 거부할 경우, 그들은 오랑캐, 즉 야만족으로 간주되며 정복의 대상이 된다. 소위 북적(北狄), 남만(南蠻), 동이(東夷), 서융(西戎)이란 바로 이 오랑캐들을 말하는 것이다.

그러나 현재와는 달리 교통, 통신, 행정제도가 발전되어 있지 않은 시대에 천자가 실제적으로 그의 천하, 즉 동아시아 전역을 지배 통치한다는 것은 불가능한 일이다. 이 때문에 실제로 천자가 지배 통치하는 지역이란 매우 협소한 도시국가에 불과하였다.

그 나머지 지역은 천자에 의하여 책봉된 행정 관료들에 의하여 지배 통치되었다. 여기에 천자의 통치는 문제를 지니지 않을 수 없었다.

천자가 현실적으로 부실한 통치능력을 가지고, 어떻게 각 지역의 실력자들로 구성된 권력자들을 다스려 나갈 수 있는가 하는 것이다. 힘으로써는 그들을 지배할 수 없고, 그렇다고 그들의 세력을 그대로 방치해 둘 수도 없었다. 이러한 상황에서 나타날 수 있는 통치방법이란 사상적 또는 종교적인 것이다. 바로 이러한 통치수단으로 등장된 것이 바로 유학이다.

유학은 선진(先秦)시대, 즉 춘추전국시대에 그 시원을 두고 있다. 주대(周代)에는 아직 이렇다 할 만 한 권력을 지닌 지방 세력이 없었다. 주 왕실을 제외하면 실질적으로 원시적 무정부 상태에 있었다. 그러므로 주 왕실은 이른바 '덕화(德化)' 하나만으로 천하를 다스릴 수 있었다. 그러나 그것은 극히 의례적이고 형식적이며 종교심에 근거한 것에 불과한 것이었다. 왜냐하면 그 시대의 사회상황이란 객관적으로 혈연공동체의 한계를 크게 벗어난 것이 아니었기 때문이다.

그러나 이러한 원시적 무정부상태는 오래 가지 않았다. 인지(人智)가 계발되고 인구가 늘어나서 사회가 확대 발전되어감에 따라, 혈연공동체는 지역공동체로 발전하고, 지역공동체에는 강력한 지배 권력자가 등장하여 이웃의 다른 사회를 통합·발전시켜 지방적 고대국가 형태를 취하기 시작하였기 때문이다. 춘추시대(春秋時代)에 제(齊)나라의 환공(桓公)이나 진(晉)나라의 문공(文公) 등의 등장은 바로 이러한 현상의 결과라 할 것이다. 이처럼 강력한 실력을 갖춘 자들이 상징적 통치 체제인 주 왕실을 맹목적으로 추종할 까닭은 없었을 것이다.

이처럼 수많은 지방 국가들이 강력한 체제로 성장되어감에 따라 천하는 춘추전국(春秋戰國)시대로 호칭되는 약육강식(弱肉强食)의 전란기로 접어들게 되었다. 춘추시대 200년, 전국시대 200년, 도합 400여 년에 걸친 약육강식의 전란은 사람들로 하여금 질서와 안정을 추구하게 하였다.

그리고 전란에 대한 기억이 없는 요순(堯舜)시대 또는 주대(周代)에로의 복귀를 희구하게 되었다. 현실세계의 승패(勝敗)의 개념을 초월해서 안빈락도(安貧樂道)의 이상을 갈구하였다. 가난이나 속박이 전란으로 인한 생존에 대한 위협보다는 낫다고 생각되었다. 이러한 갈구에 대응해서 만들어진 것이 제자백가(諸子百家)의 사상이다. 제자백가의 주장은 각양각색이지만 그것들이 지향하는 점은 다 같이 안정이요, 수신제가치국평천하(修身齊家治國平天下)의 원리였다. 그러므로 제자백가의 여러 이론들은 결국 한나라와 당나라 시대(漢唐代)에 이르러 유학사상과 노장사상으로 대부분 흡수되고 만다. 그중 유학은 치자(治者)의 도로 군림하고, 노장학은 피치자(被治者)의 현실 도피적 탈출구로서의 역할을 담당한다.

중화사상의 핵을 이루고 있는 것은 치자의 도로서의 유학이다. 그런데 앞에서 누누이 강조한 바와 같이, 치자는 언제나 보수적 본성을 갖는다. 유학은 이 보수적인 치자들의 지배적 위치를 공고히 해주기 위해 봉사하여 왔다.

유학은 모든 사람들에게 '그대들은 지선(至善)·지성(至誠)을 다하여 효를 할 수 있을 만큼 수신이 되어 있느냐? 또 윤리적으로 완벽한 지경에 이른 군자로서의 덕을 갖추고 있는가?'라고 묻는다. 그리고 만약 그것이 되어 있지 않다고 생각되면, 치국에 임할 생각을 아예 단념하라고 권고한다. 지선 지성이 과연 어느 단계에 이른 선과 성을 말하는 것인가?

스스로 효자라고 생각하는 자는 이미 효자는 되지 못한다. 언제나 스스로 불효자(不孝子)임을 자처하고 있을 때에만 비로소 그는 참된 효, 즉 부모에 대한 지성의 마음을 지니고 있다고 말할 수 있다.

또 군자(君子)란 어떠한 인격의 소유자란 말인가? 중용(中庸)에서 희노애락지미발(喜怒哀樂之未發)을 위지성(謂之聖)이라 했는데, 공자는 몇 살이 되어서 이 성(聖)을 이룩했는가? 그렇다면 과연 치국(治國)의 자격을 갖추고, 평천하(平天下)의 천명(天命)을 받고, 정치와 권력에 접근할 수 있는 자가 세계 어디에 있겠는가?

이것은 결국 모든 인민들에게 기성적인 지배자에게 무조건 복종하며, 현재의 지배자의 권위를 천명에 근거한 것으로 비판 없이 인정하라는 교시(敎示) 밖에는 아무것도 아니다. 유학이 혁명을 인정한다고 하지만, 그것은 언제나 승자의 혁명일 뿐이다. 다시 말하면 유학에 있어서 현재의 천자는 언제나 천에 의해서 발탁된 천의 대명자(代命者)다. 따라서 전 세계의 군주는 그 천자를 따라야 하고, 사대부(관료)는 군주를 무조건 따라야 하며, 민(民)은 그 사대부를 높여 받들고 따라야 한다.

이러한 유학사상은 전 동아시아(全東亞)로 퍼져 나아갔다. 그리고 그 곳에서 고대국가가 성립되어 가는 과정에 있어서 중요한 사상으로 작용을 하였다. 부족연맹체에서 강력한 군주가 등장하여 왕권체제의 확립과 그 유지에 있어서 이 사상은 안성마춤이었기 때문이다.

그러므로 대부분의 동아시아(東亞) 민족국가의 지배자들은 애써서 이 유학 사상을 수용하였다. 그렇게 함으로써 지배자들은 스스로 교화된 문명인으로 자처하고, 한편으로는 그 휘하에 있는 피지배자들에게 충(忠)과 효(孝)를 강요하였다.

집안에서 자식이 부모에게 효를 하지 않으면 어찌 집안이 평안하겠는가? 마찬가지로 나라에도 신하가 왕에게 충성을 하지 아니하면 어찌 나라가 평안하겠는가? 이것이 바로 유학의 합리적 논법이다. 그리고 지배자는 이러한 논법을 몸소 실현한다. 중원에 있는 천자에게 충성을 표시한다. 조공을 바치고 새로이 개국을 하면 정식 책봉을 의뢰하고 연호를 따르고…….

한마디로 유학의 세례를 받은 동아시아의 제 민족들은 중원의 천자를 정점으로 해서 하나로 통합되어 있는 것이다. 그리고 이들은 모두가 유학, 충효라는 보편 획일적인 원리, 이념체제하에서 공존하고 있는 것이다.

이것은 로마 교황을 정점으로 하는 기독교의 보편 획일주의의 원리하에서 유럽의 모든 민족국가들이 공존하고 있었던 중세 유럽의 체제와 유사한 것이다. 예를 들면, 유럽의 군주들이 교황으로부터 대관(戴冠)을 받아야 군주로서 공인되는 것처럼, 동아시아의 왕들은 중원의 천자로부터 책봉을 받았으며, 유럽의 군주들이 기독교 교문(敎門)에 들어가지 않으면 안 되고, 만약 그들이 교황으로부터 이단으로 판정을 받아 파문(破門)을 당하면 군주의 지위를 유지할 수 없었던 것처럼, 동아시아제국의 군주들도 천자에게 입조칭신(入朝稱臣)을 하지 않으면 아니 되고 천자에 의한 토벌의 대상이 되었다.

조선 왕조가 국초에 내세운 주자학 숭배와 사대교린(事大交隣)이란 국책은 이러한 중화사상을 자발적으로 받아들였다는 것을 입증하는 것이다. 소위 소중화(小中華)라는 입장을 내세워 자신을 위로해 가면서, 이 중화사상에 스스로 예속되어 간 것이다.

그러므로 조선 전기의 역사는 어떻게 하면 스스로 중화에 가까워지는가를 위해서 노력한 역사였다. 그래서 조선의 유생들은 힘으로써 권력을 잡은 이방원이나 수양대군과 같은 능력자를 부도덕 불륜의 인물로 낙인을 찍어 타기(唾棄)하였고, 나이가 어리고 현실적으로 통치능력도 없는 단종(端宗)을 모시고 그를 위해 충성이라는 이름으로 죽은 사육신을 사표로 삼았다. 그리고 현실적 외교정책을 써서 국난을 극복하고자 노력한 광해군(光海君)을 폭군으로 낙인을 찍어 버리고, 명나라가 아니면 머리를 숙일 수 없다고 버틴 삼학사(三學士)를 충신으로 받들었다.

그뿐이 아니라, 당시 유생과 양반들은 중국을 신앙의 대상으로까지 생각하였다. 그랬기 때문에 그들의 의식구조하에서는 중국적인 것이 진실이고, 중국적인 미(美)라야 참된 미였으며, 중국의 천자를 위한 일이라야 가치가 있는 일이었다.

그렇기 때문에 그들은 조선에 앉아서 그림을 그려도 중국의 산수를 그렸고, 조선인의 사랑방에 앉아서 읊어도 중국인의 시를 읊었다. 오죽하면 현동자(玄洞子) 안견(安堅)은 꿈속에서도 중국의 무릉도원을 순방하고 〈몽유도원도(夢遊桃園圖)〉를 그렸겠는가? 조선 전기의 양반 유생들에게는 중국의 무릉도원이 천국이 아니고 무엇이었겠는가?

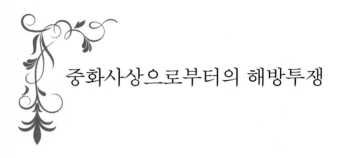

중화사상으로부터의 해방투쟁

　나는 앞에서 근세 유럽의 자유주의 운동은 중세 교권으로부터 해방을 부르짖고, 가톨릭의 보편주의에 대항하여 개인이 독립하고 민족이 독립하는 데서 시작되었다고 했다. 이것과 비교해 볼 때, 동아시아의 근세 자유주의 운동이 있었다면, 그것은 중화사상의 보편적 원리에 의한 중국의 지배로부터 각 개인이 자신을 발견하고, 각국의 민족이 독립을 쟁취해 온 과정에서 비롯된다고도 볼 수 있을 것이다.

　특히 한국사에 있어서 이러한 점은 보다 명백히 나타나고 있다. 조선 후기에 나타난 사상운동으로서의 실학은 확실히 서양사상의 르네상스의 성격을 나타내고 있는 것이다. 서양의 르네상스가 중세적 가톨릭 체제에 대한 비판과 반성에서 비롯된 것이라면, 실학은 한국사에 있어서 가톨릭 체제라고 할 수 있는 주자학적 정치이념에 입각한 유교적 양반체제에 대한 비판과 반성에서 비롯된 것이라 할 수 있다.

　유학은 물론 고대 삼국시대에 한국사 속에 유입되었다. 그러나 그것이 사회, 정치, 윤리적인 가치관으로서 한국사의 지배원리로서 영향력을 발휘한 것은 아무래도 고려 광종 때 실시된 과거제도에서부터라고 해야 한다. 이때부터 유학은 실제적으로 상류 지배계층의 정신세계를 지배해 나갔다. 출세를 지상의 과제로 생각한 귀족들이 과거에 응시해야 했고, 그것을 위해서는 유학을 철저하게 익히지 않으면 안 되었기 때문이다.

여기서 한국사의 중세적 경향은 시작되었다. 유학의 발원지를 종주국으로 생각해서 광종 때 송나라와 통교한 이래로, 그 황제에게 입조(入朝)하고 조공을 바치는 등의 외교적 사대주의가 비롯된 것이다. 이로부터 앞에서 언급한 바 있는 아(我)의 주도세력인 민중의 고구려적 기상과 민족의식 및 개인의 자유의식은 지배귀족의 사대의식, 존화(尊華)사상에 의하여 억압되기 시작하였다.

그 때문에 통일신라시대에만 하더라도, 살아 있던 민족의식과 개인의 자유의식이 이후로 차차 소멸되어 간다. 이를테면 신라는 문화적 사상적으로 비록 당의 문화, 사상을 받아들였다고 하지만, 그것은 순수한 중국의 것이 아니라, 주로 불교문화였다. 멀리 서역에 위치하고 있으므로 현실적 이해관계를 갖고 있지 않은 인도의 불교문화였기 때문에, 이를 받아들여 발전시킨 신라가 중국에 의한 현실적인 영향을 받아야 할 이유가 비교적 적었다.

그러므로 우선 원효(元曉)는 독자적인 법성종, 정토신앙 등을 통하여 신라 귀족과 민중에게 신라적 신앙생활을 할 수 있게 해주었다. 그리고 예술에 있어서도 그 대상이 불상(佛像), 탑파(塔婆) 등이다. 이들의 제작 수법에 있어서 당의 영향을 받지 않은 것은 아니지만, 그 본질에 있어서는 중국의 사상과 관련이 없다.

불상에는 그 불상을 제작한 조각가의 깊은 신앙심이 표현되어 있을 뿐이다. 그리고 탑파만 하더라도 신라라는 국가를 수호하는 민족적이고 국가적인 호국의 소망과 독자적인 신앙심의 표현이지, 그것이 당의 정치나 경제라는 것과 연결된 것은 아니다. 한마디로 신라인의 불교 신앙은 결코 타의 모방에 의한 것일 수가 없는 것이다. 진실한 신앙이란 가장 주체적인 것이며, 나아가서는 단독자(單獨者)로서의 자아와 단독자로서의 신과의 일대일의 관계 속에서 이루어지는 것이기 때문이다.

그러나 고려의 문화와 예술은 다르다. 우선 그들은 시문(詩文)을 그들의 현실적 생활과 연결시켜야 했다. 단지 앞서 말한 과거가 아니라도, 그들은 시문을 소위 귀족적 향락생활에 연결시켜야 했다. 한민족으로서 중국 문자로 된 시문을 암송하고 또 자작(自作)을 한다. 그리고 그것을 즐긴다고 할 때, 그들의 의식구조가 어떻게 전환될 것인가 하는 것은 자명한 일이다. 그 때문에 그들은 송나라 문장가들을 모방하였으며, 그들의 향락적 향응을 배웠고 거기에서 도자기의 필요도 느꼈다.

신라의 불상 및 탑파문화가 독자적 신앙생활의 표현이라고 한다면, 고려의 청자문화는 귀족들의 중국 모방적 향락생활의 표현이라고 할 수 있을 것이다. 물질과 현실적 이해를 초월한 신앙과 같은 정신생활은 개인적이고 독자적 세계를 형성하는 것으로 끝난다. 그러나 그것이 물질이나 현실적인 권력과 연결될 때에는 다르다. 고려 귀족의 이 같은 문화생활이나 정신생활은 결국 국초에 왕건이 부르짖은 북진정책을 한낱 헛구호로 만들고 말았다. 그리고 중원의 주인이 바뀔 때마다 사대적 외교정책을 취해야만 했다. 그러나 고려 왕조가 지속되고 있는 동안은 그것을 표방하지는 않았다.

그 후 주자학을 교양으로 하는 신진사대부 세력을 주축으로 하여 조선 왕조가 시작되면서 이것은 노골화되었다. 그것이 정당한 명분으로까지 간주되었다. 이것은 곧 주자학에 의한 중세적 중화사상이 한국사 속에 그만큼 깊이 파고들었으며, 강하게 영향력을 행사하게 되었다는 것을 뜻한다.

그리고 이 같은 주자학의 영향력은 이퇴계(李退溪), 이율곡(李栗谷) 등의 대석학(大碩學)이 등장하여 조선주자학이 발전의 극에 도달했던 임진병자 양란을 전후하는 시기에 절정을 이루었다. 주자학 발전의 극(極)은 곧 조선 왕조 자체의 절정이었다. 그리고 이 이전까지의 주자학은 건전한 발전의 도상을 걸어왔으며, 동시에 조선도 이에 따라 상승적인 발전을 이루어 왔다.

그러나 마치 서양 중세의 스콜라철학이 절정에 이르렀고, 로마 교황의 교권이 최고로 강성했던 그레고리 7세~우르반 2세 시대에 십자군 전쟁이 일어났고, 그것을 계기로 가톨릭은 경직화되고, 새 생명에 대한 압제자로 전락했듯이, 조선의 주자학과 조선 왕조는 임진병자 양란 이후 스스로 경직화되고 보수적 입장을 취하게 되어, 양란 후 발생하기 시작한 사상사의 새 생명에 대한 억압자로 변신하지 않을 수 없었다.

그리하여 우암(尤庵) 송시열(宋時烈)대에 이르러서는 주자학의 유일성을 고집하여, 그 이외의 일체 학문이나 학파는 사문난적(邪文亂賊)으로 간주하고, 그에 대한 철저한 박해를 가하기 시작했던 것이다.

자신 이외의 것은 무조건 부정하는 주자학과 그 추종자들, 그것은 이미 스스로 노쇠했다고 하는 사실을 폭로하고 있는 것이다. 늙었기 때문에 정신이 움직이지 않았고, 더 이상 뻗어 나갈 목표를 상실하였기 때문에, 그것은 현재의 위치만이라도 고수하지 않으면 안 되겠다는 단말마적인 고집을 부리고 있는 것이다.

실제로 이퇴계, 이율곡 이후 주자학은 더 이상의 발전을 보지 못하였다. 이것은 조선의 유생들이 유생으로서 해야 할 일을 상실한 것이다. 유생이란 계급의 명칭이 아니라, 유학 연구에 종사하는 학자를 말한다. 그런데 학자에게 연구할 대상이 없어진 것이다. 그러면 그들은 무엇을 할 것인가?

그들의 신분을 확고히 하고, 그 신분과 지위를 이용하여 부귀영화를 도모하는 것 밖에는 할 일이 없다. 그리고 그들의 신분과 지위의 근거가 된 기성의 유학을 금과옥조(金科玉條)로서 신봉하는 자세를 취하지 않을 수 없다. 기성의 사상을 금과옥조로 수용하는 데는 이성의 작용을 억압하는 권위가 요구되고 무조건 신봉토록 하는 미신적 의식이 따르게 된다.

조선 후기, 즉 임진란 이후 지배계급 간에 야기된 이른바 당쟁은 바로 이 미신에 근거를 둔 예론(禮論)을 중심으로 빚어졌다. 왕이 죽었을 때, 그의 어머니격인 조대비(趙大妃)가 상복을 1년을 입으면 어떻고, 3년을 입으면 어떻단 말인가? 그것이 정치적 문제로 되어야 할 이유가 어디에 있는가? 이것은 이미 정치가 민생을 도모하고 외적을 막아 내우외란(內憂外亂)을 방지해야 된다는 근본적이고 상식적인 본분을 망각하고, 형식주의에 사로잡혀서 맹목적이고 허망한 공론으로 개인의 추악한 욕심을 만족시키려는 싸움으로 전락되었다는 것을 의미하는 것이 아닌가?

동서양을 막론하고 사상이나 종교가 힘을 갖게 된 때면, 언제나 정치적 세력에 의하여 이용되었다. 사상이나 종교는 초창기에는 그것을 창안한 소수자의 것이지만, 그것이 성장하면 만인의 것이 되고, 그렇게 되면 만인, 즉 대중은 그것을 맹목적으로 신봉한다. 이에 위정자는 대중을 지배하고, 대중의 묵인하에 그의 정적을 무찌르기·위해 대중이 맹신하고 있는 사상과 종교를 이용하는 것이다.

이와 같이 사상과 종교가 대중의 것이 되고 위정자에 의하여 악용될 때, 그 사상과 종교는 이미 낡은 사상, 낡은 종교로 전락해 버리게 된다. 그 사회를 이끌어가는 사상과 종교가 이와 같이 전락하게 되면, 그 사회는 생명력을 상실하게 된다. 생명력을 상실한 사회는 마치 생명력을 상실한 고목과 같이, 안으로 부패되고, 그 부패를 호도하고자 하는 기성 지배세력에 의한 압제만이 남는다. 그리고 압제를 받는 피압박 계층은 그 압제로부터 벗어나기 위해 새로운 정신, 새로운 이상, 새로운 사상을 설정하고 추구한다.

조선에서 주자학 이외의 일체 사상이 사문난적(邪文亂賊)으로 규정되고 박해되기 시작한 시기는 이와 같은 새로운 정신과 이상과 사상이 등장하기 시작한 시대다. 만약 신생세력이 있지 않았다고 하면 낡은 구세력이 구태여 그의 지위를 고수하기 위하여 안간힘을 써야 할 필요는 없었을 것이다.

이러한 새 사상의 운동을 실학운동(實學運動)이라고 한다. 이 운동은 당시 위정계급(爲政階級)에서 몰려난 지식인(知識人)들 간에 시작된 것이다. 당쟁에서 몰려나 정치적으로 피압박자의 위치에 서게 된 이들이 개벽사상(開闢思想)을 가지고, 기존의 질서를 타도하고 새로운 세계를 건설하려는 생각을 갖게 된다는 것은 자유를 위한 투쟁의 원리에 합당한 일이다. 그렇기 때문에 실학운동은 기존 사상인 주자학에 대한 비판과 기존 질서인 유교적 양반체제에 대한 저항운동에서 비롯된다.

이러한 저항운동은 일찍이 광해군 때 허균(許筠)에 의하여 시작된다. 물론 일반인이 알고 있듯이 지봉(芝峰) 이수광(李睟光), 구암(久庵) 한백겸(韓百謙), 반계(磻溪) 유형원(柳馨遠), 성호(星湖) 이익(李瀷) 등을 간과할 수 없다.

그러나 이들이 현실적 사회체제를 인정하고 개선을 추구한 사람들인 데 비하여, 허균은 스스로 그 체제에 대항해서 투쟁을 했다. 그리고 그 투쟁의 하나로서 《홍길동전》을 썼고 그 때문에 희생을 당하였다. 그보다 한 세대 뒤에 주자학과 그 주모자인 송시열에 대하여 날카로운 비판을 가하고, 그 때문에 사문난적(邪文亂賊)의 귀감으로 희생된 박세당(朴世堂)과 함께, 경직된 주자학적 양반체제에 대하여 정식으로 도전한 사람이며, 새 시대에 펼쳐질 자유를 위하여 순절한 사람이다.

여기서 허균의 《홍길동전》에 수록된 한 구절, 즉 홍길동의 가출배경을 인용하는 것은 허균의 자유사상을 이해함에 도움이 될 것이다.

> 길동이 점점 자라 8세 되매, 총명이 과인하여 하나를 들으면 백을 통하니, 공이 더욱 의중(意中)하나, 근본 천생(賤生)이라 길동이 매양 호부호형(呼父呼兄)하면 문득 꾸짖어 못하게 하니, 길동이 10세 넘도록 감히 부형을 부르지 못하고, 비복(婢僕) 등이 천대함도 각골통한(刻骨痛恨)하여 심사를 정치 못하나……[9]

인간과 인간이 정을 통하여 탄생된 인간의 산물인 길동, 그는 인간이기 때문에 마땅히 그 아비가 있어 부를 수 있어야 하고, 형이 있어서 그를 부르고 동기간의 우애를 나누어야 했다. 이것은 법이나 관습이 있기 이전에 존재하는 인간의 기본적 권리요, 또 자연법칙이기도 하다. 그런데 주자학을 앞세운 양반체제는 그들의 체제를 보존하기 위해 만들어 놓은 인위적인 법과 관습인 삼가금지(三嫁禁止), 서얼차대(庶孽差待) 등으로 이처럼 고귀한 인간의 기본적인 권리와 자연의 법칙을 어기고 인간을 억압하였던 것이다.

이러한 부조리와 모순 속에서 각골통한을 느낀 길동이라는 인물은 결코 단순한 홍판서의 아들이나 단순히 허구적인 요술사가 아니다. 길동은 조선사회에 생존하고 있던 모든 피압박 민중이 지니고 있는 인간성의 상징이다. 그리고 그의 성장은 피압박 민중들의 의식의 성장이요, 자유에 대한 각성이다.

이러한 길동은 드디어 전통적인 그의 가문을 박차고 뛰쳐나온다. 그리고 산중의 도적떼와 야합한다. 여기서 도적떼는 무엇을 뜻하는가? 그것은 민중이다. 위정자의 권위와 그에 의한 압박 때문에 인가(人家)를 등지고 자연 속에 들어가 자연적 인간으로 자연법칙에 생사를 내맡기고 살아가는 민중이다.

길동은 이 민중과 야합하였다. 무지몽매해서 인간이면서도 자신이 인간임을 의식하지 못하고 있었던 민중! 마땅히 인간이 지니는 권리를 행사하여야 됨에도 불구하고 그 권리조차도 모르고 있던 민중! 이성을 지니고 있는 존재이면서도 그 이성을 지니고 있다는 사실 자체도 깨닫지 못하고 있었던 미몽상태의 민중에게 인간성을 각성시켰으며, 인간의 자존심을 인식시켰으며, 그렇게 함으로써 민중으로 하여금 자유를 위해 용기를 낼 수 있는 계몽된 자가 되게 하였다.

이 때문에 전국 방방곡곡에서 홍길동이가 출현하게 된 것이다. 허균은 길동이 일곱으로 분신했다고 하였지만 어찌 길동이가 일곱에 제한되어 있었겠는가? 질곡을 박차고 뛰어나와 민중의 가슴속에 물결치듯 파고 스며들어간 인간본성에 대한 의식! 이것이 모든 민중의 가슴을 쳤을 때, 모든 민중이 곧 홍길동으로 되지 않고 어찌하였겠는가?

조선의 휴머니즘 운동은 허균의 이 같은 은유적 표현을 거쳐 김만중(金萬重)과 신윤복(申潤福)에게서 보다 직설적으로 나타난다. 김만중은 송강 정철(松江 鄭澈)이 역사발전의 방향을 외면하고, 그가 귀양살이의 야인으로 있을 때, 한글로 쓴《송강가사》를 관료로 복귀하면서 한역(漢譯)하는 꼴에 분개하여, 순수한 한글로《사씨남정기(謝氏南征記)》,《구운몽(九雲夢)》등의 소설을 써서 민족문학의 기원을 이룩하였다. 그뿐만 아니라 양반체제의 위선과 권위주의에 의하여 도외시되었으며, 심지어는 죄악시되기까지 한 인간성 심연에 자리 잡고 있는 애정의 심층을 파헤쳤으며, 화원(畵員) 신윤복과 더불어 조선 휴머니즘 운동의 기수가 되었다.

김만중이 인간의 마음속에 자리 잡고 있는 질투라든가, 사악한 욕망 등을 소설상에 노출시켜, 맹자의 성선설 등으로 과장되고 미화되어 있는 유교적 윤리관의 허점을 파헤쳐 인간성의 진면목을 표출시켰다고 한다면, 신윤복은 그의 해학적인 희화로써 인간성의 참된 일면을 과감하게 표현하였다.《술파는 아낙네》의 교태 넘치는 자세와 목욕하는 아낙네들의 나체를 훔쳐보고 있는 승려의 음심(淫心), 그리고 빨래터에서 펼쳐지는 부인네들의 대화 등은 바로 서양 르네상스의 데카메론의 내용을 방불케 하는 것이다.

인간은 분명 다른 동물과 구별되는 동물이다. 윤리를 따르고 고상한 이상을 추구하는 유일한 동물이다. 그러나 인간은 인간이다. 동물의 일종으로서의 인간이다. 그는 고상한 이상을 논하기 전에 동물적 조건으로서의 식(食)·색(色)을 만족하지 않고는 존재할 수 없는 것이다.

그런데 조선의 주자학적 양반체제는 이것을 무시하고 억압했다. 양반이 식(食)을 위해 종사하는 것은 불명예였고, 부인이 색(色)을 탐하는 것은 불륜이었다. 그렇다면 이들은 어떻게 생존하였으며 무엇을 위해서 생존을 했는가? 생업을 모멸하는 양반은 민중의 고혈을 빨지 않고는 생존할 수 없는 것이고, 색정을 금지당한 부인들에게는 자학만이 가능했다.

조선 초 주자학사상이 생명력을 지니고 있었을 때는 그것이 별로 문제시되지 않았다. 워낙에 고려 말, 지배귀족들의 도덕은 붕괴되었고, 사회, 경제, 정치 풍토가 문란하였다. 그런데 조선을 세운 계층은 이러한 전통적 귀족이 아니라, 고려의 전통귀족을 비판하고 나선 신흥귀족이었다. 때문에 이들로서는 새로운 이상으로서의 주자학을 설정하고, 그것을 향하여 모든 가치를 부여했었다. 그리고 신흥귀족들이 현세적인 생활에 초연해서 양반으로서의 순수한 입장, 즉 물질을 탐하지 않고 오로지 도학자(道學者)의 생활을 추구한다는 입장은 국가와 민중을 위해 바람직한 것이었다.

그러나 양란 이후, 양반이 취할 수 있는 유일한 직업인 관직의 숫자는 늘지 않고, 양반의 숫자는 그 수요를 넘어서서 무직(無職)의 양반이 범람하게 되었다. 이러한 형편에 양반들이 생업을 외면하고 어찌겠는가?

또 주자학적 윤리관과 가치관의 생명력이 왕성하던 시기에 삼가금지법이나 여인들의 금욕은, 이 같은 실업 양반 수의 증가를 감소시키는 역할을 했는지 모른다. 그리고 금욕에 따른 고통도 생성하는 이상에 상쇄되어 인내할 수 있는 것이었을지도 모른다.

그러나 양란 이후 주자학의 생명력은 소진되고, 전란 중에 무너진 윤리관과 가치관 위에 맹목적인 권위로서 그것을 억압해서 어찌할 것인가? 신윤복은 바로 이 점을 간파했다. 그리고 그 비인간적인 체제로부터 인간성의 해방을 그의 화폭에 과감하게 묘사한 것이며, 인간성의 회복을 부르짖은 것이다.

한국 근대사에 있어서 자유주의 운동은 비단 인간성의 해방으로 끝나지 않았다. 그것은 한층 발전하여 주자학에 의하여 강요되었던 중화사상 자체로부터의 해방을 선언하였다. 반계 유형원, 성호 이익 등은 국부론을 주장하여 국가와 민족의 경제적 재생을 도모하였고, 단원(檀園) 김홍도(金弘道), 겸재(謙齋) 정선(鄭敾) 등은 그의 그림을 통하여 중국의 영향으로부터의 독립을 선언했고, 추사(秋史) 김정희(金正喜)는 서도(書道)에서 독자노선을 열었다.

국가의 창고가 비어 있느냐, 아니냐는 생각지도 않고, 민생이 생계를 이어가고 있는가, 없는가는 돌보지도 않고, 오로지 주자학적인 명분과 예론에 집착(執着)되어 있던 위정 양반들과는 달리, 국가와 민생을 문제로 삼은 이들은 비록 그들의 이론적 근거가 유학 또는 중국적인 것에서 탈피한 것이 아니라 할지라도, 자아의 생존권을 인식한 사람들이라 하지 않을 수 없을 것이다.

굶주린 배를 움켜잡고 충효를 논하는 것이 아니라, 국력을 빈약하게 만듦으로써 '상국(上國)'의 감시를 피하려는 망국적 패배주의를 고집하는 것이 아니라, 민생의 윤택과 국가의 강성을 도모하려 한 그들의 자세는 민주와 민족의 자유로 향한 의지의 표현이 아닐 수 없다.

특히 몸은 조선에 있으되 정신은 중국에 두고, 그림을 그리되 중국의 산수를 그리던 쭉정이 화원들과 그들을 이렇게 만들어 놓은 고국 없는 양반들을 밀어 붙이고, 내가 선 땅에서 내 눈으로 내 나라 산수를 그리기 시작한 겸재, 내 나라의 내 동포가 생활하는 풍경을 그린 단원의 의지와 그들의 그림은, 통쾌한 민족의식의 승리이며, 민중의 숨결이 통하는 예술이라 하지 않을 수 없다.

이와 같이 시대가 변천하여 새 시대 새 역사를 바라보며 새로운 이상을 설정하려는 민족적 노력이 일어나고 있는 이 때에, 아직까지도 구질서에 고착되어서 체계적인 예법과 공론만을 주장하고 있는 이른바 사대부를 연암(燕巖) 박지원(朴趾源)은 다음과 같이 통박하고 있다.

> 소위 사대부란 것이 무엇이란 말인가? 오랑캐의 땅에서 나가지고 자칭 사대부라고 하니 어찌 어리석지 않은가. 옷은 순전히 흰 것만 입으니, 그것은 상제의 의복이 아닌가. 머리털을 송곳처럼 죄어 매는 것은 남방 오랑캐가 하는 것이니, 무엇으로써 예법을 찾으려고 하는가.[10]

주체라 함은 내가 나려고 하는데서 비롯되는 것이다. 어린아이는 어린아이이어야 하고, 여자는 여자이어야 하며, 오랑캐면 오랑캐로서 지니고 있는 자기의 본성대로 살아야 할 것이다. 어린아이가 어른인 체하면, 참다운 어른이 되어보지 못하고 늙어 죽게 될 것이고, 야만인이 문명인인 체 하면, 자기 자신의 문명을 지녀보지도 못한 채 남의 문명이 부패되어 몰락할 때 함께 몰락해 버리게 마련이다.

자기 자신의 참모습을 보지 못하는 자가 어찌 자신의 현재가 어떤 것인지 파악하겠으며, 자신의 현재를 옳게 파악하지 못한 자라면, 그에게 어떻게 자유가 있을 수 있겠는가? 모방이 창조의 시작일 수는 있어도, 그것이 창조 그 자체일 수는 없다. 모방이 모방으로 끝날 때 그것은 영원히 나의 것은 아니다.

설사 자유를 부르짖는다 하더라도, 그것은 철저하게 자기 자신의 현재의 위치에서 비롯된 사고에 근거할 때 한해서만 자유이지, 타인 타민족 타국에서 행하고 있는 자유를 모방해서 부르짖는 것은 결코 자유일 수가 없다. 그것은 오히려 타의 자유라는 권위에 종속되는 것이며 스스로 구속되는 것이다. 진정한 자유는 철저한 자기성찰과 자신의 냉엄한 현실에 대한 이성의 작용에 근거를 두고 있는 것이기 때문이다.

연암은 이 점을 날카롭게 갈파하고 있었다. 그는 천민적 부자(賤富)가 아무리 양반 행세를 하더라도 결코 양반일 수 없음을 그의《양반전》에서 명백히 피력하고 있지 않은가? 글 읽는 이를 선비라고 하지만 선비가 되기 위해서 글을 읽어서는 안 된다. 장관자리를 앉으면 장관소리를 듣지만, 그 소리를 듣기 위해서 장관자리에 앉아서는 아니

된다. 글을 읽다보니 선비가 되어야 하고, 장관다운 일을 하다 보니 장관자리에 앉게 되어야 한다.

신분이 먼저 있는 것이 아니라, 그의 일이 먼저 있는 것이며, 직책이 먼저 있는 것이 아니라 일할 수 있는 능력이 먼저 있는 것이다. 그럼에도 불구하고 양반으로서 해야 할 일을 하지 못하는 자가 양반행세를 하는 것은 양반을 사칭하는 것이 될 것이며, 장관으로서의 능력도 없으며 그럴만한 일도 할 수 없는 자가 장관자리에 앉으면, 그것은 사기이며 역사적인 죄악이 된다.

개인의 주체성이라는 것은 개인의 전통과 개인의 가문을 자랑하는데 있지 않다. 민족의 주체성이라는 것은 민족의 역사를 맹목적으로 과장하고 화려하게 윤색하는 데에서 성립되는 것이 아니다. 주체란 자신이 역사 속에서 무엇을 할 것인가를 파악하고, 자신의 역사적 소명을 다하는 데서 성립되는 것이다. 나 이외에는 아무도 할 수 없는 나의 역할을 발견하고, 그것을 위해 신명을 바치는 데서 성립된다.

민족의 주체성도 마찬가지이다. 그 민족이 타민족에 대한 배타적 입장을 고집하는데서 주체성이 확립되는 것이 아니다. 세계사 속에서 민족이 존립하는 이유를 인식하고 세계사의 발전을 위해 그 민족이 해야 할 일이 무엇인가를 파악하고, 그것을 위해 최선을 다하는 데서 성립되는 것이다. 타민족으로서는 할 수 없으며, 단지 자민족으로서만 할 수 있는 일을 찾아서 행할 때 민족사는 세계사 속에서 그 의의 (意義)를 갖는다.

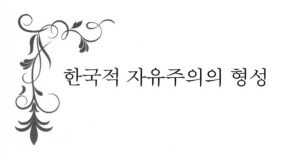

한국적 자유주의의 형성

　실학사상의 최종적 목표는 동아시아의 보편 획일주의로서의 주자
학적 중화사상의 질곡으로부터 개인의 인간성을 회복하고, 민족의 해
방을 이룩하는 데 있었다. 그러나 그것으로서는 그 목표에 도달하지
못하였다. 즉 실학은 인간주의를 피력하였으되, 그것을 선명하게 정
의하지는 못하였고, 민족주의의 맥은 짚었으되, 유학의 범주를 벗어
나지는 못하였다. 그런데 동학은 이것을 해내었다.

　최제우(崔濟愚)는 "도(道)를 위해 사람이 사는 것이 아니요, 사람이
살기 위해 도가 있는 것이라."[11]고 하여, 그의 인문주의적 입장을 명백
히 하고 있다. 그뿐만 아니라 그는 다음과 같이 인내천(人乃天)의 사상
을 밝히고 있다.

　　고인소위천도(古人所謂天道)라 함은 인류 밖에 따로 최고무상(最高無上)
　　의 신일위(神一位)를 설하여 그를 인격적 상제(上帝)로 위에 두고, 인류
　　는 그 하위(下位)에 거하여 배복(拜服)하며 자기의 생사화복(生死禍福)
　　을 모두 그의 명령하에 정한 바라 하는 것이요, 이른바 나의 천도(天
　　道)는 이를 반하여 사람이 한울이요, 한울이 사람이라고 한 것이다.

이 얼마나 명쾌한 인본주의의 원리인가? 이것은 마치 르네상스의 철학 사상가들이 가톨릭을 중심한 중세적 체제에 대항하다 쓰러져 죽어가며 한 소리를 그대로 옮겨 놓은 듯한 소리다.

최제우는 동학을 창설하며 천(天)·천자(天子)·군주·사대부·양반·민중·천민 등의 엄격한 계급적 구별로 되어 있는 중화사상의 신분체제의 타파를 부르짖었다. 그리고 인내천에 입각한 평등사회의 건설을 주창하였다.

조선의 지배계급은 그들의 지배에 대한 합리적 변명이 곤란할 때면 언제나 천명(天命)을 내세웠으며, 그 한마디로써 민중을 질곡으로 몰아넣었으며, 그 한마디로써 민중은 피를 빼고 뼈를 깎는 지배자의 착취를 감내해야 했다. 그런데 이제 그 천(天)과 인(人)이 동일하다. 누구도 그 천의 이름으로써 민중을 착취할 수 없는 것이다. 아니 이제 위정자는 천명이 아닌 민중의 명령을 받들게 된 것이다. 이런 의미에서 동학은 한국적 민주주의의 선언이다.

그러나 당시 조선의 형편은 지배자와 민중의 대립만이 문제가 아니었다. 조선의 지배계층을 지배해오던 외세적 지배원리(중화사상)가 자체 붕괴의 길을 걷고 있을 즈음, 거기에는 또 하나의 새로운 외세가 문을 두드리고 있었으며 심지어는 개문(開門)을 위협하기에까지 이르렀던 것이다.

서양세계를 지배하던 보편 획일주의인 가톨릭이 자기 고향에서 지배력을 상실당하고 설 땅이 없어지게 되자, 이제는 사상적 취약지역인 동양사회로, 그리고 조선사회로 파고들어 온 것이다. 그것은 주자학적 사상체제에 의하여 억압을 당하고 있었던 불평 양반과 민중들에게 있어서 분명 새것이었으며 개벽사상(開闢思想)이었다.

가톨릭은 이러한 조선인의 사상적 요구에 편승하여 선전하였다. 서양 근세사상사에서 불평등의 원흉이며 구체제의 상징이던 그것이 조선에 와서는 평등사상을 선전했고, 구체제에 대한 반항을 선동하였고, 서양에서는 인간성 압살의 장본인이었던 그것이 조선인에게 인간주의를 가르쳤다.

이것은 가톨릭 사상의 본질이 그러했기 때문이 아니다. 그들이 침투해 들어가야 할 대상으로서의 조선의 형편이 그것을 요구하였고, 그들의 침투를 반대하는 조선 정부가 그것들을 무시하고 있기 때문이었다. 따지자면 그들이 불평등, 비인간의 상징으로 몰아붙인 유학(儒學)인들 처음부터 인간을 불평등하게 취급하자는 데서 출발하였겠는가? 내용적으로 보면 유학처럼 인본주의에 기초를 두고 있는 사상이 또 어디 있겠는가?

모든 사상은 초창기에 인류의 참된 이상을 실현하기 위한 것으로 시작한다. 가난한 자에게 희망을 주고, 악한 자에게 벌을 가하며, 사회의 불안과 부조리를 척결하기 위한 것으로 시작한다. 그러나 그것이 널리 전파되고 드디어 지배자에 의하여 채용되면, 그것은 오히려 지배자의 시녀로 전락한다. 그리고 애초의 목적과는 정반대로, 가난하고 약한 자를 억압하며 악한 자를 지지하는 낡은 체제로서의 기능만을 하게 마련이다. 조선 후기의 유학도 결국은 그러한 운명을 당하게 된 것이고, 서양에서의 가톨릭도 꼭 같은 입장이었다.

이와 같은 유교와 동일한 운명을 지니고 있는 가톨릭이 조선에 들어와서는 조선 지배체제와 그에 의해 압박받고 있는 피지배계층 사이에 끼어들어 양자를 이간하고, 그것을 통해서 그의 세력을 확보하여 갔던 것이다. 물론 가톨릭 자체로 볼 때, 현실 세계에서 절망해 있는 민중에게 복음을 전파하고 내세를 약속함으로써 희망을 갖게 했다는 점에서 그 공로를 무시할 수는 없다.

그러나 가톨릭은 종교로만 조선에 온 것이 아니다. 아프리카에서 흑인을 사냥해서 노예로 팔아 경제적 번영을 구가했으며, 인도에서 토착인들의 손목을 쇠넝쿨로 꿰뚫어서 마치 북어를 꿰듯 꿰어 끌고 다니며 경제적 착취를 일삼던 그들의 잔인한 상업만능주의가 이들의 뒤를 따라 들어오려고, 충청도 앞바다를 널름거리고 있었던 것이다.

그뿐만 아니라 선교사들은 그들의 군사력을 등에 짊어지고 있었으며, 이것으로 직접 간접으로 조선을 위협하였다. 그리고 한편 이를 통해서 조선의 피압박 민중의 마음을 사로잡으려 했다. 1800년 신유사옥(辛酉邪獄) 때, 황사영이 백서를 들고 프랑스 함대에 구원을 요청했다고 하는 사실은 이를 입증하는 사실이다.

정치 군사력을 등에 짊어지고 제국주의의 돌격대인 상선(商船)을 끌고 들어와 군함으로 위협하며, 전도사업을 편 가톨릭 선교사들의 본래 사명이 무엇인가?

그것은 과연 하나님의 복음을 전파해서 광명을 읽은 조선민중을 구원하는 것뿐인가? 십자군 전쟁 때, 오로지 인종과 종교가 다르다는 단 한 가지 이유 때문에 아랍인들을 무참히 학살하고, 그들의 땅을 빼앗아 복락을 누리라고 부르짖던 그 가톨릭이 아닌가?

이 점을 최제우(崔濟愚)는 매우 우려하여 다음과 같이 말하고 있다.

"서양 사람들이 도와 덕을 잘 체득하여 그들이 조화를 부릴 때에는 무슨 일이건 못하는 것이 없고, 그들이 공격하여 싸우는 무기 앞에서 맞설 사람이 없다고 한다. 이래서 중국이 망해 없어진다면, 우리나라도 이어 같은 화를 입을 것이 걱정스럽다는 것이다. 대체로 이러한 말들이 떠도는 까닭은 다름이 아니라, 이 사람들이 그 도를 서도(西道)라 하고, 그 학을 천주학(天主學)이라 하며, 그 교(敎)를 성교(聖敎)라 하니……."[12]

중국의 아편전쟁! 그것은 동양의 모든 민족들로 하여금 놀라지 않을 수 없게 한 사건이었다. 중국인의 살과 뼈를 썩히고 피와 기름을 빼며, 나라 안의 재물을 빼앗아가는 아편[13]을 강매하겠다는 이유로 전쟁을 일으켰으며, 그리고는 전쟁자체와 무관한 일반 민중에게 온갖 잔학한 학살행위와 음란한 강간행위를 자행하였다. 다음은《광동군무기(廣東軍務記)》에 기록된 영국군의 행장(行狀)이다.

……남편[夫]은 재앙을 당하고 부인[妻]은 능욕을 당해 그들의 생명[命]이 모두 끊어지다. 아들[子]은 포박되고, 어미[母]는 곤욕 속에 살며, 몸과 집안은 온통 멸망하다. 또한 전원(田園)은 손상을 입고, 묘지는 파헤쳐지고, 부자의 집은 벽만 서 있다. 순(淘), ……[14]

이렇게 불합리하고 이기적인 싸움을 벌였으며, 이처럼 잔혹한 행위를 자행하는 그들의 한 손에는 무엇이 들려 있었던가? 성경이다! 마치 흑인을 노예로 매매하고, 그 흑인의 등허리를 채찍으로 내리치는 백인의 한 손에 성경이 들려 있었던 것처럼…….

그런데 다만 선교사 복장을 했다는 이유 때문에 조선에 와있던 선교사들은 그 서구 출신의 백인이 아닐 수 있을까? 이러한 백인을 보는 조선인, 그가 맹목적인 신앙에 사로잡힌 사람이 아니요, 자신의 조상과 자신의 동포와 자신의 국가의 운명을 생각할 줄 아는 사람이라면, 어찌 그들을 경계하지 않을 수 있겠는가?

최제우의 보국사상(報國思想)은 단지 서양인에 대한 것만은 아니었다. 그의 생각은 민족 자체의 자립이요 독립이었다. 그러기에 그는 유학과 그것을 맹목적으로 추존하던 자들을 다음과 같이 비판하였다.

> 그 교(유교)를 받아온 사람의 구두(口頭)에는 저들(彼)을 대국이라고 앙모하는 동시에 아(我)는 소중화(小中華)라고 자칭하였다. 이와 같은 사상으로써 인민을 교화하여 자손만대의 불천불이(不遷不易)의 대경대법(大經大法)을 만들어 놓았었다. 정치, 법률, 제도, 의식, 종교, 풍속, 언어, 문자 등이 모두 그들(彼)과 동화되었음은 물론이요, 인성, 인명, 지명, 물명까지라도 그것을 모방하지 아니한 것이 한 가지도 없었다. ……중략…… 소위 조선 국가 안에서 인재 선발이라는 것부터 그 글자만으로써 시제(試題)를 내어 걸고, 순전한 그 식으로, 순전한 그 사람들의 도덕이나 정치나 풍속이나 개인의 이야깃거리까지라도 그 글속에서만 취해 쓰게 하고, 제 것이라고는 무엇이든지 일자반구(一字半句)라도 취해 쓰지 못하게 하였다. ……중략…… 상국(上國) 귀신은 주벽(主壁)으로 내세워 앉혀 놓고, 조선 사람의 신위(神位)는 그 하위에 배치하여 세워 놓았으며, 그리하여 자손만대의 양반질을 잘해보겠다는 생각으로 그리한 것이었다.[15]

위 인용문에서 조선을 한국으로, 중국을 미국으로 대치해 놓으면 어떨까? 좌우간 최제우는 한국사에 있어서 최초로 민족주의를 고창한 사람이다.

이처럼 최제우는 당시 조선의 유교적 양반사회에 정식으로 반기를 들어서 민족주의, 민주주의 사상을 확립한 사람이다. 그리고 한민족이 앞으로 추구해야 할 이상을 설정했으며, 역사 발전의 목표를 제시한 사람이다. 한마디로 그는 한국사상 최초의 자유인이었으며 최초의 근대인이었다.

그 최초의 자유인은 마치 서양의 소크라테스나 예수처럼 그 자유 때문에 죽어야 했다. 최제우는 대구 감옥에서 처형을 당할 때 다음과 같은 대화를 남겼다.

> 감사(監司)가 이 말(최제우의 목에 칼이 들어가지 않는다는)을 듣고 크게
> 걱정하야 몸소 뜰 아래 나려와 공순히 말하여 왈, 이 일은 나의 사사
> (私事)가 아니고 왕명이니, 원컨대 선생은 그 명을 순히 받으소서. 선
> 생 왈, 나의 하는 바 도(道)는 나의 사심(私心)이 아니요, 천명이니 순
> 상(巡相)은 그 뜻을 아소서. 오늘날은 순상(巡相)이 비록 나를 죽이나
> 순상의 손자대(孫子代)에 가서는 반드시 내 도를 쫓고야 말리다.[16]

사사(私事)로운 일이 아닌 왕명, 그것은 분명 기존의 체제와 현재의 권력을 유지하려는 보수의 상징이요, 사심이 아닌 천명, 그것은 기성의 체제와 현재의 권력을 타도하고 새로운 미래로 흘러갈 역사의 섭리이며 자유의 방향이다. 그러므로 전자는 결국 무너질 것이고, 후자는 자손 대에 널리 전파될 것이다. 즉 지금 최제우는 1인으로서 자유를 외치고 있지만, 대(代)를 거듭하면 그것은 소수인의 자유에서 만인

의 자유로 퍼져갈 것이다.

최제우의 희생으로 비롯된 한국인의 자유주의 운동은 그 제자들의 교조신원(敎祖伸寃)운동의 형식으로 퍼져 나아갔다. 그러나 이 운동의 확장은 동학교도들의 자발적인 전도사업에 의한 것이라기보다 오히려 당시 지배계층의 탐학에 반발한 민중의식에 힘입은 바가 크다.

최제우를 죽인 구체제 지배자, 특히 매관매직을 통하여 관직에 오른 지방수령방백들은 그들이 투자한 원금과 그에 대한 이윤을 획득하기 위해 민중을 압박착취하지 않을 수 없었다. 그러기 위해서는 민중에게 죄를 뒤집어씌울 수밖에 없었다. 그들은 애매한 민중을 최제우의 일당이라 하여 마구 체포 구금하였으며, 한편으로는 금전을 요구해서 그에 응하는 자는 방면하는 수단을 취하였다.

이처럼 몰염치하고 타락한 관료의 부당한 압박에 대항하여 동학교도들은 단결하지 않을 수 없었다. 그러지 않고는 안민(安民)을 위해 희생당한 그들의 스승의 뜻을 따르는 자들일 수가 없었기 때문이다. 구체제의 압박이 가중해지면, 그만큼 그에 대항하는 신체제의 자유의식도 강렬해진다고 하지 않았던가?

동학교도들은 드디어 제2세 교주 최시형(崔時亨)을 중심으로 하여 삼례에서 첫 집회를 가졌고, 보은에서 두 번째 집회를 가졌다. 이들은 수천 명이 모였으나 무기를 든 자는 한 사람도 없었다. 진실을 위해 싸우는 그들에게는 무기가 있을 필요가 없는 것이다. 오직 그들의 자유, 즉 구체제와 그 아류들에 의하여 자행되고 있는 탐학을 고발하는 것으로 족했다.

그러나 이미 노쇠해 있어서 정신이 화석화되어 있는 구체제의 보수주의자들에게 이러한 진실이 통할 리 만무한 것이다. 고목이 비록 썩었다 하나 그 스스로 젊은 나무로 변경되는 것을 보았는가? 고목은 센 바람을 맞아 부러져 버리지 않으면, 스스로 썩어서 거름이 될 때까지 자기를 버티려고 안간힘을 쓰게 마련이다.

2차에 걸친 교조신원집회가 있은 후에도 관리들의 탐학은 마찬가지였다. 아니 오히려 더 가중되었다. 그들의 약점이 폭로되자, 그들은 동학도들이 더욱 미웠으며, 그래서 더욱 그들에 대한 박해가 심해졌다. 이에 동학도들은 조직을 시작하였다. 그리고 관료들에 대한 대항을 시작하였다. 그리하여 그들은 소나무를 흔들어서[17] 죄 없이 체포되어 가는 동학도와 농민을 구출하였다.

이와 같은 투쟁 과정을 통하여 최제우가 일으킨 새 시대의 새 희망은 전국으로 퍼져 나갔으며, 직접 동학에 가담하지 않은 농민들까지도 이에 호응하는 자세를 취하였다. 그리하여 호남에서 전봉준(全琫準), 손화중(孫和中), 김개남(金開南) 등에 의해 창의문(倡義文)이 발표되자, 민중은 이를 개벽사상으로 받아들여 필연적으로 도래할 새 시대를 위한 선포로 받아들였다.

그 때문에 전봉준이 고부군 군수 조병갑의 탐학을 들어 혁명의 봉화를 들었을 때, 8도의 민중은 거족적으로 호응하여 삽시간에 전국이 동학혁명군의 지휘하에 들게 되는 기적적인 현상을 현출하였다.

한국 역사상 언제 이처럼 전국적인 민중의 봉기가 있어본 적이 있었는가? 이것은 분명 양난 이후 시작되어 무르익어 간 한국인의 인본사상과 민족의식이 민중들 한 사람 한 사람의 가슴속에서 끓어 오른 증거가 아닐 수 없다.

그러기에 이 혁명은 어느 개인의 정치적 불만의 소산일 수 없으며, 어느 한 당파의 집권욕(執權欲)을 표시하는 것일 수 없는 것이다. 이는 500년에 걸친 구체제의 억압 밑에서 실력을 닦아온 민중의 자유의식이 발로된 것이다. 그러기에 이들은 이른바 폐정개혁안(弊政改革案) 12개조로 알려진 휴전조건으로써 조선 왕조의 일체 낡은 제도를 타파할 것을 주장하였다.[18] 뚜렷한 근대적 민주주의·민족주의의 이상을 제시한 것이다.

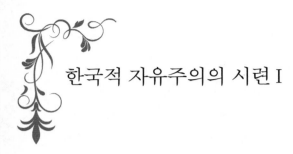

한국적 자유주의의 시련 I

동학은 민중 가운데에서 태어난 선각자에 의해서 시작되었고, 민중에 기초를 두고 민중에 의해서 발전을 시작한 한국 고유의 자유주의 사상이었다. 그리고 그것은 한국 근대사에 있어서 제기될 수밖에 없는 역사발전의 필연적 귀결이었다.

그러나 그것의 발전은 순탄치 않았다. 그것이 민중에게 전파되고, 그것이 하나의 강력한 힘으로 성장하기에 앞서 이미 수세기에 걸쳐서 발전한 서양식 자유주의가 이른바 제국주의로 변신되어 한반도를 육박해 오고 있었기 때문이다. 그리고 한국의 자유주의가 한국의 정치이념으로 채택되어 이에 입각한 새로운 국가체제가 수립되고, 거기서 발휘되는 국가적 힘이 생기기 전에 이것이 이미 너무 깊숙이 침투되고, 드디어는 조선 왕조를 뒤엎고 한국인의 주권을 강탈하여 갔기 때문이다.

다시 말해서 한국적 자유주의는 제국주의 일본의 침략으로 일단 그 발전의 표면적 템포를 멈추어야 했다. 그리고 이로부터 한국적 자유주의는 외민족에 의한 억압 속에서 각골(刻骨)의 고난을 수반한 시련을 겪어야 했다. 따라서 이 글에서는 한국적 자유주의가 일제의 억압하에서 어떻게 시련을 당해야 했나 하는 것을 논의하겠다.

일본은 도쿠가와 막부(德川幕府)의 성립 이래, 새로운 국가체제로서 성장일로를 걷고 있었다. 임진병자 양란을 분수령으로 해서 붕괴되어 가고 있었던 조선과는 대비되는 역사의 운을 타고 있었던 것이다.

그러던 중에 일본은 페리 제독이 이끄는 미국 함대에 의하여 강제로 개항을 당하였고, 그리고 미국과 불평등조약을 체결하지 않을 수 없었다. 그러나 그들은 그러한 불리한 입장을 오히려 도약의 발판으로 삼을 수 있었다. 도쿠가와 막부가 성립되어 일본 전역이 통일된 지 불과 250년 밖에 되지 않아 아직도 역사발전의 상승 무드를 탈 수 있는 위치에 있었다고 하는 점이 500년이라는 연륜을 통하여 고목이 된 조선의 입장과는 달랐기 때문이다.

또 그들은 동양문화권에 포함되어 있지만 중국과 거리적으로 멀리 떨어져 있기 때문에, 중국의 문화를 받았으되, 그것에 맹종할 만큼 깊은 뿌리를 가지고 있었던 것이 아니고, 중화사상에 근거하는 외교관계를 가지고 있었으되, 바다를 격해있는 관계로 직접적으로, 즉 군사적 정치적으로 큰 영향을 받은 바가 없는 나라이기 때문이다.

일본은 한마디로 아시아의 버려진 기아(棄兒)와 같은 입장이었다. 그러므로 그들은 동양인이면서 순수한 동양인이 아니었으며, 유색인종이면서 언제나 백색인종으로 돌변할 수 있는 사람들이다. 마치 그들에게 필요하면 대륙의 문제에 끼어들고, 불필요 내지는 손해를 입을 것 같으면 이른바 영광의 고립을 부르짖는 영국인과 유사하다.

이러한 일본이기에 갑자기 맞이한 서양 제국주의 침략에 임기응변적으로 대처해서 조선에서 대원군이 하지 못한 정변을 일으켜 도쿠가와 막부를 타도하고, 이른바 메이지 유신(明治維新)을 통하여 서구적인 국가로 급격히 변신할 수가 있었다. 전통을 가지고 있는 나라, 독자적인 문화를 가지고 있으며, 그것에 대한 자부심을 가지고 있는 민족이라면 이처럼 급격히 전환할 수는 없었을 것이다.

이러한 변신을 통하여 그들이 배운 것이 무엇인가? 말할 것도 없이 서양 제국주의이다. 그들은 국내적으로 상공업을 육성시켜 서구적 자본주의를 그대로 모방, 발전시켰다. 그리고 그들은 서구의 과학문명을 받아들여 자본주의에 필요한 과학적 기술과 운영에 필요한 사회과학을 도입하였다.

그 결과 메이지 유신 50년 만에 거의 서구 열강을 뒤따를 수 있는 경제적 발전을 이룩할 수 있었다. 이에 따라 많은 부작용이 있었다. 인구의 증대와 식량난이 그 대표적인 것이다. 이러한 문제는 결국 일본으로 하여금 대외적 확장정책, 즉 제국주의 정책을 생각하지 않을 수 없게 한 것이다.

메이지 유신의 지도자들은 처음부터 이런 문제가 야기될 것을 예견하였다. 그러므로 그들은 초창기부터 한반도에 대한 침략계획을 가지고 있었던 것이다. 그들은 그것이 미국과 서구 열강들에 의하여 당했던 것을 그대로 한국에 적용시켜 보려고 했다. 그래서 그들은 마치 미국인 페리 제독이 일본을 위협했던 것과 꼭 마찬가지로 운양호 사건을 일으켰고, 그 결과로 그들이 미국과 맺었던 것과 꼭 같은 불평등조약을 한국 측에 강요해서 맺었던 것이다.

이때에 한국의 입장은 페리 제독을 맞이했던 일본의 입장과 너무나 달랐다. 500년을 묵은 조선 왕조는 이미 운이 다해 있었다. 동학이 일어나 보국안민을 내세우고, 이에 따라 민중이 밖으로 서양세력의 침략과 안으로 부패된 관료에 의한 민중착취에 대하여 저항의 무드가 조성되고 있었을 때, 조선 지배계층 속에서도 이를 전혀 도외시하고 있었던 것만은 아니다. 한때 조정에서 몰려나 민중의 생활을 스스로 체험한 대원군은 그가 집권하면서 이러한 내외의 국가적 문제를 해결하려고 노력하였다.

그리하여 안으로 붕괴되어 가고 있는 조선 왕조의 재흥을 위한 왕권확립과 밖으로는 서양 제국주의의 침략에 대응하는 쇄국주의를 취하였다.

일본 제국주의의 어용 사학자와 그 아류이며 추종자인 일부 한국 사학자들은 대원군의 쇄국을 망국의 원인으로 돌리고 있으나 그렇지 않다.

생각해 보라. 500년의 긴 역사를 두고 양반들에 의하여 실시된 귀족 정치로 왕권은 극도로 쇠약해져 있고, 양반들은 제가끔 자기의 현실적 부귀영화에 집착되어 사리사욕에 따른 정론을 펴고 있는 판국에, 외국의 제국주의 세력까지 끌어들여서 어찌 하겠는가?

집안에 부모가 부부싸움으로 상처를 받고 병들어 누워있는 판국에 장사꾼이 집안 대문을 두드리면 문을 열어주어야겠는가? 외국 세력과 대결을 하려면 국내 권력의 집중이 우선 되어야 된다. 모든 관리와 백성이 의견을 모아 자국의 이익을 위해서 싸울 수 있는 자세를 갖추어야 된다. 그리고 '나'가 무엇이며, '남'이 무엇인가에 대한 분명한 판단이 서 있어야 한다.

그런데 조선의 양반은 그렇지 못하였다. 아직도 중화(中華)가 자기인 줄 알고 있었다. 이러한 정신은 언제나 새로운 중화를 만들게 마련이다. 중화가 하나일 경우라면 문제는 덜하다. 그러나 중화가 여럿이면 국론도 여러 가지가 된다.

대원군은 이런 것을 감안한 정치가였다. 그러므로 그는 먼저 국론을 분열시키고 정치를 혼동으로 끌고 가는 당쟁을 종식시키려 했다. 그리고 자기 나라의 왕은 무시하고 중국의 왕만을 떠받드는 유생들의 반민족적 정신에 철퇴를 가하기 위하여 서원을 철폐하였다.

이렇게 해서 왕권을 강화하였다. 일사불란(一絲不亂)한 행정체제가 형성되지 않고는 외국과의 경쟁에서 승리할 수 없기 때문이다. 국비를 확충하였다. 신식무기도 만들었다. 이것이 되어야만 문호를 개방했을 때 외국군이 함부로 넘보지 못한다.

그러나 대원군은 역시 조선 왕조의 사람이었다. 유교적인 체면과 형식을 전적으로 무시할 수 없는 역사적 상황에 태어난 인물이었다. 그러므로 그는 스스로 왕이 되지 못했고, 그의 무능한 아들을 왕위에 올려놓았다. 그의 능력에 의해서 그의 정치적 역량으로 나라를 바로 잡아 보고자 정권을 장악한 그이였지만, 역사의 흐름 속에서 비약을 하지 못하고 왕위를 그의 아들에게 주고 말았던 것이다.

자리는 그 자리에 맞는 일을 할 수 있는 사람이 앉아야 한다고 했다. 고종(高宗)은 처음부터 정치를 하려는 의욕도 능력도 없었던 사람이었다. 그러므로 그가 왕이 되었다고 하는 것은 다만 장식에 불과하였다. 이렇게 형식과 실재의 차이가 있을 때 부조리는 발생하게 마련이다. 마땅히 능력 있는 대원군에 의하여 조선은 재구성되었어야 했다. 새로운 형태의 강력한 정부가 수립되었어야 했다. 그래야만 민족의 중심이 잡힌다. 그리고 그중심이 새로운 시대에 맞는 새로운 사상으로 무장되어 있어야 한다.

정치적 변혁을 이룩하지 못한 조선에는 이 중심이 없었다. 민씨 일파에 의해 대원군이 몰려난 이래, 국가와 민족의 핵심은 더욱 막연해졌다. 왕실은 감정적이고 근시안적인 민비의 기분에 따라 움직였고, 이에 따라 춤추는 정권욕에만 눈이 먼 무정견(無政見)의 정객(政客)들에 의하여 문호는 개방되었고, 외국 제국주의자들이 몰려들었다.

선각자 최제우를 죽였으며, 그의 주장인 민족주의·민주주의라는 새 시대의 새 이상을 무조건 두려워하고, 무조건 억누르려고만 한 조선, 그리고 직접적으로 이러한 이상을 표방하지는 않았으나 이를 정치적으로 실현하려 한 대원군을 추방한 조선에 사상이 있을 리 없으며, 그 사상을 실현할 핵심이 있을 리 없었다.

그 결과 조선의 정국은 분열만이 있을 수밖에 없었다. 내 민족을 살리고, 내 국가를 보호하고, 민중의 살 길을 찾자고 외치는 민중을, 오로지 그들의 현실적 지배자로서의 신분을 유지하기 위해서 억압해 온 그 유생 양반 및 그 후예들이 수백 년을 두고 투쟁한 끝에 얻은 서양의 자유주의의 변신인 제국주의 앞에서 무엇을 어떻게 할 것인가?

이들과 대결하려면 단결이 필요한 줄은 알지만 무엇을 위해서, 무엇을 중심으로 단결한단 말인가? 단결이란 같은 목적, 같은 이상을 지니고, 다 같이 그 목적과 이상을 실현하고자 하는 결의가 있을 때에만 가능한 것이다. 그런데 조선에는 그것이 없었다. 그러니 여기에 있을 수 있는 것은 오직 현실적인 이해관계를 중심으로 뭉친 도당뿐이었다.

전통의 덕으로 유한신분(有閑身分)을 차지하고 있는 양반들은 전통적인 면세의 특권을 누리려는 이해관계를 중심으로 도당을 만들어 대원군을 몰아내었고, 주자학을 맹신함으로써 출세를 했으며, 또 그 것으로 미래에도 계속 출세할 것이라고 믿고 있는 유생들은 그들의 근거지인 서원을 유지하겠다는 일념으로 도당을 지어서 대원군을 탄핵하여야 했던 것이다.

딸 팔아서 왕실의 외척이 되고, 그래서 부귀영화를 누렸으며, 또 그 것을 통해서 앞으로도 영화를 누릴 수 있을 것으로 믿은 외척일당은 그들의 목적을 위해 민비의 치맛자락에 매달려야 했다.

이처럼 조선의 위정계급은 제 나름대로의 이해상관에 따라 끼리끼리 단결이 이루어졌으니, 이것이 바로 조선 말의 당이 아닌가! 수구파, 개화파, 사대당, 개화당 등이 다 이런 것이었다. 그래도 민족당이나 민중당은 없었다. 즉 민족을 주체로 해서 민족의 살 길은 민족의 힘으로 찾아보려는 의지나 민중을 기반으로 해서 민중의 힘으로써 외민족과 싸워 국가의 번영을 모색하는 지혜는 없었던 것이다. 기껏 주체성을 주장한다는 자들은 중국과의 전통적 관계를 유지하고, 주자학적인 고루한 대외관(對外觀)을 고집한데 불과했고, 기껏 민중, 근대화를 주장한다는 자들이라야 고작해서 일본의 세력을 끌어들여 일본식으로 해보자는 것에 끝나고 말았다.

국가와 민족이라는 중심을 상실하고, 민중이라는 새 시대의 주인을 무시하고 이루어진 그들의 조선 말의 위정계급의 행위로는 도저히 독자적인 유신, 근대화라는 것은 있을 수 없었다.

개화파가 왕실을 중심한 개화정책을 수행하려 하면 수구파가 반대하여 일어났고,[19] 개화당이 일본의 세력의 도움을 받아 일본식의 유신을 하려 하면, 사대당이 중국의 힘을 빌려 싸움을 벌였다.[20]

이처럼 조선의 위정자들은 자기 개인의 정치적 목적과 자기당의 이(利)를 도모하기 위해서 외세를 끌어들였으니, 이는 민족과 민중에 기반을 두지 않고, 민족과 민중의 이상을 무시한 채 행하려는 정치가 취하지 않을 수 없는 것이다. 정치는 힘이 있어야 되는 것인데, 민족과 민중 속에서 그 힘의 뿌리를 찾지 못하였으니, 마치 풍란처럼 공중에 뿌리를 날려 밖으로부터의 도움을 구하지 않을 수 없는 것이었기 때문이다.

그 결과 조선의 당파싸움은 국제적 싸움으로 비화되었다. 청나라는 사대당을, 일본은 친일 개화당을, 러시아는 친러파를 각각 한반도라는 투기장에 집어넣고 개싸움 붙이듯 붙여놓고 뒷구멍으로 흥정을 하였다. 그리고 흥정이 제대로 되지 않으니까 마침내는 그 개 주인들끼리 싸움을 시작해서 일본은 청나라를 때려 부수고,[21] 그 다음에는 러시아를 때려 부셔[22] 신흥 제국주의자로서의 위세를 세계 만방에 과시하였다.

한반도에서 위세를 떨치는 일본을 보자. 러시아의 남하에 대하여 경계심을 가지고 있던 제국주의 국가, 영국은 그의 인도에 대한 지배권을 확인하는 조건으로, 한반도에 대한 일본의 지배를 용인하는 제2차 영일동맹을 체결하고, 태평양을 건너 국경선을 넓히려는 야심에서 해상 프론티어 운동을 전개시켜가려는 미국은 그들이 스페인과 벌인 제국주의 전쟁을 통해서 획득한 필리핀에 대한 지배권을 확인하는 조건으로 일본의 한반도 지배를 인정하였다.

안으로 민중의 지지를 잃어버린 조선 왕조, 그리고 마치 해바라기가 태양을 바라보듯 외국 세력의 눈치만을 바라보며, 개인과 당의 이익만을 위해 몸부림치던 위정자들은 이제 그들이 바라보던 태양인 청나라가 거꾸러지고, 러시아가 패주하여 서산너머로 넘어가고 마니, 그리고 일본의 태도가 굶주린 이리로 돌변하니 무엇을 바라보며 살것인가! 불쌍한 해바라기 족속들이여! 어찌 이러한 국가와 민족의 운명을 이완용 한 사람에게 죄를 뒤집어씌우려 하는가?

국가는 멸망했으며, 민족은 고난의 길을 걷지 않을 수 없게 되었다. 그러나 민중은 살아 있었다. 한사군이 이 땅에 침입한 이래 소위 지배자들은 문화인을 자칭하여 선진문화권에 대하여 해바라기 노릇을 하고 있으면서, 외래문화에 맹목적으로 도취되어 외국인들이 자기들의 음험한 정치적 목적을 가지고 치는 장구 소리에 장단 맞추어 춤을 추고 있을 때, 언제나 그들의 춤추는 발아래 짓밟혀온 민중들이지만, 그 민중들은 국가와 민족의 운명이 고난에 처해 있을 때면 언제나 뛰쳐나와 국가와 민족을 위해 싸워 왔다.

외국 장단에 맞추어 춤추던 지배자들은 살 길을 찾아 피난길을 나서고, 새로이 들어온 외민족 앞에 무릎 꿇고 비굴한 미소를 흘리고 있을 때, 이들은 비록 맨주먹이지만 휘두르며 싸워 왔다. 몽골족의 침략이 있었을 때 처인성(處仁城, 용인)에서 살례탑을 죽인 것도 그들이었으며, 임진란 때 금산에서 떼죽음을 한 것도 민중이었다.

이제 그 민중은 다시 일어났다. 그러나 지금의 이 민중은 몽골의 지배, 임진란 때의 민중과는 같지 않은 민중이다. 이들은 이미 자유가 무엇이며, 민족이 무엇인지, 이 역사의 주인이 누구인지를 의식하기 시작한 민중이다.

한때는 동학의 기치 아래서 자유와 민족주의와 민주주의를 부르짖으며 일어났던 경험이 있는 민중이다. 그렇기 때문에 이제 이들이 흘리는 피는 단순히 어느 왕조나 정권을 위해 흘리는 피가 아니다. 이들의 피는 그 왕조가 몰락하고, 그 정권이 붕괴해도 맥맥히 흘러왔고, 또 앞으로 무궁토록 흘러갈 민족의 역사, 민족의 자유의 역사를 위해 흘리는 피였다. 이렇게 흘리는 피는 그 양이 많으면 많을수록, 그 색이 진하면 진할수록, 가치가 있으며 역사라는 나무를 살찌우는 피다.

민중은 일어났지만 민중은 역시 '중(衆)'이다. 이들은 힘이지만 그 힘을 활용하는 것은 힘이 아니라 그 힘을 지휘하는 머리다. 그런데 한말에는 이 민중의 힘을 지휘할 수 있는 탁월한 머리가 나타나지 않았다.

서재필(徐載弼)을 중심으로 해서 자주민권 운동을 표방한 독립협회가 조직되어 이 역할을 담당하려고 했지만 실패하였다. 서재필은 원래 갑신정변 당시, 개화당의 요인으로 활약한 사람이다. 갑신정변이 실패로 끝나자 그는 김옥균(金玉均), 박영효(朴泳孝) 등과 같이 일본으로 망명하였다가 거기서 미국으로 건너갔으며, 그는 거기서 미국 시민권을 얻었고 의학박사 학위까지 땄다.

그 후 귀국하여 중추원 고문이 되어 독립신문을 발간하고, 독립협회를 조직하여 민중에 대한 계몽운동을 전개하는 한편, 친러파 요인들의 음모로 러시아 공사관에 가서 은거하고 있는 고종의 환궁을 촉진하고, 외국인에 의한 이권점탈에 반대하는 등 빛나는 정치활동을 하였다. 그러나 최종적으로 자신의 미국시민권을 포기할 만한 용기를 발휘하지 못하였다. 친러파와 러시아, 미국 등은 독립협회의 반대로 이권점탈이 용이치 않게 되자 서재필의 국적문제를 끄집어내어 미국으로 추방 및 소환을 명령하였다. 이때에 서재필이 참다운 민족의 지도자요, 한민족의 역사를 이끌어 갈 지사였다면, 흔쾌히 미국 시민권을 포기하고, 한국인으로서 침략자와 민족을 파는 매국분자들과 통쾌한 투쟁을 벌였어야 했다.

설사 그것이 국제적 진운에 따라 실패했다 하더라도 그는 투쟁을 통하여 민중의 여망을 충족시켜주었어야 했다. 그러나 그는 미국에서 미국식의 민주주의 제도는 배워서 입헌군주국이 어떤 것이며, 의회제도가 무엇이며, 삼권분립의 이점이 어떠한 것이라는 것을 알고 있었는지는 모르지만 민족의 지도자는 되지 못하였다. 서구식 자유의 현상은 경험했으나 그 자신이 자유를 위한 투쟁을 전개시킬 만한 투사는 아니었다. 그랬기 때문에 그는 민족의 비극과 민중의 여망을 외면한 채 등을 돌려 살기 좋은 미국 땅으로 돌아가고 말았다.

이처럼 민족의 선도자가 없었고, 민중의 머리가 없었기 때문에 의병이 일어났고, 독립군이 조직되고 개인적인 테러가 행해졌으나, 통일적인 방략과 지휘체제가 없었다. 이를 담당해야 할 정부나 국가가 붕괴되었으니 어찌 이것이 있을 수 있겠는가?

낡고 노쇠해서 생명력이 없는 정부는 역사의 변천에 따라 해체되지 않을 수 없는 것이지만, 그렇다고 그 정치 조직이 없이는 민중의 힘을 활용할 수가 없는 것이다. 그러므로 정부는 언제나 새로워지려 노력해야 한다. 그렇게 함으로써 발전하는 역사의 운에 발을 맞추어야 한다.

이같이 정부 스스로가 새로워지려는 유신이 멈추고, 스스로 고착화 되면 민중이 그 정부를 때려 엎고 새 정부를 만들기라도 해야 한다. 만약 이것이 되지 않으면 국가와 민족의 운명은 조선 왕조에서처럼 비운을 당하게 된다. 여하튼 세계 인류가 제 나름대로 자기가 지니고 있는 그 자기를 지키기 위해 노력하고 국가를 지니고 있는 한, 그것이 어떤 형태의 것이든 정부는 존재하여야 하는 것이다.

동족에 의해서 구성된 정부가 없고, 주권을 상실했던 시대에 민족이 어떠한 수모를 겪었는가 하는 것은 박은식(朴殷植)의《한국통사》에 잘 나타나 있다.

> 지방의 참화를 말할 것 같으면, 일본병정은 강원도 고성군에서 마을에 돌입하여 의병의 종적을 탐색하자, 동리 사람들이 겁에 질려 알지 못한다고 대답하자, 바로 7인을 참수하여 머리를 저자(시장)에 돌려가며 보였으며, 또한 한 마을에 들어가 의병을 색출하다가 찾아내지 못하자, 즉시 촌민 2명을 사살하고, 그 시체를 끌고 시중 가마솥에 넣어 삶아서 익은 뼈와 살을 여러 사람에게 보였으며, 원주군에서 의병의 혐의가 있는 수명을 체포하여 나뭇가지에 결박하고 그 배를 베어 가죽을 벗기며 통쾌하다고 박수갈채를 보냈다고 한다. 어느 지방에서는 양민 1명을 잡아 땅에 쓰러뜨리고 냉수 관(管)을 입에 넣고 물을 퍼 넣으며 배가 북같이 팽창하자 나무판자로 그 배를 쳤으며, 일본병정 수명이 그 위에 뛰어 오르며 물이 입에서 쏟아져 나오는 것을 보고 깔깔대며 큰 웃음을 터뜨렸다.[23]

이 얼마나 끔찍한 만행이며, 이 얼마나 뼈저린 주권 잃은 민족의 수

모인가? 이러한 만행은 결코 그들이 일본인이기 때문에 할 수 있는 만행이 아니다. 정복자가 피정복자에게 가하는 일반적인 만행이다. 세계의 신사로 자처하는 영국인이 인도와 중국에서 행한 만행이며, 세계 지성의 중심으로 자처하는 독일인이 유대인에게 가한 만행이며, 세계 자유주의의 총수로 자처하는 미국인이 아메리카 인디언에게 가한 만행이며, 약소민족의 해방전선을 표방한 공산주의 소련이 헝가리인과 체코인에게 행한 만행이다.

때문에 그 만행의 책임은 그것을 행한 자에게 있지 아니하고, 그것을 당한 자에게 있다. 남이 생명을 바쳐가며 자유를 위한 투쟁을 하였을 때, 복고적인 환상에 사로잡혀 안일무사주의에 빠져 있던 민족에게 책임이 있다. 그러므로 비참하지만, 우리 민족이 일본인에게 당한 만행과 수모는 우리 민족이 자유를 얻기 위해서는 필연적으로 겪지 않으면 안 되는 것이었다. 역사는 결코 공짜가 없으며 희생 없이 얻어지는 자유는 없기 때문이다.

실제로 우리 민족은 일본 제국주의의 약탈과 강압하에서 자유를 습득하였다. 을미조약으로 주권을 상실 당하게 되자, 해아(헤이그)에 보내어진 밀사가 국제적 냉대를 당하고 울분을 참지 못해 죽은 이준(李儁)의 넋을 생각하면서 주권의 소중함을 알았고, 정미조약(丁未條約)으로 황제가 일본인의 손에 의하여 쫓겨나고 군대가 해산당하면서, 내 민족 내 동포에 의한 통치와 내 민족 내 동포 내 자식으로 구성된 군대의 필요를 절감했고, 기유각서(己酉覺書)에 따라 치안재판권을 박탈당하고 나서, 내 스스로 내 손에 의한 입법의 중요성이 어떤 것이며, 법의 집행이 어떤 것인지를 알았다. 그리고 이른바 토지조사사업을 통하여 농토를 빼앗기고 농민은 내 조국의 땅이 무엇인지를 뼈 속 깊이 새기게 되었고, 총독부의 무단정치(武斷政治)하에서 일제 관헌의 무자비한 총칼 아래 쓰러져 가며, 자유가 무엇인지를 깨달았다.

그래서 이로부터 한민족은 민족과 자유를 위한 투쟁을 죽음으로써 전개하였다. 충정공 민영환(忠正公 閔泳煥)은 스스로 목숨을 끊음으로써 '삶을 요구하는 자는 반드시 죽고, 죽기를 기약하는 자는 삶을 얻을 수 있다'[24]는 자유로운 참삶의 의미를 국민에게 가르쳤고, 독립된 민족의 생이 얼마나 소중한가를 입증해 주었다.

이 같은 역사의 교육은 모든 한국민중을 일깨웠다. 그리하여 전국에서 의병이 일어났고, 만주와 간도, 시베리아에서 독립군의 활동이 벌어졌다. 그리고 그 총합으로써 3·1 운동이 일어났다.

이 3·1 운동이야말로 한민족의 거족적인 민중의 자유운동이었다. 우선 거기에 참가한 민중이 전국 218개 군 중 211개 군에서 무려 200여만 명이 가담한 운동이었다는 점에서 그 실상은 여실히 나타나고 있다.

비록 이를 통해서 당장에 민족의 독립이 이루어지지는 않았다 하더라도, 이것은 한민족이 지니고 있는 자유를 위한 잠재적 투쟁 능력을 세계 만방에 고할 수 있었던 것이다. 만약 이 운동이 어느 특정된 정치 지도자들에 의하여 조직적으로 유도된 운동이었다면 성공을 했을지도 모른다. 그러나 불행하게도 한말 국운이 기울고 있었을 때와 마찬가지로 뚜렷한 지도자, 체계적인 조직을 갖지 못한 채 일어난 운동이었다.

33인으로 호칭되고 있는 민족 지도자가 없었던 것은 아니다. 그러나 냉정히 당시를 돌이켜 볼 때, 이들은 너무도 허약했다. 잔혹한 일제의 지배와 탄압하에서 그만한 일을 한 것도 대단한 일이 아니냐고 반문하면 할 말은 없지만, 이들을 민중의 지도자라는 전제하에서 비판한다면 부족한 점이 많았다.

우선 그들에게는 투철한 이상과 뚜렷한 사상이 없었다. 최남선(崔南善) 선생에 의해서 기초된 독립선언서를 보더라도 그것을 읽은 민중이 자신의 생명을 내바쳐서 투쟁에 나서는데 필요한 확신을 주는 구절이 없다. 이를 비폭력 무저항운동이었다고 자위하지만, 지도자 자신과 저항자가 죽음을 피하려는 노력이 비폭력 무저항운동의 정신은 아니다. 어찌 싸우면서 죽기를 피할 수 있겠는가?

인도의 간디가 전개한 비폭력 무저항운동은 이와 성격이 다르다. 피지배, 피압박의 입장에서 강대한 영국과 무력으로 전쟁을 해서 승산이 없기 때문에 그들의 특유한 무기인 종교(힌두교)의 힘으로 싸우자는 것이었다.

무기가 없으니까 오로지 신앙심 하나만을 가지고 맨몸을 영국인의 총부리에 가져다 대어, 무기를 가지고 대결할 때, 당하는 것 이상의 죽음을 죽음으로써 대결하자는 것이 간디의 비폭력 무저항운동이었다. 그랬기 때문에 그들은 비록 무기는 없었지만, 조직적으로 영국군을 향해 진군하였고, 무려 3,000여 명이 한자리에서 영국군의 총탄에 쓰러졌던 것이다. 앞서 쓰러진 동지의 시신 위에 겹겹이, 그리고 말없이 쌓여 갔던 것이다. 그랬기 때문에 이 야수적 영국군을 향하여 세계의 여론은 들고 일어났던 것이다.

그런데 우리 3·1 운동의 지도자들은 일제의 관료들이 알기도 전에 그들의 체포를 자청하여 스스로 투옥되었다. 혼란기에 있어서 감옥이야말로 최선의 피난처가 아니던가? 뛴 것은 학생이었으며, 그리고 농촌의 농민이었다. 죽은 것도 유관순과 같이 어린 학생이었으며, 애 업고 뛰다 일제 관헌의 총탄 앞에 쓰러진 아낙네와 그 부인을 부둥켜안은 촌부였다.

그러나 나는 이러한 민중의 민족운동이었기에 3·1 운동은 더욱더 큰 의미가 있다고 생각된다. 지도자는 죽지만 민중은 결코 죽지 않고, 살아있을 동안, 지도자는 그 민중 속에서 얼마든지 나올 수 있기 때문이다. 민중 속에서 나온 지도자가 스스로 높아지고, 지배자가 되어 민중을 배반하고, 시류에 휘말려 일제의 야망을 위한 도구로 전락하여 학병, 지원병 그리고 징용의 필요성을 역설하고 다닌다 하더라도 민중은 계속해서 새로운 지도자를 내세울 수 있기 때문이다. 그러므로 중요한 문제는 지도자 개개인이 어떤 행각을 했느냐 하는데 있지 않고, 그 지도자를 산출하는 민중이 얼마만큼 자유의식에 충일해 있으며, 얼마만큼 높은 이상과 고상한 사상을 가지고 있는가 하는데 있다.

3·1 운동 이후 일제는 한국의 지배에 대한 야망이 점증되어 가고, 드디어는 한민족을 일본인에게 동화시켜 영원히 예속화하려 할 때도 한민족의 이른바 지도자들 사이에는 아(我)와 비아(非我)의 싸움이 계속되었다. 민족의 여망에 따라 상해에 성립된 망명정부에서도 단합된 항일투쟁을 전개하기에 앞서 권력쟁탈전이라는 추태를 현출하여 결국은 초대 대통령이 된 이승만은 미국으로, 초대 국무총리가 된 이동령(李東寧)은 모스크바로 각각 가버리고 말았으니, 이것이 민족의 비극이 아니고 무엇인가? 이 때문에 해방이 되었어도 국토의 분단이라

는 또 하나의 비운을 맞이하게 된 것이 아닌가?

　한반도 분단의 책임이 우리에게 있지 않고 국제 정치에 따른 희생이라 하지만, 우리 민족이 개인의 영달, 개인의 출세에 앞서 민족의 운명을 생각할 수 있는 지도자들을 가지고 있었다면, 어찌 공산주의의 본성을 파악하지 못했을 것이며, 제국주의의 기본 정략을 포착하지 못하였겠는가? 그리고 공산주의와 제국주의의 본성을 포착하였고, 개인보다 민족을, 소아의 헛된 야심보다 대아의 진실을 생각할 수 있는 충정(忠情)이 있었다면, 어찌 혹자는 소련의 앞잡이가 되고, 혹자는 민중에 대한 체면도 생각지 않고 일개 하아지 중장에게 꼬리를 칠 수 있었단 말인가? 아아! 이 생각을 할 때마다 백범 김구(金九) 선생의 우직한 민족적 충정이 그리워진다.

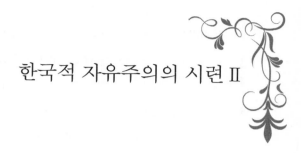

한국적 자유주의의 시련 Ⅱ

한반도의 분단 그것은 누구에 의함인가?

애통하게도, 민족의 통일이 아니면 아무것도 싫다고, 어느 진영도, 어느 체제도 필요 없다던 백범은 죽었다. 그리고 불행하게도, 자기의 권력욕의 충족을 위해서라면 앞잡이도 좋고, 시녀 노릇도 불사하는 김일성과 이승만은 끝까지 살아남아 가족을 이산가족으로, 민족을 원수지간으로, 국토를 두 동강으로 만들고 말았다. 이 어찌된 비극이란 말인가? 이 민족이 이 세계사에 있어 어떤 죄를 지었기에 지금 이 같은 형벌을 받아야 된다는 말인가?

죄라면 가난한 조상, 비겁한 조상을 가졌다는 것밖에 없는데, 그로 말미암은 이 형벌은 너무나도 가혹한 것이 아닌가? 그렇다! 죄라면 힘이 없었던 역사를 지니고 있었다는 것밖에는 없기 때문에, 이 민족은 이리 같은 침략자들에 의하여 지속적인 농간과 유린을 당해야했던 것이고, 그것이 이어져 결국 가족이 헤어지고 민족이 원수로 되고, 국토가 동강나는 비극의 형벌을 당하게 된 것이다. 그래서 이 민족은 대국 놈 개싸움 붙이고 돈 챙기는 놀음에 끼어들어 서로가 서로를 물어뜯는 싸움질을 하게 된 것이다.

위정자라는 사람들이 민족의 힘을 기르는 데는 고개를 돌리고, 자기네들 개인 욕망을 채우는 데만 혈안이 되었기 때문에, 이 민족은 미국 사람, 소련 사람 잘 살게 하려는 루스벨트와 스탈린의 흉계에 이용되어 개 싸움질을 하였고 지금도 하고 있는 것이다.

미국은 말한다. 자유진영을 국제공산주의의 세계적화 야욕으로부터 보호하기 위하여 한반도를 갈라놓았다고. 소련은 말한다. 그들은 이 세계의 프롤레타리아를 보호하고 세계의 약소민족을 제국주의의 약탈로부터 방어하기 위해 이 나라 이 민족의 운명을 갈라 싸움질을 시켰다고.

허나 그것은 모두가 거짓이었다. 남을 위해서 산다는 모든 이들의 말이 거짓인 것처럼, 이들의 말도 모두가 거짓이었다. 이타(利他)를 부르짖는 미소 띤 얼굴의 이면에는 모두가 이기심과 사욕이 도사리고 있는 것처럼, 이들의 음험한 진심에는 자국의 이익과 자민족의 융성을 목표로 하는 정략만이 도사리고 있었다.

생각해 보자. 누가 이 한반도를 두 동강으로 만들어 놓았는가? 정말로 그 책임은 일개 미 육군 대령이었던 딘 러스크와 본 스틸에게 있었다는 것인가? 정말로 미국은 아무런 그들의 정치적 야심이나 경제적 이해관계를 생각함이 없이 순수하게 단지 군사적인 이유에서 38도선을 긋고, 북한 땅을 소련에게 양보하고 남한 땅만을 점령하였다는 말인가?

아니다. 조금만이라도 깊이 생각해 볼 수 있는 자라면 누구도 이를 그대로 믿을 사람은 없다. 생각해 보라. 어떻게 일개 육군 대령의 계급장을 단 군인이 이처럼 중대한 결정을 내릴 수 있다는 것인가? 그리고 미국은 이 결정을 당시의 실책이었다고 발뺌을 하지만, 그렇다면 이러한 실수를 범한 군인이 어떻게 한 사람은 진급 출세를 계속해서 국무장관(딘 러스크)의 자리에까지 기용되었으며, 또 한 사람(번스틸)은 주한 유엔군 사령관의 지위에까지 오를 수 있었다는 말인가? 이것이야말로 조작된 실수가 아니고 무엇인가?

또 일설에 따르면 38도선의 책정은 '근본적으로 소련을 동맹국으로 신임하여 스탈린에게 한국문제처리에 관한 발언권을 허용한 루스벨트의 과오에서 발단했다.'[25]고 하는데, 이러한 말을 어떻게 믿을 수 있단 말인가? 우리는 루스벨트를 잘 안다. 그는 정치적 식견이나 역량에 있어서 미국 역사상 어느 대통령도 추종을 불허하는 인물이다.

그는 유명한 뉴딜 정책을 창안 실시함으로써 제1차 세계대전으로 인한 세계공황을 극적으로 극복하였으며, 그 때문에 미국 정치사에 있어 전무후무한 4선 대통령이 된 사람이다. 그는 제2차 세계대전을 실제로 주도하여 승리로 이끈 2차 세계대전의 영웅이기도 하다. 그는 누구보다도 공산주의의 정체와 스탈린의 인물됨을 잘 알고 있었던 사람이다. 이러한 인물 루스벨트가 어찌해서 왜 하필이면 한반도 문제에 있어서만 과오를 범해야 했다는 것인가?

결과적으로 한반도의 분할로 이익을 본 것은 미국이고 화를 당한 것은 한민족이다. 미국과 소련은 숙명적으로 대결할 수밖에 없는 관계, 한반도는 그 관계에 있어 완충지 역할을 담당하여 미국과 소련이 싸울 것을, 남한과 북한이 싸움으로써 대리전쟁의 형식을 취하게 되었으니, 이것이 과오에 의한 우연의 결과인가? 아니면 계획에 의한 필연의 결과인가?

식견이 높고 경륜이 풍부한 세계적 정치가, 그리고 제1차 세계전의 결과로 찾아 온 대공황을 극복하는 경험의 소유자, 루스벨트에게는 제2차 세계대전을 어떻게 종결시키는가 하는 것도 중요하였겠지만, 종전 뒤에 찾아 밀어닥칠 정치·경제·이념 등에 대한 제 문제들이 더욱 중요하고 어려운 것으로 느껴졌을 것이다.

이의 해결을 위해서라면 계획된 실수나 과오도 범할 수 있었을 것이다. 그러나 나는 한반도의 분단과 한민족의 비극에 대한 책임을 오로지 미국이나 소련에게만 지우려 하지 않는다. 미국의 대통령이나 소련의 집권자가 한국인의 복리를 위해 일해주기를 바랄 수 없고, 또 우리 나라의 지도자가 한국인의 생존을 위해 타민족의 희생을 불가피하게 요구하는 경우, 나는 그 지도자를 일방적으로 매도하고 싶지가 않기 때문이다.

다른 나라의 정치인이 우리 민족에게 잘해 줄 것을 기대하거나 믿는다는 것이, 곧 의타주의요, 사대주의요, 어리석은 바보의 생각임이 분명하기 때문이다. 궁극적으로 한민족이 당한 불운과 비극의 책임은 한민족 자신에게 있다. 의타적이고 사대적인 어리석고 바보 같았던 우리의 조상, 우리의 선배들에게 전적으로 그 책임이 있다.

만약 그 당시 우리의 선배들이 조그마한 이성과 민족의식을 가지고 있었더라면, 만약 그 선배들이 자신의 문제는 죽든지 살든지, 스스로 해결하여야겠다는 조그마한 자율의식을 지니고 있었더라면, 우리의 경제발전이 다소 늦어졌을지는 몰라도, 다소 정치적 혼란의 시기가 길어졌을지 몰라도, 또 미군이나 소련군에 의해서 얼마간의 희생을 당하는 억울한 생령(生靈)들이 생겨났을지는 몰라도, 동족의 가슴에 칼을 꽂는 민족적 비극은 없었을 것이다. 그랬다면 우리의 역사는 일본을 대신한 미국이나 소련에 의해서 지배되는 제2의 식민지시대를 경험하지는 않아도 되었을 것이다.

우리의 정치는 마땅히 상해임시정부가 계승해서 담당했어야 했다. 그리고 여운형(呂運亨)이 이끌고 있던 건국준비위원회나 조선인민공화국도 미 주둔군의 눈치를 살피기에 앞서 과감하게 임시정부를 정식 정부로 만드는 일을 위하여 투쟁을 전개했어야 했다. 그리고 이 투쟁에 있어 적으로 간주되는 자가 있었다면 그것이 외국세력이든 내국 세력이든 단호히 이를 제거했어야 했다.

그리하여 남의 영토에서 남의 나라 국민을 앞세워 자기 나라 자기 국민의 이익을 도모하려는 엉뚱한 계산을 했던 자들을 여지없이 무찔렀어야 했고, 개인의 출세와 영달을 위하여 애국이라는 용어를 남용하며 날치던 정상배 무리들을 가차 없이 축출했어야 했다. 그렇게 함으로써 민족이라는 실체 앞에서는 공산주의도 자본주의도 또는 그밖에 어떤 다른 이데올로기도 허구적인 가상에 불과하다고 하는 역사의 진실을 세계 만민에게 알려 주었어야 했다.

그럼에도 불구하고 이러한 일들이 지금 가정법을 써서 표현할 수밖에 없는 것으로 되게 된 것은, 나무는 심지도 않고, 거름은 주지도 않고, 열매만 따먹으려는 간악한 정상배들, 권력이라면 미국이면 어떠냐? 소련 것이면 어떠냐? 일본 것, 그것도 좋다고 하는 맹목적 권력 지향 족속들이 이 땅에 너무나 많았고 이러한 타락한 정치꾼들이 순수한 민족의식에 입각해서 민족사를 설계해 보고자 한 지사들을 암살·축출해버렸기 때문이다.

때문에 당시의 민족주의자 안재홍(安在鴻) 선생은 "전후 문제의 국제적 해결에 따라 조선은 제국주의 일본의 기반(羈絆)으로부터 벗어나게 되었다. 그러나 조선민족해방은 다난한 운동사에 있어 겨우 일보를 내어 놓는데 불과하다. 완전한 독립을 위한 허다한 투쟁은 아직 남아 있으며 새 국가의 건설을 위한 중대한 과업은 우리의 전도에 놓여있다."[26]고 하여 당시의 문제의식을 분명히 하였으나, 결국 민족의 운명은 하나의 제국주의의 손아귀에서 벗어나 두 개의 새로운 제국주의의 수중으로 들어가는 신세가 되었다.

동족의 상잔, 그것은 누구를 위함인가?

민족의 비극은 남북한이 갈라졌다는 사실에만 있지 않았다. 이 갈라진 민족이 타인들의 농락에 의해 형제가 형제끼리 서로의 가슴에 총을 겨누고 방아쇠를 사정없이 잡아 당겨야 했다는 데에 더 큰 슬픔과 비탄이 있다.

이렇게 참혹한 동족상잔이 어떻게 일어났는가? 혹자는 북이 먼저 남침을 해서 일어났다 하고, 혹자는 남이 먼저 북을 때렸다 한다. 민족의 이 같은 비극의 모든 책임도 결국 우리 민족, 우리 형제들에게 있다는 것들이다. 우리의 일이었으니 우리가 자책할 수밖에 없으리라. 마땅히 그러해야 하리라. 그래야만 우리도 자기반성을 할 수 있을 터이니까.

그러나 그것마저 모두가 우리의 책임이라면 너무나 억울하다. 싸움에 휘말려 만신창이가 된 것만도 원통한데, 그 책임까지 우리가 서로 우리에게 미루어가며 또 싸움질을 해야 한다는 건 너무나도 근시안적이고 자학적인 행위이다.

6·25의 현장을 직접 목격한 나로서는, 참혹한 전쟁의 쓰라림을 체험한 나로서는, 남에서 북으로 쳐들어갔다는 말에 수긍할 수 없다. 당시 남한의 정권으로서는 그럴 만한 힘이 없었다. 내 눈으로 목격한 그대로 말하면, 북한의 남침이 확실하다. 그러나 어찌 개들의 싸움에서 어느 개가 먼저 물었느냐! 어느 개가 나중에 물었느냐가 그렇게 중요한 문제이겠는가? 그 개들은 투견장에 끌고 간 자가 없었다면, 어떻게 어느 개가 먼저 물고 어느 개가 나중에 무는 일이 있을 수 있었겠는가?

나는 이 싸움은 실제에 있어 미국과 소련의 싸움이라 믿는다. 제2차 세계대전 후의 세계를 나눠 먹기로 한 이들이 세력판도를 재정리하기 위해 일으킨 싸움이라 확신한다.

소련은 세계 프롤레타리아의 독재권 확립, 세계 약소민족의 해방이라는 명분 아래 국제공산당의 조직을 활용, 세계적화를 획책하려고, 그 하수인으로 김일성을 앞세운 것이 분명하다.

한편 미국은 소련의 야욕을 분쇄하고 자유진영이라는 세계의 반쪽을 지켜야 된다는 명분 아래 이승만을 그 첨병으로 내세워 김일성과 맞부딪치게 한 것이다. 그래서 소련은 민족주의자인 조만식(曺晩植) 선생을 기어코 제거하려 애썼으며, 미국은 민족의 수호자인 백범을 따돌리고 실제에 있어 미국인과 다름없는 이승만을 한사코 대통령으로 만들려 한 것이다.

한민족에게 있어 민족의식이 소멸되고 민족세력이 약화된 데에는,

우리 민족의 책임도 크지만, 그 배후에서 작용한 미·소 양국의 공작 정치의 영향이 거의 절대적인 것이었을 것이다.

그런데 웬일인가? 기왕에 한반도를 둘로 나누어 세계의 완충으로 삼으려 했으면 힘에 있어서도 대등하게 조정이 되었어야 할 터인데, 북은 강하고 남은 약하게 내버려 두었으니, 나는 여기에 또 하나 커다란 음모가 있었다고 생각한다.

소련은 김일성으로 하여금 이른바, 조선민주주의 인민공화국을 수립케 한 뒤, 신속히 인민군을 창설케 하고 거기에 소련이 제2차 세계대전에서 쓰던 온갖 최신예 무기를 대량으로 공급, 언제고 남한을 점령해 올 수 있도록 준비를 시켜 주었다. 그런데 미국은 한국군에 대해서 아무런 군비를 제공하지 않고 있었으니, 소련의 속셈은 그렇다 치고 미국은 어떤 생각을 가지고 있었던가?

분명히 미국은 그 나름대로의 전략과 국제정치적인 계략을 지니고 있었다. 그랬기에 미국은 1948년 8월 장제스(蔣介石) 군대가 모택동 군대에게 쫓기어 대만으로 가고, 중국대륙이 공산화되자마자 국무장관 애치슨으로 하여금 '애치슨 스테이트먼트'[27]를 발표케 하여 한반도가 미국의 방위선 밖에 있음을 세계 만방에 공표한 것이다.

완전한 전쟁준비를 갖추고 있는 38선 이북의 김일성 정권, 거기에 첨가된 모택동 군대, 팔로군의 인민군에의 편입⋯⋯. 이러한 형편이 이루어지고 있는 상황에서 발표된 '애치슨 스테이트먼트'는 '한반도의 남쪽은 빈집이니 털어가시오!'라고 강도를 불러들이는 소리와 무엇이 다른가? 앙드레 모로아는 그 선언에 표시된 보호권 밖의 제국에 대한 침략을 유도할 위험을 갖고 있다고[28] 지적하고 있는 바와 같이,

실제로 이것은 북한의 남한 침략을 유도하기에 충분한 것이었다.

그러면 이처럼 북한의 남침을 유도한 애치슨 스테이트먼트를 발표한 미국의 본래의 뜻은 어디에 있었는가? 진정으로 한반도를 그들의 방위선 밖에 두어 공산화를 용납할 의향이 있었던 것인가? 그렇다면 전쟁이 일어났을 때, 그냥 내버려 둘 일이지 무엇이 답답하여 그처럼 서둘러 군대를 보내왔나?

미국이 만약 앞으로의 세계가 태평양을 중심으로 전개될 것이라는 점을 예측하지 못했다 하더라도 최소한 전략상으로 한반도의 중요성조차 인식하지 못하고 있었다고 생각할 사람은 아무도 없다. 한반도의 세계 전략상 중요성이 세계 전략가들에게 인식된 것은 이미 19세기 초반의 일이다.

일본이 필연코 한반도를 점유하려 한 것도, 영국이 거문도를 무조건 불법적으로 점거한 것도 모두가 러시아의 남하를 의식한 때문이었다. 그런데 이제 소련이 극동기지를 건설하고 태평양으로 진출 노선을 분명히 하고 있는 이 시점에 미국이 한반도를 도외시할 수 있었겠는가? 그것은 트릭이다.

만약 진실로 미국이 한반도를 포기할 생각이었다면 무엇 때문에 6·25가 발발하자 그처럼 신속히 조치를 취할 수 있었겠는가? 한국 시간으로 6월 25일 새벽 4시가 북한군의 작전 개시 시간이었는데, 미국 국무장관 애치슨은 이 소식을 워싱턴 시각으로 6월 24일 오후 9시 26분에 듣고, 즉시 국무성 회의를 소집, 당시 인디펜던스 별장에 가 있던 대통령을 불렀고, 그날 자정에는 한국전 문제를 유엔 안전보장이사회에 제의하여 유엔 경찰군을 동원할 것을 승인을 얻었다.[29] 이것은 실로 '지체 없는' 결정이었고 일사천리 같은 진행이었다. 어떤 사태를 미리 예상하지 않고는 있을 수 없는 신속, 정확한 조치였다.

그럼에도 불구하고 미국이 미국의 직접적인 이익을 위해서 한국전에 참여한 것이 아니라, 유엔 안전보장이사회의 결의에 따른 것뿐이라는 명분론을 세우는 것은 너무나 속이 보이는 이론이 아닌가?

당시 유엔이라는 기구가 실제에 있어 미국에 의해 주도되었다는 것, 또 한국전에 참전한 대부분의 나라들이 친미적 성향의 나라였다는 점을 염두에 둘 때, 그것은 너무나 명백해진다. 소련의 위치, 소련의 거부권을 생각해 볼 수 있는데, 우리는 당시 소련의 태도도 의심할 수밖에 없다. 안전보장이사회에서 거부권을 행사할 수 있었던 소련의 대표, 야콥 말리크는 대만에 있는 중화민국의 존재에 항의키 위해서 안전보장이사회에 참석지 않았다고 하는데, 납득이 안 되는 이유다.

소련은 북한을 옹호하기 위한 입장인가? 아니면 유엔군의 한국전 파병을 방조하기 위함인가? 여하튼 우연치고는 너무나도 우연적이다. 한민족에게 있어서는 민족의 운명이 좌우되는 순간이고, 세계적으로는 세계 진영의 판도가 달라질 수 있는 이 크나큰 사건들이 계속해서 '과오', '우연'에 의해서 결정되고 있다는 것은 역사의 상식으로는 이해하기 어려운 일들이다.

역사의 연구에는 증거자료가 있어야 함은 물론이다. 그러나 증거자료만 찾아다니다가는 실제로 알아야 할 진실을 알지 못하게 되는 수가 있다. 증거자료란 언제나 힘 있는 자에 의하여 조작·첨가·삭제될 수 있는 소지가 많기 때문이다. 생각해 보라. 당신 같으면 당신보다 약한 자가 당신의 약점, 당신의 수치, 당신의 현실적 이익을 해치는 기사를 쓰는 사람을 용납하겠는가?

그러므로 역사의 올바른 인식을 위해서 확실한 문헌연구도 중요하나, 한편으로는 이미 확인된 사실을 근거로 해서 미확인된 사실을 유추하는 방법, 또는 역사의 흐름과 맥락위에서 당연히 나타날 수밖에 없는, 그러나 의도적, 무의식적으로 숨겨진 사실을 추정하는 것도 필요하다. 문헌이나 유물 유적 등 구체적 자료를 근거로 사실을 확인하는 연구를 미시적 역사학이라 하면, 후자의 경우를 거시적 역사학이라 할 수 있을 것이다.

미국이나 소련의 직접적인 이해관계에 연결되어 있고, 진실이 노출될 경우 그 이해에 해가 밀어 닥칠 요소를 다분히 지니고 있는 한국전쟁의 경우, 그것을 미시적 측면에서 이해하기란 지난(至難)한 일이 아닐 수 없다.

정략, 전략, 전술을 전제로 하는 외교사, 전쟁사, 이를테면 상대국 인민을 기만하고 포섭하고 때로는 위협까지 해야 목적이 달성되는 이러한 일에 있어서 역사의 사료! 그것들은 적당히 윤색하고 적당히 그 출납(발표·미발표)을 조정하는 것 자체가 하나의 전술일 수 있다. 이러한 정략, 전략, 전술을 위해서 만들어진 문헌자료들을 중심으로 사건의 진면목을 인식한다는 것은 거의 불가능한 일이다. 그러나 지금 우리는 한국동란의 진면목을 진실 되게 알아야 하며 알아야 할 시기가 왔다.

부끄럽고 원통한 일이지만, 1945년 이래의 한국 정치사는 미국사의 일환이었다. 한국의 정치·경제 문제나 사건 중 어느 하나라도 미국과 연결되거나 그 입김에 의하지 않은 것이 없기 때문이다. 따라서 이 시기의 한국사를 옳게 이해하기 위해서는 먼저 미국의 현대사를 이해해야만 한다.

미국은 제1차 세계대전을 전후해서 비로소 세계의 거목으로 등장한 나라다. 대서양 건너에서 제국주의의 열풍이 뜨겁게 불어대고 있을 때, 금과옥조로 외쳐대던 먼로 독트린을 철회하고 세계무대에 뛰어든 나라다.

이때에 이 나라는 산업혁명으로 공업대국을 형성하였고, 제국주의 경쟁을 틈타 전쟁경기를 만끽하면서 강대국으로 자라난 것이다. 제1차 세계대전이 발발하였을 때도 처음에는 이 전쟁경기를 누리기 위해 중립을 선언하였고, 전쟁의 양당사국들에게 무기를 판매하여 재미를 톡톡히 본 나라다.

이 같은 매파(媒婆) 같은 상업정책에 분개한 독일군으로부터 상선이 격침된 것을 기화로 대독선전 포고를 하고 영국과 프랑스 함께 전쟁을 승리로 이끈 뒤, 베르사이유 체제에서 실질적인 세계의 주도권을 장악한 나라가 바로 미국이다. 그럼에도 미국의 윌슨 대통령은 베르사이유 체제의 기본원리를 실현하기 위해 국제연맹의 구성을 제창해 놓고도, 그것이 실리에 맞지 않는다는 것을 알게 되자마자 불참을 선언했었다.

이처럼 국가이익을 중요시하는 이기적인 미국이 한국의 독립을 위하여 일본군을 격퇴시켜 주었다고 한다. 독립된 나라로도 만족할 수 없어 민주주의 국가를 만들어 주겠다고 사사건건 한국정부의 일에 대해서 간섭을 했다고 한다. 무엇 때문에 그래야 했을까? 과연 미국의 진의가 무엇인가?

미국은 분명 제1차 세계대전에서의 승전국이었다. 그러나 현대사에서는 승전국이 단순히 승전국만은 아니었다. 대전 후 미국은 내부적으로 패배한 나라에 못지않은 어려움을 당해야 했다.

전쟁을 기회로 마음껏 생산력을 높여 막대한 부를 축적했고, 그 부를 재투자하여 거대한 공장에 어마어마한 기계 설비를 했고, 무수한 노동자를 흡수하고 있었던 미국, 그러나 이 미국은 전쟁이 갑자기 종결되면서 스스로 만들어 놓은 이 거대한 산업시설에 의하여 압살을 당할지도 모르는 위기에 봉착하였다.

멈춰버린 기계가 녹이 슬게 되는 것은 그렇다 하고, 거기서 쏟아져 나온 노동자들의 갈 길은 어디인가? 한없이 확대시켜 놓은 농장은 내버려 둔다 하더라도 거기에 쌓여 올라가고 있는 잉여농산물을 어떻게 처리한다는 말인가? 이것은 잘 흐르는 물길을 따라 달려가던 배가 폭포를 만난 격이다.

앙드레 모로아는 그의 《현대 미국사》에서 '확실히 전쟁 후에는 농민의 지위는 거의 항상 나쁜 것이다. 전쟁은 농산물을 대량으로 요구하고 생산과잉을 가져 온다. 다음에 평화가 되면 곧 농업위기가 찾아온다.'[30]고 하였다. 이 원리는 비단 농민에게만이 아니라 모든 생산업자들에게 공통으로 적용되는 것이다.

미국은 이러한 위기를 1920년대에 당했다. 그래도 전승국가라는 입장 때문에 약 10년간은 무난히 위기를 넘길 수 있었다. 미국은 전쟁으로 거의 완전히 파괴된 유럽의 각국나라들에 재건사업에 필요한 농산물과 제반물량을 보급하여야 했기 때문에, 전쟁은 끝났어도 미국의 생산 수요는 지속되었기 때문이다. 1919년 종전 후 10년간, 미국은 "병적"이라는 형용사가 붙는 주가폭등시대를 연출하였다.

그러나 이것은 병든 인간의 마지막 허세에 불과했다. 전후 10년간에 유럽의 전후복구는 마무리 되었고, 미국의 생산물의 수요는 중지되게 되었다. 드디어 미국은 1929년 9월 "마(魔)의 목요일", 주가의 폭락으로 나타난 대공황에 빠지게 되었다. 이것을 극복한 것이 F. 루스벨트 대통령의 뉴딜 정책이다. 다시 말해서 루스벨트는 대전의 결과로 찾아온 경제 대공황을 극복할 줄 안 사람이다.

이러한 사람인 루스벨트가 제2차 세계대전을 이끌어 연합군의 승리를 얻게 하였다. 여기서 쉽게 생각할 수 있는 것은 루스벨트의 전후 대책이다. 갑작스러운 종전 이후에 불어 닥칠 새로운 경제공황에 대한 대처다. 루스벨트는 제2차 세계대전을 승리로 이끌어감과 동시에 전후를 위한 세계전략을 책정한 사람이다.

그것이 세계에 국지전을 위한 전략이다. 대전은 끝나도 전쟁은 지속되어야 한다는 전략이다. 때문에 제1차 세계대전이 끝난 뒤에 윌슨 대통령은 민족자결주의를 내세워 세계약소민족의 통일과 독립을 지지하였는데, 이에 반하여 루스벨트는 영국의 처칠, 소련의 스탈린, 중국의 장제스(蔣介石)를 대동하고 다니며 세계 각지에 분단국가들을 만들어 낸 것이다.

독일을 둘로, 월남을 둘로, 중국을 둘로, 그리고 한반도를 둘로 만들어 그 모두를 자유진영과 공산진영의 대결장으로 만들었다. 그리고 그 루스벨트는 그의 부통령이던 트루먼에게 그의 업무를 인계하고 죽었다. 그러므로 트루먼은 루스벨트의 전후 처리계획의 실천자다.

그러면 트루먼이 한 일은 무엇인가? 원조정책의 실행이다. 미국에서 생산되는 물자를 마구 방출하는 것이었다. 마셜 플랜이라는 명칭으로 전쟁으로 파괴되어 빈곤의 문명국들이 된 유럽 여러 나라들에게 막대한 잉여농산물을 공급하였다. 소련으로 인한 장벽이 생겨 육로수송이 불가능할 경우에는 이른바 베를린 공수작전이라는 명목에 공수까지 했다.

중국에서 전쟁이 일어나자 자유진영의 원조라는 명분으로 장제스 군대에게 무기를 공급했다. 그것들이 결국에는 부패한 장제스 군대에 의하여 모택동의 중공군 손으로 들어가, 오히려 장제스를 대만으로 쫓아내는 역할을 하고 있다는 것을 알면서도 계속 무기를 공급했다.[31] 이것은 1949년 8월 장제스 군대가 대만으로 완전히 철수할 때까지 지속되었다.

장제스 군대가 패주한 지 불과 10개월이 못되어 한국전쟁이 일어났다. 애치슨 스테이트먼트가 발표된 지 불과 5개월 만에 북한군은 쳐들어 왔다. 이로부터 미국은 또 한국에 물자를 퍼붓기 시작하였다. 레이션박스, 총탄, 대포알, 지프 차, 트럭, 비행기 그리고 밀가루와 설탕 등 이루 말할 수 없을 정도로 많은 물자를 쏟아 놓았다.

그러는 동안에 비행기의 종류가 달라져 갔다. 무스탕이 호주기, 세이버 제트기로, 그것이 다시 F86 등으로 그리고 B29가 B50계열로……, 한반도를 미국의 방위선 밖에 두겠다던 미국이 무엇 때문에 이처럼 한국전선에 막대한 물량을 투입하였는가?

이것도 애치슨 장관의 실수이고 트루먼 대통령의 실책 때문인가? 애치슨은 당시의 국제정세를 오판해서 그의 '스테이트먼트'를 발표할 정도로 무모하거나 어리석은 사람이 아니었다. 그는 하아버드대학 출신의 교양과 높은 지식을 갖춘 뉴딜 정책의 지지자다. 그래서 그는 미국이 제1차 세계대전의 결과로 당하였던 고난을 누구보다도 잘 알고 있었던 사람이다. 그러므로 그는 그의 전임자 마셜 국무장관의 타당성을 깊이 인식하고 그것을 계승하려 한 사람이다.

피상적 상식을 지닌 사람들은 마셜 플랜을 거의 맹목적으로 찬양하였었다. 단지 전후 유럽의 가난과 파괴를 극복하려는 메시아적인 인도주의자로 생각하려 하였다. 그래서 그에게 노벨평화상까지 주었다. 그러나 마셜은 결코 인류의 평화만을 위해서 그의 플랜을 세운 것이 아니라는 것을 알아야 한다.

미국의 역사학자 위쉬(H. Wish)는 그의 《현대 미국(Contemporary America)》에서 '미국 정부는 마셜 플랜을 인도적 의미만을 강조해서 선전하였지만, 미국 측에서 볼 때, 이것은 인도적인 의미 이외에 거대한 전시 수출의 계기와 제1차 세계대전 후에 체험한 불경기를 피하여야 한다는 지상과제에 대한 현명한 해결 방법이었다는데 의미가 있다.'[32]고 했다.

이러한 마셜의 뒤를 이어서 국무장관이 된 애치슨으로서 어떠한 정책을 써야 되었을까? 마셜 플랜도 성공적으로 끝나가고, 중국전쟁도 종결되어 가고 있는 입장에서, 앞으로 미국에서 계속적으로 생산되는 잉여농산물, 과잉공업상품들을 어디에 수출해야 할 것인가?

중국전쟁의 종결기미를 간파한 애치슨으로서는 오히려 한국에 파견되어 있는 미군을 철수시켰고(1949년 6월), 중국전쟁의 종결과 더불어 한반도를 공산진영의 미끼로 내어 놓는 애치슨 스테이트먼트를 발표해야만 했다.

이 같은 애치슨 스테이트먼트는 당시 미국 농무성 장관의 '만약 우리가 막대한 양의 생산을 유지하는데 도움이 될 충분한 창구를 해외에서 찾지 못하면, 잉여농산물은 우리의 경제를 파멸시킬 것이다'라는 절규에 대한 답변이 될 수 있었다.

진공상태로 바람이 몰려들고, 버려진 땅에 임자가 나타난다는 극히 자연스러운 원리를 이용해서, 애치슨은 미국의 경제위기를 극복할 수 있도록 길을 마련한 것이다. 1947년에서 1950년 사이에 침체되었던 경기가 마셜 플랜의 결과로 그 후퇴에서 벗어날 수 있었던 것처럼, 중국에 대한 군사지출을 통해서 경기후퇴의 진로를 막을 수 있었던 것처럼, 한국전쟁으로 말미암아 트루먼 대통령은 제2차 세계대전 이후의 위기를 조성치 않고 '묘하게도 호경기로 접어들게 하여 경제의 재 전환을 확실히 이루어 놓은 것이다.'[33]

이러한 측면에서 우리는 맥아더 장군의 만주폭격시도에 대해서도 이해를 가져야 한다. 6·25 전쟁에서 승세를 회복한 맥아더 장군은 압록강, 두만강까지 북진을 계속하여 자칫 한반도의 통일을 이루어 주는 한국인의 영웅이 될 뻔하였다.

그러나 불행하게도 중공군이 압록강을 건너온 것이다. 그들의 인해전술에 의해서 이른바 유엔군은 밀리지 않을 수 없게 되었다. 전술적인 면에서 볼 때, 이들 중공군을 격퇴하기 위해서는 중공군의 발원지 또는 수송로인 만주에 대해 폭격은 불가피한 것이었다. 그래서 맥아더는 이러한 전략을 트루먼에게 승인을 요청했다. 트루먼은 이를 거절했고, 이 거절에 승복하지 않는 맥아더를 소환했고 그 후임에 리지웨이(Ridgiway) 장군을 임명하였다.

소박한 한국인들은 이를 안타깝게 생각했다. 통일할 수 있는 절호의 기회를 놓쳤다고 생각했기 때문이다. 그래서 맥아더는 인천 만국공원에 동상을 세워 한국인의 영웅으로 받들기 시작했고, 트루먼은 별로 능력이 있지 아니한 미국의 대통령이라는 인상을 한국인은 갖게 되었다.

이 얼마나 소박하고 순진한 한국인인가? 또 이 얼마나 사대적이고 타율적인, 심지어 정신까지 빠져버린 한국인인가? 어찌해서 미국인이 한국의 통일을 위해 싸워주기를 바라는가? 어찌해서 미국군이 한국에서 행하고 있는 이 전쟁을 한민족을 위한 것이라 생각하는가? 그리고 트루먼이나 맥아더의 능력을 어찌해서 우리의 입장에서 평가하려 하는가?

맥아더는 단순히 군인이었다는 것을 생각해야 한다. 군인으로서는 훌륭했는지 모르지만, 그는 정치가는 아니다. 그는 전술, 전략에는 능했는지는 모르지만, 미국의 정치, 경제, 사회 문화 등의 제반 문제를 포괄한 미국의 미래적 운명을 놓고 생각하는 정략가(政略家)는 아니다.

단순히 그는 그의 정보망을 동원해서 만주에 대한 폭격을 가한다 하더라도 소련이 간여할 수 없으며, 또 소련이 간여한다 하더라도 미국의 원폭에 대항할 만한 능력이 없다는 것을 인지하고 있을 수 있었던 장군일 수 있다. 그리고 만주폭격을 통해서 한국전쟁을 승리로 끝마칠 수 있다는 계산을 할 수도 있었던 장군일 수 있다.

그러나 트루먼은 다르다. 그는 정치가다. 미국의 이익을 먼저 생각하고 미국의 미래를 전제한 정략(政略)에 입각해서, 그의 정책을 세워야 했던 사람이다. 그러므로 그는 만약 한국전쟁이 길어짐으로써 그 것이 미국의 경제적인 이익을 줄 수 있다는 확신이 서면 한국전쟁에 서의 승리를 유보할 수도 있는 사람이다.

그리고 한반도의 통일이 그의 대소정책에 있어 이롭지 못하다는 생각이 들면, 통일된 한반도를 분열시키는 일도 서슴지 않을 수 있는 입장에 있는 사람이다. 그러므로 그 당시 트루먼의 입장에서는 맥아 더를 한 알의 바둑알로 보았으며, 한반도를 바둑판의 몇 개의 눈금정 도로 밖에는 생각지 않았다.

이 점에 있어서는 미국 국민들도 마찬가지였다. 미국 국민들의 관 심사는 전쟁을 빨리 끝냄으로써 당장 피부로 느껴지는 세금의 감소, 자기 아들들의 희생의 감소만을 생각했지, 한반도의 분할이나 통일에 대해서는 무관심하였다. 그러므로 처음 맥아더 장군에 대한 인기가 높았던 것은 그가 한국전쟁을 속전속결로 승리를 획득, 종전시킬 수 있는 인물이라고 생각했기 때문이다.

그러나 트루먼의 한마디 '만주폭격은 미국병사들로 하여금 중국대 륙에서 끝없는 전쟁을 하지 않으면 아니 되게 하는 것'이라는 단 한마 디로 졸지에 맥아더의 인기는 물거품처럼 소멸되고 만 것이다.

당시 미국으로서는 한반도의 전쟁을 속결해서는 이롭지 못했을 것 이다. 제2의 한반도, 제2의 중국전장을 찾지 못한 때였으니까. 당시 미국으로서는 한반도의 통일을 바라지 않았을 것이다. 혹시라도 한반 도에 단일정권이 수립되어 그 정권의 집권자가 공산주의자는 아니라 하더라도 독자 외교노선, 또는 민족적 실리를 앞세운 중립외교 정책 이라도 표명, 필요에 따라 미국에도 붙고, 필요에 따라 소련이나 중공에도 추파를 던지는 사태가 벌어지면, 그 나라가 19세기 말부터 지속적으로 관심을 가지고 지켜보며 세운 세계전략에 크나 큰 손해를 끼칠 것이 분명하니까.

유럽에 있어 자유진영과 공산진영 간에 쐐기로 박히어진 것이 동서 독일의 분단이고, 동남지역에 꼭 같은 쐐기가 월남이라면, 극동지역의 쐐기가 한국이라 생각하면, 미국이 왜 맥아더의 승리를 저지했는지는 자명한 것이다.

그리고 한국전쟁이 휴전으로 끝난 뒤, 미국은 무리를 해서까지 월남전에 끼어들었고, 그 전쟁을 10여 년간 끌어가며 무진장의 자원을 소모한 일이나, 그것마저 끝나자 중동전쟁에 간여하여 막대한 군수물자를 원조하였으며, 또 지금도 이라크와 이란 전쟁에 깊숙이 간여하고 있는 이유를 우리는 간과해서는 안 될 것이다.

그리고 제2차 세계대전 이후 40년이 지난 오늘에 이르기까지 미국은 경제적 호경기를 구가하고 있으며, 동시에 무기실험 특히 항공기 발달을 통해서 집적된 기술을 동원, 우주시대를 열어가고 있는 것, 6·25 전쟁 동안에 레이션 박스에 담겨 있던 커피가루에 인이 박혀 오늘 우리는 수억 불의 외화를 커피 수입에 소모하지 않으면 안 되게 되었다는 것 등을 생각해 보면, 한반도의 분할, 한국전쟁의 의미를 쉽게 이해할 수 있으리라.

제 5 장

결론

새로운 세계사의 출발

우리는 지금까지 서구 제국주의의 압박과 착취, 그리고 그에 의해서 농락을 당하여 온 유색인종이 어떠한 자세를 취하여 왔으며, 그 결과 세계는 어떻게 변하였으며, 미래사를 위하여 무엇을 하고 있는가를 살펴보았다. 이제 우리는 한민족 앞에 주어진 역사적 과제가 무엇이며, 한민족은 미래의 세계사를 위한 자유의 생을 살고 있는지 아닌지에 대한 반성을 해야 할 단계에 이르렀다.

제국주의의 종말

앞에서 언급한 바와 같이 제1차 세계대전은 그 성격으로 볼 때, 철저한 제국주의 전쟁이었으며, 서구식 자유주의가 당면하지 않으면 아니 되는 종말적 참극이었다.

그리고 이 전쟁을 서구식 자유주의의 결론이라고 한다면, 동시에 이 전쟁은 서구인, 즉 인종적으로 백인종에 의해 주도되어 오던 세계사의 종언이기도 하다.

그렇다면 제2차 세계대전이 갖는 의미는 무엇인가? 말할 것도 없이 제2차 세계대전은 백인종에 의해서 구축되었던 세계질서와 그 문화의 붕괴를 예견케 하는 사건이었으며, 아울러 이 같은 조짐에 힘입은 약소 피압박민족들이 그들의 질곡에서 벗어나 자유를 쟁취하기 위한 저항을 시작하는 계기를 마련해준 사건이다.

실제로 서구 제국주의는 세계 도처에 산재해 있는 유색인종을 지배함으로써 그들에게 자유를 가르쳤다. 압박을 통하여 저항의 원리를 가르쳤고, 착취를 통하여 민족의식을 고취시켰으며, 약탈을 통해서 경제관념을 깨우쳐 주었다. 무려 1세기에 걸친 이 교육은 피지배, 피압박 유색인종들에게 충분한 것이었다. 이제 이들도 지배와 압박을 떨쳐버리고 자유를 추구할 수 있게 된 것이다.

그러므로 제2차 세계대전 후 전 세계에 수많은 유색인종들이 해방과 독립을 쟁취하였으며, 자유의 깃발을 높이 들었다. 우선 아프리카에서는 1830년 이래 프랑스의 식민지로서 온갖 착취와 압박을 당하여 오던 알제리아인들이 독립운동을 전개하여, 1954년에는 F. L. N.(민족해방전선)을 결성하여 프랑스에 대한 무력투쟁을 벌여, 프랑스인 콜롱(Colon)을 추방함으로써 프랑스인 자체에 대한 저항운동을 일으켰다.

그 결과 그들은 1962년 독립을 쟁취하여 반식민(反植民), 비동맹(非同盟), 중립주의를 표방하여 일체의 제국주의적 세력의 간섭을 배제하는 독자적 정부를 구성하였다. 그리고 튀니지와 모로코는 제2차 세계대전 이후 프랑스에 대한 독립운동을 전개하여 프랑스인에 의한 잔혹한 대량 체포, 강압적 탄압 등을 물리치고, 1956년에는 독립을 쟁취하였다.

그뿐만 아니라 종래에 암흑대륙 중의 암흑대륙으로 알려져 있던 중부 아프리카 콩고에서도 1885년 이래로 벨기에의 식민지적 탄압에 대항하는 강력한 무력 투쟁을 전개시켜, 1960년에는 민족의식을 본바탕으로 하는 독립 국가를 수립하였다. 그 후에도 모든 아프리카 여러 민족이 순차적으로 그들의 독립 국가를 형성함으로써, 이제는 유엔 총회에 있어서도 무시할 수 없는 대국제 세력으로 부각되기에 이르렀다.

이와 같은 아프리카 전역에 걸친 민족운동은 단지 개개 민족의 독자적인 운동으로 그치지 않았다. 그들은 그들의 개별적인 민족운동만으로는 아직도 강력한 세력을 가지고 그들을 향하여 압력을 가해오는 백인종들에 의한 압박과 착취에서 완전히 해방할 수 없다는 것을 인식하고, 그들 나름대로의 블록을 형성하기 시작하였다.

그리하여 1963년 5월에는 에티오피아의 아디스아바바에서 아프리카의 30여 개 독립국이 모인 가운데서 아프리카 여러 나라들의 통일과 단결을 촉진하고, 그들의 주권과 독립을 확보하며 나아가서는 전 세계의 식민주의를 소멸시킬 것을 목적으로 하는 조직 O. A. U.(Organization for African Unity)를 결성하였다. 이제 그 세력은 점차 비대해져서 40여 개국이 참가하는 거대한 조직으로 성장하기에 이르렀다.

1840년 기독교 선교사, 리빙스턴의 탐험으로 비롯된 서구 백색인종들의 무자비한 침략과 약탈과 탄압으로, 인간을 마치 논밭을 가는 소나 말처럼, 제국주의적 자본가들에게 매매의 대상으로 취급되었으며, 대륙 자체는 백인 위정자들의 마수에 의한 분할정책에 따라 무참히 찢기어 만신창이가 되어 있었던 아프리카가 바로 그 피지배, 피압박자인 흑인들에 의하여 해방이 되었으며, 이제는 그 흑인들로만 구성된 정치조직이 결성되어 세계사의 강력한 세력으로 등장하게 된 것이다.

이와 같이 유색인종의 해방운동이 어찌 아프리카 지역에서만 일어났겠는가? 유색인종이 거주하고 있는 지구상 모든 지역에서, 백인종의 제국주의에 의하여 억울하게 억압을 당해 온 모든 민족들 가운데서, 이 운동은 일어나지 않을 수 없었던 것이다.

즉 동남아시아에서도 이 운동은 일어났다. 미국과 스페인(美西)전쟁의 결과로 미국의 식민지로 전락하였으며, 제2차 세계대전 중에는 일본 제국주의에 의하여 유린되었던 필리핀이 민족주의 게릴라전을 전개하여 1946년에 독립했고, 네덜란드의 식민지로서 신음하고 있던 인도네시아가 독립하여 교도민주주의라는 그들 나름대로의 민주주의를 제창하여 독자노선을 분명히 했다. 그리고 1948년에는 미얀마가, 1957년에는 말레이시아가 각각 영국으로부터 독립하여 반(反)식민주의를 기본정책으로 하는 국가를 건립하여 새로운 역사의 출발을 했다.

이와 같은 일은 남아메리카 제국에서도 있었고, 동북아시아에서도 있었다. 특히 서양인에 의하여 '잠자는 호랑이', '종이호랑이', '죽은 호랑이' 등으로 야유되고 있으면서, 마치 대양에 떠있는 죽은 고래가 사나운 상어 떼에게 찢기듯 만신창이가 되어 가던 중국이 제2차 세계대전의 종결을 계기로 살아난 사자로 포효하면서 12억(지금은 13억)의 대 인구를 이끌고 유색인종의 상징으로 꿈틀거리고 있지 않은가!

그리고 이른바 중·소 국경분쟁과 이념 분쟁을 일으켜 마르크스·레닌주의의 허구성을 노출시킬 뿐만 아니라, 인류의 역사는 종당에 공허한 이념에 의하여 대립되는 것도 아니고, 일시적이고 가변적인 계급투쟁에 의하여 역사가 진보하는 것도 아니며, 압박자, 지배자에 대항하는 일체의 피압박자, 피지배자의 생래적인 자유의식과 그 자유를 위한 투쟁으로 이루어진다는 명백한 사실을, 그것도 공산주의 블록 속에서 입증하고 있지 않은가?

전 세계의 유색인종은 이제 그 자유의 원리를 터득하였으며, 그 자유의 진미를 맛보았다. 그리고 그 자유를 위한 투쟁이야말로 개인이 생존하는 참된 이유이며, 민족이 존재하는 가치이며, 역사라는 신이 준 소명이라고 하는 사실을 체험으로 알았다.

그러므로 유색인종의 자유를 위한 투쟁은 단순히 그들의 민족이 피압박, 피지배의 상태에서 해방되고 독립하는 것으로 끝나는 것이 아니다. 그것은 유색인종이 세계사의 주도권을 잡게 될 것이며, 물질문명에 사로잡혀 절망하고 있는 백인종을 포함한 모든 인류를 구원하여 새로운 세계사를 펼쳐 나가게 될 것이다.

실제로 제1·2차 세계대전 이후 서구제국주의에 대항하는 유색인종의 자유투쟁은 결국 백인종을 포함한 전 세계사의 판도를 바꾸어 놓았다. 19세기 이래 식민지를 확장하기 위해 세계 정복 사업을 일삼던 대영제국은 서유럽 대서양 연안 한구석에 자리한 브리튼 섬으로 잠적해 버렸으며, 캐나다, 인도, 오스트레일리아, 뉴질랜드 등은 영국 식민지의 굴레로부터 벗어나 강력한 독립국가로 세계사의 주도자로 등장하였다.

이제 세계는 지배와 피지배로 얼룩진 제국주의시대를 청산하고 전 인류가 평등한 글로벌시대로 진입하게 되었다. 여기서 우리가 새롭게 인지해두어야 할 것이 있다.

필자는, 세계사는 소규모의 다수사회가 대규모의 소수회로 이행 발전되어 온 과정이라는 것을 갈파한 바 있다. 원시 모계사회를 벗어나서 이룩된 신석기시대의 씨족사회가 최초의 소규모의 다수사회라고 한다면, 그것은 부족사회, 부족연맹, 고대국가, 봉건제후국가, 민족국가, 그리고 제국주의 운동을 거치면서 대규모의 소수사회로 점진적으로 발전해 왔다는 사실이다.

이러한 대규모 사회로의 발전과정은 20세기에 이르러 제1·2차 세계대전을 정점으로 세계가 자유진영이냐? 공산진영이냐? 아니면 중도 진영이냐? 하는 등의 대규모의 불럭으로 분리되면서 그 정점에 도달하였다. 그러나 이러한 불럭의 분리는 공산주의가 하나의 허상임이 들어나면서 와해되고, 대신에 사회의 지반이 되는 지역적 공간적 단위에 따라 유럽 지역, 북아메리카 지역, 남아메리카 지역, 시베리아 지역, 동북아시아 지역, 서남아시아 지역, 인도 지역, 아프리카 지역 등으로 분류되게 되었다.

유럽공동체의 의미

그런데 이 과정에서 나타난 중요한 현상은 19세기 "지구상에서 해지지 않는 나라"를 자랑하던 영국이, 앞서 말한 대로, 그의 지배하에 있던 나라들을 독립시키고, 스스로는 유럽 한 모퉁이의 브리튼 섬에

안주하는 작은 나라가 되었다는 사실이다. 대규모의 큰 나라의 의미가 상실되었음으로 보여주는 팔목할 만한 현상이다.

이러한 현상은 비단 영국에만 국한된 것은 아니다. 영국과 더불어 19세기 제국주의 운동의 기치를 들고 전 세계를 누비던 유럽의 열강들이 이제 넓은 영토를 버리고 기존의 작은 영토 안에서 안주하는 방향으로 돌아섰다는 것이다.

그 이유가 어디에 있는가? 그것은 바로 경제의 개념이 달라졌다는 것이다. 종래의 경제가 넓은 영토를 필요로 하는 제국주의적 경제체제였는데, 이제 국제경제는 넓은 영토가 아니라, 공동작업, 공동시장, 다국적 기업 등, 국경을 초월하는 경제협력의 공동사회로의 전환이 가져 온 결과다. 여기서 생겨난 것이 FTA 운동이고, 유럽은 이를 통해서 지역경제공동체라는 정치적 연합으로까지 이어지고 있는 것이다. 이 지역경제공동체에서는 나라의 크고 작고는 문제시 되지 않는다.

그런데 유럽의 이러한 현상의 뿌리는 아메리카 합중국에 있다. 유럽은 아메리카 합중국의 체제를 벤치마킹하려고 해서 한 것은 아니지만 실제로 벤치마킹 한 것이다.

미국의 연방체제

미국은 영국으로부터 독립할 당시 13개의 자주독립을 고집하던 나라들(states)의 연합체다. 그들은 영국에 대한 투쟁을 통해서 독립전쟁을 할 당시만 해도, 13개 나라들은 어느 나라에 의해서도 간섭받지 않는 자주독립국가가 되는 것을 원칙으로 했다. 그러나 전쟁에서 승리하고 난 뒤, 영국의 재침이나 유럽 열강의 간섭을 우려한 연방파들 (Federalists)이 중심이 되어 만든 헌법을 가운데 두고 자율적으로 연방에 가입함으로써, 아메리카합중국(United States of America)이 된 것이다.

그러므로 미국은 국가의 성격으로 보면, 각 주(州, state)는 내치에 있어서 완전한 독립국가다. 다만 연방에 가입하지 않은 타국, 특히 유럽 열강들로부터 침략이나 간섭을 받지 않기 위해서, 외교나 군사 문제 등 대외관계에 있어서는 중앙정부가 중심이 되어 해결하는 체제다. 그리고 경제는 각주가 독립성을 지키면서 달러화를 중심으로 연결성을 지닌다.

이처럼 세계제일의 초강대국이면서 영토적으로도 대국인 미국은 단일국가라기보다는 다국적 체제를 유지하고 있는 것이다. 13개의 줄(條)이 의미하는 건국 초의 13개국과 50개의 별이 의미하는 50개의 국가가 모여서 이룩된 합중국이다.

민족의 구성도 전 세계 민족의 전시장이라 할 만큼 다양하다. 그러므로 영국인의 입장에서 보면 영국이고, 러시아인의 입장에서 보면 러시아다. 심지어 이슬람교 신도들이 보면 또한 그들의 나라다. 일본인의 입장에서 보면 일본이다. 이들 다양 민족들이 성조기 앞에서 다 같이 충성을 맹세하고 있기 때문이다. 그리고 이들에게는 평등한 자유가 보장되어 있으며, 그것을 지키기 위해서 미국국무장관은 세계를 누비고 있는 것이다. 이것이 미국이 지닌 유연성이다.

한때 남부냐, 북부냐 하는 지역적 이해관계의 상치, 중상주의적인 자유무역이냐 중농주의적인 보호무역이냐 하는 경제적 이해관계, 노예제를 인정할 것인가 노예를 해방할 것인가 하는 사회적 이해관계의 상치로 말미암아 남북전쟁이라는 갈등이 있었지만, 그것은 오히려 각 지방정부의 독립성을 공고히 하는 과정이었으며, 대외적인 합중국의 위상을 공고히 하는 결과를 가져 왔다. 이러한 유연성은 미국이 세계 최강의 일류 통일국가지만, 세계의 최다수의 자치적 분권국가들로 구성된 자유주의 국가의 상징으로 존립할 수 있게 한 것이다.

근대사의 시작과 더불어 수없는 전쟁을 치러온 유럽 열강들이 미국의 연방 체제를 따라서 유럽공동체(EU)라는 통합의 행보를 취하고 있는 것은 또 다른 지역 국가들의 모범이 되고 있다. 한때 스탈린의 공산독재에 의해서 강제 당해 오던 소련이 해체되어 독립국가연합[1]으로 변모된 것도 이러한 경향을 따른 것이라 할 수 있다.

이것은 소규모의 다수사회가 대규모의 소수사회로 변천 되어 온 과정의 정점에 이르렀음을 말해줌과 동시에 대규모사회가 당면하는 모순과 갈등을 극복하기 위해서 자체적으로 소규모 사회로 전환되어 감을 보여주는 것이다.

대규모의 사회체제로는 점고되고 있으며 보편화되고 있는 인류의 자유의식을 수용하는데 한계가 있다는 것을 보여주고 있는 것이다. 이러한 대규모의 사회를 지속적으로 유지시키기 위해서는 그 구성인원들의 자유를 억압하지 않고는 어려운 일이기 때문이다. 때문에 일찍이 강력한 민족주의를 앞세워 강력한 국가체제를 이루었던 서구의 민족국가들은 인간의 자유의식을 광범위한 공간으로 확장시키기 위하여 제국주의 정책을 활용하였고, 그 때문이 상대적으로 약소민족에 대한 핍박이 따랐다.

그러나 이제는 약소민족도 그들의 자유를 찾기 위한 투쟁을 벌인 결과 강대국들이 이들을 제압할 수 없게 되었다. 때문에 종래의 제국주의를 주장하던 국가들도 약소민족들과 타협을 하지 않을 수 없고, 공동의 경제의 장을 열지 않을 수 없게 된 것이다.

중국의 미래전망

이 문제는 이제 중국이라는 대륙국가에게 있어 더욱 절실한 것이 되었다. 세계사의 중심이 오리엔트에서 시작하여 지중해 세계로, 지중해 세계에서 대서양세계로, 유럽과 아메리카를 잇는 대서양세계에서 아메리카와 동아시아를 잇는 태평양세계로 이전되고 있는 현상에서 중국의 중요성은 매우 크기 때문이다.

그러면 일차적으로 중국의 현주소는 어디인가? 중국은 이 책의 초판이 출판된 1978년까지만 하더라도 철저한 공산주의 국가였다. 심지어 소련과 공산주의의 순수성을 놓고 시비를 따져 소련을 수정주의로 몰아대는 이념논쟁을 일으켰으며, 완전한 공산사회의 이상을 실현하려는 홍위병의 문화혁명(1966~1976)까지도 시도되는 입장이었다.

그러던 중국이 1980년대로 접어들면서 공산주의를 버리고 시장경제체제를 도입하더니, 지금은 미국과 자웅을 겨루는 세계경제대국이 되었다. 중국 공산당의 상징이었던 마오쩌둥(毛澤東)이 죽고, 덩샤오핑(鄧小平)이 실권을 장악하더니, 검은 고양이면 어떻고, 하얀 고양이면 어떻겠는가(黑猫白猫)라는 실용주의를 부르짖어, 한국의 박정희식 경제발전 모델을 벤치마킹하더니, 삽시간에 시장경제체제로 전환, 세계경제대국의 위치를 점하게 된 것이다. 이것이야말로 미국의 자본주의가 한반도를 교량삼아 중국으로 건너 간 것이 아니고 무엇이겠는가?

　그러나 중국은 아직도 자유주의와는 거리가 있다. 경제적 자유를 앞세워 자본주의적 시장경제체제는 받아들였는지 몰라도, 참된 자유운동은 여기에서 끝날 수 없는 것이다. 아직도 중국에서는 개인의 사상적 자유나 정치적 자유가 용납되지 않고 있으며, 소수민족들의 권익과 자유로운 활동이 보장을 받지 못하고 있는 것이 현실이다. 아직도 천안문 사태에 대한 정부의 반성이나 그에 입각한 정책이 나오지 않고 있음이 전자의 사례이고, 중국 정부가 티베트를 다스리기 위해 한족(漢族)을 이주시켜 동화정책을 실시하고 있다든가, 위글 족의 반발을 막기 위하여 군사력을 동원하는 등의 문제가 후자의 사례다.

　이제 중국이 해야 할 것은 정치적인 전환이다. 경제적 자유주의뿐만 아니라, 정치적 자유주의도 실시해야 한다. 사회주의라는 형식의 중앙집권적 독재가 아니라, 지방분권 형태를 취한 연방국으로의 전환이다. 어쩌면 중국은 이미 정치적 전환의 시작이 되고 있는지도 모른다. 중국정부의 자의에 따른 것은 아니지만, 99년 만에 영국의 통치로부터 해방된 홍콩과 포르투갈로부터 자유로워진 마카오가 특별행정구라는 이름으로 자치주로서의 길을 시작하였고, 티베트가 달라이 라마를 정신적 지주로 하여 자치구의 특색을 살려가고 있으며, 위그루 족은 분리 독립운동까지 벌이고 있는 것이 실정이다.

　이미 세계적으로 민족주의는 빛을 잃어가고 있다. 그럼에도 아직까지 쑨원(孫文) 선생이 부르짖던 흥한멸만(興漢滅滿)을 전제로 하는 민족주의에 사로잡혀 56개의 민족들 중 한족을 중심으로 다른 민족에 대하여 이방인시 하는 민족적 편견을 버리지 않는 한, 현대판 5호 16국(五胡十六國)시대의 혼란을 피할 수 없을 것이다.

각 소수민족들과 각 지역의 이해득실관계가 분란의 씨앗이 될 것이기 때문이다. 현재는 사회주의적 독재체제의 군사력에 의한 통제가 가능하겠지만, 점차 경제가 발전하고 인지가 개명하여 개인들의 자유의식, 각 민족의 민족의식이 발동하고, 여러 가지로 상이한 각 지역의 특색을 나타내는 이해관계가 문제로 되기 시작하면, 그 큰 대륙의 통일을 통한 1인 내지 소수인의 독재적 지배체제는 유지되기 어렵다.

다음으로 중국은 중국산 상품을 세계 만방에 팔아서 경제대국의 위치에 올랐지만, 아직 글로벌 세계의 일원으로서는 자격이 없다. 왜냐하면 아직도 중국은 국경을 넓히려고 서북공정이니, 동북공정이니 하는 것들로 민족주의에 의한 영토 확장에 신경을 쓰고 있다는 것이다.

이제 세계는 민족주의에 입각한 영토 확장의 관념에서 탈피할 때가 되었다. 세계가 다국적기업들에 의해서 이끌어져가고 있는 상황에서, 국경선은 하나의 상징적인 팻말에 불과하기 때문이다. 이런 처지에서 영토의 넓고 좁음을 문제 삼는다는 것은 시대착오적인 고집일 뿐이다.

중국은 이제부터 명실이 상부한 세계국가로 거듭나야 한다. 우선 중국내에서 한족중심의 편파의식에서 탈피하여 56개 민족을 평등하게 대우하는 사회를 이루어야 할 것이다. 그리고 각 지역을 평등하고 자율적인 정치체제로 만들어야 할 것이다. 이점에선 아메리카합중국이나 유럽공동체를 모범으로 삼아야 할 것이다.

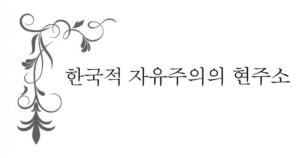

한국적 자유주의의 현주소

서구문명과 아시아대륙의 교량

이상과 같은 세계사의 흐름 속에서 한국민족은 어떤 위치에 있으며 어떠한 미래를 지향하고 있는가?

한국은 현재 전 세계사의 접합 점으로 되어 있다. 서양에서 발생하였고, 서양 자체의 문제를 해결하기 위한 과정을 통하여 성장한 서구적 자유주의의 양대 맥이라고 할 수 있는 자본주의체제와 이에 대항하는 공산주의 체제가 155마일 휴전선을 가운데 두고, 이 한반도에서 대립되어 있는 것이다. 이 때문에 한민족은 현재까지 전 세계의 신생 유색인종들이 각각 당하여 온 두 가지 계열의 간섭과 억압과 장애를 동시에 당하여 온 것이다.

한반도는 제2차 세계대전 중에 열린 미국, 소련, 영국의 얄타 비밀 회담에서 행하여진 양진영의 제국주의적 이해를 위한 흥정에 희생되어 남북이 분단되는 운명에 처하게 되었다. 이에 따라 우리 한민족은 다른 피압박 유색인종들이 민족 통일과 민족적 자유의 희열을 맛보고 있을 때, 불행하게도 동족상잔의 피비린내 나는 싸움을 벌이지 않을 수 없었다. 그리고 열전이 멈춘 지 65년이라는 긴 시간이 지나간 오늘까지도 냉전체제를 벗어나지 못하고, 동족이 서로의 가슴에 총부리를 겨누고 있는 것이다.

무엇 때문에 우리는 이처럼 분단되었으며, 이처럼 싸워야 하는가? 혹자는 한반도 분할의 책임이 한민족 자체에 있다고 한다. 애초부터 한민족은 자유주의 계열과 공산주의 계열로 나뉘어 있었으며, 해방 이전에도 이들의 싸움은 있었다고 한다.

그러나 현대세계의 어느 나라, 어느 민족이라도 자유진영의 노선을 따르는 자와 공산진영의 노선을 지지하는 자로 분립되어 싸우지 않는 곳이 있었는가? 다만 이들은 서로의 의견과 정견을 달리 하더라도 영토가 분리되지 않은 상태에서, 하나의 국가체제 내에서 대립되고 있었기 때문에, 각자의 의사와 정견에 따른 정당을 조직하여 자국 내에서 정정당당히 정쟁을 일으키고 있었다. 한민족은 미·소가 인위적으로 만들어 놓은 두 개의 영토, 두 개의 정치 조직이 상호 대립되어 있기 때문이다. 이는 미·소의 제국주의적 확대정책의 결과였고, 한반도가 미·소의 확대운동의 최종적 접합점이며 완충적 성격을 갖는 지역이었기 때문이다.

그 때문에 우리 한민족, 특히 민중은 이유도 모르고, 동족이 이산가족이 되어 민족적 비극을 감수하여야 되었다. 공산주의 혁명의 시발지요, 공산주의의 종주국으로 자처하고 있는 소련은 수정주의를 채택하여 실질적인 자본주의 노선을 걷고 있던 시절에 김일성과 김정일은 무엇 때문에, 세계적화의 선발대가 되려고 광분하였는가? 그리고 대한민국은 무엇 때문에 자유진영의 방패로서 자처하였는가? 중공과 통교하는 미국을 위해서인가? 정경분리를 내세워 북한과 교역하여 무기를 팔고 있는 일본을 위해서였는가?

나는 여기에 바로 역사가 한민족에게 부여한 특수소명이 있었다고 생각한다. 자본주의이든 공산주의이든 그것을 체험하지 않은 자는 그 장단점을 피부로 느끼지 못한다. 아무리 이론적으로 공산주의를 잘 알고 있는 자라 하더라도, 그것을 피부로 체험하기까지는 그것을 완전히 알았다고 할 수 없다. 소련을 프롤레타리아와 문학인의 천국이라 생각하던 앙드레 지드가 소련을 방문하고 난 뒤, 급히 그의 생각을 버렸다고 하는 사실을 회상해 보라.

그런데 우리는 그것을 둘 다 피부로 체험하여왔다. 그리고 그 두 가지 이데올로기의 문제점을 통절히 느끼고 있다. 세계 각처에 있는 신생 유색인종들이 단순히 어느 한쪽에 치우쳐 한 가지만을 경험하고 있는 이때에, 우리는 이 세계적인 양대 이데올로기를 함께 체험하고 있는 것이다.

이런 의미에서 한반도의 세계사적 위치는 지금까지 변증법적으로 발전해 온 세계사가 마련해온 정(these)과 반(antithese)의 대립이었으며, 한민족에게는 이 양자의 양기(aufheben)를 통한 종합(synthese)의 책임이 주어진 것이다. 이 때문에 한민족의 동족상잔에는 세계 모든 나라 젊은이들의 피가 뿌려졌으며, 지금도 한반도에는 전 세계의 이목이 집중되어 있는 것이다.

그러므로 한반도의 분단과, 한민족이 당하였고, 아직도 당하고 있는 고난은 앞으로 세계사가 진전되어 가야할 새로운 목표를 탄생시키기 위한 산모의 고통이다. 한반도는 단순히 국제정치적인 접합 점만이 아니라, 국제적으로 전파되고 있는 동서양의 사상, 문화, 제도

등 모든 면의 인류역사의 종합점이다.

우리는 자본주의와 공산주의만을 동시에 체험하고 있는 것이 아니다. 한반도에는 동양의 전통적 종교인 불교, 유교, 도교와 서양사의 주도적 역할을 한 기독교(그것도 모든 교파들을 포함한)가 공존하고 있다. 제도에 있어서도 동양적인 것 위에 서구의 것과 동구의 것이 함께 들어와 있다.

이러한 점은 일본의 것과는 다르다. 일본인들은 공산주의를 이론으로는 알아도 체험은 못했다. 또한 중국과도 다르다. 중국에서는 공산주의는 체험했어도 자본주의는 체험하지 못했으며, 불교, 유교, 도교는 알아도 현대 기독교는 모른다. 그리고 인도와도 다르며, 인도지나의 것과도 다르다. 따라서 한반도에서 남북한의 대립이 세계의 대립을 의미하는 것이다. 그러므로 이것이 통일되고 새로운 단일국가와 사회를 형성하게 된다면, 그것은 곧 세계사의 새로운 목표의 제시가 될 것이다.

그러나 역사의 소명은 지정학적 조건이나 세계사적 위치에 의해서 전적으로 실현되는 것은 아니다. 그것에 대한 책임은 오로지 인간에게 있다. 지정학적 조건이나 세계사적 위치는 다만 조건일 뿐이며 기회일 뿐이다. 이 조건과 기회를 활용하여 세계사의 발전을 촉진시키는 것은 그 조건과 기회를 갖고 있는 인간이 그것을 발견하고 그것을 위한 노력이다. 즉 자유를 위한 투쟁이다. 그리고 이러한 조건과 기회가 주어졌음에도 불구하고, 역사의 소명이 부여되었음에도 이를 실행하지 못하게 될 경우, 그 인간과 민족과 개인은 역사에 대한 불성실자로 낙인을 면치 못하게 될 것이다.

그러면 한민족의 세계사적 소명은 무엇이고, 한민족은 그 소명을 위하여 무엇을 하고 있는가? 우리가 생각할 수 있는 한국인의 소명은 앞으로 전개되고 있는 글로벌 세계의 중심이 되어야 한다는 것이다.

어떤 민족이 그에게 주어진 역사적 소명을 파악하고, 그것을 실행하는데 있어서 무엇보다도 중요한 것은 그 소명을 파악할 수 있는 이성을 소유하고 있는가, 그리고 소유하고 있다면 그것을 사용할 수 있는 용기가 있는가 하는 것이다. 이성은 그 자체가 역사를 창조하는 주체이며, 이성의 사용은 그 자체가 역사의 창조행위이기 때문이다.

따라서 현재의 우리 한민족이 역사적 소명을 실행하여 미래의 세계사를 위한 주도적인 역할을 할 수 있는가 없는가 하는 것을 판별하기 위해서는, 무엇보다도 우리 한민족이 이성을 지니고 있는가 없는가, 또는 이성을 사용할 수 있는 용기를 가지고 있는가 없는가를 반성하지 않으면 안 된다. 그리고 이것은 다른 말로 우리 한민족이 현재 자유를 가지고 있는가 아닌가 하는 것을 반성하는 일이 된다.

우리는 현재 자유주의 세계에 살고 있다. 그러므로 대부분의 지성인은 우리가 자유를 가지고 있지 않으면 안 된다고 생각한다. 그리고 정부는 그 자유를 보장해 주어야 한다고 한다. 그러면 과연 우리는 그 자유를 가지고 있는가? 정부로부터 보장받아야 할 개인의 자유가 있는가? 다시 말하면, 그들의 주장대로 정부가 자유를 보장해 준다면 무엇을 어떻게 할 것인가?

위에서 필자는 자유란 누구로부터 허가를 받거나 보장받아서 생겨나는 것이 아니라고 했다. 오히려 누구로부터 자유가 보장되면 그 순간, 마치 줄이 끊어진 연과 같이, 그 자유의 본질이 소멸되고 만다고 했다. 그리고 개인이나 민족이 스스로 자유를 지니고 있을 때는 어떠한 세력도 그것을 궁극적으로 억압하거나 제약할 수 없는 것이라고 했다.

그러므로 자유의 보장을 요구하는 그 자체가 자유를 위한 투쟁이라면 몰라도, 자유가 보장되어 있지 않아서 자유가 없다고 하는 이야기는 한낱 자유를 스스로 포기한 자의 옅은 비명에 불과하다.

불행하게도 현재 대부분의 한국인, 특히 이른바 지식인들은 자유라는 이름을 외치고 있어도 자유의 실체에 대해서는 무관심한 것 같다. 단어로써, 입에 붙은 말로써, 자유는 흔히 이야기되어도 자유 그 자체가 무엇인가에 대해서는 의식하려고 조차 않는 것 같다.

왜냐하면 현재 대부분의 지식인이 자유의 주체인 이성을 무시하고 있기 때문이다. 그리고 이성의 활용인 논의를 가급적 회피 내지는 거부하고 있기 때문이다. 쉽게 이야기해서 현재 한국인 사이에는 '따지는 사람'은 인기가 없다. 모든 생활에 있어서 '적당히' 또는 '원만히', '둥글둥글하게' 처신하여야 지성인이지, '아는 체', '똑똑한 체' 하며 따지는 사람은 고작 남의 감정이나 긁어 부화를 터뜨리게 하는 이른바 트러블 메이커로 되고 마는 것이다.

그러므로 현명한 사회인은 분명히 자기 앞에서 불합리, 부조리가 판을 치고 있어도, 그것을 외면하고 처세를 위한 적당주의와 원만한 인격으로 슬금슬쩍 넘어가야 한다. 이와 같은 적당주의, 원만주의 속에서 한국인의 이성은 질식하고, 합리적 논의는 중단되며, 자유는 사망하고 마는 것이다.

이렇게 이성이 질식당하고 있는 풍토 속에서 아무리 주체성을 떠들어 본들 어찌 주체가 있을 수 있겠는가? 이와 같은 한국에서는 독창(獨創)이나 내면적(內面的) 생(生)은 고사(枯死) 당하지 않을 수 없고, 오로지 활개를 칠 수 있는 것은 의타, 모방, 물량뿐일 수밖에 없는 것이다.

주체가 상실되고 독창성이 마멸되며, 내면적 생과 가치가 고사된 상태에서, 아무리 고속도로가 뚫리고, 화려한 문화회관이 건립되고, 아무리 유명한 음악가와 미술품이 내방한다 하더라도 그것이 어찌 나의 것이고, 민족의 것이며, 역사 발전에 기여하는 것일 수 있겠는가?

남이 아무리 훌륭하다 하더라도 그가 왔다간 자리에 무엇이 남는다는 말인가? 허상일 뿐이다. 일시적 환영(幻影)일 뿐, 지속적인 역사의 진보일 수는 없다. 그러므로 우리는 이제 우리의 현실 속에서 우리의 자유의식이 어떻게 작용하고 있는지를, 한국인의 자유의 현주소를 고찰함으로써 밝혀 볼 필요를 느낀다.

정치적 자유의 현주소

현재 한국적 현실에 있어서, 자유가 있는가? 아(我)와 비아(非我)의 투쟁은 어떻게 진행되어가고 있는가? 에 대한 가장 뚜렷한 논의가 일고 있는 것은 정치 분야다. 여기에서 우리는 해방 후 한국의 정치현상이 어떻게 점철되어 왔는지를 회고해 볼 필요가 있다.

정치적 자유는 정치적 이성에 근거하지 않으면 아니 된다. 다시 말해서 자유의 주체가 이성이요, 자유의 발현이 이성적 활동에 의하여야 하는 것이라고 할 때, 우선 해방 후의 한국의 정치가 이성적으로 이끌어져 왔는가를 문제 삼지 않을 수 없다.

이에 대해서 유감스럽지만, 한국의 정치는 철저하게 비이성적으로 진행되어 왔다. 이성에 입각하지 않고는 논의조차도 있을 수 없는 이데올로기 문제도 철저하게 비이성적인, 아니 철저하게 격정적이라 할 만큼 감정적으로 이끌어져 왔다. 그 결과로 한국의 현대정치는 철저한 중우정치로 일관되어 왔다.

그럼에도 불구하고 남한의 경우는 자유투쟁의 면면한 역사를 진행해왔다. 이승만 정권을 타도한 4·19라든가, 무능한 장면정권을 깨드린 5·16 쿠데타라든가, 박정희의 유신독재를 종결시킨 김영삼·김대중의 민주화투쟁과 김재규의 10·26 사태라든가, 그리고 전두환 노태우 신군부의 출현과 그것을 타도하고 나선, 5·18과 6·29 항쟁이라든가 하는 사건들의 과정은 전형적인 자유투쟁의 논리에 따른 행적이라 할 수 있다. 그럼에도 불구하고, 한국 정치의 면면을 살펴보면 비이성적이고 비역사적인 면이 두드러져 보인다.

첫째로 정권의 정통성의 문제다.

해방이후 새로운 정권들이 들어서면서 우선적으로 논의되어야 할 국가의 정통성의 문제에 있어서 비이성적이고 반역사적인 행보를 이어 왔다. 이성적이며 역사적인 행보라면 남북한을 막론하고 정권의 법통은 대한제국이어야 한다. 그것이 공산주의 혁명을 통했던 자유주의나 민족주의의 이념에 입각한 것이든 대한제국에서 그 뿌리를 찾아야 했다.

그런데 북한은 대한제국을 건너뛰어 조선이라 했고, 남한은 대한민국이란 이름으로 대한제국의 법통을 이어 받았지만, 그 연결성이 훼손된 상태다. 최근 항간에서는 "건국"이라는 용어를 놓고 논쟁을 하고 있는데, 대한민국의 건국이 1948년 8월 15일에 이루어진 것이라면, 대한민국은 그 이전의 역사도 없이 이승만 박사가 처음으로 세운 나라라는 말인가?

대한민국이 있기 이전에 대한제국이 있었고, 대한제국 이전에 조선 500년의 역사가 있었고, 조선의 태조 이성계(李成桂)는 고려로부터 역성혁명(易姓革命)을 통하여, 공양왕(恭讓王)으로부터 국새를 물려받아 조선 왕조를 세웠다. 그리고 고려의 왕건(王建) 태조는 신라의 경순왕(敬順王)으로부터 정식으로 사직을 물려받는 형식을 갖추었다.

구미열강 선진국들을 보더라도 마찬가지다. 미국의 경우, 영국으로부터 독립을 선포한 1776년 7월 4일도 독립기념일이지 건국기념일은 아니다. 설사 이날을 건국기념일이라 해도 미국에서는 틀린 용어가 아니다. 아메리카에서는 워싱턴 대통령 이전에 어떤 형태로든 나라가 존재하지 않았기 때문이다. 프랑스도 혁명기념일(1789년 7월 4일)은 있어도, 건국기념일은 없다. 만약 프랑스가 건국기념일을 찾아내려면 중세 프랑크 왕국의 메르빙거 왕조까지 소급해야 하기 때문이다.

이처럼 역사상 각 왕조는 수립하면서도 절차적 형식을 중요시한 것이다. 그러니 해방 후의 한국의 지도자들이 이성적이고 역사성을 지닌 분들이라면, 당연히 대한제국으로부터 그 정통성을 찾았어야 맞다. 그리고 대한민국이 북한에 비하여 정통성에 있어서 한반도의 주인이라는 것은 우리만이 중심이 되어 만들어 낸 헌법에 의해서가 아니라, 국호가 의미하는 정통성에서 찾아야 할 것이다. 북한이야 말로 정통성도 없이 새롭게 김일성이 창건한 나라이기 때문이다.

이처럼 북한정권이 역사성이 없이 새로운 나라로서의 건국이라면, 대한민국은 왕조국가인 대한제국이 대한민국으로의 전환되면서 수립된 정권이 되어야 한다. 비록 자체적인 혁명을 통한 변혁은 아닐지라도……. 때문에 김영삼 정부가 대한민국의 뿌리를 3·1 운동과 대한민국임시정부에서 찾은 것은 그나마 합리적이고 역사성을 인식한 처사라 할 것이다. 이승만이 초대대통령으로서 이점을 명시하지 못한 것은 지탄을 받아 마땅하다.

둘째로 보수와 진보의 논쟁이다.

오늘을 보면서 가장 답답한 것은 북한의 정세와 남한의 보수 진보의 논쟁이다. 지금 세계는 과거의 민족주의나 공산주의 사회주의 등의 이데올로기로부터 탈피해 가고 있는 데, 북한에서는 이제 단군왕검의 무덤을 만들어 가며 민족주체성을 부르짖고 있다는 것이다.

원래 공산주의는 탈(脫)민족주의 세계동포주의를 근간으로 하는 이데올로기다. 그러므로 초창기 공산주의의 주요 구호는 "세계의 프롤레타리아여 단결하라!"였다. 그런데 지금 공산주의를 완전히 벗어버린 것도 아니면서 민족주체사상을 부르짖고 있는 것은 자체모순이 아닐 수 없다. 이는 완전 민주주의를 부르짖던 공산주의의 원칙과 3대에 걸친 부자상속에 의한 혈통 정치를 행하는 자들의 권력욕의 정점이라 할 것이다.

그리고 이것을 따르는 자와 그것을 반대하는 자들로 구성된 대한

민국의 진보진영과 보수진영이라는 이름의 대결도 웃기는 형상이 아
닐 수 없다. 우선 진보라는 것이 무엇인가? 진보라는 것은 자유의 다
른 이름이며, 과거의 낡을 것들을 청산하고 새롭고 보다 더 훌륭한 미
래를 창출해가자는 것이 진보가 아닌가? 헌데, 요즘 진보진영이라는
이들의 주장을 보면 3대에 걸친 부자상속으로 정권을 유지해가는 자
들에 대해서 호의적이어서 종북좌파라는 칭호를 들어야 하는 것이
안타까울 뿐이다.

역사적으로 왕조시대나 세습독재라는 것은 그 자체가 보수의 명칭
이며 대상이다. 그러므로 진보진영에게 있어서는 철전지원수가 되어
야 하는 것이다. 오늘날 정계에서 진보냐 보수냐의 문제로 편을 갈라
싸우고 있다. 그런데 보수와 진보라는 말의 뜻도 모르고 싸우고 있는
것 같아 안타깝다. 이러한 보수와 진보에 대한 논쟁은 이승만시대부
터 현재까지 지속되어 왔다.

이승만에서 박정희까지

무릇 정치는 그것을 이끄는 정치인 있어야 하고, 그들로 구성된 정
당이 있어야 한다. 그런데 이들에게 필수적인 것은 냉철한 이성이며,
그것을 동원하여 구상해낸 민족의 미래나 국가가 지향해야 할 방향
의 설정이다. 여기서 자연스럽게 보수와 진보의 경향은 정해지게 마
련이다. 그리고 이를 보는 국민들이 때로는 보수를, 때로는 진보를 선
택하여 정권을 맡겨야 된다.

여기서는 보수가 되었든, 진보가 되었든 철저하게 이성에 근거한
판단에 근거하여 과거를 보고 미래를 전망할 수가 있어야 한다. 보수

나 진보는 그 용어자체가 시간성, 역사성을 전제로 하는 것이기 때문이다.

그런데 해방 이후 한국의 정치풍토에서는 이성이나 역사성을 찾아보기 힘들다. 이성보다는 감성에 호소하는 정치였고, 역사성보다는 현실적으로 눈앞에 전개되고 있는 개인과 당파의 사소한 이해관계에 매달려 혈투를 일삼는 정치였기 때문이다.

우선 한국의 정치인들은 보수나 진보의 언어적 의미조차도 모르는 무지를 여기저기에서 폭로하여 왔다. 그중 선구자가 이승만의 자유당 정권이다. 자유라는 것은 보수와는 반대의 진보를 의미하는 말이다. 그런데 이승만 정권은 스스로 보수정권이라고 하면서도 당명을 자유당이라 했다.

이러한 이율배반적인 행태는 반일정책을 커다란 슬로건으로 내세우고도, 그것을 실현해야 할 국가기구의 구성 요인의 많은 수가 일제의 앞잡이들이었다는 것이다. 그리고 반일과 더불어 붙어다니던 구호가 반공이었는데, 이를 공산주의와는 불구대천의 원수관계에 놓일 수밖에 없었던, 민족주의자들을 때려잡는 일에 이용하였던 것이다.

여기에 대항하여야 하는 민주당, 신민당 등의 야당의 경우도 크게 다르지 않았다. 여당이 무능하고 부패한 정권이었다면, 야당은 마땅히 여기에 대응하는 이론을 개발하고 대응정책을 제시하여 국민을 설득하였어야 했다. 그럼에도 불구하고 그런 것은 찾아 볼 수가 없었다.

그럴 수밖에 없었던 것은 처음부터 자유당과 민주당은 정책이나 이념에 있어서 구별할 수 없을 만큼 동일한 보수정당이었기 때문이다. 실제로 이 시대에는 "보수니 진보니"를 따질 수도 없었다. 모처럼 진보를 구호로 내세운 조봉암씨는 이승만 정권에서 농림장관으로 토지개혁을 실시하여 상당한 국가적 업적을 쌓았음에도, 공산주의자로 몰려 처형을 당하고 말았으니 말이다.

때문에 야당이 할 수 있는 일이란 여당을 욕하여 국민의 감성을 자극하는 일뿐이었다. 기껏 "못 살겠다 갈아보자!"라는 선거구호를 내세웠으나, 잘 살 수 있는 방법에 대한 구상은 전혀 발표하지 못하였다. 다만 '어느 정당이 몇 년 동안 정치권력을 행사했으니 우리도 좀 해 먹어봐야 되지 않겠느냐?'라는 나누어 먹기의 민주정치만을 외쳐왔던 것이다.

이처럼 한국의 민주정치가 이성에 뿌리를 두지 아니하고 감성에 뿌리를 두었으며, 미래의 이상을 향해 국민을 이끌어가는 정치가 아니라, 정치하는 자들의 현실적 정권욕을 추구하기 위해 행해지는 정치였기에 한국의 정치인들은 자유를 입으로는 부르짖어도 실제에 있어 자유를 지니고 있지 아니하였으며, 자유 그 자체가 무엇인지조차도 모르고 있었다. 그러니 자유를 위한 투쟁이란 생각조차 할 수 없는 상황이었다.

이 때에 일어난 것이 바로 4·19 혁명이다. 일제의 강압정치에 저항하여 3·1 운동을 일으킨 것이 사회지도층의 인사들이 아니라, 유관순과 같은 어린 학생들이었듯이, 4·19 혁명도 학생들에 의해서 일어났다. 유관순이 옥중에서 죽으면서 일제에 항거한 것이 전 국민을 울렸듯이 이승만의 자유당 정권의 독재와 횡포에 대해서 항거하던 고등학생 김주열(金朱烈)군의 시체가 마산 앞바다에서 솟아올라 국민들을 놀라게 하여 4·19 혁명이 일어났다.

어쩌면 이것은 당연한 일일지도 모른다. 일상생활에 이끌려 인간에게 이성이란 것이 있는지 없는 지도 모르는 어른들이 아니라, 배움을 통해서 이성의 자각을 할 수 있었고, 아직 생활에 얽매지 않아 자유를 구가할 수 있는 세대가 학생들이기 때문이었는지도 모른다. 그러기에 학생은 한국 역사에 있어서 생명이며 역사를 이끌어가는 추동력이었다.

권력욕에 눈이 어두운 기성 정치인들에서는 이런 것들을 찾아볼 수 없다. 그러기에 4·19 혁명으로 자유당의 독재 권력을 몰아내고, 야당의 손에 그 권력을 쥐어주었지만, 민주당과 신민당으로 갈라져 권력투쟁을 일삼던 그들은 그것을 행사해서 나라를 이끌어갈 능력이 없었다.

이러한 무능력으로 인한 무정부상태에서 진보진영이 등장하였다. 조봉암이 처형된 뒤, 지하로 스며들었던 진보진영이 그 존재를 드러내고 숨통을 연 것이었다. 그러나 그들은 언론들을 통한 요란한 말뿐이었다. 실제로 당을 결성한 일도 있었지만, 큰 발전을 보지는 못하였다.

이들과는 달리 당장 통일을 위하여 판문점으로 달려가자는 극단적인 무리들이 있었다. 이성에 근거한 어떤 이념이나 주장을 내세운 이들이 아니라, 격렬한 감성주의의 표출이었든가, 잠복해있던 북한지지세력들의 일시적 표출이었다. 또 한편에는 자유당 정권을 붕괴시켰다는 것이 광기로 표출되어 국회의사당을 점거하는 학생들의 행동까지 있었다. 그러나 이들을 진보세력이라고 하지는 않는다.

이러한 혼란에 대하여 민주당 정권은 속수무책이었다. 어쩌면 당시 장면 총리가 "정권을 포기할지언정 자유를 억압할 수는 없다."라는 말이 그럴듯하게 생각될지도 모르는 일이지만, 이는 자유의 본질을 모르는 무지의 소치다. 자유라는 것은 상대적인 것이다. 상대적 자유가 아닌 절대적 자유는 곧 독재요, 전제가 된다. 무조건 판문점으로 가자고 나선 젊은이들의 행위나, 학생 신분으로 국회의사당을 점거하는 행위는 그 나름대로는 자유로운 행동일지 모르지만, 그것은 그들만의 절대적 자유요, 결국 사회적 혼란을 초래하는 개인적 독재행위다.

이러한 또 하나의 비이성적이고 감성적인 행태에 철퇴를 가한 사건이 터졌다. 5·16 쿠데타다. 그것을 주도한 사람들이나 그 주변인들은 이를 혁명이라고 하고 싶겠지만, 군사력을 동원하여 정권을 탈취한 일은 그것이 아무런 훌륭한 결과를 가져왔더라도 쿠데타가 분명하다. 주변 4대 강국의 침략을 받아, 위기에 몰린 프랑스를 구하고 프랑스 역사상 최고의 영광의 시대를 도출해낸 나폴레옹의 집권행위도 쿠데타지 혁명은 아니다.

재미있는 것은 이 쿠데타가 변증법에서 종합의 의미를 지니고 있다는 사실이다. 박정희는 일제강압시대에 초등학교 선생이었고, 만주군관학교를 졸업한 만주군 장교였고, 다시 일본 육군사관학교를 나온 일본군 장교였다. 그러면서도 해방 후에는 그의 친형인 박상희와 함께 여순반란사건에 연루된 남로당 당원이었다.

한마디로 한국 현대 사상사에 있어서 좌우를 불문하고 넘나들면서 살아온 사람이라는 것이다. 여기서 개인의 행적이나 사상을 찬양이나 지탄할 이유는 없다. 당시 사상문제가 강물처럼 범람하던 시대에 "젊어서 공산주의자가 되어보지 않은 자는 영혼이 없는 자요, 나이를 먹고도 아직 공산주의를 신봉하는 자는 이성이 없는 자"라는 항간의 말을 기억하지 않으면 아니 된다. 생각이 있는 자가 어떤 생각이든지 생각해보고자 하는 것은 그의 본능이다.

그런 인물이 쿠데타를 통해서 정치권력을 잡았다는 것은 어쩌면 한국사에서 다행일 수도 있다. 이성이 충만하고 사상에 대한 지식을 가지고 있어도, 힘을 갖지 못하면 그것을 실현할 수 없다. 글로서 남겨 후세에 전할 수밖에 없는 학자나 사상가로 끝날 수밖에 없다. 그리고 아무리 민주사회의 주인이 민중이라 하더라도 이들은 강력한 지도자가 없이는 역사를 바꿀 수 없다.

그러나 박정희는 수단이야 어찌 되었든 권력을 잡았다. 그 결과 18년간이라는 통치 기간에 절대빈곤 상태에 있던 한국국민에게 풍요로운 경제적 삶의 기초를 만들어 주었고, 느려터지기만 해서 게으른 백성으로 지탄받던 한국인의 정신에 활력을 넣어서 현기증이 날 정도의 "빨리! 빨리!"의 속도 감각을 심어주었다.

그러나 그것은 그의 개인에게는 불행이었다. 나폴레옹이 그가 이룬 프랑스의 영광을 뒤로 한 채, 엘바 섬으로 귀향을 가야 했고, 드디어는 센트 헬레나로 쫓겨나가 고혼(孤魂)으로 세상을 떠야 했던 것처럼, 먼저 부인을 총탄에 맞아 죽게 했고, 자신도 부하의 총탄을 맞고 죽어야 하는 신세가 되었다.

헤겔은 이를 가리켜, 세계사 정신의 간지에 의한 역사의 추동이라 했던가? 아무튼 이승만의 자유당 정권이 해방 후, 자유의 적인 보수의 상징이었다고 한다면, 4·19 혁명은 자유의 승리였고, 박정희의 쿠데타는 무능한 장면의 민주당 정권을 뒤엎고 낡은 구체제를 척결하고, 4·19 혁명을 통해서 발현된 민중의 소망을 실현하여, 새 시대를 열어간 자유의 승리였다.

자유투쟁의 논리를 따르면, 자유가 권력을 잡으면 보수로 전환된다. 박정희 정권의 자유는 유신을 통해서 늙은 보수의 색채를 내뿜기 시작하였다. 초기 10여 년간의 통제와 강압정책, 그리고 정치·경제·사회에 걸친 강력한 드라이브 정책은 낡은 시대를 청산하고 새로운 시대를 열어가기 위한 조처로 이해될 수 있지만, 그 뒤 유신을 행하면서는 그의 모든 조처와 행위들이 정권을 연장하기 위한 늙은 보수의 단말마적인 안간힘이었다.

전두환·노태우와 김영삼·김대중

이러한 쇠퇴기를 틈타 세력을 얻어가고 있었던 이가 전두환과 노태우였다. 이 두 사람의 통치는 박정희 통치의 연장이었다. 박정희의 유신경제정책이 침체국면에 들어 국민들이 고난의 수렁으로 빠져 들고 있을 때, 군인출신들의 무지를 인정하고, 당시 한국 최고의 엘리트를 발굴하여 입각시켜 경제안정을 도모한 전두환 통치의 결과, 그의 통치기간 7년여에는 물가 안정이라는 경제적 안정기를 맞이할 수 있었다. 그리고 노태우 정권은 밖으로 북방외교를 시작하여, 국제적인 입지를 넓혔으며, 전국적으로 신도시를 만들고, 고속전철을 시작하여 새로운 교통통신시대를 열었다.

정치적으로 한국의 보수와 진보의 갈등이 노골화된 것은 이 시대였다. 박정희의 유신에 대한 저항은 김영삼·김대중 등 특수한 지도층의 정치적 항거로 점철되었으나, 박정희가 죽으면서, 이른바 "서울의 봄"이 찾아와서, 3김시대로 통칭되는 민주화운동 시기가 전개되었다.

그러나 역시 이 시대의 민주화 투쟁의 추동력은 학생운동이었다. 이 운동은 한마디로 신군부에 대한 저항운동이었다. 신군부의 출현과정에서 나타났던 12·12 사건, 5·18 사태 등이 그들의 이념적인 배경이 되었다.

여기서 전국은 보수와 진보의 갈등으로 몸살을 앓게 된 것이다. 박정희 정권에서 비롯된 군부정권의 경제적 사회적 성공을 긍정적으로 평가하는 세대와 그들의 정치적 행각을 독재체제로 규정한 부정적 평가에 대한 대립이었다.

여기서 박정희에 맞섰던 대표적 인물은 김대중이었다. 그리고 이것은 영남세력과 호남세력의 대립구도로 표출되었다. 이 대립에서 박정희는 보수의 상징이 되었고, 김대중은 진보의 대명사가 되었다. 그리고 이 구별은 세대 간의 구별, 지역 간의 대결로 나타나기도 했다. 절대빈곤의 시대를 살다가 박정희의 등장으로 시작된 경제발전과정을 지켜보고, 그 결과로 경제적인 풍요를 누리고 있다고 생각하는 세대는 보수주의자가 되었고, 이러한 체험이 없이 근대식 민주주의 교육을 받은 젊은 세대는 진보주의자들이 되었다. 그리고 박정희의 고향인 영남지역은 보수의 고향이 되었고, 김대중의 지지 세력이 강한 호남지역은 진보의 근거지가 되었다.

그리고 보수주의자는 경제적 자유주의로서의 자본주의를 옹호하고, 진보주의자는 공산주의자 내지는 사회주의자로 구별되고 있다.

그리고 전자는 대체로 친미주의자라 하고, 후자는 친북주의자, 또는 종북좌파라 한다.

그러면 보수는 무엇이고 진보는 무엇인가? 원론적으로, 보수와 진보라는 것은 시간적이고 역사학적인 개념이다. 보수란 과거지향적 개념이고, 진보란 미래지향적 개념이다. 따라서 보수와 진보에 대한 논쟁에 있어서는 "과거지향이냐? 미래지향이냐?"가 기준으로 되어야 한다.

그런데 한국 사상사에 있어서, 자유와 보수, 보수와 진보의 개념은 도대체가 아리송하다. 진보진영에 속한 사람, 보수진영에 속한 사람들을 따지다 보면 혼선을 빚게 된다.

우선 우리는 박정희를 "진보진영의 인물로 보아야 할까? 보수진영의 인물로 봐야 할까?"가 헷갈린다. 만약 그가 일제 강점기에 세계사의 흐름을 보고, 일본이 주장하던 대동아공영권이 성공하여, 구미(歐美)의 열강들을 제끼고, 동아시아 나라들이 공동으로, 세계사의 주도권을 장악할 것이라는 소신이 있어서 친일을 했다면, 비록 실패하였다 하더라도 그는 대단한 진보적 인사가 될 수 있었을 것이다. 그러나 그가 개인의 권력욕에 눈이 멀어서, 일본천황에게 충성맹세까지 하면서 일본군의 장교가 되었다면, 민족의 배신자요, 몰락해가는 권력과 더불어 몰락해버려야 했을 보수주의자의 한 인물이 되고 말 것이다.

그뿐만 아니라, 그는 해방 후 남로당에 여순반란 사건에 가담하였는데, 오늘날 공산주의나 사회주의적 경향을 지닌 이들을 진보계열에 속한 인물로 본다면, 그는 진보주의자가 되어야 맞다. 그런데 그가 쿠데타를 통해서 정권을 잡은 뒤, 반공을 국시의 제1의로 내세운 것은 철저한 보수로의 전환이다.

진보계열의 대표로는 아무래도 김대중을 예로 들지 않을 수 없다. 그는 박정희와의 치열한 투쟁을 벌이면서 친북 공산주의의 원흉이라고 매도되기까지 하였다. 그런데 그는 대통령이 되자마자, IMF 환란을 해결하기 위해서라고는 하지만, 공산주의나 사회주의와는 정반대 노선인 신자유주의 정책을 도입하였다.

자본가와 대결하고, 노동자 농민의 복리를 최우선적으로 생각해야 하는 진보주의자인 그가 대통령이 되자마자, 신자유주의를 도입하여 세계적인 자본을 끌어들여 국내의 기업들과 건물들이 헐값에 팔려 나아가, 서울 시내 요지의 건물주들이 수도 없이 자살을 해야 하는 참상을 현출시켰다.

한편 "실적에 따라 보상을 받는다."는 원칙에 따라, 자본가와 회사 경영진의 이익을 최고로 보장하고, 반대로 단순노동자나 하급회사원들은 "실적에 따라" 봉급을 감소하든가, 나아가서는 영국 산업혁명당시에나 있었던 노동시장 자유화를 내세워, 하위사무직이나 노동자들을 임시직이나 계약직으로 몰아내어, 최하위에 임금에 헐떡거리다가 실업자가 되게 만들어 놓았다. 심지어 새로운 노예제도의 도입이라는 말이 돌 정도로.

그뿐만이 아니다. 외국금융에 국운을 맡겨놓은 결과, 군부 통치기간에, "잘 살아보자!" "허리띠를 졸라매고 절약하자!"라는 구호를 외치며 근면하게 일하여 노후생활을 위한 저축에 생을 걸었던 이들은 값싼 은행이자로 졸지에 무소득자로 변신, 빈곤의 수렁으로 빠져들게 되었다. 아무튼 김대중의 신자유주의 도입으로 한국사회는 최악의 빈익빈 부익부의 불평등사회로 전락하게 되었다. 부자들은 돈을 쓸데가 없을 정도로 많아서, 외국 골프여행으로 뿌리고 다니는 등, 도를 넘는 사치와 방종이 판을 치고, 중간 관리자들은 수시로 실직 위험에 시달리다가 자살행렬에 끼어들기를 경쟁이라도 하는 형상이고, 대기업의 폭압으로 소상인들은 생활터전을 잃고 실업자로 내몰리는 시대를 만들어 내었다. 한마디로 공산주의 사회주의 정치가로 매도되던 김대중은 반대로 프롤레타리아의 적이 되었다.

2014년에 일어난 세월호 침몰사건에서, 그 실상이 여실하게 나타났다. 수백 명을 태우고 항해하는 선박의 선장이 봉급 200만 원을 받는 2년제 계약직이었다. 그에게는 수백 명의 생명이 위난에 처했을 때, 선원들을 지휘해서 승객들의 생명을 구조해야 할 책임이 있었다. 이 책임을 수행하기 위해서는 선원들을 훈련시켜야 하는 권한과 훈련비가 있어야 했다. 그런데 이러한 선원들에 대한 한 달 훈련비가 경영자들의 하루저녁 식사 값도 안 되는 월 60만 원이었다. 자신의 생명을 걸고 승객의 구조를 책임져야 하는 선장과 승무원들의 대우가 이 정도인데, 본사에서 사용한 고위층 인사들이나, 관청에 대한 접대비는 월 수천만 원이었다. 그래도 사고의 모든 책임은 선장에게 있다는 법원판결에 따라, 선장은 무기징역을 살게 된 것이다.

이 문제에 있어서 김영삼의 입장도 논외일 수는 없다. 김영삼이 누구인가? 박정희의 경제정책에 대해서, 그리고 그 이후의 신군부정권에 대항하여, 사사건건 반대를 하며 제동을 걸었던 인물이다. 소양강댐을 만들 때는 서울이 물바다가 될 것이라며 반대했고, 경부고속도로를 낼 때에는 김대중과 더불어 길바닥에 누워서 반대했다. 한마디로 나라와 민족의 장래를 위한 사업에는 무조건 반대를 하였다. 이러한 반대로 박정희 정권이 할 일을 하지 못하였다면, 오늘의 한국 경제가 있을 수 있었겠는가? 어쩌면, 박정희의 독재에 대한 책임의 반은 이들에게 있다고 해도 과언은 아닐 것이다.

이처럼 미래의 삶을 무시한 사람을 진보계열의 인물이라 한다. 김대중처럼 진보적 이념의 색깔을 명백히 내세울 만큼 유식하지도 않고, 노선에 대해서 분명한 것도 없었지만, "반대를 위한 반대"를 통해서 민주화의 대표적 투사가 되었고, 그 결과로 진보계열이라 자처하는 이들의 "반대를 위한 반대 투쟁"이라는 비이성적이고 맹목적인 투쟁의 좋지 않은 전통을 만들어냈다.

그러한 인물이 어느 날 갑자기 신군부의 대표적 인물인 노태우와의 3당 합당이라는 변칙을 통하여 대통령이 되었다. 그리고 현재의 여당인 새누리당의 원조(元祖)가 되었다. 과연 이러한 김영삼은 진보인가? 보수인가? 그의 죽음을 맞이한 지금, 정가의 인물들은 여당 야당을 말할 것 없이 서로가 김영삼의 적통이라고 하고 있다.(2015년 11월 26일 현재) 진정 이들의 주장이 맞는다면, 대한민국의 여당과 야당은 합당을 하는 것이 맞다. 그렇게 하지도 못하면서 서로 대결하고 있는 것은 조폭들의 싸움이나 마찬가지로 국민의 지지를 받을 수 없다.

여기에 과연 진보와 보수의 구분이 있을 수 있는가? 그 명백한 답은 대한민국 정치에 있어서는 순수한 의미의 보수와 진보란 존재하지 않는다는 것이다. 다만 정치권력을 장악한 여당과 그것에 반대를 위한 반대를 하여 도전하는 야당만이 존재할 뿐이다. 그리고 정치권력을 장악한 자는 그 권력으로 자신의 정적을 감옥으로 집어넣는다는 보복정치만이 있다.

그러니 한국정치에 있어서 자유투쟁의 논리는 적용되지 않는다. 모두가 보수적 권력자이면서, 자신들의 현재의 권력을 누리고, 기회가 주어지면 좀 더 큰 권력을 누려보고자 하는 권력의 사냥꾼들만이 존재할 뿐이다. 그러니 불상한 것은 백성이요 민중들이다. 그 실례를 김영삼과 김대중의 경우에서 찾아보는 것은 흥미로운 일이다.

김영삼은 그가 불구대천의 원수로 생각하여 투쟁의 대상으로 삼았던 군부세력과 결탁하여 대통령이 되자, 과거를 청산한다는 명분으로, 함께 손을 잡았던 파트너인 노태우를 죄인으로 몰아 감옥으로 보내는 정치적 불신과 불의를 자행하였다.

그리고 군부세력 축출이라는 명분으로 하나회를 숙청하고, 나아가서 박정희와 전두환을 통해서 강조되던, 국민정신교육을 위해 실시되던 각급학교의 한국사 및 세계사 교육을 축소하였으며, 각급 공무원 시험에서 필수였던 한국사 과목을 삭제해 버림으로써, 그가 외친 문민정부(文民政府)가 문맹정부(文盲政府)로 바뀌는 희극을 연출하였다.

한국사 교육이나 국민윤리는 유신과 전두환 독재에 대한 반발이라 이해할 수 있다지만, "글로벌 경제무역의 세계"라는 이름을 부르짖듯 내세운 그가, 심지어 외교관을 뽑는 외무고시에서조차도, 세계사를 선택으로 만들어 놓는 등 공무원들의 무지를 촉진시킨 일은 그의 무지의 소치로밖에는 이해할 수 없다. 한마디로 그는 국가미래에 대한 전망도 없이, 국민교육을 위한 지성도 없이, 오로지 권력욕으로만 무장된 마키아벨리스트였다.

이러한 일들에 매달려, 임기 내내 열을 올려, 국가의 경제를 돌보지 않아, 박정희 이래 보수정권이 쌓아온 경제를 한 순간에 무너뜨리고, 국가부도로 IMF 환란이라는 사상 최악사태를 맞이하게 만들었다. 그런데 김대중은 앞서 말한 대로, 이를 극복하고, 극우익의 대통령직을 수행하여 가난한 자들은 더욱 가난하고, 부자는 돈을 쓸 데가 없다 할 정도로 더욱 큰 부자가 되게 만들었다.

그 뿐이 아니다. 이 두 사람을 지도자로 추종하며, 전두환 정권에 대항 투쟁하던 386세대(지금은 586세대라 한다.)는 대체로 PD계열과 ML계열로 구분되었는데, 이해할 수 없는 것은 인민민주주의나 마르크스 레닌주의를 신념으로 지닌 이들이 어떻게 북한의 세습체제와 민족주의를 지지하는가 하는 것이다.

현 자본주의 체제의 어두운 면을 생각하면, 칼 마르크스나 레닌의 사상이 미래적인 이상(理想), 진보의 목표가 될 수도 있다. 빈부의 차이도 없고, 계급도 없고, 세계의 프롤레타리아가 하나로 되어 세계평화를 누릴 수 있는 꿈같은 세계를 누군들 거부하겠는가?

실제로 마르크스는 이러한 이상주의자였다. 생시몽(Saint Simon)이나 로버트 오언(Robert Owen) 등이 자본가들의 자발적인 의사에 따라 평등사회를 이룩하자는 이상적인 사회주의 운동이 이상은 좋으나, 자본가들의 야수적인 이기심을 버리지 않는 한, 그것은 공상일 뿐이라 하면서, 공상적 사회주의(Utopian Socialism)라 이름을 짓고, 자본가들의 타도를 전제로 한 사회주의를 이룩하자는 것이 그의 과학적인 사회주의(Scientific Socialism)였다.

이러한 인류의 이상주의는 서양에서 근대국가가 성립되어 가는 과정에서, 푸르동(Proudhon)이나 크로포트킨(Kropotkin)과 같은 무정부론자 등으로 등장하였다. 폐쇄적인 권력 지향적인 국가의 폐단이 예상되었기 때문이다. 그것이 마르크스에 의하여 과학적 사회주의란 것으로 변질되었던 것이다.

그런데 아이러니컬하게도, 마르크스주의를 부르짖던 공산사회는 스탈린을 거쳐 김일성의 세습정권에 이르기까지 철저한 국가주의로 변모하였는데 비하여 자본주의 세계는 민족이나 국가체제를 넘어서서, 세계주의에 입각한 무정부주의에 근접해 가고 있다는 것이다. 여기서 중요한 것은 정치나 군사력은 최소화되고 경제공동체사회적인 협의체로서의 국가만이 남는다는 것이다.

이러한 세계사의 추세를 외면한 3대에 걸친 세습체제는 인민을 근본적으로 무시한 가운데서 탄생한 왕조체제다. 그뿐만 아니라, 북한은 단군의 무덤까지 만들어가며 민족의 주체성을 강조하는 북한식 민족주의를 부르짖고 있다. 여기서 한반도에서는 붕괴된 지, 무려 1세기가 넘게 지나갔고, 세계적으로는 제정일치의 종교국가에서나 볼 수 있을까 말까하는 정도로 흔적조차 사라져 버린 왕조체제를 지지하는 과거지향적인 이들이 어찌 진보를 말할 수 있겠는가?

헌데 남한에서 중북좌파라는 칭호를 받아가면서 북한의 편을 들고 있는 이들은 누구인가? 그들은 이미 공산주의는 소멸되고, 소련의 볼셰비키 혁명을 주도하여 집권한 스탈린은 공산주의 혁명가가 아니라, 보수의 상징인 민족사회주의자(National Sozialistische), 즉 나치스라는 판별이 난 것을 모르고 있다는 말인가?

이처럼 보수와 진보가 개념적으로 혼란을 빚게 되면서, 진보라는 말은 이념과 관계없이 북한을 지지한다는 종북(從北)이라는 말로 통하게 되었다. 김대중이 신자유주의를 받아들여 극단적인 자본주의의 첨병이 되었으면서도, 북한 김정일에게 돈을 갖다 주는 햇볕정책이 보수나 진보의 이념을 뛰어넘어 친북주의가 되고 만 것이다. 그리고 그를 따랐던 무리를 종북주의자들이라 부르게 된 것이다. 이제 이념은 없고, 북한의 "같은 민족끼리"라는 슬로건에 맞추어 "민족주의"와 "주체사상"이라는 용어를 내세우게 된 것이다.

무릇 정치적 자유는 정치하는 사람들의 이성적 활동에 입각한 정치활동에 의하여야 되는 것이다. 그런데 해방 이후, 한국의 정치인들 대부분이 이성을 상실한 비이성적 정치생활로 일관하여 왔다. 왜냐하면 이성적인 정치인이라면, 그리고 이성의 발현으로 보수와 진보의 개념을 제대로 이해했어야 했고, 그것을 제대로 실천했어야 했다.

그래야 국민들은 그들의 말을 믿고 따를 수가 있다. 그렇지 않을 때, 정치는 국민의 불신의 대상이 될 수밖에 없다. 여야를 막론하고 국민이 불신하는 정치는 나라의 미래를 어둡게 한다. 이는 일제 강점기에 일제의 앞잡이가 되어 개인의 부귀와 권력을 누리기 위해서 청년들을 전장으로 몰아대던 자들의 "조선 백성의 미래를 위해서"라는 헛구호와 다르지 않은 것이다.

이성적이냐, 비이성적이냐 하는 것은 비판력을 지니고 있는가, 아닌가 하는 것으로 결정된다. 비판과 비난은 다르다. 비난은 비이성적으로 상대방을 매도하는 경향을 말하고, 비판은 이성에 근거하여 옳고 그름을 따지는 것을 의미한다. 그런데 비이성적인 주의주장은 종북주의자들의 전유물은 아니다. 이들을 반대하고 백안시하여 원수처럼 여기는 이른바 자칭 보수주의자들도 비이성적이긴 마찬가지다. 보수라 하면 과거의 소중한 것들을 지킨다는 의미다. 그러면 대한민국의 보수주의자들이 지키고자 하는 것은 무엇인가?

임시정부의 초대 대통령이 되어서도 대통령 일을 뒤로 하고, 개인적으로 미국 땅을 누비고 다니며 박사학위를 취득한 이, 대한민국 정부의 초대 대통령으로 6·25 전쟁에 아무런 대비도 하지 않고 북침이 일어나자 한강다리를 끊고, "아침은 개성", "점심은 평양", "저녁은 신의주에서 먹겠다"며 도주의 길을 나선 이, 전쟁이 휴전상태로 돌아가자, 전후복구나 경제발전엔 무능했으면서도, 정권연장과 독재에는 유능했던 이를 추모하고 국부로 모시겠다고 하는 주장이 보수인가?

아니면, 그의 배후가 되어 준 미국에 대해서 무조건 추파를 던지고, 마치 한국 내에서 언론출판 결사의 기본적 자유가 보장되고, 이에 따라 정치적 자유가 보장되면, 혹시 월남사태가 한국에서 재연되지 않을까 하는 우려를 부추겨서, 조선시대의 왕조국가로의 복귀를 생각하게 하거나, 절대빈곤으로 해방시켰다는 명분으로 박정희의 쿠데타와 유신독재까지도 미화 찬양하는 이들이 과연 이성적인 보수주의자들인가?

우리는 짧은 시간 안에, 경제발전을 이룩한 과거 정권의 업적과 그에 따른 외교정책을 비난할 필요는 없다. 그러나 우리와 마찬가지로 국제적인 흥정 때문에 분단국가 되어 무려 20여 년간에 걸친 대미전쟁(對美戰爭)을 벌여 승리를 거둔 베트남을 참고할 필요는 있다.

우린 미국이 월남전에서 손을 떼면, 월남 인민들이 모두 없어지지나 않을까 하는 망상적인 기우를 하였다. 물론 월남 정권과 연결되어 있었던 사람들이 미군이 철수하면서 보트 피플이 되어야 했던 것을 기억하지 않을 수는 없다.

그러나 월남이 공산화되고 월남 인민들이 다 죽어버릴 것이라는 우려를 했는데, 그런 월남이 지금 어떤 나라인가? 지금 월남은 공산국가도 아니고, 소련이나 중국의 예속된 국가도 아니다. 그들은 나름대로 시장경제체제 속에서 자본주의적 국가 운영을 하고 있는 것이 아닌가?

남북문제에 대한 인식

결국 대한민국 정치에 있어서 보수와 진보의 문제는 이데올로기의 문제가 아니라, 북한에 대한 자세의 차이에서 유래된다. 친북이냐? 종북이냐? 하는 용어자체가 그렇다. 해서 야당을 친북이나 종북주의자의 일원으로 몰아붙이는 여당은 북한에 대해서 강경한 자세를 취하고, 종북주의자로 몰리고 있는 야당은 김대중의 햇볕정책이 상징하는 친북정책을 내세우고 있다. 그러면서도 양측이 함께 평화적 통일을 내세우고 있다.

이를 다른 말로 하면, 남북의 통일을 해야 한다는 점에서는 보수와 진보의 차이가 없는데, 그 방법에 있어서도 전쟁을 통한 무력통일이 아니라, 평화적 통일이어야 한다는 것은 다름이 없는데, 그것이 이루어지기 전에 있어서 남한이 북한을 어떻게 대우하는가가 문제로 된다는 말이다.

진보진영에서는 북한에 대해서 경제적 지원이나 협력을 하는 등의 친절을 베풀어서 평화통일의 목표에 도달하자는 것이고, 보수 측에서는 그러한 북한정권을 믿을 수가 없는 데, 경제적 지원을 한다는 것은 결국 북한의 군사력만 키워 체제를 강화하는 것을 돕는 일이 아니냐 하는 주장에서 대결하고 있는 것이다.

그러나 양측의 주장에는 매우 중요한 부분이 간과되고 있다. 통일의 중심이 되는 것이 북이냐? 남이냐? 하는 근본문제다. 물론 남한의 국민치고 북한 중심의 통일을 원하는 사람은 없다. 그러면 북한 측의 인민들은 남한 중심의 통일을 원하고 있다는 것인가? 그것이 아니라면, 논의는 통일 자체의 가능성에 대한 문제로 되돌아가야 한다. 그리고 이 문제는 인간의 권력에 대한 욕구와 국가라는 매우 근본적인 문제로 되돌아가야 하는 것이다.

인간의 본능에는 욕망이라는 것이 있다. 그중에서 가장 사악한 욕망은 권력욕이다. 그것 때문에 국가라는 사회가 생겨난 것이고, 그 안에서 권력을 장악하고자 하는 치열한 투쟁이 벌어지고 있는 것이다. 여기서 내세워지고 있는 여러 가지 명분들이란 그냥 명분일 뿐이다. 권력욕을 포장하기 위한 위선적인 포장일 뿐이다. 통일이라는 명분도 그런 명분들 중 하나일 뿐이다.

같은 민족, 같은 동포이기 때문에 통일이 되어야 하며, 또 그렇게 될 것이라고 믿는 것은 너무나 낭만적인 환상이 아닐 수 없다. 같은 민족, 같은 동포라 하더라도 현실적인 이해관계나 이념체계가 다르면, 갈라지는 것이 역사에서는 다반사다. 그 실례를 유럽역사에서 찾아보면, 우선 종교전쟁 당시, 벨기에와 네덜란드의 분열이다. 같은 민족이지만, 프로테스탄트는 네덜란드가 되었고, 가톨릭은 벨기에가 되었다.

독일의 예를 들면, 현재의 독일과 오스트리아는 하나의 민족이고 하나의 동포였다. 그럼에도 불구하고, 프러시아가 중심이 되어 게르만 민족의 통일을 획책한 비스마르크는 강력한 철혈정책으로 작은 연방 제후국들을 통합시켰다. 그러면서도 소독주의(小獨主義)를 표방하여 상대적으로 강력한 권력체제를 유지하고 있었던 오스트리아를 통합에서 제외시켰다. 전쟁을 통한 민족의 분열과 참변을 피하기 위함이었다. 그리고 히틀러의 나치스 정권이 수립되어 이른바 대독주의(大獨主義)를 주창하여 오스트리아를 합방하려고 했지만, 제2차 세계대전의 패전으로 실패하였다.

그러면 혹자는 동서독일의 성공적인 통일을 예로 내세울 것이다. 그러나 그것은 독일의 통일이라기보다 현대세계를 양분시켰던 공산주의와 자본주의의 대립이 자본주의의 승리로 끝나고, 소련의 해체와 그 위성국들로 구성된 동구권이 붕괴되는 세계사의 진운과 맞물려서 생겨난 현상이다.

좀더 구체적으로 말하자면, 동서독의 통일은 양측의 정치권력자들에 의해서 기획되거나 노력에 의해서 이루어진 것이 아니었다. 서독의 빌리 브란트(Willy Brandt) 같은 인물이 없었던 것은 아니지만, 대체로 독일통일은 동독국민들의 자발적인 저항과 서독으로의 이주로 말미암은 동독의 붕괴로 이루어진 통일이다.

그만큼 동독에서는 국민들의 자유가 있었고, 동독의 위정자들은 강력한 통치를 행할 수가 없었다. 그 결과가 무엇인가? 동독의 국민들은 자유를 얻었고, 그 통치자들은 최소한 권좌에서 쫓겨나야 했고, 징벌을 받아야 했다.

그러면 이러한 동서독일의 통일이 한반도의 통일에도 적용될 수 있다고 생각하는가? 아마 통일대박을 주장하고 있는 박근혜 대통령은 그것을 바라는지도 모른다. 그래서 드레스덴(Dresden) 선언이라는 것을 해서 희망을 피력하였다. 그 희망 때문에 북한은 더욱 공고한 체제정비를 하는 계기가 되었다. 북한의 권력자들은 동독의 위정자들의 전철을 밟지 않기 위해서라도, 김정은 체제에 복종을 마음속으로 다짐해야 했을 것이다.

필자가 분명히 밝혀 두어야 할 것은 한반도의 통일은 동서독의 통일과 다르다는 것이다. 우선 통일의 주체가 되어야 하는 독일국민과 한국국민이 다르고, 지정학적 위치가 다르고, 그 통일에 이해관계를 가지고 있는 주변 국가들의 입장이 다르기 때문이다.

우선 독일 국민이 어떤 국민인가?

근대 세계 정신사의 태두라 할 수 있는 괴테, 칸트와 헤겔, 쇼펜하우어와 니체 등과 모차르트와 베토벤을 배출한 세계사적으로 가장 높은 수준의 교양과 의식을 지니고 있는 인민들이다. 그들은 유럽의 근대화 과정에서 민주주의나 민족주의 자본주의 등 근대적 사상이 이미 체질화되어 있는 국민이다.

비록 제2차 세계대전의 패배로 소련점령군에 의하여 위성국가의 일원으로 공산주의 블럭에 소속되어 있었지만, 국민의 수준은 소련인민보다 훨씬 선진이었다. 그 대표적 증거로는 통일될 당시의 동독의 경제수준은 총국민소득(GDP)에 있어서 같은 사회주의국가들 중 가장 높은 수준이었다.

다음으로 지정학적 위치의 문제다.

동독은 서쪽으로 서독, 동쪽으로 폴란드와 체코슬로바키아 등으로 둘러 싸여 있는 내륙 국가였다. 쉽게 말하면 서쪽 경계를 넘으면, 서독이 기다리고 있고, 동북쪽으로 국경을 넘으면 폴란드가 있고, 동남쪽으로 가면 체코슬로바키아가 있다.

여기서 서독은 말할 필요가 없고, 당시 폴란드와 체코슬로바키아가 비록 소련의 영향아래 있는 위성국가였다 하지만, 고르바초프와 옐친 이후 소련의 영향력은 쇠퇴하여 동독의 국민의 탈출을 막고 나설 이유가 없었다.

그러나 북한 인민들이 설사 자유의식이 충만하여 대량으로 탈북을 하려 한다 하더라도 그 지정학적 위치가 그것을 허락하지 않는다. 매우 용기 있는 몇몇 개인이 보트를 타고 바닷길을 헤매며 남한으로 온다 하더라도, 그것은 특수사례일 뿐이다. 이런 일이 대량으로 일어난다면 북한 정권이 그대로 둘 리가 만무하다. 북으로 국경을 넘어도 중국정부가 이를 용납하지 않으니, 매우 용기 있는 극소수자가 아니고는 탈북이란 것 자체가 어려운 상황이다.

또 그 다음으로 군사력의 문제를 생각하지 않을 수 없다.

독일은 제2차 세계대전으로 소련에 의해서 분단되었지만, 한반도에서처럼 동서독 간의 전쟁은 없었다. 서독은 나토군의 보호를 받고, 동독은 바르샤바 조약기구군의 보호를 받도록 되어 있었기 때문에 자체대로의 강력한 군대를 소유할 수도, 소유할 필요도 없었다. 따라서 동독 주민들이 대량으로 동독을 탈출하려는 행렬이 늘어섰어도 발포하는 군대가 없었다.

그러나 북한의 경우는 다르다. 6·25 전쟁을 경험한 북한은 숫자적으로 남한보다 월등히 많은 군사력을 지니고 있다. 그래서 이들에 의하여 국경선은 철저하게 봉쇄되어 있고, 만약 현재의 북한정권이 무너지는 사태가 벌어지더라도, 군부의 어느 구석에서 어떤 지도자가 등장하여 군사력을 동원하여 정권을 이어갈 가능성이 높다. 김정은이 실각하면 통일이 가능해 질 것이라는 생각은 환상이다.

마지막으로, 주변 열강국가들의 입장이다.

만약 중국이 압록강과 두만강의 국경선을 개방하여 탈북자들의 남한으로의 이주를 인정한다면, 한반도의 통일은 그만큼 가까워질 수도 있을 것이다. 그러나 중국이 한반도의 통일을 원하는가? 무릇 세계 모든 국가들은 주변 경쟁국의 성장을 원하지 않는다. 그것은 외교의 기본에 해당되는 문제이니, 여기서 더 논의할 이유가 없다.

그러면 일본이 한반도의 통일을 원하겠는가? 이 문제는 중국의 경우와 다르지 않다. 러시아가 그것을 원하겠는가? 중국이나 일본보다는 관심이 덜 할지는 몰라도, 별로 다를 수는 없다. 미국이 그것을 원하겠는가? 미국의 경우에는 일본의 경우에 플러스알파가 붙는다.(이 문제를 구체적으로 논하는 것은 또 한 권의 책을 필요로 하는 것이니, 이 정도로 끝내겠다.)

또 한 가지, 통일 비용의 문제다.

무엇보다 중요한 것은 누구를 위한 통일이냐? 하는 것이다. 같은 민족이니까 통일을 해야 한다는 단순한 노스텔지어가 아니라면, 그것으로 말미암아 생겨날 정치·경제적 결과를 생각해보지 않을 수 없다.

독일의 경우 서독국민 6천4백만 명이 동독국민 1천5백만 명을 흡수 통일해 놓고도, 심각한 경제적 고통을 감내해야 했다. 더욱이 앞에서 말했듯이 동독은 사회주의 국가들 중에서 최고의 국민소득을 이루고 있었는데도 말이다.

그런데 만약 남한이 절대빈곤의 상태에 있는 북한의 인민들을 흡수 통일한다면, 그 경제적 부담을 어떻게 감당할 것인가? 현재 위정자들은 사사건건 "미래세대를 위해서!"라는 명분을 세우고 있는데, 과연 미래세대를 위한 통일이 될 수 있을까? 아니면 미래세대에게 빈곤과 정치·사회적 혼란만을 떠안기는 일은 아닐까?

부산에서 출발한 고속전철이 평양과 시베리아를 통과해서 유럽에 도착할 수 있다는 것만 가지고, 통일대박이 터질 수 있을까? 아니면 현재 남한 인구만 가지고도 실업사태를 해결할 수 없어 골머리를 썩이고 있으며, 앞으로 더욱 가까워지고 있는 전자시대, 로봇시대를 맞이하여, 현직 노동자들 조차도 거리로 내몰려 실업자 신세가 되어 가고 있는 판국에, 북한의 무한 노동력을 수용하여 전국에 공장과 직장을 가득 채워서, 대박의 황금을 캐어낼 수가 있다는 것인가?

그렇다면 어떻게 한반도의 통일을 이룩한다는 것인가? 비교적 구체적인 방법을 내세운 것이 김대중의 햇볕정책이었다. 그러나 그것은 한마디로 낭만적인 환상이었다. 차라리 통일이라는 말을 빼고 남북의 친선도모를 위한 행보였다면, 이해할 수도 있는 일이었다. 하기는 구체적으로 표현된 바는 없지만(이점은 필자의 과문의 탓일 수도 있다) "하나의 민족, 두 개의 정부"를 전제한 것이라면, 가능성이 없진 않은 정책일 수도 있다.

그러나 그의 햇볕정책이란 북한이 입고 있는 두꺼운 옷을 벗겨서 통일을 이루겠다는 것이었다. 그리고 집권 기간 내내 통일을 주문 외우듯 외웠으며, 그 하수인인 통일부 장관은 그의 집권 기간 안에 통일이 이루어질 것처럼 호들갑을 떨었다. 그러나 그것은 통일 자체가 목적이 아니라, 햇볕정책을 지원하기 위한 정치적인 술수였으며, 국민기만의 수단이었다.

북한 인민들이 자유를 얻느냐 못 얻느냐는 전적으로 그들의 자유의지에 달려있는 문제다. 자유는 스스로 쟁취해야 하는 것이지, 남이 가져다 바쳐서 얻어지는 것이 아니기 때문이다. 만약 남한이 북한 인민의 자유를 위한다는 명분으로, 어떠한 군사적 조치를 취한다면, 그것은 국제법적으로 남한의 침략행위가 된다. 북한도 엄연한 유엔가입 국가이기 때문이다. 이점에서, 남이 되었든, 북이 되었든 전쟁을 일으킨다면, 그것은 6·25 전쟁과도 다른 양상의 전쟁이 될 것이다. 분단된 동일국가, 동일민족의 내부적인 분쟁이 아니라, 양 국가 간의 침략전쟁이 되기 때문이다.

대신에 남한은 같은 민족이라는 차원에서 인도적 지원은 해야 한다. 그리고 탈북민의 대북투쟁도 묵인 내지는 지원해야 한다. 인간의 자유투쟁을 지원하는 의미에서 말이다. 설사 그들이 남한에 임시정부를 수립하더라도 지원해야 한다. 이것은 같은 혈족으로서의 의무이기도 하다.

마지막으로 영토에 대한 인식이다.(작은 것이 아름답다.)

남북통일과 더불어 생각해야할 것은 영토의 문제다. 사람들은 말한다. 한국은 삼국시대에 고구려가 아닌 신라가 통일을 이루어 만주의 넓은 영토를 빼앗겼다고. 이러한 영토의 문제는 한국의 민족주의와 더불어 한국국민의 의식 속에 깊이 깔려 있는 문제다. 그래서 남북

의 통일은 필수적인 것이고, 더 나아가서는 만주의 옛 고구려의 영토
도 수복해야 한다는 이야기다.

그런데 실은 민족주의란 것 자체가 한국적인 것이 아니다. 고려시
대에 고구려 땅을 되찾자는 북진정책이 있었지만, 명분을 위한 공염
불이었고, 조선시대에는 아예 사대교린정책으로 영토문제를 금기시
했다. 단지 세종대왕이 김종서(金宗瑞)와 최윤덕(崔潤德)으로 하여금
4군 6진을 개척하게 함으로써 압록강과 두만강으로 국경선을 확정하
였을 뿐이다.

하지만 이것도 영토를 필요로 해서 넓힌다는 의미에서가 아니라,
수시로 먹을 것을 찾아서 발호하여 남하를 시도하곤 하는 북방의 여
진족에 대한 견제를 위한 것이었다. 이와 같은 예는 고려 말, 조선 초
의 대마도 정벌에서도 나타난다. 박위(朴葳)나 이종무(李從茂)가 강력
한 화력으로 무장한 군대를 이끌고 대마도를 정벌하였음에도 정벌로
끝나고 말았지, 그곳을 영토로 만들지는 않았다. 못한 것이 아니라,
안한 것이었다. 아니, 할 필요를 느끼지 못한 것이다.

과거 농업위주의 경제체제하에서는 넓은 토지·영토가 세입의 원천
이었기 때문에 영토를 넓히는 것이 곧 부(富)의 증진이었다. 그럼에도
조선 왕조가 영토를 필요로 하지 않았다는 것은 그것이 세입의 원천
이 될 수 없었다는 것이다.

실제로 조선은 대마도의 왜구들을 정벌하고, 세종대왕은 오히려
그들에게 세사미(歲賜米)[2]를 보내주었고, 그들의 생존권을 인정하여
삼포(三浦)를 개항하여 생필품의 교역의 기회를 주었다. 한마디로 고
려나 조선에게는 변경과 그곳에 사는 이들이 국가에서 먹여 살려야

되는 세출(歲出)의 대상이지, 경제적 이익을 얻을 수 있는 세입(稅入=歲入)의 대상이 되지 못하였다.

세계적으로 영토문제가 큰 이슈로 되었던 것은 유럽에서 근대국가가 생겨나고, 민족주의와 자본주의가 결합하여 제국주의로 발전하면서부터다. 이들에게는 영토가 필요했다. 넓은 영토와 많은 국민의 수를 확보해야만 강력한 국력이 생겨날 수 있었기 때문이었다. 넓은 식민지를 확보해야 상공업발전에 필요한 원료의 공급과 상품판매의 시장이 확보될 수 있었기 때문이다.

일찍이 산업혁명에 성공하여 자본주의·제국주의 국가로 발전한 영국은 빅토리아 여왕시대를 정점으로 하여 "세계에 해가 지지 않는 나라"를 이루었다. 그리고 그 결과로 세계에 대한 지배권을 확보하였다. 그러나 그것이 영국인들을 위해서 어떤 이익을 가져다주었는가? 두 번에 걸친 세계대전을 치러서 영국의 젊은이들이 세계 곳곳에서 피를 흘려가며 죽어야 했다는 것 이외에 얻어진 것이 무엇인가?

대규모의 기업들이 일어나고, 그로해서 대 재벌이 등장하여 몇몇 상류계층의 지배자들은 호화스러운 부귀를 누릴 수 있어서 좋았는지 모르지만, 영국인 전체로 보았을 때는 실제로 무의미한 것이었다. 아니 노사문제 등 사회적 빈익빈 부익부의 불평등만 만연하여 국민들의 불행만을 초래하였다.

그리고 제2차 세계대전이 끝난 뒤로는 그 패권조차도 미국으로 넘어가고 말았다. 지금의 영국은 브리턴 섬으로 국한되었다. 그중에서도 잉글랜드는 스코틀랜드의 독립을 자유투표에 맡겨둘 만큼 영토문제에 초연한 자세를 취하고 있다. 그러면 그 때문에 영국인들은 아주 불행해졌는가? 오히려 세계 모든 인민들의 선망인 복지국가의 상징이 되어 있다. 대국시절에 경험할 수 없었던 복지국가의 명성이 영국 국민에게 주어진 것이다. 이와 마찬가지로 북유럽의 핀란드, 노르웨이, 스웨덴, 덴마크, 폴란드, 벨기에, 스위스 등등 인구가 1,000만 명이 되지 않는 국가들은 영토가 좁고 인구가 작아서 불행한가?

이 문제는 소련에서도 마찬가지로 적용된다. 제2차 세계대전 후 스탈린의 소련은 세계적화라는 야망을 내세워, 과거 칭기즈칸에 의해서 점령되었던 중앙아시아 전 지역을 영토로 삼았다. 그것도 부족하여, 동구권을 위성국으로 삼아, 미국과 냉전체제를 조성하여 세계의 패권을 다투었다.

그러나 고르바초프의 페레스트로이카와 글라스노스트 정책으로 소련은 해체되고, 이에 따라 동구권의 위성국들과 소련연방에 소속되었던 중앙아시의 여러 나라들이 독립을 했다. 그러면 그 결과 러시아인들은 아주 불행의 늪으로 빠져들었는가? 오히려 행복의 문으로 더 가까이 가게 되었는가?

이제 한국인에게는 발상의 전환이 요구되는 시대다. 넓은 영토의 대국에서의 불행하고 불안한 삶이 아니라, 작지만 행복한 나라에서 살아야 하는 시대를 열어가야 한다는 것이다.

이제 세계는 글로벌 경제의 시대다. 좁은 영토 안에 갇혀서 사는 시대가 아니라, 세계 곳곳에서 세계인류가 하나의 공동 주거지에서, 하나의 공동 작업장에서 살아가야 하는 시대가 되었다. 그러므로 아무리 넓은 영토를 가지고 있더라도, 어느 한 민족의 독점물이 아니다. 여기서 문제가 되는 것은 영토의 넓이가 아니라, 개개인의 능력이다.

그리고 각 민족이 세계사에서 무엇을 할 수 있는가 하는 것이 문제다.

아무튼 현 상황에서 한반도의 통일이란 낭만적인 환상이다. 전혀 가능성이 없으며, 있어서도 안 되는 일이지만, 5년 단임의 남한 대통령이 목숨을 걸고 김정은 정권에 남한정권을 헌납하는 최악의 불상사가 일어난다면 몰라도, 세습적인 장기집권을 강행하고 있는 정치집단이 순순히 정권을 평화적으로 내어놓기를 기대한다는 것은 낭만적인 환상일 수밖에는 없다.

실제로 이 문제를 제대로 이해한 사람은 박정희 대통령이었다. 그는 7·4 남북 공동성명을 발표하였지만, 통일을 절박한 과제로 내세우진 않았다. 남북의 화해와 공동발전, 나아가서 남북의 체제와 이념의 차이를 인정한 가운데 건전한 경쟁을 주문하였다. 이를 두고 남북한의 권력자들의 장기집권을 위한 음모라고 폄하하는 이도 없지는 않았지만, 그것은 냉혹한 현실이다.

문화적 자유의 현주소

문화인의 주인의식

위에서 나는 민주정치는 '민'의 주인의식과 자유의식에 뿌리를 두지 않으면 이룰 수 없는 것이라 하였다. 그러면 '민'의 주인의식과 자유의식은 어떻게 형성될 수 있는가? 의식은 어차피 그 사회가 지니고 있는 문화의 표현일 수밖에 없다. 인간은 정신을 지니고 있으며, 그 정신으로써 사고를 하고, 그 사고를 통해서 스스로 의식을 갖게 되는

데, 아무리 정신이 인류의 역사를 창조하는 주체라고는 하나, 그것이 사고 작용을 행하기 위한 대상으로서의 분위기를 갖지 않고는 의식이 형성될 수 없는 것이다.

그러므로 '민'의 주인의식이나 자유의식은 그것이 저절로 이루어지는 것이 아니라, 선각자적 입장에 있는 교육자나 문화인들에 의한 교육과 또 그것으로 형성되는 문화적 분위기에 의해서 이루어질 수밖에 없는 것이다. 따라서 우리가 한국 '민'의 주인의식이나 자유의식을 논하려면 먼저 한국사회의 엘리트인 교육자 및 교육받은 문화인에게 그것이 있는가를 먼저 논의하지 않으면 아니 된다.

그러면 현재 한국의 교육자나, 사회의 정신적, 문화적 풍토를 조성하고 있는 이른바 문화인은 지금 어느 방향에서 무엇을 하고 있는가? 과연 그들은 주인의식을 지닌 자유인으로 행동하고 있는가?

세계사를 돌이켜볼 때, 교육 및 문화에 있어서 우리나라만큼 오래된 역사를 가지고 있는 나라는 흔하지 않다. AD 372년 고구려 소수림왕이 불교와 더불어 유학을 받아들이고 태학(太學)이라는 교육기관을 세운이래, 한국의 교육사는 시작되었고, 따라서 학문의 역사도 시작되었다.

그리하여 삼국시대에는 많은 불승들이 중국과 인도에까지 유학하여 많은 문화를 받아들였고, 통일신라시대에는 불교와 유학이 각각 발전하여 자장(慈藏), 의상(義湘), 진표(眞表), 보덕(普德)과 같은 이른바 유당승(遊唐僧)들이 활약하였고, 유학에 있어서는 이른바 숙위학생(宿衛學生)들이 당에 유학하여 최치원(崔致遠) 등은 그 이름을 크게 떨쳤다.

이 같은 외래문화의 도입과 외국 유학의 풍조는 그 후에도 계속되어 고려시대에는 의천(義天)과 같은 사람으로 대표되는 송나라 유학생이, 만권당의 이제현(李齊賢), 백이정(白頤正) 등으로 대표되는 원나라 유학생이, 이조시대에는 명나라, 청나라 유학생이 수없이 많아서 각각 훌륭한 중국문화를 도입하였고, 또 일제강점시대에는 일본, 미국, 독일 유학생이 무수히 있어서 문화를 받아들였다.

그런데 이상한 것은 이처럼 오랜 역사를 통해서 학문과 문화를 받아들여 왔음에도, 현대 우리는 독자적인 학문의 전통도 가지고 있지 못하며, 외국으로부터 유학생을 받아들여 타국에 전파할 만한 문화도 별로 신통한 것이 없는 형편이다. 지금도 지식인으로 행동하려면 한 번쯤 외국 유학을 하지 않으면 안 된다는 불문율이 성립되어 있다.

그 이유가 어디에 있는가? 1,500년 이상의 역사를 거치며 계속적으로 들여온 학문과 문화가 마치 밑 빠진 시루에 물 퍼붓는 격으로 모두 밑으로 흘러가 버렸나? 아니면 들여 온 것이 모두가 물거품뿐이었나?

그래도 한국학의 흔적이나마 찾아볼 때, 그 주류를 이루고 있는 대가급의 창의적 업적을 남긴 인물들은 묘하게도 외국 유학을 한 경험이 없는 사람들이다.

과문한 탓인지는 몰라도 신라의 원효(元曉), 고려의 일연(一然)과 지눌(知訥), 조선에 있어서 서화담(徐花潭), 이황(李滉), 이이(李珥) 등은 유학을 했다는 소리를 듣지 못하였으니, 역사적으로 고찰할 때 반드시 외국 유학을 하여야만 학문이 되는 것은 아닌 것 같다.

그럼에도 오늘날 한국의 지식인들은 유학을 해야 한다고 한다. 학문의 교류를 위한 것이 아니라, 학문의 도입을 위해서다. 그것도 부분적인 도입이 아니라, 전반적인 도입이다. 이미 도입되어 낡은 것은 버리고 새 것을 도입하기 위하여 또 유학을 해야 한다. 서양인에 의해서 특히 발달된 과학문명, 물질문명 또는 기술문명만을 받아들이기 위해서가 아니라, 교육학, 철학, 역사학, 정치학, 경제학, 사회학, 예술, 문화에 이르기까지 모두를 받아들여야 되는 거다.

받아들이는 것이 나쁠 까닭은 없다. 보다 많이, 보다 넓게, 아는 것이 좋을 수밖에 없다. 그러나 문제는 받아들이는 그 자체에 있는 것이 아니라, 누가 받아들이는가 하는 주체에 있다. 과연 그것들을 받아들여서 그 주체를 이롭게 하는 것이냐, 아니면 그 주체를 잃어버리게 하는 것이냐에 문제가 있다.

자연과학이나 기술 등과 같이 물질, 물량적인 것, 또는 가시적 형태를 지니고 있는 것을 들여오면, 그것은 그 현물로서 남아 있는 것이니 별 문제가 없을지 모른다. 또 앞서가는 나라들의 사회제도나 여러 가지 방법들을 벤치마킹하는 것은 바람직하다. 물론 이 분야에 있어서도, 받아들인 것을 다 쓰고 나면 다시 받아들이기 위한 헌 시루에 물 퍼붓기 식의 도입이 아니라, 받아들인 것을 기초로 우리만의 독창적인 것을 창출해내는 것이 중요하다.

그러나 이보다 더욱 중요한 것은 무형적인 것, 즉 정신적 학문의 도입이다. 자칫 정신적인 것은 외국으로부터 들여오면 학문은 들어와도 정신은 외국으로 나가기 자칫 쉽다.

그러므로 정신도 빼앗기지 않고 학문을 받아들이기 위해서는 대목 위에 접목을 붙이듯이, 한국적 현실과 한국적 전통과 한국적 정신 속에 깊이 뿌리를 내린 주체적 사고가 먼저 확립되어 있어야 한다. 그리고 그 주체의 필요에 따라 그 주체의 성장과 발전을 위한 조건으로서의 외래문화는 수용되어야 한다. 아무리 서양인의 코가 크고 높아서 좋다 하더라도 그것이 내 코에 붙지 않고는 소용이 없는 것이며, 또 붙었다 하더라도 내 얼굴의 균형을 잃게 하여 나를 추남으로 만드는 것이라면 붙이지 아니 한만 못하다.

나는 여기서 결코 문화적 쇄국주의나 문화적 쇼비니즘을 주장하는 것이 아니다. 가급적이면 다른 나라의 훌륭한 학자나 위대한 예술가의 업적을 시간을 지체함이 없이 받아들여야 된다는 것은 누구보다 앞장서서 주장하고 싶다. 그러나 무조건 받아들이기만 하고 그것으로써 내 것과 내 나라의 학문 및 예술의 전통을 이룩하지 못하면 받아들이나마나 라는 것이다. 아무리 기름진 음식을 먹더라도 소화를 시키지 못하고 설사를 하게 되면, 오히려 몸을 버리게 된다는 극히 기초적인 원리를 무시해서는 아니 된다는 것이다.

교육과 학문의 현장

그런데 현재 한국의 교육자와 문화인은 무엇을 어떻게 하고 있는가? 나는 사범대학을 졸업한 사람이다. 4학년 때의 일이다. 며칠 있으면 교생 실습을 떠나기 위해 우리는 교육학 특강을 들었다. 그때의 그 담당 교수님의 강의는 대강 이러했다.

"교육에 있어서 가장 좋은 방법은 역시 자유토론식 학습 방법입니다. 미국에서 현재 실시하고 있는 것을 예로 들어 이야기하겠습니다. …… 교실 가운데에 라운드 테이블을 놓고, 존을 세미나 리더로 하는

15명 내지 20명의 학생이 둘러앉아서 토론을 시작합니다. …… 이때에 교사, 즉 여러분은 선생님으로서 그 세미나 장면을 관찰하면서 학생들의 감정을 사지 않도록 고려하면서 자연스럽게 그 토론을 리드해 나가야 합니다."

나는 이 강의에 항의를 했다. "교수님은 혹시 지금 여기가 미국 대학 강의실인 줄로 착각하고 계신 것 아닙니까? 제가 알기로는 저희가 실습을 나가야 할 학교에는 15~20명의 학생들로 구성된 학급도 없으려니와, 라운드 테이블은 더구나 없는 것으로 알고 있습니다. 제가 알기로는 우리나라 중·고등학교에는 한 학급당 70명 이상 120명의 학생이 있는 형편입니다. 거기 가서 우리는 지금 교수님이 가르쳐 주시는 대로 세미나 학습을 해야 합니까?"

지금 생각하면, 그 교수님의 강의가 잘못된 것도 아니었다. 마땅히 교육은 세미나식의 강의가 이상적인 것이다. 문제는 시점이었다. 당장 120여 명이 한 반으로 편성되어 있는 학교에 교생실습을 나가야 하는 학생들에게, 그런 강의를 한 교수의 시점이 잘못된 것이라는 것이다. 그로부터 반세기가 지난 지금, 그 교수의 학습 방법은 잘 진행되고 있는 것 같다. 그 동안 경제의 비약적인 발전을 통해서 각급 학교의 환경조건이 좋아져서 그런 학습방법이 가능해졌기 때문이다.

그런데 요즘 초등학교 학생에게 들은 바로는 토론식 학습에 문제가 없는 것이 아니다. 환경적 조건은 그런대로 괜찮은데, 그것을 운영하는 교사의 의식이 따르지 않고 있다는 것이다. 인터넷이 발달하여 요즘 초중등학교 학생들은 어른들이 상상하지 못할 정도의 정보 지식과 의식이 높은 상태에 있다. 때문에 이들에게는 토론식 수업에서

할 이야기들이 많을 수밖에 없다.

이렇게 할 이야기가 많은 학생들에게는 이야기를 자유롭게 털어놓을 수 있는 자유가 보장되어야 한다. 그러려면 그들을 지도해야 하는 교사들의 의식이 자유롭고 개방적이어야 한다. 그런데 아직도 교사들 중, 혹자는 보수적인 의식에, 혹자는 진보성향의 의식에, 사로잡혀 있어서 고집을 부리며, 학생들의 자유로운 표현에 제동을 걸고 있다는 것이다.

정치나 사회문제에 있어서 위정자가 자기 자신의 정파적인 의식에 사로잡혀서 그들 나름의 주의주장을 펼치는 것은 그들의 자유다. 그러나 일단 권력을 잡은 대통령이 자신의 정파와 자신의 의식에 사로잡혀서, 다른 정파나 타인의 의식에 대해서, 권력을 동원하여 강제를 가하면, 그것은 독재자라는 낙인이 찍히지 않을 수 없다. 마찬가지로 교사가 교권을 이용하여, 학생들의 의식의 자유, 언론의 자유를 억압하는 수업을 한다면, 그는 독재적 교사라는 낙인을 피할 수 없다.

이는 비단 교사들에게만 해당되는 이야기는 아니다. 모든 분야의 문화 예술분야 종사하는 이들이게 공통적으로 적용되는 것이다. 문화 예술인들에게는 사상의 자유, 양심의 자유, 표현의 자유가 있다. 이것은 있어도 되고, 없어도 되는 것이 아니라, 없어서는 아니 되는 것이다. 이것이 억압되거나 약간이라도 훼손되는 순간, 문화 예술인들은 동시에 질식하여 사망에 이르기 때문이다.

그런데 실제로는 이것이 여러 가지 방법으로 여러 부분에서 훼손, 장애를 받고 있다. 그중 가장 악질적인 것은 권력자들과 그 주변에 편승하는 자들의 이념적 편견이고, 또 하나는 각 분야의 파벌에 의한 훼

손과 장애다.

전자는 권력을 둘러싼 보수와 진보(실제로는 보수와 진보의 참 내용도 모르면서)의 갈등이며, 후자는 학벌이나 학맥으로 갈라진 고정관념에 따른 갈등이다. 여기서 보수와 진보의 갈등은 앞에서 이미 언급한 바이니 생략하기로 하고, 학벌과 학맥의 갈등을 중심으로 논의하기로 한다.

여기서 가장 보편적인 갈등은 유학파이냐 국내학파이냐 하는데서 발생한다. 학문이나 예술 세계에서 파벌이라는 것은 부정적이기 보다는 더 중요한 긍정적인 면을 지니고 있다. 여기서는 통일성이 중요한 것이 아니라 다양성이 중요하고, 추종이나 모방이 아니라 독창성과 개별성이 생명이기 때문이다.

이러한 독창성과 개별성을 위해서 무엇보다 중요한 것은 강력한 이성의 작용, 즉 격렬한 논의와 자유의식의 발휘이다. 그런데 현재 한국의 문화인은 어떤가? 이성을 주체로 한 논의와 창작을 하고 있는가? 아니면 권위 있는 외국학자의 이름을 들먹이기만 하면 그 이론의 합리성 여부를 따지기 전에 맹목적으로 수긍 내지는 추종하고 있는 것은 아닌가?

우선 학문의 세계를 논의의 대상으로 삼아 보자! 학문의 세계는 학문적 업적이 중요한 문제로 된다. 얼마 전까지 한국에서는 일부 실용적인 자연과학계를 제외하곤, 박사학위가 생산되지 않았다. 대부분 대학의 교수는 외국 박사들이었다. 그런데 여기에 문제가 있었다.

외국에서 받은 박사학위라면 그것이 어느 정도의 개인적인 능력을 가진 사람이, 어느 수준의 학교에서, 어떤 교수의 지도 밑에서, 어떤 조건으로, 어떤 종류의 연구를 해서 얻은 것인가는 따져 보지도 않고, 무조건 높여 받드는 비이성적이고 미신적인 외국 박사 맹신에 빠져 있었다.

박사학위는 학문의 완성을 입증하는 것도, 학문의 권위자임을 뜻하는 것도 아니다. 다만 학자로서 거쳐야 할 과정을 마쳤다는 증표일 뿐이다. 그러므로 박사란 이제부터 타인에게 의존해서 배우는 것이 아니라, 독립해서 스스로 연구를 하고 독창적인 업적을 만들 수 있는 단계의 사람이라는 뜻이다. 그런데 박사학위만 딴 이후 지속적인 공부와 그 결과가 없다면 그런 박사는 죽은 박사다.

그러므로 박사라면 그 학위는 외국에서 땄다 하더라도 그가 한국인인 한, 한국적 현실에서 한국의 현재적 문제를 해결한다는 목적하에서 자신의 이성을 주체로 하는 자유로운 학문을 연구하여 독창적 업적을 이룩해야 할 것이다.

그런데 한국에는 해방 후만 하더라도 무수한 외국 박사가 들어와 있었는데 얼마만큼 자유로운 연구가 이루어졌으며, 어느 정도로 독창적인 업적이 산출되었는가? 혹시 그 학위를 내세워 자리만을 점하고 있으며, 독자적인 연구는 없이 허망한 권위의식에 사로잡혀 박사 산출국의 화려한 물질생활과 정치적, 문화적 우월성 등만을 무의식적으로 전파하여 문화적 제국주의의 첨병의 역할을 하고 있는 것은 아닌가?

우리는 조선시대에 양반 유생들의 맹목적인 권위주의나 형식주의를 탓하여, 망국의 근본적 원인으로 논하는 경우가 많음을 안다. 옳은 것인지 그른 것인지를 따지지 않고 중국인 대가의 말이니 올바른 것이며, 추종해야 되는 것이라고 주장하였음을 안다. 그것을 인용하는 권위주의, 양반이면 그의 언어나 문장 속에 반드시 중국의 고사어구, 심지어는 인명이나 지명까지도 끌어들이지 않고는 언어나 문장의 체모가 서지 않는다고 생각하였음을 안다.

이러한 자학적이고 사대적인 형식주의를 현재의 우리는 국명을 바꿔서 답습하고 있지는 않은가? 즉 어떠한 사상, 어떠한 이론에 맹신했는가가 문제로 되는 것이 아니라, 맹신! 그 자체에 문제가 있는 것이다.

이러한 학문세계의 비이성적인 맹신의 풍토는 1980년 대 이후 개방된 국내 박사학위의 산출에 있어서도 지속되고 있다는데 더욱 큰 문제가 있다. 처음부터 학문에 뜻을 가진 것이 아니었으나, 학위라는 것이 사회적으로 승진과 출세에 긍정적인 영향을 미친다는 사실에 현혹되어 박사학위를 취득하려 드는 자들과 대학의 상업적인 결탁으로 대량의 박사학위가 산출되는 경우를 맞이하게 된 것이다. 이것은 학문세계의 파탄을 불러올 뿐만 아니라, 위선적인 권위자들의 출현을 조장함으로써 사회의 암적 존재가 되고 있다는 현실이다.

J. B. 버리(Bury)는 기독교 성서(Sacred Book)가 서구인의 도덕적, 지적 진보에 장애였다고 말하고 있다.[3] 성서의 권위를 빌어 그 시대에 이미 주어진 모든 개념을 모두 정당화시키고 있기 때문이다. 그러므로 서양의 도덕과 지식의 역사는 그 성서에 대한 중세적 권위를 부정하고 그로부터 탈피하여 인간이 지니고 있는 이성을 작동시켜 합리적으로 사물을 판단하게 되기까지 거의 중단 상태에 있었던 것이다.

인간이 정신의 존재를 인정하고, 그 정신의 핵심인 이성의 능력을 인정하는 한, 그리고 인류의 역사가 정신의 역사요, 이성의 역사요, 자유의 역사라는 것을 인정한다면, 일체의 권위를 부정하여 일체의 맹신으로부터 벗어나야 한다.

부록

후주

후주

제1장 서론

1 Dr. E. Bernheim; Einleitung in die Geschichtswissenschaft, 1920
2 Collingwood; 역사학의 이상, 이상현 역, 백록출판사, p.21
3 아리스토텔레스 이래 역사적 변화는 자연에 있어서의 변화와 대조되어 왔는데, 헤겔도 같은 구별을 수호하고 있다. 자연에 있어서의 변화가 '단지 언제까지나 자기 반복적인 순환(a perpetually self-repeating cycle)'을 표시하는데 지나지 않는데 반해서, 역사의 변화는 '보다 나은 것, 보다 완전한 것에의 전진(an advance to something better, more perfect)'이라고 그는 말한다.
   마르쿠제; Reason and Revolution, 김종호 역, 이성과 혁명, pp.262~263
   *Philosophy of History: p.54. 무엇인가 새로운 것이 생긴다고 하는 것은 역사상의 변화에서만 볼 수 있는 것이고, 따라서 역사의 변화는 발전이다.
4 Hegel; The Philosophy of History, Jr. J. Sibree, Dover P. C. New York 1956, p.10
5 위의 책, p.17
6 보챠로프·요아니시아니 공저; 김영건 등 역, 백양당, 1947, 유물사관 세계사교정, 제1권 p.20
7 위의 책. p.21
8 위의 책, pp.21~26
9 이상현; 역사와 신화, 남계 조좌호 박사 화갑기념론총, pp.307~326 참조.
10 마르크스는 제1차적 욕구를 위부(胃腑)에서 느끼는 욕구라 했고, 제2차적 욕구를 정신적 욕구라 했다.

K. Marx; 자본론, 高畠素之 역, 昭和 2年, 제1권, 제1책, p.6 참조.

11 여기서 우리는 또 하나의 오해로부터 마르크스를 방어해 주는 것이 좋을 것이
    다. 그 오해라 함은 역사의 경제적 해석이 흔히 역사의 유물론적 해석이라고 불
    러왔다는 것을 말한다. 실은 마르크스 자신도 그렇게 불러왔다. 어커는 … 마르
    크스의 철학은 헤겔 철학이 유물적이 아닌 것과 마찬가지로 유물론이 아니며
    또 마르크스의 역사 이론은 경험과학의 범위 내의 수단에 의해서 역사 과정을
    설명하려는 다른 모든 기도의 경우보다 못지않게 유물적인 것이 아니다. 슘페
    터: 자본주의, 사회주의, 민주주의. 이상구 역. 삼성출판사. p.48

12 역사적으로 볼 때 소위 대중 지도자란 권력에서 소외되어 심술 난 초능력의 소
    유자이며, 혁명이란 또 하나의 새로운 사회 엘리트가 낡은 엘리트의 자리를 빼
    앗으려는 투쟁에 불과하다. 인민은 그들의 초라한 졸개로 봉사할 뿐이었다. 대
    중도 그들 자신이 정의와 자유와 인류를 위해 싸우고 있다고 확신하지만 그들
    의 지도자들은 마치 그러기나 한 것처럼 겉으론 성실히 그것을 상상할 뿐이다.
    그러므로 실제에 있어서는 새 엘리트가 그들 자신의 계급적 개인적 이익을 도
    모할 뿐이다.

    H. S. Hughes; Consciousness and Society, The Reorientation of European
    Social Thought, 1890~1930, p.81.

13 이 신화는 Hesiodos의 Theogonia에 나타나는 것인데, 그 후 많은 사람에 의하
    여 개작되었다. 여기에 기록된 이야기는 필자가 B. Croce의 생각을 빌어서 이해
    하기 쉽게 풀이한 것이다.

제2장 자유를 위한 투쟁과정으로서의 세계사 도정

1 Barouclough는 현대 세계를 전지구가 통합된 세계라고 보아 global world라는
   말을 쓰고 있다. Changing in the World 참조.

2 이것은 당시 그리스인들이 취하고 있었던 사회 형태 즉 도시 국가의 형태가 B.
   C. 30C에 이집트인들이 nomes라 하여 성립시켰던 원초적인 사회 형태였다는
   것으로 입증된다.

3 '통일의 힘(die Macht der Vereinigung)이 인간의 생활에서 소실되어 서로 모
   순되는 여러 가지 그들 사이에 생생한 상호관계나 상호의존을 상실하고, 독립

의 형태를 취하게 되면 철학의 필요가 제기된다'(differeng des Fichteschen und Scheilingschen System's in Ersta Druckschriften ed Georg Lassen Leipzig, 1913, p.14)

4 B. Croce; History as the Story of Liberty, Meridian Books, N. Y. 1955, p.55.
5 J. B. Bury; History of Freedom of Thought, p.20
6 위의 책. p.21
7 위의 책. p.22
8 아테네 사람들이 그들의 '절대적인 적'에 유죄를 선고하였으므로 이 판결은 정당하였다. 그러나 또 이 사형의 선고는 그것에 의해서 아테네 사람들이 그들의 사회나 국가에 대해서도 유죄를 선고하였다고 하는 '깊은 비극적인' 요소를 포함하고 있었다. 왜냐하면, 그들의 선고는 '그들이 소크라테스에 있어서 비난하였던 것이 벌써 그들 자신 안에 단단하게 뿌리를 박고 있었다.'는 것을 인정한 것이기 때문이다.

Hegel; 앞의 책, p.270 참조.
9 소크라테스 자신은 이것을 의식하지 못했을 것이다. 그러나 Hegel의 말과 같이 '철학은 보편적인 모든 개념의 완성에 착수하였다. 이것은 국가의 역사에 있어서의 새로운 단계의 서막이었다.' 그러나 보편적 개념은 추상적 개념이고 이러한 추상적인 국가의 구성이 현존하는 국가의 기초, 그 자체를 동요시켰던 것이다. 소크라테스 자신은 그 의미하는 바를 똑똑하게 의식하고 있지는 아니하였을는지도 모르지만, 추상적인 보편 개념은 그 본성 자체로부터가 모든 특수성을 넘어서 간다고 하는 의미를, 자유로운 주제를, 바꿔 말하면 인간으로서의 인간을 옹호한다고 하는 의미를 표하고 있는 것이다.

H. Marcuse; Reason and Revolution, 김종호 역, 이성과 혁명, p.269 참조.
10 이상현; 역사와 신화, 남계 조좌호 박사 화갑기념론총, pp.307~326 참조.
11 H. E. Barnes; An Intellectual and Cultural History of the Western World, Dover Publications 1965, Vol. One, p.197
12 Polybios, III. 4, Ritter. a. a. O. 39.
13 Livy; xxi. 1.
14 카르타고는 오리엔트 페니키아의 식민지였고, 로마는 그리스 문화의 계승자다.
15 카르타고는 BC 550년 에트루리아인과 동맹을 맺고, 전시실리아를 점령한 후 코르시카, 사르디니아, 스페인 등까지 지배하였다.
이에 비하여 로마는 BC 500년경에 공화정을 수립하고 BC 270년경에야 비로소 이탈리아 반도를 통일한다. 그리고 포에니 전쟁은 BC 264년에 시작된다.

16 E. Barnes; 앞의 책, p.198

17 Polybios; I. 9. 63.

18 E. Barnes; The empire of Alexander was transitory. After his death it split up and declined. Rome, at length, having welded together a world for greater even than Alexander's, could make the cosmopolitan ideal a fact. Ibid, p.200.

19 J. B. Bury; History of Freedom of Thought, 서론 참조.

20 J. B. Bury는 이것을 이렇게 설명하고 있다.

'The purpose of this worship was to symbolize the Unity and Solidarity of an empire which embraced so many peoples of different beliefs and different gods: its intention was political, to promote union and loyalty. ···' 따라서 Christianity가 이 Emperor를 정복하는 것은 곧 'So many peoples of different beliefs and different gods'을 흡수하는 일이 된다.

21 E. Barnes; Ibid, p.254

22 H. G. Wells; The Outline of History, The Macmillan Co, 1921, p.447 참조.

23 이러한 모습을 St. Augustin는 이렇게 개탄하였다.

'오, 정신없는 자들아! 동방의 모든 국민이 로마 함락을 슬퍼하고 먼 지방 사람들도 로마의 재난을 슬퍼하는데, 너희들은 우선 극장을 찾아 전보다 더 광인과 같이 날뛰다니! 너희들의 병든 마음, 파괴된 정직, 일찍이 스키피오가 두려워했던 것이 아니냐?'

Sir Ernest Barker; City of God, Introduction London, 1950, Everyman's Liberary No. 982. Book I. Chapter I. 32.(이후 City of God B. I. C.로 약칭)

24 City of God; B. I. C. p.30

25 H. E. Barnes; 앞의 책, p.275

26 Augustinus; City of God, B. XV. C. 2. 5. 18.

27 Dilthey; Einleitung in die Geisteswissenschaften: Gesammelte Schriften I. Band. B. G. Teubner. Verlagsgesellschaft. Stuttgart Vandenhoeck & Ruprecht in Göttingen. 1966.

28 마태복음 6:26

29 마태복음 6:34

30 사도행전 7:56~8:8

31 사도행전 12:5~10

32 E. Barnes; Ibid, p.282

33 연세대학교 출판부; 종교현상과 기독교, p.99에서 재인용.

34 freeman이란 노예의 신분에서 자유를 얻은 사람이라는 뜻으로 로마에 있어서 양민 중에서 최하위 신분이다.

35 E. M. Burnes; Western Civilizations, W.W.Norton & Company, Inc. New York 1963, p.265

36 On Christmas day, 800, as Charles knelt in Prayerin St. Peter's Church the grateful pope placed a crown on his head while the assembled multitude hailed him as Augustus, crowned of God great and pacific Emperor of the Romans, E. M. Burnes; ibid, p.265

37 Augustinus; City of God, B.X.C. 6. 18

38 Augustin; 앞의 책, B. VIII C. 16과 B. VIII과 C.24

39 Augustin는 이러한 태도를 지상도시인 로마 제국의 모습으로 표현하였다. Ibid, B. XV. C. I.

40 Burchhardt; Die Kultur der Renaissance in Italien, 1919, Bd. II. pp.114~115.

41 유명한 교황 알렉산더 6세는 사생아를 자그마치 8명이나 가지고 있었다.

42 교황 레오 10세(Leox)는 2000개 이상의 교직을 매매하여 1년에 100만 이상의 수입을 올렸다.

43 차하순; 르네상스의 사회와 사상, 탐구당, 1973, pp.179~180

44 Huizinga; The Meaning of the Middle Ages, 1965, p.30. & p.36

45 J. Burckhardt; Die Kulture der Renaissance in Italien, Bd. I. pp.61~62. Bd. II. pp.161~163

46 J. J. Rousseau; Du Contract Social, 이항 역, 사회계약론, 삼성출판사, 1977, p.284

제3장 근대 서구 자유주의의 성립

1 프랑스 혁명이 일어나기 직전의 계급적 경제 상태를 예로 들어 보면, 프랑스 총 인구 2,300만 명중 승려 12만 명, 귀족 40만 명, 평민 2,248만 명이었다. 그런데 불과 52만 명밖에 안 되는 제1, 제2신분이 전국토의 30%에 해당되는 토지를 소

유하고 있었으며, 나머지 70% 중에서도 20%는 시민계급 중의 특권 상공업자, 고리대금업자가 소유하고 있었다. 그러므로 일반적인 시민 및 농민은 전국토의 50%에 해당하는 토지에서 그들의 생계 및 여러 가지 종류의 납세를 충당해야 했다. 그리고 그와 같은 막대한 토지를 소유하고 있는 특권계급은 면세의 특권이 있었으며, 이에 더하여 국고 예산의 20%가 귀족의 연금으로 지출되었다.

2 T. More; Utopia. 노재봉 역, 삼성출판사, 1977, pp.86~88

3 김정수; 서양문화의 유산, pp.146~147

4 T. Hobbes; Leviathan, 한승조 역, 리바이어던, 삼성출판사, 1976.

5 T. Hobbes; 앞의 책, pp.227~228 참조.

6 Rousseau; 앞의 책, p.284

7 위의 책, p.283

8 위의 책, p.288

9 Rousseau; 인간평등기원론, 木田喜代治 역, 岩波書店 p.41 참조.

10 T. Hobbes; 앞의 책, p.226 참조.

11 김정수; 서양문화의 유산, p.183의 인용문 참조.

12 Plate; Dialogues with Introduction by Translator Benjamin Jowett. New York, 1899, p.24

13 Rousseau; 앞의 책, p.290

14 Carlton J. H. Hayes; Nationalism, 차기벽 역, 민족주의, 사상문고, 1961, p.78.

15 Carlton I. H. Hayes; Ibid, p.79

16 Rousseau; 사회계약론, p.287

17 이러한 미국의 입장은 조오지 와싱턴, 제퍼슨 이래의 다음과 같은 충고에 따라서 중립적 외교정책을 고수해왔다. 「우리의 제1의 그리고 근본적인 방침은 유럽의 투쟁에 결코 관여해서는 안 된다는 것이요, 제2의 방침은 유럽이 대서양 피안의 문제에 개입하는 것을 결코 용납해서는 안 된다는 것이다.」
Andre Maurois; Histoire Parallele, 신상초 역, 현대미국사, p.70. 먼로주의 참조.

18 ① 이들이 그러한 생각을 갖는 것은 기독교가 그 초창기로부터 지니고 있는 배타적 독선에 근거하고 있는 편협성의 표현이다.
② 사실 기독교는 서구의 근대적 문명을 적으로 간주하고 그것을 박해했는데, 그들은 역으로 그것으로써 非기독교 지역을 야만이라 지적했다.

19 J.B. Bury; History of Freedom of Thought. Oxford University Press, 1953,

pp.74~77 참조.

20 C. Dawson; The Dynamics of World History, A Mentor Omega Book, 1956, pp.355~356

21 Hugh Seton-Waston; The New Imperialism, 신일철 역, 신제국주의론 참조.

22 이 같은 사실은 「제2차 세계대전 후 동유럽의 제국이 소연방의 정치적, 군사적, 사회적인 영향을 받음으로써 사회주의에의 길은 열리게 되었고, 또 중국혁명이 승리하여 1949년에 중화인민공화국이 성립함으로써 「일국사회주의」의 시대가 끝나고 사회주의는 일개의 세계체제로 되었다」고※ 일본인 학자 망넘은 1968년에 발행된 《사회주의 경제론》에서 말했지만 1960년대가 지나기도 전에 중소국경분쟁은 가열되어 이념분쟁으로 진척되어 갔고, 동구권은 유고의 자주노선 선언, 체코의 자유화운동으로 그것의 불가능성을 입증하였을 뿐 아니라, 더 나아가서는 사회주의도 「일국」의 이익을 근본적으로 초월할 수 없음을 입증함으로써 명백해졌다.

   ※(岡稔): 社會主義 經濟論, 經濟學全集 21, 筑摩書店, 1968.

23 P. A. Sorokin; The Crisis of Our Age-The social and cultural outlo k- N. Y. E. P. Dutton & Co. INC 1941.

24 E. Barnes; An Intellectual and Cultural History of the Western World V.One, Dover Publications, 1965, pp.276~281

25 제2차 세계대전 후 동유럽의 제국이 소연방의 정치적, 군사적, 사상적인 영향을 다소 받음으로써 사회주의에의 길은 열리게 되었고, 그리고 또 중국혁명이 승리하여 1949년에 중화인민공화국이 성립함으로써 「일국사회주의」의 시대가 끝나고 사회주의는 일개의 세계체제로 되었다.

   강넘(岡稔):《사회주의경제론》p.5

제4장 한국사에 있어서의 자유주의

1 조선상고사: 4288년 7월 20일 재판본, pp.1~2

2 농가월령가

3 이기백; 한국사신론, 1968, 일조각, p.169

4 김경손은 몽고의 제1차 침략시 정주분도 장군으로 서북면 병마사 박서와 더불

어 귀주성을 지킨 용장이다. 그는 몽고군과의 싸움에 임하여 사졸을 모아놓고 영(令)을 내리기를 '너희들은 나라를 위하여 몸을 잊고 죽어도 물러나지 아니할 자는 우편으로 서라'하니 별초(당시 관병)는 땅에 엎드려 응하지 않았다. 이때 그는 그 별초를 모두 성으로 돌려보내고 홀로 12사와 더불어 싸움에 나아가 몽고군의 선봉을 깨뜨리고 분전하였다. 김상기 저, 고려시대사, p.517

5 김상기 저; 고려시대사, 동국문화사, 단기 4294, p.519

6 당시 집권자인 최우(崔瑀)와 정적(政敵) 관계에 있다가 몽골군의 침략이 있자, 이에 투항하여 고려를 유린하는 몽골군의 향도가 되었다. 그리고 그 공으로 만주 길림성 심양 근처에 산재해 있던 고려인을 다스리는 동경총관이 되었으며 이로써 원의 고려분단정책인 심양왕제도의 효시를 만들었다.

7 몽골족에게 반부(叛附)하여 서경 등 북계 54성과 자비령 이북의 6성을 몽골에 바치고 이를 관장하는 동녕부총관이 되었다.

8 이 두 사람은 몽고군의 제6차 침략이 있었을 때, 몽고군에 투항하여 동북면병사 마 신집평 등을 죽이고 영흥 이북 지방을 들어 몽골에 바쳤다.

9 고전문학대전집 3권 소설집, p.421

10 박지원; 허생전, 고전문학사전집 5권 소설집, p.287

11 오지영; 동학사, 영창서관, 소화 15년, p.9.

12 최제우 동경대전, 한국명저대전집, 대양서적, p.264

13 陣舜臣 저; 實錄阿片戰爭, 신연철 역, 박영문고, p.43

14 위의 책, p.197

15 오지영; 앞의 책. pp.10~11

16 위의 책, p.18

17 동학교도들은 각포각접(各包各接)이 서로 위결(圍結)을 지어 어느 지방에서 일이 생기면 그 즉시 보발(步撥)을 띄워 그 부근으로부터 솔발을 흔들고 일어서서 잡혀가는 사람을 빼앗았다.

18 ① 도인과 정부와 사이에는 숙혐(宿嫌)을 탕척(蕩滌)하고, 서정을 협력할 사.
　② 탐관오리는 그 죄목을 사득(査得)하여 일일이 엄징할 사.
　③ 횡포한 부호배는 엄징할 사.
　④ 불량한 유림과 양반배는 징습할 사.
　⑤ 노비문서는 소각할 사.
　⑥ 칠반천인의 대우는 개선하고, 백정두상에 평양립은 탈거할 사.
　⑦ 청춘 과부는 개가를 허할 사.

⑧ 무명잡세는 일절 물시(勿施)할 사.

⑨ 관리 채용은 지벌을 타파하고, 인재를 등용할 사.

⑩ 왜와 간통하는 자는 엄징할 사.

⑪ 공사채를 물론하고 기왕의 것은 물시할 사.

⑫ 토지는 평균으로 분작케 할 사.

19 임오군란

20 갑신정변

21 청일전쟁

22 러일전쟁

23 박은식; 한국통사(속), 이장희 역, 박영사, p.161

24 박은식; 한국통사(속), 이장희 역, 박영사, p.73

25 송남헌; 해방30년사, p.98

26 송남헌; 해방30년사, p.72

27 1950년 1월 미국 국무장관 디인 애치슨은 '미국은 얼류우션 열도에서 일본 및 필리핀제도에 이르는 방위권을 보호할 것이다.'라고 언명하였다. 그러나 그 방위선에는 한국도 대만도 동남아도 들어 있지 않았다.

28 앙드로 모로아; 현대 미국사, p.387

29 Link.A.; American Epoch A History of the United States since the 1890's, p.720 참조.

30 앙드레 모로아; 현대 미국사, p.169

31 당시 워싱턴에서는 이런 말이 돌았다. '장(蔣)에게 무기를 대주는 것은 중국공산당에게 무기를 대여해 주는 역형식에 지나지 않는다.' 앙드레 모로아, 위의 책. p.387

32 위의 책, p.611

33 위의 책. p.392

제5장 결론

1 소련이 해체된 뒤 러시아 벨라루스, 몰도바, 카자흐스탄, 우즈베키스탄, 타지키스탄, 키르기스스탄, 아르메니아, 아제르바이잔의 9개국의 연합체(2014년 현

재).

2 조선 세종 25년 계해조약을 맺고 해마다 대마도주 소오(宗)씨에게 시급하기로 약속한 쌀.

3 J. B. Bury; A History of Freedom of Thought, The Home University Library of Modern Knowledge, p.38

이 도서의 국립중앙도서관 출판시도서목록(CIP)은 서지정보유통지원시스템 홈페이지
(http://seoji.nl.go.kr)와 국가자료공동목록시스템(http://www.nl.go.kr/kolisnet)
에서 이용하실 수 있습니다.(CIP제어번호: CIP2016022424)

다시 읽는
자유·투쟁의 역사

2017년 1월 18일 개정판 1쇄 찍음
2017년 1월 24일 개정판 1쇄 펴냄

지은이   이상현
펴낸이   정철재
만든이   권희선 문미라
디자인   황지영

펴낸곳   도서출판 삼화
등 록   제320-2006-50호
주 소   서울 관악구 남현1길 10, 2층
전 화   02)874-8830
팩 스   02)888-8899
홈페이지 www.samhwabook.com

도서출판 삼화, 2017, Printed in Seoul Korea
ISBN 979-11-5826-056-9 (03900)